2017 中国家具年鉴

CHINA FURNITURE YEARBOOK

编

中国林业出版社

中国家具协会 CHINA NATIONAL FURNITURE ASSOCIATION
地址：北京市朝阳区百子湾路 16 号百子园 5C-1203 室
Add：Room 1203，Building C，No.5 Baiziyuan，No.16，Baiziwan Road，Chaoyang District，Beijing
邮编 Postcode：100124
电话 Tel：010-87766752/87766795
传真 Fax：010-87747349
邮箱 E-mail：huiyuan@cnfa.com.cn
官网 Official Website：http:// www.cnfa.com.cn
QQ：1186486096

图书在版编目（CIP）数据

2017 中国家具年鉴 / 中国家具协会编．—北京：中国林业出版社，2017.7
ISBN 978-7-5038-9109-0
Ⅰ．① 2… Ⅱ．①中… Ⅲ．①家具工业－中国－ 2017 －年鉴 Ⅳ．① F426.88
中国版本图书馆 CIP 数据核字 (2017) 第 133175 号

策划、责任编辑：杜 娟
电　　话：（010）83143553　　　**传　　真：**（010）83143516

出版发行　中国林业出版社（100009　北京西城区德内大街刘海胡同 7 号）
E-mail:jiaocaipublic@163.com　电话：（010）83143500
http:// lycb. forestry.gov. cn
经　　销　新华书店
印　　刷　北京中科印刷有限公司
版　　次　2017 年 7 月第 1 版
印　　次　2017 年 7 月第 1 次印刷
开　　本　787mm × 1092mm　1/16
印　　张　25.5
字　　数　754 千字
定　　价　230.00 元

2017
中国家具年鉴

编委会

目 录

01 专题报道 Special Report

02 政策法规 Policy Plan

03 年度资讯 Annual Information

CONTENTS

04 数据统计 Statistical Data

05 行业分析 Industry Analysis

06 地方产业
Local Industry

07 产业集群
Industry Cluster

10 名企点经
Enterprises Tips

附录

-01-

专题报道

Special Report

编者按：2016年12月29日，2016全国家具行业工作会议暨中国家具协会第六届三次理事会在成都成功举办。会上，中国家具协会理事长朱长岭就第六届理事会2016年的主要工作向大会作了汇报。报告中同时分析了宏观政策对家具行业的推动、2016年中国家具行业的主要特点，并汇报了中国家具协会2017年重点工作，对中国家具协会理事会工作的推进以及行业发展具有重要的指导意义。同时，会议还通过了《关于成立中国家具协会质量标准委员会的决定》《关于授予江西省赣州市南康区“中国中部家具产业基地”、授予江西省樟树市“中国金属家具产业基地”称号的决定》。

2016全国家具行业工作会议暨中国家具协会第六届三次理事会成功召开

2016年12月29日，以“传承工匠精神 助推行业发展”为主题的“2016全国家具行业工作会议暨中国家具协会第六届三次理事会”在成都召开，此次会议由中国家具协会主办，四川省家具行业商会承办。中国家具协会理事长朱长岭、副理事长刘金良、秘书长张冰冰出席会议。来自全国各省市家具协会和中国家具协会会员单位的代表共计800余人参加了会议。会议由中国家具协会秘书长张冰冰主持。

2016年是“十三五”开局之年，家具行业面对复杂的国际国内环境，以党的十八大以及十八届三中、四中、五中、六中全会精神为指引，以家具行业“十三五”规划为指导，克服了众多困难和挑战，取得了新的成绩。在全面建成小康社会的决胜阶段，会议的召开对家具行业“十三五”时期的发展有着重要意义。

会上，中国家具协会理事长朱长岭作《中国家具协会第六届三次理事会工作报告》。朱理事长从国家宏观政策对行业的影响、行业发展特点、2016年协会主要工作以及2017年协会重点工作四个方面对2016年家具行业和中国家具协会的发展做了全面介绍。

中国家具协会副理事长刘金良作《中国家具协会2016年度财务报告》，向大会报告了2016年度协会收支情况，并宣读了《关于成立中国家具协会质量标准委员会的决定》《关于表彰2016年度中国家具行业先进单位的决定》和《关于授予江西省赣州市南康区“中国中部家具产业基地”、授予江西省樟树市“中国金属家具产业基地”称号的决定》。

此次年会得到了四川省家具行业商会的大力支持，四川省家具行业商会会长、成都八益家具集团董事长王学茂在会上致欢迎词，他代表四川省家具

会议现场

中国家具协会理事长朱长岭作工作报告

中国家具协会副理事长刘金良做财务报告并宣读文件

中国家具协会秘书长张冰冰主持会议

四川省家具行业商会会长、成都八益家具集团董事长王学茂致欢迎词

行业商会，对中国家具协会及各省市兄弟协会长期以来予以四川家具的支持和帮助表示衷心的感谢，向大会的胜利召开表示热烈的祝贺。

当晚，举办了“携手共进　筑梦远航——2016年度中国家具行业先进单位表彰大会”。大会由中国家具协会主办，四川省家具行业商会承办。

会上，中国家具协会理事长朱长岭、副理事长刘金良、秘书长张冰冰，以及部分省市家具协会的

中国家具协会理事长朱长岭向江西省赣州市南康区颁发“中国中部家具产业基地”牌匾

中国家具协会理事长朱长岭向江西省樟树市颁发“中国金属家具产业基地”牌匾

广东省家具协会会长王克

顾家家居董事长顾江生

河南清丰县县委副书记赵建国

“中国椅业之乡”安吉县政府代表王哲琦

表彰大会现场

会长为获奖代表颁奖。

广东省家具协会等 18 家协会获得“2016 中国家具行业先进协会”荣誉称号；曲美家居集团股份有限公司等 32 家企业获得“2016 中国家具行业卓越贡献单位”荣誉称号；廊坊华日家具股份有限公司等 39 家企业获得“2016 中国家具行业发展成就突出单位”荣誉称号；顾家家居股份有限公司等 59 家企业获得“2016 中国家具行业产品创新单位”荣誉称号；成都八益家具股份有限公司等 53 家企业获得“2016 中国家具行业环保达标先进单位”荣誉称号；北京金隅天坛家具股份有限公司等 40 家企业获得“2016 中国家具行业科技创新先进单位”荣誉称号；北京居然之家投资控股集团有限公司等 48 家企业获得“2016 中国家具市场引领企业”荣誉称号；中国椅业之乡等 24 个产业集群获得“2016 中国家具行业先进产业集群”荣誉称号；中国东部家具产业基地等 4 个产业园获得“2016 中国家具行业先进新兴产业园”荣誉称号；胜芳家具行业协会等 12 个地方协会获得“2016 中国家具产业集群先进协会”荣誉称号。

在 2016 全国家具行业工作会议暨中国家具协会第六届三次理事会上的工作报告

朱长岭

（2016 年 12 月 29 日）

各位代表，同志们，朋友们：

大家好！

今天，我们在这里召开 2016 全国家具行业工作会议暨中国家具协会第六届三次理事会，总结一年来家具行业的发展概况，回顾和展望中国家具协会的主要工作。在全面建成小康社会决胜阶段，会议的召开对家具行业"十三五"时期的发展有着重要意义。

今年是"十三五"开局之年，家具行业面对复杂的国际国内环境，以党的十八届五中、六中全会精神为指引，以家具行业"十三五"规划为指导，克服了众多困难和挑战，取得了新的成绩。

下面，我就第六届理事会 2016 年的主要工作向大会做工作报告。

一、宏观政策促进行业发展

我国经济发展进入新常态以来，国家发布了一系列战略发展规划和政策措施，引导经济健康发展。这些规划和政策在助推我国整体经济发展的同时，对家具行业的发展也起到了积极促进作用。

1. 供给侧结构性改革 从 2015 年开始，以去产能、去库存、去杠杆、降成本、补短板为重点的供给侧结构性改革，经中央经济工作会议确定后，正式拉开大幕。

今年以来，面对供给侧结构性改革的要求，家具行业不断调整发展思路，很多家具产区扩大有效优质产能，通过推动本地企业扩容改建、技术创新等举措做大做强；通过搭建平台，完善园区建设，严格控制新增落后产能；通过拓展产品销售流通渠道，促进企业发展。行业内一批涉足全屋定制的家具企业快速发展，满足市场对定制家具的需求。省市家具协会开展了家具产业供给侧改革的多项活动，为家具企业提供充分沟通的机会，规避经营隐患，从源头提升产品品质，为品牌塑造价值提供了指引。在家具供给侧改革中，着力推进质量、标准、品牌、信誉的提升。

供给侧结构性改革为家具行业产业升级提供了指引，家具行业要从提高供给质量出发，扩大有效供给，提高劳动生产率，更好地满足人民群众的需要，促进经济社会持续健康发展。

2.《中国制造 2025》 2015 年，李克强总理在全国两会上作《政府工作报告》时首次提出《中国制造 2025》，其目的是通过两化融合发展，让中国成为制造业强国，基本方针是创新驱动、质量为先、绿色发展、结构优化和人才为本。

目前，家具行业不再只是简单粗放的传统制造业，企业正通过自身的创新发展践行《中国制造 2025》。如尚品宅配针对传统生产经营方式库存量大、资金周转慢、附加值较低等缺陷，改革创新技术和商业模式，把生产技术与信息技术紧密结合起来，采用满足个性化需求的"定制化"柔性生产技术，把信息技术运用到设计、生产、配送和服务等环节，将生产操作程序化，在技术和产业层面，实现了信息化和工业化的深度结合。曲美家居的智能智造升级和数字化机床的大范围应用，减少了人工，提高了产品品质，满足了定制需求，提高了企业利润。同时，曲美通过 ERP 全供应链的服务，从云端共享"产品加工、材料配送、环节供应、成品货源"等数据信息，实现家具生产环节的智能化，最大力度的节省库存和物流成本。

家具行业以《中国制造 2025》为指导，在提升自身创新能力，加强质量品牌建设，推进绿色制造，优化发展结构等方面做了大量工作。随着人们对个性化、环保要求的不断加深，家具行业必将向着高科技、环保智能的方向发展，持续推进信息化与工业化的深度融合，向服务型制造业转型，实现《中国制造 2025》的目标。

3.“三品”专项行动　今年 5 月，国务院办公厅印发了《关于开展消费品工业“三品”专项行动营造良好市场环境的若干意见》，部署开展消费品工业增品种、提品质、创品牌“三品”专项行动。

意见出台后，家具全行业开展了增品种、提品质、创品牌的工作。广东省家具协会提出，未来五年是广东家具行业“增品种、提品质、创品牌”的重要时期，要进一步发挥重点企业带头示范作用和行业协会作用，坚持“创新驱动、技术改造、环境治理、优化升级”的行业发展指导思想，加快广东家具行业工业化、信息化与现代生产服务业的深度融合。北京家具行业协会和居然之家联合参与制定了《北京家具经营服务规范》，让企业在提升产品品质的同时注重服务品质的提升。

此外，家居设计领域一批独立设计师原创品牌不断涌现，企业的产品注重设计，以设计打造品牌，满足了人们的个性化需求，走在了增品种、创品牌工作的前列。

在实施“三品”行动的过程中，家具行业还要坚持市场主体、改善供给、创新引领、协调发展。通过提高创意设计水平、增加中高端消费品供给、发展智能健康消费品、发展民族特色消费品实现增品种；通过加强质量精准化管理、推进质量检验检测和认证实现提品质；通过提高品牌竞争力、培育知名品牌、完善品牌服务体系、推进品牌国际化实现创品牌。

4. 行业协会与行政机关脱钩　2015 年，中共中央办公厅、国务院办公厅印发《行业协会商会与行政机关脱钩总体方案》。方案指出，脱钩的任务是实现机构、职能、资产财务、人员管理、党建外事与业务主管单位分离。协会与行政机关的脱钩，将进一步规范协会行为，促进协会发展。

行业协会是政府与企业中间的桥梁，担负着政府决策咨询、维护行业权益的责任，对会员企业提供管理咨询、培训引导、协调国际贸易争端等各类服务。行使好这些职能，需要行业协会摆脱和政府机构之间的从属关系，做好为政府服务、为行业服务和为社会服务的角色。

中国家具协会是第二批脱钩试点单位，自今年 8 月份开始推进相关工作，按照文件要求，中国家具协会将于 2017 年 7 月 30 日前完成相关脱钩工作。

5. 标准化工作改革　2015 年，国务院先后印发了《深化标准化工作改革方案》和《贯彻实施〈深化标准化工作改革方案〉行动计划》。2016 年 3 月 1 日，国家质检总局、国家标准委联合印发《关于培育和发展团体标准的指导意见》，意见指出，具有法人资格和相应专业技术能力的学会、协会、商会、联合会以及产业技术联盟等社会团体可协调相关市场主体自主制定发布团体标准，供社会自愿采用。社会团体应组建或依托相关技术机构，负责团体标准制定工作。

家具行业团体标准化工作的开展，激发了协会和企业的活力，可以更好地制定满足行业创新需要的标准，形成产学研相结合的团体标准研制模式，从而增加标准的有效供给，建立“政府主导”制定标准与“市场自主”制定标准协同发展、相互补充的新型标准体系。未来，团体标准将成为家具行业标准化工作的重要组成部分，并推动标准化工作迈上新台阶。

二、2016 年中国家具行业主要特点

1. 行业发展保持稳定　2016 年 1—10 月，全国家具行业规模以上企业累计完成主营业务收入 6 742.31 亿元，同比增长 8%。这一增速高于国家前三季度 6.7% 的 GDP 增速，也高于轻工行业整体 6.6% 的增速，家具行业整体发展保持稳定。

2016 年 1—10 月，家具行业规模以上企业累计完成利润总额 402.7 亿元，同比增长 10.9%；累计完成产量 64 032.99 万件，同比增长 1.75%。在产量增速较小的情况下，利润总额保持了较高的增长速度，说明企业盈利能力有所提高，产品附加值进一步增加。

2. 出口面临较大压力　自加入世贸组织以来，我国家具出口除 2009 年受全球金融危机影响出现了短暂下滑外，一直保持增长态势。即便是困难重重的 2015 年，出口额也略有增长。但 2016

年前三季度，家具出口增速均为下降。1—10月，家具行业累计完成出口额396.77亿美元，同比下降9.96%。值得注意的是，出口额下降的同时，出口量却在增长，1—10月，我国家具出口量约为24.14亿件，同比增长1.86%，这说明单件家具产品出口价格有所降低。

2016年，国际经济形势复杂多变，许多国家经济发展减速，国际家具市场疲软，欧元和部分国家货币不断贬值，这些因素较大程度上影响了我国家具的出口。同时，由于贸易保护的原因以及家具产业向低成本地区转移，竞争对手实力增强，尽管如此，中国家具出口占全球家具贸易的比重达38%，没有降低。

3. 绿色发展备受重视 党的十八届五中全会提出了创新、协调、绿色、开放、共享的五大发展理念。随着我国经济的不断发展和人民生活水平的持续提高，人们越来越重视家具产品的绿色环保。绿色发展成为了企业结构调整、转型升级、实现可持续发展的必然选择。

2016年，家具行业更加重视绿色发展。由中国家具协会等八大协会联合发起的中国家居产业绿色供应链联盟于11月成立，并发表了《中国家居产业绿色供应链联盟宣言》。联盟的成立，对家居行业创新驱动，加快绿色发展具有重要意义，将带动家具及相关行业的绿色发展。5月，广东省家具协会等组织共同成立了“绿色家具产业联盟”，推动了涂料企业、家居企业的有效对接，优化了资源配置，并引导企业持续健康发展。12月，红星美凯龙携400多个品牌发表绿色宣言，正式将绿色环保写入企业使命，绿色环保将成为家居行业转型升级的重要方向。

4. 发展模式不断创新 2016年是家具行业创新发展的一年，企业运用新思维、新理念不断创新发展模式。这些创新使家具行业从传统产业向现代制造业发展，企业也从生产型向生产服务型转变。

新的理念让家居企业不再只局限于商品的销售，而是更注重提供由家居衍生出的全方位居家生活服务，这种发展模式的不断创新，为家具行业的发展注入了新活力。

5. 设计成为发展动力 与产品质量、环保标准等因素一样，市场对好的设计产品的需求与日俱增。随着消费者需求越来越个性化、差异化，原创设计与自主研发成为家具制造企业发展的重要动力和源泉。

2016年，无论是家具协会、家具展会还是企业和设计师，都十分重视家具产品的设计。部分省市家具协会举办了设计比赛；各家具展会纷纷开设设计论坛或设计师沙龙等活动，多数家具展会专门设立了设计馆；企业不断加大设计投入，用设计引领发展；设计师纷纷推出原创设计产品，其中一些获得了国际大奖，助推中国设计走向国际。

三、中国家具协会2016年主要工作

1. 制定行业发展规划 近年来，中国家具协会制定了多项行业发展规划、行规行约、指导意见等，旨在更好地引导行业健康发展。中国家具协会于2015年成立了《中国家具行业“十三五”发展规划》编制小组，在经过充分调研、讨论、论证后，于2016年3月完成了《中国家具行业“十三五”发展规划（草案）》的编制，并在3月份召开的中国家具协会第六届二次理事会上通过。规划的制定，为未来我国家具行业的发展指明了方向，具有积极重要的作用。

2. 召开重要会议 2016年，中国家具协会召开了众多行业会议及论坛。包括中国家具协会第六届二次理事会，中国家具协会常务理事扩大会暨“中国家具业提升之路”高峰论坛，中国家具协会副理事长工作会议，2016年全国家具协会联席会，中国红木家具发展大涌论坛，2016年全国办公家具行业工作会议，首届中国家居流通大会，2016年全国红木家具行业工作会议，第四届“中国家具产业发展（成都）国际论坛”，2016中国（郑州）产业转移系列对接活动暨现代家居专题对接会，首届中国家居绿色供应链论坛等。通过召开会议，中国家具协会传达了国家政策精神，与政府部门深化了沟通合作，与企业之间加强了联系。与此同时，参会的企业家学习到了专家、教授、行业同仁分享的研究成果和发展经验，会议成为了交流、学习的良好平台。

3. 开展国际交流合作 2016年，中国家具协会继续与意大利CSIL合作，整理并刊印了《2013—2016年世界家具展望》报告，与行业分

享全球行业发展数据和信息；参加世界家具展望研讨会，向各国介绍中国家具产业发展情况，扩大了协会的国际知名度和影响力；参观米兰展等国际家具展，及时了解最新家具设计和发展趋势；与芬兰锯木厂协会签署谅解备忘录，共同举办活动；与瑞典木业协会等国际组织开展合作。目前，中国家具协会的国际交流已经从简单的参与提升为注重给行业和企业带来实际成果和帮助的深度合作。

4. 做好亚洲家具联合会会长单位工作　中国家具协会作为亚洲家具联合会会长单位，担负着团结亚洲各国，促进亚洲家具行业繁荣发展的重任。自成为会长单位以来，协会积极开展相关工作。2016 年，协会组织召开了亚洲家具联合会第 35、36 次董事会，亚洲家具联合会第 19 届年会暨亚洲家具发展与合作（龙江）峰会、第二届亚洲家居（南宁）展览会以及亚洲家具产业合作系列活动。同时，协会积极协调国内政府和企业，组织联合会成员参观展会、参加会议、论坛等活动，得到了成员国的一致认可和好评，为亚洲家具联合会带来了新的发展活力。

2016 年 12 月 14 日，亚洲家具联合会第 20 届年会在伊朗召开，会议全票表决通过中国家具协会继续担任亚洲家具联合会会长单位。这将进一步巩固中国家具行业在亚洲的地位，更好地发挥中国家具协会在促进地区和国际家具行业发展中的作用。

5. 标准化工作　中国家具协会是全国家具标准化技术委员会主任委员单位，十分重视行业标准化工作。

2016 年 3 月，协会于去年申报的《木家具制造　清洁生产评价》国家标准立项得到了国家标准化委员会的许可批复，协会成立了起草小组。7 月，中国家具协会参加了国际标准化组织 ISO/TC 136 第 13 届年会，与各国专家共同探讨家具行业国际标准制修订问题。8 月，中国家具协会按照相关规定在全国团体标准信息平台完成注册，并进入 30 天的公示阶段，协会据此出台了《中国家具协会团体标准管理办法》。9 月，中国家具协会主办召开了第二届中国家具标准化国际论坛，这是中国家具标准化领域最高层次的专业论坛。

当前，我国家具行业的标准化工作已经受到国际的关注，由我国专家主导制定的相关标准即将成为国际标准推广执行，家具行业标准化工作水平再上一个台阶。

6. 信息服务与研究　2016 年，协会继续配合国家发展和改革委员会、工业和信息化部、商务部等政府部门开展相关工作，及时反馈各类行业发展信息，为国家政策制定提供参考依据。协会向国家发改委反映全球家具生产及贸易、全球知名家具品牌、国际家具行业发展特点、国内家具行业的品牌化与国际化、行业发展存在的问题等情况，并提出了工作建议；向工信部反映中国家具企业“走出去”发展，实现产能合作的情况，争取国家政策支持；参加商务部重点劳动密集型行业座谈会，反映家具行业生产和出口、产业向国外转移、行业主要国际竞争优势和劣势情况，并提出提振出口的对策。协会还为上级主管单位中国轻工业联合会报送《2016 年家具出口面临较大挑战》《一季度家具出口下降　竞争优势弱化》《近期中国家具行业情况及建议》等文章，及时反映行业难题。

协会还召开了一年一度的中国家具行业信息会和家居流行趋势信息发布会，表彰了优秀信息工作者，及时对外发布了行业最新信息。同时，协会继续做好《中国家具协会通讯》《新家具》《中国家具年鉴》等刊物的编辑出版工作，不断增加原创内容，提升信息质量；继续做好协会网站的更新维护工作，及时发布行业信息；不断拓展微博、微信等新媒体的服务和信息传播功能，为企业和行业服务。

7. 开展行业培训　中国家具协会重视职业培训工作的开展，已经在全国建立了众多的培训基地和培训站。截至目前，协会今年共举办了 15 批次的培训班，为行业培训专业人才 1 500 余名。协会还十分重视内部工作人员工作能力的培养。3 月，中国家具协会全体工作人员前往广东，走访了十余家家具企业，重点针对红木家具企业的发展现状和红木相关知识进行了学习。5 月，在全国轻工行业职业技能培训与鉴定工作会议上，中国家具协会职业技能鉴定站荣获“先进集体”称号，这是上级主管部门对协会工作的肯定和鼓励。

8. 产业集群建设　截至目前，我国共有家具行业产业集群 46 个，涵盖制造、流通等各个领域。今年，中国家具协会继续开展产业集群建设工作，组织专家组对江西省樟树市“中国金属家具产业基地”、江西省赣州市南康区“中国中部家具产业基地”进行了复审。经过考评，正式授予宁海“中国华东实木家具总部基地”，命名宁海县“中国实木家具工匠之乡”称号。产业集群的建设推动了地区家具行业的发展，加强了政府、企业、协会等各方的沟通协调，促进了产业上下游的综合建设。

9. 办好行业展会　展会已经成为助推行业发展的有效平台。今年以来，中国家具协会继续办好中国国际家具展览会、中国（广州）国际家具博览会、中国沈阳国际家博会等全国性行业展会，中国红木家具精品品鉴会等专项展会，以及第五届中国香河国际家居采购文化节等地方性展会及活动。协会不断创新，通过举办相关会议、论坛等活动，进一步提升了展会的国际影响力和行业号召力。

四、中国家具协会 2017 年重点工作

1. 坚持稳中求进，促进行业转型　近日，中央经济工作会议在北京举行。会议指出，2017 年是实施“十三五”规划的重要一年，是供给侧结构性改革的深化之年。中国家具协会将以会议精神为指导，坚持稳中求进的工作总基调，以提高发展质量和效益为中心，以推进供给侧结构性改革为主线，继续引导行业深化改革，促进行业转型升级。

2017 年，协会将重点引导企业化解过剩产能，降低库存率和杠杆率，降低各类成本，弥补自身不足；鼓励企业发展实体经济，不断提高产品和服务质量，扩大高质量产品和服务供给；引导企业坚持创新驱动发展，发扬“工匠精神”，加强自身品牌建设。

2. 完善自身职能，参与国家建设　2016 年 8 月 21 日，中共中央办公厅、国务院办公厅印发了《关于改革社会组织管理制度促进社会组织健康有序发展的意见》，首次明确“社会组织是中国社会主义现代化建设的重要力量”，提出“充分发挥社会组织服务国家、服务社会、服务群众、服务行业的作用”，为社会组织发展及作用发挥指明了方向。中国家具协会将根据“四个服务”的指导思想，进一步完善自身职能，参与国家建设。

协会要结合政府职能转变和行政审批改革的需要，积极承担政府部门不再行使、适合市场和社会提供的事务性管理工作及公共服务，为政府购买服务提供更为专业和多样的选择；在创新社会治理、化解社会矛盾、维护社会秩序、促进社会和谐等方面发挥作用，成为社会建设的重要主体；在发展公益慈善事业、繁荣科学文化、扩大就业渠道等方面发挥作用，满足人民群众多样化需求；在服务企业发展、规范市场秩序、开展行业自律、制定团体标准、维护会员权益、调解贸易纠纷等方面发挥作用，成为推动经济发展的重要力量。

3. 深化国际交流，拓展行业对接　2017 年，中国家具协会将在现有工作的基础上进一步深化国际合作与交往，继续扩大中国家具协会在国际上的知名度和影响力。协会将以国家“一带一路”战略为指导，加强对外联络，开展实际工作。重点加强与“一带一路”沿线国家的交流与合作，促进“走出去”和“引进来”协调发展。协会还将继续获取全球家具行业发展数据和信息，在说清国内行业的基础上，及时了解国际行业发展。

协会还要巩固现有交往成果，与更多国家和相关组织建立联系，与上下游及相关产业建立联系，拓展合作范围，实现国内与国外，政府与企业，企业与企业之间的对接发展，更好地为政府、为行业、为企业提供发展平台和帮助。

4. 提升信息工作，加强行业宣传　为了进一步提升信息工作的水平，发挥信息的资源性作用，中国家具协会将继续拓展信息工作内容。协会将于 2017 年建立企业信息直报系统，争取运用大数据开展分析研究工作，并将研究成果应用于行业及企业的服务；注重对各类信息的获取、分析和研究，在说清行业的同时，为政府部门、企业机构等提供决策建议和指导意见，努力成为信息服务的提供者；充分发挥引领和导向作用，根据行业发展需要，开展国家重要研究项目，认真做好行业规划，开拓新的研究领域，积极争取国家项目及政策的支持，引导行业发展的正确方向。

目前，由中国家具协会编印的《新家具》杂志，经过两年多的发展，已成为国内外知名家具品牌、设计师宣传推广的精选刊物。《中国家具》创刊历史悠久，在全球家具类杂志中具有很强的国际影响力。为进一步打造具有广泛行业影响力的行业刊物，发挥刊物宣传平台的作用，2017 年，《中国家具》和《新家具》两本刊物将实现合刊，由中国家具协会负责编

辑出版。两本杂志合刊后，将充分发挥各自优势资源，强调市场化运作模式，实现跨越发展。并通过宣传优秀家具企业、传播行业资讯、分享优秀设计作品及思想、挖掘世界文化与家具行业的关联、关注科学技术发展对行业的影响、探讨与家具行业相关的话题，为读者提供全面、新颖、有见解的资讯。

同时，协会还要加强现有刊物及网站、微信、微博等对外宣传平台的运营，扩大宣传范围，拓展推广渠道。

5. 推进标准改革，开展质量工作 2015年，国务院印发了《深化标准化工作改革方案》，提出了构建新型标准体系的目标，并计划分三个阶段实施。2017 年将进入到这一计划的第二阶段（2017—2018 年），即构建新型标准体系。

2016 年，中国家具协会根据标准化工作改革的精神设立了标准质量部，专门负责相关工作。协会将根据相关文件要求和具体工作进度，开展标准研讨、起草、制修订等工作，完善家具行业标准体系；推进团体标准制定工作的开展，适应家具行业标准化工作的改革；开展行业质量工作，鼓励企业提升产品品质，对接行业供给侧改革。协会还计划针对质量标准工作组建专门的委员会，为今后工作的顺利开展打好基础。

6. 支持展会发展，创新办展思路 家具展会作为我国家具行业发展的风向标，见证了行业的转型升级和结构调整，展会的发展在客观上促进了中国家具行业的发展。

2017 年，中国家具协会将继续办好中国国际家具展览会、中国（广州）国际家具博览会和中国沈阳国际家博会等全国性展会；支持地方协会办好地区性展会和特色展会，并在方向指导、活动举办、宣传报道、沟通对接等方面为展会提供必要的支持。

同时，中国家具协会将不断创新办展思路，在展会内容、展览形式、服务提供等方面多下工夫，鼓励展会差异化经营，避免同质化竞争，让家具展会成为贸易对接、产品展示、学习交流，趋势发布的良好平台。

7. 注重人才培养，积蓄发展力量 人才是保障行业持续发展的源泉，加强行业人才培养，是中国家具协会的重要任务。2017 年，协会将继续携手全国各地的专业院校、教育机构、培训基地和鉴定站，加强行业的培训教育工作。同时，为了加快培养和选拔家具行业高技能人才，弘扬大国工匠精神，协会还将同全国总工会、中国财贸轻纺烟草工会全国委员会、国家人力资源和社会保障部、中国就业培训技术指导中心、中国轻工业联合会、中国轻工业职业技能鉴定指导中心等单位合作，在全国家具行业内开展“2017 年全国家具（红木雕刻）职业技能竞赛”，并争取将此竞赛上升至国家级二类竞赛，即“2017 年中国技能大赛——全国家具（红木雕刻）职业技能竞赛”。

在开展培训工作的过程中，将注重对人的全面培养，提高综合素质；创新选拔任用和监督管理机制，坚持以人为本；创建激励机制，激发人才活力；加快技术型人才和管理型人才的培育，提升家具行业从业者的整体素质，为行业的长期发展储备高质量人才。只有这样，才能更好地发挥人才作用，让人才为行业服务。

8. 推动专委会工作，提供针对性服务 未来，中国家具协会将继续推动各专业委员会的工作，在行业细分领域提供有针对性的服务，并根据行业发展情况和需要，适时成立新的专业委员会，为促进行业转型升级做出新的贡献。

协会将重点在质量标准、儿童家具、定制家具、智能家具等方面为行业和企业提供更有针对性的服务。做好团体标准的制修订、实施、宣贯、复审以及归口解释的工作；在儿童家具的设计、生产、销售、服务等工作中发挥作用，为儿童健康成长服务；鼓励定制家具企业相互学习，共同进步，推动行业现代化发展；与互联网和科技等相关行业开展交流合作，促进家具智能化的实现。

各位代表！

过去的一年，全体家具同仁迎接挑战，自强自立，为行业的发展做出了巨大贡献。

2017 年，中国家具协会将继续引领行业转型升级，立足“提供服务、反映诉求、规范行为”的职责定位，发挥连接政府、联系企业、服务大众的桥梁和纽带作用，积极参与到国家治理和行业发展中来。让我们更加团结，奋发进取，为实现家具行业由大变强的中国梦而努力奋斗！

谢谢大家！

02

政策法规

Policy Plan

编者按：自我国经济发展步入新常态以来，国家发布了一系列政策措施，引导经济健康稳定发展。这些政策措施，对家具产业的发展具有极大的指导意义和促进作用。2016 年 5 月，国务院办公厅印发《关于开展消费品工业“三品”专项行动营造良好市场环境的若干意见》，部署开展消费品工业增品种、提品质、创品牌“三品”专项行动。国务院办公厅印发《贯彻实施〈深化标准化工作改革方案〉重点任务分工（2017–2018 年）》，在建立统一的强制性国家标准、团体标准、企业标准等方面做了规定，对家具行业完善标准建设有重大的指导意义。及时掌握最新的行业政策法规对行业发展起到了重要作用。

国务院办公厅关于开展消费品工业“三品”专项行动营造良好市场环境的若干意见

国办发〔2016〕40号

各省、自治区、直辖市人民政府，国务院各部委、各直属机构：

消费品工业是我国重要民生产业和传统优势产业。改革开放以来，我国消费品工业总体上保持平稳健康发展，形成了覆盖面广、结构相对完整的消费品工业体系，基本保障和满足了人民群众不断增长的消费需求，对稳增长、促改革、调结构、惠民生发挥了重要作用。但也要看到，我国消费品工业核心竞争力和创新能力仍然较弱，品种、品质、品牌与国际先进水平相比尚有较大差距，有效供给能力和水平难以适应消费升级的需要。为贯彻落实党中央、国务院关于推进供给侧结构性改革、促进工业稳增长调结构增效益和建设制造强国的决策部署，更好满足和创造消费需求，不断增强消费拉动经济的基础作用，促进消费品工业迈向中高端，经国务院同意，现就开展消费品工业“三品”专项行动提出以下意见：

一、总体要求

（一）指导思想

全面贯彻党的十八大和十八届三中、四中、五中全会以及中央经济工作会议精神，按照“五位一体”总体布局和“四个全面”战略布局，牢固树立和贯彻落实创新、协调、绿色、开放、共享的发展理念，以市场为导向，以创新为动力，以企业为主体，以实施增品种、提品质、创品牌的“三品”战略为抓手，改善营商环境，从供给侧和需求侧两端发力，着力提高消费品有效供给能力和水平，更好满足人民群众消费升级的需要，实现消费品工业更加稳定、更有效益、更可持续的发展。

（二）基本原则

坚持市场主导，政府推动。发挥市场机制作用，强化企业的市场主体地位，增强企业改善供给的责任意识和主导作用，发挥企业家精神，激发企业活力和创造力，推动消费品工业转型升级。营造公平竞争营商环境，强化市场监管，完善相关制度，取消不必要的审批、目录和不合理收费。

坚持改善供给，两侧发力。推进供给侧结构性改革，抓住制约消费品工业提质增效、创造品牌、转型升级的关键问题，支持企业开发适应市场需求、满足消费升级需要的产品和服务，提高供给质量和效率。促进供给升级和需求升级协调共进，推动消费品工业向高水平供需平衡跃升。

坚持创新引领，协调发展。发挥创新在消费品提质升级中的引领作用，健全创新激励机制，支持企业加大研发设计投入，加强产学研用结合，加快创新成果转化。推进“互联网＋”与消费品工业深度融合，提升传统产业，培育新兴产业，完善产业链条，优化布局结构，推动消费品工业集约高效和均衡协调发展。

（三）主要目标

到2020年，消费品工业传统优势得到巩固提升，新兴产业不断壮大，市场环境进一步优化，“三品”专项行动取得积极进展，品种丰富度、品质满意度、品牌认可度明显提升，产品和服务对消费升级的适应能力显著增强。

市场环境明显优化。简政放权、放管结合、优化服务改革深入推进，相关法规、标准、政策措施进一步健全，市场监管力度不断加大，政府公共服务能力显著提高，市场竞争秩序和消费环境明显改善。

供给水平明显提高。消费品品质明显提升，中高端消费品比重增加，品牌附加值、市场影响力和消费者认可度不断提高。消费品质量标准、计量、检验检测、认证认可体系逐步与国际接轨。食品药品质量安全水平稳步提升。重点行业前 10 位品牌企业销售收入占同行业销售收入比重进一步提高，培育一批具有国际影响力的品牌。

创新能力明显增强。重点消费品行业智能制造、绿色制造、服务型制造、“互联网＋”协同制造取得积极进展。大中型企业研发强度年均增长 10% 以上。轻工、纺织产品国际标准的采标率分别提高 10 个百分点。关键设备研发和产业化水平进一步提高。

质量效益明显改善。规模以上消费品企业增加值增速高于全国工业平均增速，降本增效取得积极进展，消费品出口占国际市场份额保持基本稳定。单位增加值能耗、二氧化碳排放量、用水量达到国家约束性指标要求，绿色发展能力显著增强。

二、主要任务

（四）增品种

支持企业深度挖掘用户需求，适应和引领消费升级趋势，在产品开发、外观设计、产品包装、市场营销等方面加强创新，积极开展个性化定制、柔性化生产，丰富和细化消费品种类，推动中国制造向中国创造转变。

1. 提高创意设计水平。鼓励地方政府和行业协会培育一批示范性消费品时尚创意设计名城和产业园区，加大对消费品创意设计优秀人才的表彰和奖励力度。在消费品行业建设一批国家级工业设计中心，推广应用“众包”等新型创意设计组织方式，培育一批网络化创新设计平台。促进文化创意与“三品”融合发展，提高消费品的文化附加值。

2. 增加中高端消费品供给。发展个性化、时尚化、功能化、绿色化消费品，推出一批科技含量高、附加值高、设计精美、制作精细、性能优越的精品，进一步提升我国消费品工业在全球产业价值链中的地位。发展中高端服装鞋帽、手表、家纺、化妆品、箱包、珠宝、丝绸、旅游装备和纪念品等消费品，进一步提升婴幼儿配方乳粉、厨卫用品等生活用品的有效供给能力和水平。适当降低低端消费品比重，促进产品向高性价比优势转变。

3. 发展智能、健康消费品。发展智能节能家电、智能锂电电动自行车、智能照明产品、数字电视、智能手机、平板电脑、服务机器人、消费类无人机、可穿戴智能产品、智能音箱、虚拟现实产品、智能化计量器具等智能消费品。积极研发营养与健康食品、康复辅助器具、健身产品、智慧医疗产品等健康类消费品。进一步发展老年、儿童和婴幼儿用品。

4. 发展民族特色消费品。传承发展一批传统工艺美术、文房四宝等产品。支持发展一批传统特色食品。创新提升一批民族特色用品。传承保护民族服饰文化，研究设计一批具有民族特色的服饰。加强对藏药、维药、蒙药等特色民族药的发掘和保护。

（五）提品质

培育和弘扬精益求精的工匠精神，引导企业树立质量为先、信誉至上的经营理念，立足大众消费品生产推进“品质革命”，走以质取胜、质量强国的发展道路，推动中国制造加快走向精品制造，赢得大市场。

1. 开展国际对标。开展与国外中高端消费品对标，推进国内消费品标准与国际标准接轨，到 2018 年，主要消费品领域与国际标准一致性程度达到 95% 以上。引导重点消费品企业参照国际先进标准组织生产。开展国内外中高端消费品质量品质比对，逐步缩小与国际标准差距。开展仿制药质量和疗效一致性评价，全面提升仿制药质量水平。支持标准化技术机构主导或参与国际标准化工作，增强我国参与制定消费品领域国际标准的话语权。

2. 加强质量精准化管理。引导企业深入开展全面质量管理，加强从原料采购到生产销售全流程质量管控，开展自动化、智能化工厂技术改造，推广工艺参数及质量在线监控系统，提高产品性能稳定性及质量一致性。推广先进质量管理模式和管理体系，树立质量标杆企业。建设一批高水平的消费品质量控制和技术评价实验室。研制消费品工业急需的计量标准，推进消费品工业领域国家产业计量测试中心建设，推广覆盖产品全生命周期的测量管理体系。制定实施消费品标准化和质量提升规划。

3. 推进质量检验检测和认证。加快发展第三方质量检验检测和认证服务，探索建立质量追溯管理体系专门认证制度，提高检测认证机构公信力。支持重点消费品企业积极采用和参与制定国际质量检验检测标准，推行产品认证制度，推动质量检验检测和认证结果与技术能力国际互认。指导食品生产企业加强质量安全检测能力建设，支持医药和婴幼儿配方乳粉企业通过国际通行认证。

4. 保障药品和优质原料供应。提高药品供应保障能力，扩大定点生产试点品种范围，支持建设小品种生产基地。加快重大疾病治疗用新药、临床急需的仿制药、生物类似药和中药新药的开发，积极研发儿童适宜品种和剂型。支持有条件的婴幼儿配方乳粉等消费品企业在国内外建设优质原料生产基地及配套设施，加强鲜活农产品冷链物流设施建设，从原料端保障消费品质量。

（六）创品牌

引导企业增强品牌意识，夯实品牌发展基础，提升产品附加值和软实力，推动中国产品向中国品牌转变。

1. 提高品牌竞争力。鼓励企业围绕研发创新、设计创意、生产制造、质量管理和营销服务全过程制定品牌发展战略，构建管理体系，明确品牌定位，采用合理定价、差异发展等策略，整合渠道资源，提高品牌产品性价比。支持品牌企业创新商业模式，与大型电商平台对接，与零售企业开展统一议价、集中采购，促进产销对接，拓宽流通渠道，减少流通环节。推动各地、各行业建立品牌商品工商对接机制，大力开展知名品牌产品“全国行”“网上行”和“进名店”等活动。

2. 培育知名品牌。提高消费品标准化程度，推动中华老字号传承升级，支持企业适应市场需求，培育新品牌。规范品牌评价程序与标准，支持行业协会指导企业开展品牌创建、培育、宣传活动。编制家电、服装、家纺、食品等行业品牌发展报告。鼓励行业协会依托产业集群、国家新型工业化产业示范基地等，指导开展消费品区域品牌创建工作。

3. 完善品牌服务体系。扶持一批品牌培育和运营专业服务机构，培育一批具有较强影响力的消费品品牌设计创意中心和广告服务机构。建立品牌人才培训服务机构，形成多层次的品牌人才培养体系。完善品牌价值评估体系，为企业品牌创建提供咨询评估。深化品牌消费集聚区建设试点，支持地方和行业协会办好博览会、时装周、设计大赛等重大品牌活动，培育一批具有国际渠道、拥有核心竞争力的品牌展览展示机构。

4. 推进品牌国际化。鼓励优势品牌企业开展国际交流合作，引进国际化品牌管理人才和经营理念，建设海外研发设计机构及营销渠道。支持品牌企业以参股、换股、并购等形式与国际品牌企业合作，提高品牌国际化运营能力。支持品牌企业参加国际展览展销，积极开拓海外市场，提高品牌产品出口比重。

三、保障措施

（七）完善市场准入

深入推进商事制度改革，开展“证照分离”改革试点，继续削减前置审批和不必要的许可。取消不必要的审批、目录和不合理收费，大幅减少和规范涉企收费及审批评估事项。国务院以清单方式明确列出禁止和限制投资经营的行业、领域、业务等，清单以外的，各类市场主体皆可依法平等进入。对新业态、新模式等新生事物，既支持创新发展、激发活力，又严格依法监管、防范风险。

（八）营造良好营商环境

废除妨碍全国统一市场和公平竞争的规定和做法，依法制止和纠正违法规定歧视性价格及购买指定产品、服务等行为，维护公平竞争的市场秩序。严格实施缺陷产品召回制度，及时发现、公开曝光并严厉处罚质量违法违规行为。规范有序发展电子商务平台，严厉打击电子商务领域违法违规经营行为，构建诚信经营的网络市场环境。规范产品广告和相关信息发布行为，严厉打击虚假违法广告和不实报道。

（九）加强市场监管

全面推行“双随机、一公开”监管方式，加强事中事后监管。加大对商标、地理标志、知名商品特有名称、包装装潢、外观设计、发明专利、商业秘密等知识产权的保护力度，打击侵犯知识产权和企业合法权益的行为。严厉打击生产销售假冒伪劣商品等违法行为，防止劣币驱逐良币。强化消费品质量安全风险监测，完善消费品伤害监测制度，加大线上线下质量监督抽查力度，推动建立健全消费品企业“黑名单”、惩罚性巨额赔偿等法律制度。在中小城市、农村市场开展打击生产和销售假冒伪劣消费品专项行动。加强对幼儿园和学校相关学生用品、儿童用品的卫生、环保、安全等方面监管，依法保护消费者合法权益。

（十）完善产业政策

开展消费品工业“三品”战略示范试点，引导地方各级政府因地制宜完善产业政策，促进消费品供给侧结构性改革。以更加严格的安全、环保、质量、能耗、技术等标准，依法依规退出铅蓄电池、制革、造纸、印染等行业落后产能。进一步改善企业兼并重组市场环境，优化产业组织结构。进一步完善消费品原料配料含量、原产地、特殊人群适用性等信息披露标签标识全覆盖制度，推行消费品能效标识、绿色标识等认证制度，逐步扩大实施能效标识和绿色标识制度的消费品范围。

（十一）加大政策支持

利用工业转型升级资金、国家科技计划（专项、基金等）、专项建设基金等现有资金渠道，支持企业在创意设计、提高科技含量和性能等方面下大功夫，促进大众消费品创新、增加有效供给。有条件的地方要加强对改善消费品供给能力的财政支持。合理调整部分高档消费品的消费税政策，引导境外消费回流。鼓励地方各级政府与社会资本合作建立产业基金支持消费品工业创新发展。出口信贷和出口信用保险要加大支持消费品出口的力度。建立消费品供给改善信息与金融监管部门及金融机构的共享联动机制，加强对消费品工业的融资支持。

（十二）发挥协会作用

充分发挥行业协会熟悉行业、贴近企业的优势，在政策研究、标准制修订、人才培训、宣传推广、新产品展览展示、国际交流合作等方面发挥积极作用，共同实施好消费品工业“三品”战略。行业协会要选择具有独特功能或使用价值的升级和创新消费品，编制升级和创新消费品指南，积极引导消费；要加强自律和服务，组织开展质量信誉承诺等活动，维护良好的行业信誉，及时反映企业诉求，反馈政策落实情况，研究提出相关政策建议。充分发挥消费者协会作用，营造放心便利的消费环境。

（十三）加强舆论引导

支持主流媒体开展系列报道，设立专题网站、微博微信等平台，多渠道宣传消费品工业“三品”战略。通过市场手段加大国内优质品牌宣传力度，提高消费者对自主品牌的认知度和忠诚度，提升群众购买国货的自豪感。地方各级政府和行业协会要表彰和宣传品牌建设成就突出的企业和企业家，激发加强品牌建设的积极性。

促进消费品工业升级，发挥消费对经济发展和产业转型的关键作用，是推进结构性改革尤其是供给侧结构性改革、扩大内需的重要举措。各地区、各有关部门要结合实际制定具体方案，着力完善政策，充分发挥市场机制作用，围绕消费者多样化需求，推动消费品工业增品种、提品质、创品牌，营造良好市场环境。工业和信息化部要会同有关部门对本意见的落实情况进行跟踪分析和监督检查，认真总结和推广经验，重大事项及时向国务院报告。

国务院办公厅
2016 年 5 月 26 日

贯彻实施《深化标准化工作改革方案》重点任务分工（2017—2018年）

为贯彻实施《国务院关于印发深化标准化工作改革方案的通知》（国发〔2015〕13号），协同有序推进标准化工作改革，确保第二阶段（2017—2018年）各项重点任务落到实处，现提出如下分工。

一、基本建立统一的强制性国家标准体系

根据强制性标准整合精简结论，对拟废止的强制性标准公告废止；对拟转化为推荐性标准的强制性标准公告转化，使其不再具有强制执行效力，尽快完成文本修改；对拟整合或修订的强制性标准，分批提出修订项目计划，推进整合修订工作。制定《强制性国家标准管理办法》，完善强制性标准管理制度。强制性标准要守住底线，保障人身健康和生命财产安全、国家安全、生态环境安全以及满足社会经济管理基本要求。（质检总局、国家标准委牵头，各有关部门、各省级人民政府按职责分工负责）

二、加快构建协调配套的推荐性标准体系

落实推荐性标准集中复审意见，做好后续废止、修订、转化等相关工作，有效解决标准滞后老化问题。进一步明晰各层级推荐性标准制定范围，厘清各类标准间的关系，将推荐性标准范围严格限定为政府职责范围内的公益类标准，逐步缩减现有推荐性标准的数量和规模，为市场自主制定的标准留出发展空间。适应需求结构的变化，着力提高推荐性标准供给质量。加强行业标准、地方标准备案协调性审查，及时做好备案标准信息维护工作。（国家标准委、各有关部门、各省级人民政府按职责分工负责）

三、发展壮大团体标准

组织制定团体标准管理办法，明确制定原则，严格制定程序，构建团体标准自我声明和信息公开制度、团体标准化良好行为评价规范，建立第三方评估、社会公众监督和政府监管相结合的评价监督机制，推动团体标准制定主体诚信自律。扩大团体标准试点，逐步形成一批有知名度和影响力的团体标准制定机构。鼓励社会团体发挥对市场需求反应快速的优势，制定一批满足市场和创新需要的团体标准，优化标准供给结构，促进新技术、新产业、新业态加快成长。鼓励在产业政策制定以及行政管理、政府采购、认证认可、检验检测等工作中适用团体标准。（国家标准委、民政部牵头，各有关部门、各省级人民政府按职责分工负责）

四、进一步放开搞活企业标准

全面实施企业产品和服务标准自我声明公开和监督制度，逐步取消企业产品标准备案管理。鼓励标准化专业机构对企业公开的标准开展比对和评价，发布企业标准排行榜。建立实施企业标准领跑者制度。培育标准创新型企业。探索建立企业标准化需求直通车机制。支持标准化服务业发展，完善企业标准信息公共服务平台，服务大众创业、万众创新。（质检总局、国家标准委牵头，各有关部门、各省级

人民政府按职责分工负责）

开展以随机抽查、比对评价为主的企业标准公开事中事后监管，对依据标准生产的产品或提供的服务开展监督检查，并将结果纳入全国企业质量信用档案数据库。（质检总局、工商总局等有关部门、各省级人民政府按职责分工负责）

五、增强中国标准国际影响力

深度参与国际标准化治理，增强标准国际话语权。建立中外标准化专家合作交流机制，鼓励中国专家积极参与国际标准化组织工作。实施标准联通“一带一路”行动计划，与沿线重点国家在国际标准制定、标准化合作示范项目建设等方面开展务实合作。探索建立企业参与国际标准化活动快速通道，鼓励企业积极参与国际标准制修订、承担国际标准组织技术机构领导职务和秘书处工作，将国有企业在国际标准化活动中取得的重大工作成果纳入考核体系。鼓励和规范外资企业参与标准化工作。探索建立中外城市间标准化合作机制。组织翻译一批国际产能和装备制造以及对外经贸合作急需标准，推进重点领域标准中外文版同步制定工作，推动中国标准海外应用。积极开展中外标准比对分析，加快提升国际国内标准水平一致性程度，主要消费品领域与国际标准一致性程度达到95%以上，装备制造业部分重点领域国际标准转化率达到90%以上。（国家标准委牵头，各有关部门、各省级人民政府按职责分工负责）

六、全面推进军民标准融合

大力实施军民标准通用化工程，推动军用装备和设施采用先进适用的民用标准，将先进适用的军用标准转化为民用标准，军地协作制定一批军民通用标准。建设军民标准化信息资源共享平台，开展军民标准化技术组织共建共享，加大国防和军队技术专家参与全国专业标准化技术委员会的范围和力度。明确军民通用标准的制修订程序，逐步形成军民标准融合发展的长效机制。（中央军委装备发展部、国家标准委、工业和信息化部、国家国防科工局牵头，各有关部门按职责分工负责）

七、提升标准化科学管理水平

强化科技与标准的互动支撑，加大科技研发对标准研制的支持力度，开展科技成果转化为技术标准试点，加快推进国家技术标准创新基地建设。（科技部、国家标准委牵头，各有关部门、各省级人民政府按职责分工负责）

加强标准化管理机制创新，探索建立有利于发展新产业、培育新动能的标准化工作模式和运行机制。充分运用信息化手段，提高标准制定效率，缩短标准制定周期。加强标准立项评估工作，强化标准制修订过程监督，建立标准实施评估机制，健全标准全生命周期管理。加强标准化技术委员会动态管理，完善考核评估机制，公开考核评估结果，强化结果应用。（国家标准委、各有关部门、各省级人民政府按职责分工负责）

八、推动公益类标准向社会公开

研究制定国家标准公开工作实施方案，在遵守国际（国外）标准组织版权政策前提下，免费向社会公开强制性国家标准和推荐性国家标准文本。推动行业标准、地方标准文本向社会免费公开。加强全国标准信息网络平台建设，提供标准信息的公益性服务。（国家标准委牵头，各有关部门、各省级人民政府按职责分工负责）

九、加快标准化法治建设

加快推进《中华人民共和国标准化法》修订工作，争取尽快出台，实现改革于法有据。（国务院法制办、质检总局、国家标准委牵头负责）

加快《中华人民共和国标准化法》配套规章立改废工作，协调推动各有关部门、各地方标准化立法工作，推进标准化法治体系建设。（国家标准委、各有关部门、各省级人民政府按职责分工负责）

十、推动地方标准化工作改革发展

健全地方政府标准化协调推进机制，确保机制有效运行。完善支持标准化发展的政策激励机制。大力推进“标准化+”行动，促进标准化与各领域融合发展，强化农业现代化、新型城镇化、生态文明建设、行政许可、政务公开和基本公共服务等方面标准化工作。严格依据强制性标准开展监督检查和行政执法，探索开展标准实施评估。深化京津冀、长三角等重点区域标准化协作，发挥城市标准化创新联盟等平台机制作用，统筹协调跨区域跨领域的重大标准化问题。支持有条件的地方开展标准化改革试点。（国家标准委、各有关部门、各省级人民政府按职责分工负责）

十一、加强标准化人才队伍建设

推进标准化学历教育，加强标准化人才培养。建设高水平标准化智库，吸纳国内外顶尖人才为标准化发展提供智力支撑。着力培养标准化管理人才，造就一批理论与实践并重、既懂专业又善于标准化管理的综合型人才。鼓励和支持行业协会、高等院校、科研院所设立标准化相关研究机构，大力培育标准化科研人才。探索建立企业和高等院校、职业学校、标准化科研机构联合培养人才的市场化机制，将标准化知识纳入职业技术工人培训内容，加强企业标准化人才队伍建设。加快落实国际标准化人才培训规划，选拔培养一批懂专业、懂外语、懂规则的国际标准化人才。（教育部、人力资源社会保障部、国家标准委牵头，各有关部门、各省级人民政府按职责分工负责）

十二、强化标准化经费保障

各级财政应根据工作需要统筹安排标准化工作经费，对强制性标准整合精简、推荐性标准优化完善以及标准国际化等重点任务给予积极支持。广泛吸纳社会各方资金，鼓励社会资本以市场化方式设立标准化专项基金，探索建立标准创新融资增信制度，形成市场化、多元化投入机制，支持标准化创新发展。（财政部、质检总局、国家标准委牵头，各有关部门、各省级人民政府按职责分工负责）

各地区、各有关部门要按照国务院统一部署，加强对标准化工作的组织领导和统筹协调，落实责任分工，确保各项任务按时保质完成。

03

年度资讯

Annual Information

编者按：2016 年，我国家具行业面对复杂的国际国内环境，家具企业面临着不同程度的发展难题，为此，国家在标准法规、环保法规、政府采购、三品战略等方面出台了措施，引导行业健康发展；产业转移、行业展会、公共平台建设也在有序进行，产业集群在推动行业发展方面起到了重要作用；家具行业的中小企业经营困难，大型企业发展势头良好，在知识产权、企业上市、投资融资、战略合作、电子商务、双 11 狂欢、销售业绩、创新营销、跨界发展、产品设计、科技创新、行业公益等方面表现良好。本篇从以上 20 个方面，总结了 2016 年中国家具行业发展的重要资讯，并对每个关键词进行了梳理解读，以供读者参考。

国际新闻部分主要搜集了全球家具行业的新模式、新技术、新举措以及投融资方向热点等最新国际动向，对我国的家具企业而言，有很大的借鉴意义。同时列举部分国际市场的标准法规，以供出口贸易企业参考。

中国家具协会及家具行业 2016 年度纪事

2016 中国（中山）红木家具文化博览会成功举办

2016 年 3 月 15 日，2016 中国（中山）红木家具文化博览会暨中式家居生活文化节在中山大涌盛大开幕。本次盛会由中国家具协会和中国林产工业协会共同主办。开幕式上举行了由中国家具协会和大涌镇联合主办的“‘轩红坊杯’中国首届新中式红木家具设计大赛”启动仪式。展会期间还举办了由中国家具协会主办的“2016 中国红木家具发展大涌论坛”，来自全国各地的 500 多名家具业界专家和嘉宾出席了论坛，共同探讨中国红木家具未来的发展路径。

2016 家居流行趋势暨中、美家具行业信息发布会在东莞召开

2016 年 3 月 16 日，由中国家具协会、国际名家具（东莞）展览会、美国《今日家具》杂志联合主办的“2016 家居流行趋势暨中、美家具行业信息发布会”在东莞召开。会上，中国家具协会与厚街镇人民政府进行了共建“中国家具展览贸易之都”的签约仪式。本次会议汇聚了行业内外众多的参与者和媒体代表，共享了市场调研、宏观态势、经济运行、发展展望、风格走向等多角度多层次的资讯和信息。

亚洲家具联合会第 19 届年会暨亚洲家具发展与合作（龙江）峰会在龙江举行

2016 年 3 月 17 日，由亚洲家具联合会、中国家具协会、顺德区人民政府、顺德区龙江镇人民政府联合主办的“亚洲家具联合会第 19 届年会暨亚洲家具发展与合作（龙江）峰会”在龙江举行。本次年会亮点纷呈，活动现场特别设置“时光隧道”，由 CAFA 12 个成员国展示各自的行业特色及优质产品。同时大会为每个亚洲成员国安排了商务对接洽谈区域，邀请龙江及全国各产业集群代表与亚洲各国协会及企业参与洽谈，并成功实现了商业合作。年会前一天，“亚洲家具联合会（CAFA）第 35 次董事会”在东莞召开，会议对 2016 年 CAFA 的重点工作进行了部署。

2016 年全国家具协会联席会在广州召开

2016 年全国家具协会联席会于 3 月 17 日在广州成功召开，全国 31 个省市家具行业协会会长、秘书长出席了会议。会上，朱长岭理事长介绍了中国家具协会六届理事会成立以来的协会内部分工及工作安排，以及 3 月 18 日即将召开的中国家具协会第六届二次理事会的会议内容及亚洲家具联合会的情况，重点探讨了协会的发展问题。刘金良副理事长介绍了中国家具协会的职业技能培训和鉴定工作。会后，各省市家具协会针对全国家具行业形势、本地区家具市场、家具企业发展做了深入的交流。

中国家具协会第六届二次理事会盛大召开

2016 年 3 月 18 日，“中国家具协会第六届二次理事会”在广州琶洲广交会展馆盛大召开，来自全国各省市家具协会的代表、家具产业集群代表、会员企业代表等 500 余人出席了大会。

会上，中国家具协会朱长岭理事长向大会作了《中国家具协会第六届二次理事会报告》，报告详细介绍了 2015 年中国家具行业的发展情况以及 2016 年协会的重点工作。会上，正式发布了《中国家具行业“十三五”发展规划》，这一发展规划将成为今后五年指导家具行业持续、稳定、健康发展的纲领。南京林业大学家居与工业设计学

开幕典礼
2016家居流行趋势
2016 Furnishing Trend
Chinese and Ameri
ture Industry Information Conference
(东莞) 展览会、美国《今日家具》杂志
3F 名家具

中国家具协会第六届二次理事会
2ND COUNCIL OF 6TH SESSION OF CHINA NATIONAL FURNITURE ASSOCIATION

CAFA
亚洲家具联合会第19届年会
暨亚洲家具发展与合作（龙江）峰会
CAFA 19TH ANNUAL GENERAL MEETING

2016年全国家具协会联席会

院院长吴智慧在会上作了《互联网时代家具产业的新思维与新模式》主题演讲，重点介绍了工业4.0以及中国制造2025的内容、联系与区别，并详细阐释了如何更好地将互联网思维运用到家具行业的发展中。中国对外贸易广州展览总公司总经理李德颖介绍了第37届中国（广州）国际家具博览会情况，并表示将继续加强与中国家具协会的合作。

中芬木业高峰论坛在北京召开

2016年3月22日，“中芬木业高峰论坛”在北京召开。该活动由芬兰锯木厂协会、“芬兰木·秀于林”芬兰木业推广项目、中国家具协会、中国林产工业协会、中国木材与木制品流通协会以及中国木材保护工业协会合作举办。京津冀三地家具企业以及来自中芬两国林业、锯木加工、木材流通、木材保护、木结构、装饰装修产业等200多名代表出席活动。中国家具协会理事长朱长岭、芬兰农业与环境部部长Kimmo Tiilikainen、国家林业局总工程师封加平分别作了主题演讲，“芬兰木·秀于林”芬兰木业推广项目总监Juha Peltomaki详细介绍了“芬兰木·秀于林”芬兰木业推广项目。3月23日，芬兰木业代表团访问中国家具协会，会谈中，芬兰锯木厂协会与中国家具协会签署了合作谅解备忘录。

2016年全国办公家具行业工作会议在广州琶洲隆重召开

2016年3月29日下午，由中国家具协会和中国对外贸易广州展览总公司主办，广州市家具俱乐部承办的“2016年全国办公家具行业工作会议”在广州广交会展馆隆重召开。中国家具协会理事长朱长岭在会上作《全国办公家具行业发展报告》。中国对外贸易广州展览总公司总经理李德颖、广东省家具协会会长王克以及广州市家具俱乐部创始人庄子标分别致欢迎辞。会上，国家家具及室内环境质量监督检验中心副主任李继光作《2015年全国木制办公家具产品质量调查情况报告》并向30家达标企业颁发了奖牌证书。

中国家具协会访问意大利并出席米兰家具展相关活动

2016年4月12日，米兰国际家具展如期而至。中国家具协会副秘书长吴国栋、副秘书长屠祺应邀访问意大利，参观考察了第55届意大利米兰家具展，并出席了米兰展会期间举办的相关活动。4月13日，由意大利米兰轻工信息中心（CSIL）主办的世界家具展望研讨会在展馆Congress Center举行。屠祺副秘书长代表中国家具协会作《2015年中国家具行业发展情况及2016年展望》报告。

2016年全国红木家具行业工作会议在中国紫檀博物馆召开

2016年4月15日，“2016年全国红木家具行业工作会议”在中国紫檀博物馆召开。会议由中国家具协会主办。中国家具协会理事长朱长岭，中国家具协会秘书长张冰冰，全国政协港澳台侨委员会副主任、富华国际集团主席、中国紫檀博物馆馆长陈丽华，中国紫檀文化基金会理事长迟重瑞等领导以及中国家具协会红木家具专业委员会主席团主席出席了会议。会上，朱长岭理事长做主题发言并对红木家具行业年度工作规划提出了指导意见，同时对第三届精品品鉴会的相关工作进行了汇报。5月，中国家具协会在深圳观澜组织召开了“2016年中国传统家具行业发展工作规划会议”，会议提出了多个有利于行业发展的工作项目。

首届中国软体家具创新发展论坛在周村举办

2016年4月22日，“首届中国软体家具创新发展论坛”在“中国软体家具产业基地”——周村盛大举办，本次论坛由中国家具协会和淄博市人民政府共同主办。来自全国软体家具产业链企业共计400余人出息了本次论坛。会上，深圳左右、法国力克公司、海尔家哇公司高层领导分别作了主题演讲。随后，张冰冰秘书长主持了题为“如何用绿色发展驱动软体家具创新活力”的主题对话环节。本次论坛还现场颁发了由周村家具产业联合会组织评选的“品牌领袖企业”“十大软体家具品牌企业”“十大实木家具品牌企业”“十大家具原辅材料品牌企业”奖项，对优秀企业作出表彰。

中国家具协会职业技能鉴定站荣获全国轻工行业职业技能培训和鉴定工作“先进集体”

2016年5月25日，“2016年全国轻工行业职业技能培训与鉴定工作会议”在北京召开，来自轻工行业相关单位160余人参加了会议。会上，人社部职业能力建设司副司长王晓司解读了国家大力提倡终身职业技能培训的相

Keynote Speech
Mr. Kimmo Tiilikainen, Minister of Agriculture and the Environment of Finland
主旨发言
芬兰农业与环境部长Kimmo Tiilikainen先生
6
Salone del Mobile Milano
8
中国家具协会
理事长 朱长岭先生
2016年全国办公家具行业工作会议
NATIONAL OFFICE FURNITURE INDUSTRY CONFERENCE 2016
7
9
全国轻工行业职业技能培训和鉴定工作会议
11
CSFF
首届中国软体家具创新发展论坛
The 1st China Soft Furniture Innovation Development Forum
创新驱动 绿色发展
10

关政策。中国财贸轻纺烟草工会全国委员会副主席王洪泽强调了中国技能竞赛开展的必要性和对人才素质提升起到的促进作用。为推动轻工行业职业技能培训和鉴定工作的开展，会议表彰了2014—2015年度全国轻工行业职业技能培训和鉴定工作先进集体和优秀个人。中国家具协会职业技能鉴定站荣获“先进集体”荣誉称号。

12 第五届中国香河国际家居采购文化节开幕

2016年4月28日，由中国家具协会、河北省家具协会、香河家具城管委会共同主办的“第五届中国香河国际家居采购文化节”在香河经纬家居城前广场开幕。开幕式上还举行了中国家具协会向香河家具城管委会颁发“中国香河国际家居采购文化节”牌匾、联合国物资采购监管中心向香河家具城颁发“中国河北香河家具城家居产品采购基地”牌匾的授牌仪式，“2015年度香河家具城十大影响力品牌”颁奖仪式以及全国家具产业集群入驻签约仪式等活动。目前，中国家具协会与香河县政府已经连续五年在香河共同举办“中国香河国际家居文化节”，在行业内外取得了很好的反响。当天，还举办了“中国家具产业集群合作洽谈会”。文化节期间，还召开了“2016年中国家具行业信息会”。

13 首届中国家居流通大会在天津召开

2016年5月10日下午，由中国家具协会主办、中国家具销售商联合会协办，天津市家具行业协会、北京居然之家投资控股集团有限公司承办的“首届中国家居流通大会”在天津召开。商务部副巡视员张祥、时任中国轻工业联合会会长步正发、中国家具协会理事长朱长岭、秘书长张冰冰、中国商业联合会会长姜明、著名经济学家杨宗华、马光远、数联云董事长杨茗杰、居然之家集团董事长汪林朋、红星美凯龙集团董事长车建新、月星家居副总经理张立军、克拉斯家居董事长王大为、喜盈门家居副总裁许惊鸿、简爱家居董事长罗辑俐等国家部委、协会及企业领导出席了本次大会。本次大会的召开，旨在共同分析中国家居流通行业发展变化趋势，研讨应对策略，并通过本次大会，使中国家居流通领域的精英代表能够团结一致，带动行业健康发展。

14 中国家具协会软垫家具专业委员会第26届年会在香河举行

2016年6月6日，由中国家具协会软垫家具专业委员会主办，喜临门家具股份有限公司承办、浙江国营装备科技股份有限公司协办的“中国家具协会软垫家具专业委

员会第 26 届年会暨床垫原辅材料及设备订货会”在香河举办。中国家具协会理事长朱长岭、秘书长张冰冰，廊坊市人民政府副市长喻华峰，香河县人民政府县长李桂强，中国缝制机械协会秘书长杨晓京等领导嘉宾出席了大会并分别发表了讲话。喜临门家具股份有限公司董事长陈阿裕等嘉宾分别进行了 演讲。当天下午还举行了主题论坛活动，会后，喜临门邀请与会企业参观了喜临门最先进的床垫流水线。

第四届中国红木家具精品品鉴会开幕

2016 年 7 月 1 日，“第六届中国国际轻工消费品展览会暨第四届中国红木家具精品品鉴会”在北京国际展览中心（老馆）隆重开幕。本次品鉴会由红木家具精品展示与品鉴、精品家具评比颁奖、红木家具文化论坛等多个单元组成，展会为期四天。当日下午，由中国家具协会主办，台山市伍氏兴隆明式家具艺术有限公司承办的“匠心·读韵——中国红木家具文化论坛”在北京昆仑饭店召开。会议揭晓并颁发了“第四届中国红木家具精品品鉴会最佳组织奖”“中国传统家具精品奖”“中国传统家具工艺创新贡献奖”“中国传统家具文化传承革新奖”“中国传统家具引领生活精英品牌奖”“中国传统家具文化传承贡献奖”六项大奖。

第四届“中国家具产业发展（成都）国际论坛”召开

2016 年 7 月 3 日，“中国家具产业发展（成都）国际论坛”在成都举行。论坛由中国家具协会主办，成都新东方展览有限公司及四川建材家具装饰商会承办，来自国内外一线家居生产、流通、设计领域的精英人士汇聚一堂，共话行业未来。会上，成都家具展承办单位成都新东方展览有限公司与成都九正科技实业有限公司、四川会聚文化传媒有限公司、深圳市天下展览策划有限公司、佛山市顺德区龙江镇家居设计师协会正式签署 2017 成都家具展“一城双展”合作协议。

中国家具协会参加 ISO/TC 136 第 13 届年会

2016 年 7 月 11 日至 13 日，“ISO/TC 136 国际标准化组织家具标准化技术委员会第 13 届全会”及第 1 工作组、第 2 工作组会议在丹麦首都哥本哈根召开。来自中国、美国、英国、德国、法国、意大利、丹麦、挪威、瑞典等国的 30 余位专家代表出席了本次会议。会议的主要议程包括：听取ISO技术经理关于ISO标准整体制定程序及ISO/IEC导则变化情况的报告、听取ISO/TC 136 5个工作组对各自工作组情况的报告、讨论新成立的儿童家具工作组的工作范围、讨论确定了ISO/TC 136标准制定原则等内容。会上，各国专家接受了中国家具协会理事长朱长岭的邀请，一致同意将在中国召开ISO/TC 136第15届年会及相关工作组会议。

2016第五届中国沈阳国际家博会完美绽放

2016年8月5日，“2016第五届中国沈阳国际家博会”在沈阳国际展览中心开幕。本届家博会由中国家具协会、中国林产工业协会、辽宁省家具协会、上海博华国际展览有限公司主办。展览分8大展馆，面积达12万平方米，有700余家企业参展。此外，展会同期还举办了“第二届现代家居产业发展（沈阳）国际论坛”“数字化全屋定制整体解决方案专题论坛”“家庭厨房设备国家标准宣贯会”和“新产品设计大赛评选”等一系列活动，进一步增强展会的实用性和权威性。

中国家具协会副理事长工作会议在上海召开

2016年9月7日，中国家具协会副理事长工作会议在上海召开。来自全国各省市家具协会的会长、秘书长，以及中国家具协会副理事长单位负责人等130余人出席了会议。中国家具协会理事长朱长岭发表讲话，他详细介绍了中国家具协会落实党中央国务院《行业协会商会与行政机关脱钩总体方案》的具体工作以及2016上半年家具行业发展情况和协会主要工作。上海博华国际展览有限公司创始人王明亮向与会代表介绍了第二十二届中国国际家具展览会的主要亮点。曲美家居董事长赵瑞海、上海市家具行业协会会长高伟、北京金隅天坛家具股份有限公司总经理杨金才、红星美凯龙家居集团股份有限公司总裁助理胡利杰等副理事长单位纷纷发言。

第二十二届中国国际家具展览会&2016摩登上海时尚家居展盛大开幕

2016年9月8日上午，第二十二届中国国际家具展览会&2016摩登上海时尚家居展在世博馆盛大开幕。中国轻工业联合会会长张崇和，中国家具协会理事长朱长岭，中国室内装饰协会会长刘翊，博闻集团行政总裁Tim Cobbold，上海市经信委领导、文化创意产业推进领导小组办公室副主任陈跃华，德国红点奖主席、创始人Professor Dr. Peter Zec，马来西亚木业理事会拿督行政总裁DatukDr Abdul Rahim Nik，上海家具协会会长高伟等领导嘉宾出席了开幕式并参观了展会。本届展会从家具行业横向拓展至大家居行业及生活方式展示；展商店铺数较去年增加了17%，总数近3 500家；来自全球158个国家和地区的买家及观众119 975人次，较去年增加17.75%。在9月9日晚上的“摩登上海 梦想开端”设计师之夜活动上，“2016中国家具设计金点奖”“2016中国家具产品创新奖”隆重揭晓。

中国家具协会常务理事扩大会暨“中国家具业提升之路”高峰论坛在上海召开

2016年9月8日下午，中国家具协会常务理事扩大会暨“中国家具业提升之路”高峰论坛在上海中国国际家具展览会期间召开。会上，朱理事长以《家具行业发展概况及协会主要工作》为题作了主题报告。高峰论坛环节，北京林业大学教授林作新、华日家居懂事长周旭恩、威士伯工业木器漆亚洲区董事总经理于让波、余杭家纺协会会长杨林山、名汉唐设计有限公司创始人卢涛、上海博华国际展览有限公司创始人王明亮等行业专家和企业家为大家带来了内容丰富的主题演讲。

“中国风·新中式”定义从这里开始主题论坛成功举办

2016年9月9日，“中国风·新中式”主题论坛在上海世博展览馆举办，同时举办的还有超过8 000平方米的“中国风·新中式”经典设计展。论坛分为“从制器到造境”和“当代生活需要什么样的新中式”两个主题，中国家具协会专家委员会副主任陈宝光担任主持，多位行业内著名设计师受邀共同对话。为了探讨当代中国的生活方式与生活美学，弘扬中国独特的文化精神，沈宝宏、侯正光、腓力圃·叶、仲松、赖亚楠、卢涛、温浩7位策展人打造了本届摩登上海时尚家具展亮点之一的“中国风·新中式展区”，共同还原新中式生活意境。

中国家居设计大会在上海举行

2016年9月9日，中国家居设计大会在上海世博展览馆举行。大会分为两场对话环节，第一场由中国家具协会专家委员会副主任陈宝光主持，中国美术学院副院长杭间、韩家英设计公司创始人韩家英、U+设计机构创始人/

2016/09/08
开幕典礼
20
中国沈阳国际家博会
CHINA SHENYANG INTERNATIONAL FURNISHINGS EXPO
18
FURNITURE CHINA 2016
第二十二届中国国际家具展览会
The 22nd China International Furniture Expo
同期举办：
FMC
21
中国家具协会副理事长工作会议
19
从制器到造境
22
东方设计 国际情怀
23

总设计师沈宝宏、仲松设计 / 万物及天物品牌的创始人仲松、《Elle Decoration 家居廊》编辑总监孙信喜，五位嘉宾围绕“东方设计 国际情怀”这一主题展开讨论。在第二场对话中，百强家具董事长陈晓太、ATENO（天诺）国际创办人 / 设计总监孙建华、红星美凯龙家居集团执行董事 / 副总裁车建芳、北京居其美业室内设计有限公司执行总裁戴昆、LACASA（拉卡萨）国际家居董事郝丽萍五位嘉宾就“传承·融合”这一主题发表了各自的看法。

第二届中国家具标准化国际论坛成功召开

2016 年 9 月 9 日下午，“第二届中国家具标准化国际论坛”在上海新国际博览中心召开。论坛受国家标准化管理委员会指导，由中国家具协会、全国家具标准化技术委员会主办，上海市质量监督检验技术研究院、上海博华国际展览有限公司共同承办，是中国家具标准化领域最高层次的专业论坛。中国家具协会理事长、全国家具标准化技术委员会主任委员朱长岭，上海市质量技术监督局副局长陈晓军等领导出席了会议。

2016 中国红木家具大会暨第八届全国经销商大会隆重开幕

2016 年 9 月 10 日，中国·东阳红木家具展览会 2016 中国红木家具大会暨第八届全国红木家具经销商大会在浙江省东阳市隆重开幕。本届大会由中国家具协会批准，由中国家具协会传统家具专业委员会、浙江省家具行业协会、浙江省工艺美术协会、东阳市人民政府联合主办，东阳市红木家具行业协会、东阳红木家具市场、东作云、红扬会展公司联合承办。当晚，主办方还举办了“中国红木人之夜”欢迎晚宴，“大工匠杯”中国红木家具设计制作大奖在晚宴上颁奖，共颁发特别金奖 2 个，金奖 6 个，精品奖 10 个。东作云与中航证券达成战略合作，并举行了投资意向战略框架合作协议签约仪式。

第二届亚洲家居（南宁）展览会开幕

2016 年 9 月 11 日上午，第二届亚洲家居（南宁）展览会在华南城·南宁好百年国际家居建材博览中心盛大开幕。本届展会由亚洲家具联合会（CAFA）主办，华南城集团、好百年集团承办。开幕式上，好百年集团与亚洲家具联合会达成战略合作。本届展会，来自马来西亚、泰国、印度尼西亚、日本等国家的家具新品亮相南宁，以家具实物展示各国产品。展会期间还召开了“亚洲家具产业（南宁）合作会议”“亚洲家具产业（深圳）合作会议”以及“亚洲家具联合会（CAFA）第36次董事会”。9月11日下午，朱长岭理事长受邀出席了“2016第13届中国——东盟博览会轻工展”开幕仪式。

2016“观澜杯”全国红木设计雕刻大赛成功举办

2016年9月23日，“2016‘观澜杯’全国红木设计雕刻大赛”“第二届中国传统家具发展高峰论坛”及“第四届中国（深圳）国际红木艺术展暨中式生活博览会”在深圳会展中心开幕，形成“一赛一展一论坛”的强大阵容。中国家具协会副理事长刘金良在活动上发表讲话，他表示，中国家具协会经请示人力资源和社会保障部、中国轻工业职业技能鉴定指导中心，按照《国家职业分类大典》和《木雕工国家职业技能标准》对参赛选手进行严格测评，成绩均合格的参赛选手将获得人力资源和社会保障部颁发的“高级木雕工”国家职业资格证书。9月26日，各奖项在深圳会展中心揭晓。

中国定制家居配套板材国际采购论坛在临沂举办

2016年9月24日，由中国家具协会、山东省家具协会主办，临沂市木业协会协办，苏州得一会展有限公司承办的“中国定制家居配套板材国际采购论坛暨非醛或低醛胶黏剂研讨会”在临沂成功召开。中国家具协会秘书长张冰冰出席会议并作《中国家具行业发展现状与前景报告》。论坛还邀请了山东大唐宅配家居有限公司唐增胜总经理、北京金隅天坛股份有限公司王金波总监、东北林业大学顾继友教授作专题演讲。

2016中国（郑州）产业转移系列对接活动暨现代家居专题对接会在河南郑州成功召开

2016年11月7日至8日，由工业和信息化部联合中国工程院及河南、河北、山西、内蒙古、安徽、江西、湖北、湖南、陕西等9省（自治区）人民政府联合主办的“2016中国（郑州）产业转移系列对接活动”在郑州举行。活动期间，针对家居行业板块，组委会于11月8日上午在郑州组织召开了“现代家居专题对接会”。本次会议由工信部消费品工业司，中国家具协会、中国家电协会，河南、内蒙古、江西、湖北、陕西等5省（自治区）工业和信息化主管部门联合主办，由兰考县人民政府协办。工业和信息化部消费品工业司副巡视员汪敏燕、中国家具协会理事长朱长岭、河南省工信委副主任陈维忠、中国家用电器协会副秘书长陈刚等领导出席了会议。河南兰考、河南商丘、安徽家电产业集聚区、湖北潜江纷纷进行了产业推介。会议还进行了11个合作项目的现场签约仪式。

八大国家级协会全产业链绿色联盟正式成立

2016年11月7日，“中国家居产业绿色供应链联盟”成立大会在广东省东莞市厚街举行。会议选举产生了中国家居产业绿色供应链联盟首届主席团，八大行业协会相关领导分别当选为主席团主席。中国家居产业绿色供应链联盟由中国家具协会、中国涂料工业协会、中国林产工业协会、中国塑料加工工业协会、中国皮革协会、中国家用纺织品行业协会、中国缝制机械协会和中国环境保护产业协会共同发起，是联合全国家居产业上下游生产企业、商贸流通企业、设计机构、科研院校等单位组成成立的非独立社团法人组织，八大行业协会的85家优秀企业成为联盟的首批成员。

首届中国家居绿色供应链论坛取得圆满成功

2016年11月8日，以“协同发展，绿色制造”为主题的“首届中国家居绿色供应链论坛”在东莞市厚街镇举行。当天，环境保护部、八大国家一级行业协会、地方政府、国际知名展览平台、家居产业供应链上的顶尖企业等多方力量齐聚厚街，参会人员达上千名。环境保护部科技标准司副司长胥树凡、中国工程院院士侯立安、美国环保协会张建宇在论坛上作了精彩的主题演讲。中国家具协会副理事长刘金良出席会议，秘书长张冰冰作为“中国家居产业绿色供应链联盟”主席团执行主席致辞。

印度安得拉邦政府代表团访问中国家具协会

2016年12月5日，印度安得拉邦政府代表团一行访问中国家具协会。代表团成员有：印度安得拉邦政府森林部门首席官员Ramesh G. Kalaghatgi，印度

32
中国定制家居配套板材国际采购论坛
暨非醛或低醛胶黏剂研讨会
28
中国家居产业绿色供应链联盟成立大会
协同发展 绿色制造
30
2016"观澜杯"全国红木设计雕刻大赛
中国（深圳）国际红木艺术展暨中式生活博览会
开幕仪式
27
29
2016
协同发展 绿色制造
厚街
Houjie
31

安得拉邦森林发展有限公司副董事长兼总经理 Prafulla Kumar Sarangi，印度 MSTC 有限公司分部经理 Sopan Gabhane。Ramesh G. Kalaghatgi 表示，2015 年的“印度紫檀木电子拍卖”活动在中国家具协会的支持下顺利举办，他盛情邀请中国家具协会及会员企业再次访问印度安得拉邦，进一步实现产能合作。中国家具协会副理事长刘金良表示，中国家具协会非常希望为安得拉邦政府搭建平台，与中国红木家具企业进行贸易对接，促进双方合作。

33 亚洲家具联合会第 20 届年会在伊朗召开

2016 年 12 月 14 日，亚洲家具联合会（CAFA）第 20 届年会在伊朗德黑兰召开，CAFA 各国协会代表出席活动。会议全票表决通过中国家具协会继续担任亚洲家具联合会会长单位。会议由亚洲家具联合会主办，伊朗家具装饰业联合会承办。会上，亚洲家具联合会会长、中国家具协会理事长朱长岭回顾了 CAFA 近两年的工作情况。亚洲家具联合会秘书长、中国家具协会副秘书长屠祺作秘书处报告。CAFA 各国成员分享了本国家具行业经济运行数据，介绍了各国家具行业、家具展会、家具市场的最新动态。

首批中国家居五金团体标准全国推广会暨第二批团体标准立项启动仪式在京召开

2016 年 12 月 17 日，由中国五金制品协会、中国家具协会联合主办，佛山市顺德区家居五金协会承办的推进“三品”战略，引领产业发展——“首批中国家居五金团体标准全国推广会暨第二批团体标准立项启动仪式”在北京会议中心举行。首批中国家居五金团体标准于 2016 年 10 月 21 日在中国上海国际五金展上发布，本次推广会上，广东东泰五金精密制造有限公司代表首批团体标准起草单位，对标准的编制进行了说明与解读。会上，中国家具协会理事长朱长岭发表致辞，中国家具协会副秘书长吴国栋代表中国家具协会宣读了行业倡议书。会议当天，中国家居五金第二批团体标准《家居五金——移门滑轮》《家居五金——偏心连接件通用技术要求》制定启动仪式同步举行。

第六届中国家具产业集群工作会议在海安召开

2016 年 12 月 20 日，由中国家具协会主办，海安县人民政府承办的“第六届中国家具产业集群工作会议”在江苏省海安县召开。中国轻工业联合会副会长何烨，环保专家胥树凡等领导出席了会议。会上，中国家具协会理事长朱长岭作《2016 年中国家具行业产业集群报告》。江苏海安和广东大涌的政府领导分别介绍了海安和大涌的转型升级发展经验。在下午的“中国家具协会举办产业集群座谈会”上，清丰、叶集、南城、樟树、玉环、海宁、乐从、监利、大岭山、东阳、成都、涞水、潜江等产业集群代表分别就各自产区的发展情况交流发言。

中国家具协会理事长扩大会议在成都召开

2016 年 12 月 28 日，中国家具协会理事长扩大会议在成都召开。会上，中国家具协会理事长朱长岭作了工作报告，朱理事长介绍了近期国家政策，协会脱钩工作以及标准化工作，通报了第二天举办理事会的相关事项以及关于成立中国家具协会质量标准委员会的相关工作。中国家具协会副理事长刘金良在会上介绍了即将开展的“2017 年全国家具（红木雕刻）职业技能竞赛”活动详情并鼓励企业积极参与。随后，王学茂、黄华坤、车建芳、甘国清、陈阿裕、曹泽云、祖树武等中国家具协会副理事长纷纷交流发言，阐述了自己的意见和建议。

2016 全国家具行业工作会议暨中国家具协会第六届三次理事会成功召开

2016 年 12 月 29 日，“2016 全国家具行业工作会议暨中国家具协会第六届三次理事会”在成都召开，此次会议由中国家具协会主办，四川省家具行业商会承办。来自全国各省市家具协会和中国家具协会会员单位的代表共计八百余人参加了会议。会上，中国家具协会理事长朱长岭作《中国家具协会第六届三次理事会工作报告》。中国家具协会副理事长刘金良作了《中国家具协会 2016 年度财务报告》，向大会报告了 2016 年度协会收支情况，并宣读了《关于成立中国家具协会质量标准委员会的决定》《关于表彰 2016 年度中国家具行业先进单位的决定》和《关于授予江西省赣州市南康区“中国中部家具产业基地”、授予江西省樟树市“中国金属家具产业基地”称号的决定》。28 日晚，中国家具协会组织召开了“中国家具协会理事长扩大会议”；29 日晚，还举行了隆重的“2016 年度中国家具行业先进单位表彰大会”。

2016全国家具行业工作会议
暨中国家具协会第六届三次理事会
潘相志
艾秀莲
第六届中国家具产业集群工作会议
34
33

2016 国内外行业新闻·国内篇

标准法规

现行的国家标准、行业标准，是家具企业需要满足的最低标准，2016 年，更多地方政府出台当地标准，如深圳、珠海，以更加严格的标准要求当地企业；2016 年，行业在缺陷消费品、定制家具、办公椅、餐桌椅等方面出台政策，补充了相关领域的标准空缺；同时，各地方政府出台生产规范、经营规范，作为标准补充。家具行业形成了法规、标准、规范等多管齐下的管理结构。

① 《缺陷消费品召回管理办法》正式实施

1 月 1 日，《缺陷消费品召回管理办法》正式实施。该办法旨在“规范缺陷消费品召回活动，预防和消除消费品缺陷可能导致的伤害，保障消费者的人身和财产安全”，并将儿童家具、家用电子电器等品类纳入召回范围之列。

② 中国首次参与家具国际标准制定

2016 年 7 月 11 日，在哥本哈根举行的国际标准化组织家具标准化技术委员会第 13 届年会上，首个由中国参与制定的家具国际标准——《家具床类强度和耐久性测试方法》揭晓。由中国承担的 ISO/TC136 床类测试方法工作组秘书处，向来自世界各个国家的家具标准化专家进行工作报告。

③ 《全屋定制家居产品通用技术条件》行标发布

1 月 1 日，全国工商业联合会家具装饰业商会发布《全屋定制家居产品》行业标准，对家具、护墙板、门窗、吊顶、橱柜、卫浴、楼梯等家居定制产品做出相应规范要求。在定制家具的基本尺寸、五金、颜色等方面均做出了明确规定。

④ 18 个红木树种被列入 CITES 管制目录

9 月 24 日—10 月 5 日举行的第 17 届《濒危野生动植物种国际贸易公约》（CITES）缔约国大会，将我国《红木》中所有黄檀属树种、紫檀属树种中的刺猬紫檀以及 3 种古夷苏木（俗称巴西花梨）列入管制范围。CITES 第 17 届缔约国大会以后，黄檀属树种中卢氏黑黄檀、伯利兹黄檀、微凹黄檀由附录Ⅲ升级为附录Ⅱ。至此，红木树种中有 18 个被列入 CITES 管制目录，其中 1 个被列入附录Ⅰ、17 个被列入附录Ⅱ。

⑤ 《全国建材家居市场布局指南》发布 旨在提供行业指导

9 月 6 日，由商务部流通业发展司立项、中国建筑材料流通协会等单位起草的《全国建材家居市场布局指南》新闻发布会在京召开。《指南》总结了当前国内外建材家居市场概况及业态，对国内建材家居市场规模进行数据统计分析。《指南》创新研发了“中国城镇建材家居市场饱和度预警指数 BHEI”，该指数适用于各城镇对当地建材家居市场饱和度的测试，并设立了绿、黄、红区域，以问题为导向，用数量经济理论从源头上把控我国建材家居市场合理布局。

⑥ 家具领域新增 2 项行业标准

浙江省家具与五金研究所牵头起草的 QB/T 2280—2016《办公家具办公椅》和 QB/T 4934—2016《连体餐桌椅》两项标准于 2016 年 7 月 1 日实施。《办公家具办公椅》标准在办公椅的尺寸、外观、理化性能、力学性能、阻燃、有害物质和安全性等几个方面对办公椅进行规范。与上一版本相比，新标准增加了“金属件涂层耐盐雾”“TVOC”“安全性”等检测项目。《连体餐桌椅》标准从尺寸、标识、外观、理化性能、有害物质限量、力学性能对连体餐桌椅进行规范。

⑦ “深圳标准”认证工作启动

深圳市市场监管局联合深圳出入境检验检疫局、市标准技术研究院举行“深圳标准认证助力供给侧结构性改革”新闻发布会，就深圳标准认证方面的创新举措，以及未来市民将在高品质深圳商品上使用深圳标准 LOGO 进行了信息发布。2016 年 10 月 10 日，“深圳标准”（家具类）之一的深圳经济特区技术规范《家具成品及原辅材料中有害物质限量》已通过深圳市人民政府审查批准实施，标准号 SZJG23—2016，实施日期为 2017 年 1 月 1 日。2017 年 5 月 1 日起全面禁止使用溶剂型涂料和溶剂型胶黏剂在深圳地区使用，其中对于挥发性有机物（VOCs）做了具体的规定。

⑧ 珠海发布家具行业联盟抗菌标准

珠海市标准化协会牵头制定的《珠海市抗菌家具行业联盟标准》发布，对联盟内产销的防霉、防潮、抗菌家具实行统一的产品标准和“抗菌家具”合格证制度。

⑨ 顺德制定家具五金行业标准

3 月 28 日，中国家居五金行业团体标准的研究和制定工作在第 37 届中国（广州）国际家具生产设备和辅料展览会上宣布正式启动。《家居用缓冲型杯状暗铰链》《家居用缓冲型抽屉导轨》两个家居五金的团体标准制定申请已经获批。

⑩ 北京市出台家具经营规范

北京家具行业协会联合居然之家、红星美凯龙、集美、城外诚、家和家美、蓝景丽家、天坛、曲美、黎明等卖场和企业，正式发布了《北京家具经营服务规范》。该规范要求明码标价，并重新规范了商品信息标识形式，对价格标签有了 12 项填写说明，包括品名、型号、产地、生产商名、品牌名称、计价单位、整套件数、主材、辅材、规格、价格和物价员等。

⑪ 山东出台省级家具和家电行业规范

9 月 13 日，山东省轻工集体企业联社正式发布实施《山东省家电行业企业生产条件规范》和《山东省家具行业企业生产条件规范》。两个《规范》着眼家电、家具行业在产品质量、使用安全和绿色发展方面存在的重点难点问题。两个《规范》分别制定等级评价标准作为行业考核依据。对评价等级为“优”的企业，将给予重点扶持；评价等级为“中”的企业，将进行专家诊断、制定整改方案，推进规范提升；评价等级为“差”的企业，经整改后仍达不到规范要求的，将推动其退出市场。

环保法规

家具行业的发展方式正在由规模速度型向质量效率型转变，家具企业正逐步转变粗放的生产模式，降低能耗、减少污染。2016 年，各地区持续发力环保家具生产，各地方相继出台环保法规，通过发放改造补助、征收 VOCs 排污费、关停生产线等方式致力于环保升级。

① 家具行业 VOCs 污染收费扩大至 14 省

2016 年，山西省、海南省和湖北省相继发文，表示将正式试点开征 VOCs 排污费。海南省、山西省和湖北省三个省都是在石油化工、包装印刷业等领域试点征收排污费，其中海南省从 2016 年 8 月 1 日起执行，收费标准为每污染当量 1.2 元；山西省从 2016 年 9 月 1 日起执行，收费标准为太原市每污染当量 1.8 元，其他城市每污染当量 1.2 元；湖北省从 2016 年 10 月 1 日起执行，收费标准为每当量 1.2 元。

② 深圳 VOC 污染治理 6 年 565 个家具企业撤除涂装生产线

从 2010 年至今，深圳共有 565 家撤除或搬迁涂装生产线，全行业关停 112 条无牌、无证涂装生产线，每年减少 VOC 排放 3 万多吨。2011 年 1 月 24 日，深圳市人居环境委员会正式印发《关于开展家具制造企业挥发性有机物污染整治的通知》，这份文件明确指出“家具生产的涂装工序是深圳市工业 VOC 的重要排放源”。

③ 厚街镇面向家具企业实行“三旧”改造补助

厚街镇印发《厚街镇家具行业整治工作配套“三旧”改造补助资金实施意见和厚街镇家具行业整治工作配套技术改造补助资金实施意见的通知》，明确由厚街镇财政设立专项资金，对符合环保整治要求且获得市“三旧”改造补助资金的家具企业，按照其获得市“三旧”改造补助资金的额度进行 1 ：1 的配套补助。

政府采购

近年，各地楼堂馆所多有停建，办公家具市场呈现疲态。2016 年，随着酒店行业、养老院等建设规模不断扩大，尤其暑期前后学校采购家具规模的扩大，使全年办公家具市场出现好转。市场的风云变化要求办公家具企业在产品性能、使用年限、价格等方面做好基本功，以良好的信誉和优质的质量进行销售，防止恶性竞争和低价中标。

① 2016 年家具采购数据盘点

2016 年上半年，政府采购家具市场整体呈现先抑后扬之势；下半年，大项目增多，整体采购规模达到了历年的峰值。据《政府采购信息报》不完全统计，2016 年，全国共完成家具采购项目约 5 500 个，采购规模逾 60 亿元，环比增长 20%，达到近年来的峰值。废标项目约 470 个，废标率 9%。四个季度采购特点区分明显，细分市场出现微妙变化，百万元以上大项目逐渐增多，一系列的变化都呈现出与往年不同的态势。

② 财政部发文中央高配家具禁令开始落实

7 月 8 日，财政部印发了《关于加强政府采购活动内部控制管理的指导意见》，出台四大措施加强政府采购活动的规范性。2016 年，财政部、全国人大常委会办公厅、政协全国委员会办公厅、国管局、中直管理局联合出台了《中央行政单位通用办公设备家具配置标准》，从资产品目、配置数量上限、价格上限、最低使用年限和性能要求等方面全面限定中央行政单位办公标准，以此取代 2009 年印发的《中央国家机关办公设备和办公家具配置标准（试行）》和 2011 年印发的《中央行政单位通用办公设备家具购置费预算标准（试行）》，该标准自 7 月 1 日起实行。

③ 2017—2018 年度广州市政府采购项目中标结果出炉

2017—2018 年度广州市政府采购办公家具协议供货资格采购项目中标结果出炉，60 家企业榜上有名。定点供货资格期限自 2017 年 1 月 1 日起至 2018 年 12 月 31 日止。该项目通过公开招标确定 2017—2018 年度广州市各级国家机关、事业单位和团体组织年度采购预算 20 万元以上（含 20 万元）、200 万元以下（不含 200 万元）采购办公家具的定点供应商。定点供应商提供的服务内容包括办公家具的设计、生产制造、运输、安装及售后服务。

产业转移

习近平总书记在 2015 年提出要疏解北京“非首都功能”后，北京市通过“禁、关、控、转、调”五种方式来完成疏解非首都核心功能的产业目标，家具制造业被列入“禁止新建和扩建”之列，开始产业转移之路。转移目的地主要有芦台、汉沽、青县、滦南、邳州、乌兰察布等，通过转移，更新装备、升级生产线、改善员工工作环境，转移同时实现了产业转型升级。

① 北京家具业向五大基地转移

自 2015 年 8 月公布的《北京新增产业的禁止和限制目录（2015 年版）》，将家具制造业列入“禁止新建和扩建”之列。河北芦台、汉沽、青县、滦南和江苏邳州五个家具园成为北京家具转移的五个主要基地。北京家具转移的主题，也正从抉择逐渐转向落地。

② 11 家北京家居企业入驻乌兰察布 项目总额达 8.8 亿

2016 年 11 月 12 日，“北方家居产业投资发展论坛暨北方（乌兰察布）家居产业园投资信息发布会”在京举行。北京普尔玛家居文化有限公司等 11 家企业与北方（乌兰察布）家居产业园签订了意向入驻协议，项目总额达 8.8 亿元。

③ 万家灯火告别北四环

2016 年 5 月 10 日，万家灯火家居装饰市场正式关停，这个北京家居流通领域“老字号”卖场走完 19 年的品牌经营历程，挥别北四环，北京疏解非首都核心功能的行动进入新阶段。

④ 天坛家具搬迁到河北大厂

天坛家具在北京西三旗的生产制造系统全部转移到河北大厂的金隅工业园区。这次生产转移，总投资达 9.8 亿元，重建新绿色工厂：机器人喷涂、地源热泵供暖制冷、锯屑废料燃烧提供工艺热能等。从装备、工艺、环境、员工上，实现了生产的转型升级。

⑤ 环渤海家具园计划总投资 45 亿元 一期动工

1 月 12 日，“走进汉沽、筑梦唐山”承接京津产业转移投资说明会在京举行，环渤海家具园入园项目宣布正式签约。该项目首期规划占地面积约 2 000 亩，计划总投资 45 亿元，投产后预计可实现年产值 15 亿元、交易额 5 亿元，安排就业 5 000 余人。3 月 27 日，产业园一期动工仪式在唐山汉沽举行。集中开工的 19 个项目，重点建设环渤海家具园的 14 个家具生产项目，其中，家具项目包括可爱多、欧璐嘉尼、宇曼等 14 家企业。

产业集群

中国家具产业集群集中了国内家具生产的主要力量，产业链条比较完整，配套设施相对合理，是当地经济的主要支柱。2016 年，除新建产区外，产业集群致力于转型升级，从平台建设、人才引进等方面出台措施，解决现存问题，拓展渠道，融入一带一路，促进对外合作。

① 恒大投资 100 亿建亚洲最大家居产业园

5 月 12 日，恒大集团与兰考县政府举行恒大家居联盟产业园签约，该产业园投资 100 亿元，建成后，将成为亚洲最大的家居产业园。该产业园占地 1 万亩，首期投资总额超过 40 亿。恒大集团作为恒大家居联盟产业园的发起者，联合索菲亚、联邦、喜临门、曲美、仁豪、森堡、顶固等全国知名企业，运用“互联网＋”的全新商业模式，首推“拎包入住”的商业理念。

② 浙江宁海将投 15 亿建实木家具集散中心

7 月 18 日上午，中国家具协会授予宁波市宁海县“中国实木家具工匠之乡”“中国华东实木家具总部基地”称号。宁海人在全国创办的有相当规模的家具企业超 3 000 家，从业人员超 10 万人，年销售额 1 000 亿元左右，仅传统实木家具领域就拥有 10 个国家级品牌。宁海籍家具企业生产的实木家具占全国实木家具产量 70%。

③ 霸州获“全国金属玻璃家具知名品牌创建示范区”授牌

在重庆市举办的 2016 年全国质量月活动启动仪式上，霸州市获国家质检总局“全国金属玻璃家具知名品牌创建示范区”授牌。这是河北省首个“全国知名品牌创建示范区”，也是全国首家金属玻璃家具行业“知名品牌创建示范区”。

④ 南康出台家具产业新措施

江西省赣州市南康市政府出台《关于支持南康家具产业创新发展的若干措施》，从用地、资金、平台、人才等方面制定了 20 条具体措施，推动南康家具产业创新发展。南康区下发《关于加快推进家具产业“个转企、小升规”工作的实施意见》，着力解决南康家具产品档次不高、家具企业“小弱乱”、缺乏龙头标杆企业等问题。

⑤ 成都崇州家具打入南亚市场

8 月，崇州市出台《崇州市抢抓“蓉欧＋”战略机遇推动实现“双向开放”实施方案》，指导该市主动融入“一带一路”战略。10 月 10—17 日，组织家具、建材等 12 家企业赴印度开拓市场，同时还在孟买召开了中国（成都 · 崇州）—印度家具产业对接会。对接会促进实现双方企业合作，达成意向订单。

2016年5月30日，国务院办公厅印发《国务院办公厅关于开展消费品工业“三品”专项行动营造良好市场环境的若干意见》，在增品种、提品质、创品牌三方面指导消费品转型升级。家具产业积极响应国家号召，通过提高设计水平，增加中高端家具产品的供给，发展智能家具实现增品种；通过加强质量精准化管理、推进质量检验检测和认证实现提品质；通过提高品牌竞争力、培育知名品牌、完善品牌服务体系实现创品牌。

① 2016年国家质检总局重点抽查儿童家具、软体沙发等产品

国家质检总局网站公布的2016年产品质量国家监督抽查计划公告显示，2016年，包括儿童家具、软体沙发等在内的四大类至少四十多种家居建材产品成为2016年国家监督抽查的重点，监督抽查的对象包括生产企业、经销企业和网络销售企业。

② 315家居企业售后服务调查结果出炉

2016年网易315“家居企业服务调查”数据出炉。2016年，网易家居“315家居企业售后服务调查”覆盖了45个家具品牌。美克美家、慕思、酷漫居这三家企业分别以94、93.5、93.2的成绩名列家具企业服务前三甲，FINE家具、全友、掌上明珠、顾家均以90分以上的分数紧随其后。本次调查内容涉及售后电话、电商及微信公众号。以售后渠道种类、服务响应速度、服务态度和专业性等评分。

③ 国家质检总局授权国家（江西）家具产品质检中心并通过验收

3月18日，国家质检总局批准江西省质量技术监督局筹建的国家家具产品质量监督检验中心（江西）已按要求完成筹建工作并通过了评审和验收，对国家家具产品质量监督检验中心（江西）授权。4月，中心获得了中国合格评定国家认可委员会、中国国家认证认可监督管理委员会颁发的CNAS实验室认可资质证书、CMA资质认定证书和CAL授权证书。

④ 中国家居“正品战略”在深圳正式发布 在北京举办签约仪式

4月，中国质量认证中心、红星美凯龙集团主办的中国家居“正品战略”发布会在深圳红星美凯龙香蜜湖商场隆重举行。中国家居正品查询平台由中国质检总局下属国家级认证机构—中国质量认证中心发起，中国标准化研究院研发。平台帮助品牌实现“产品防伪”“渠道防串货”“制造工厂监控”“消费者互动”等四大功能。

⑤ 绿色家具产业联盟成立

8月5日，绿色家具产业联盟成立仪式在广州举行。联盟将围绕家具产业升级需求择优联合，着力打造家具绿色、环保、生态、可循环发展的产业链；另外，着力为消费者提供质量、信誉水平更高的绿色家具资讯和联盟成员信息，引导消费者择优选购联盟成员的绿色家具、绿色涂料、绿色人造板。

⑥ 深圳成立红木家具标准联盟

1月11日，深圳市红木家具标准联盟正式宣告成立，旨在促进深圳红木家具产业质量提升。在深圳市红木家具标准联盟成立大会上，深圳市红木文化艺术协会与深圳市大数据产业发展促进会签订战略合作协议，双方共同开展有关大数据与红木文化艺术领域的技术应用、信息咨询、业务培训、论坛讲座、项目孵化、参观学习、专业服务等方面的合作。

公共技术平台的建设，对家具行业的发展有重要作用，我国家具行业以中小企业群体为主，在研发创新、质量检测、人才培养等方面有很大需求。2016年，家具行业分别创建了家具保税区、质检机构、科技孵化器等平台，此外，有地区通过网校科普消费知识，为消费者提供品牌商户信息查询等服务。

① 月星家居设立上海首个家具保税区

月星家居在上海推出我国首个“家具保税区”。在“家具保税区”内，消费者可以直接购买进口家具。出入境检验检疫局、海关等部门在“保税区”现场

设置办公室进行监管，确保所有的展示产品正品保障、来源可溯、风险可控、责任可究。首个实体店位于上海普陀区澳门路上的月星家居。

② 厚街首个家具第三方检测机构通过国家实验室评审

自2013年10月以来，作为行业公共服务机构，名家具设计研发院牵手楷模集团筹建东莞名楷检测实验室。经过近两年的筹建和调试，于2016年2月18日正式通过中国合格评定国家认可委员会的评审，顺利获得国家实验室认定。该检测机构配备40多台先进的检测设备与技术人员，可提供除油漆、部分材料防火等级外的检测服务，满足家具企业的各项检测服务，相比异地送检节约三分之一时间。

③ 乐从家具业建立信用综合服务平台覆盖40余座家具城

顺德区乐从家具城商会全面推广“乐从家具行业信用综合服务平台”，该平台覆盖乐从本地40余座家具城，5 000多家具企业及商铺，并为乐从每年1 000万人次的游客与买家提供商户信用度查询、消费者综合评价、产品质量资格证验证、企业红黑名单、商品种类分布、O2O导购地图等综合应用服务。

④ 广东佛山首个家具产业科技孵化器揭牌

8月12日下午，广东佛山顺德龙江家具产业科技孵化器揭牌，这是佛山首个家具产业科技孵化器。目前，顺德龙江家具产业科技孵化器运营面积5 000平方米，进驻企业15家。

⑤ “杭州家居消费教育网校”开学科普消费知识

4月28日，以国务院印发的《关于积极发挥新消费引领作用加快培育形成新供给行动力的指导意见》为契机，在中国消费者协会、浙江省消保委的指导下，杭州市消保委联合相关部门、媒体大力开展消费教育引导活动，并建立了“杭州家居消费教育网校”。

知识产权

家具行业中外观仿冒成本低，而法律审查程序烦琐，费时费力。侵权行为影响行业创新的积极性，让真正坚持自主设计的企业遭受巨大损失，同时误导了消费者。目前，许多原创企业不再沉默，通过工商、知识产权局、法院等多种渠道提起投诉和诉讼，维护自身权益。与此同时，一些行业组织联合起来，创立知识产权服务站，为企业提供知识产权援助，纠纷调解等服务，降低创新企业的维权成本，打击不正之风。

① 京津冀共建“家居行业12330知识产权保护服务工作站”

4月20日，由京津冀三地知识产权维权援助中心共建的“家居行业12330知识产权保护服务工作站”成立仪式在京举行。京津冀百余家家居企业参加成立仪式。成立仪式上，京津冀知识产权维权援助中心负责人与三地家居（家具）行业组织负责人共同签署了“京津冀家居行业12330知识产权保护服务工作站合作协议”。

② 东莞铭晋家具专利侵权纠纷案胜诉

持续了一年多的东莞铭晋家具诉武汉超凡家具、上海简码家具、上海霏乐家具外观设计专利侵权一案，终获一审判决，上海市知识产权法院判决认为，以上三家被告的行为已经对铭晋家具生产的“床（9）”“沙发（5）”的外观设计专利构成了侵犯，因此判决三家被告赔偿铭晋家具累计25万元。

企业上市

随着整个行业的发展与成熟，企业纷纷驶向资本运作快车道，2016年是家具企业上市数量较多、密度相对集中的一年。据不完全统计，2016年上市家具及上下游企业共11家，家具企业正借助资本的力量向集团化、规模化方向发展，产品附加值也有所提升。

① 顾家家居（上交所）

10月14日，顾家家居股份有限公司（证券简称：顾家家居，证券代码：603816）在上海证券交易所A股主板上市。首次公开发行股票数量为8 250

万股，每股发行价格为 24.66 元，募集资金 20.34 亿元。公司成立于 1982 年，顾家家居在软体家居领域，始终以强大的品牌实力，占据市场鳌头。

② 亚振家居（上交所）

12 月 15 日，亚振家具股份有限公司（证券简称：亚振家居，证券代码：603389）在上海证券交易所上市。本次公开发行股票数量 5 474.95 万股，本次公开发行后总股本 21 896 万股。公司成立于 1992 年，是集家具设计研发、生产制造、营销以及家居文化研究、企业管理咨询、投资贸易于一体的综合性企业。

③ 恒康家居（上交所）

10 月 13 日，江苏恒康家居科技股份有限公司（证券简称：恒康家居，证券代码：603313）在上海证券交易所上市。每股发行价 15.41 元，发行股数 6 000 万股，募集资金总额 8.67 亿元。恒康家居成立于 2003 年，主要从事记忆绵家居制品的 ODM 业务，是经过有关部门联合认定的高新技术企业，也是一家典型的依靠外销的出口型企业。

④ 富森美（深交所）

11 月 9 日，成都富森美家居股份有限公司（证券简称：富森美，证券代码：002818）在深交所中小板上市，成为第一家登陆 A 股的中国家居流通企业。富森美家居总股本为 44 000 万股，每股发行价格 23.49 元，募集资金 9.68 亿元。富森美多年来深耕成都，目前在成都拥有 6 大专业市场，入驻商户 2 500 余家。业务以成都为中心，并辐射全川。

⑤ 顶固家居（新三板）

10 月 21 日，广东顶固集创家居股份有限公司（证券简称：顶固家居，证券代码：833958）登陆新三板挂牌交易。顶固家居本次向社会公开转让的总股本为 8 400 万股，主办券商为东海证券，交易方式为协议交易。顶固家居成立于 2002 年 12 月，主要业务是定制衣柜及配套家具、生态门和精品五金的研发、生产、销售，主要产品为定制衣柜及配套家具、生态门、精品五金产品。

⑥ 华名华居（新三板）

5 月 17 日，福建华名华居家居股份有限公司（证券代码：837462）正式申请新三板挂牌，并于 7 月 8 日举行了上市敲钟仪式。华名华居成立于 2006 年 2 月 14 日，上市之后成为中国两万多家红木家具企业中，首家及目前唯一一家在股转系统挂牌的企业，问鼎“红木第一股”。

⑦ 麒麟家居（新三板）

11 月 10 日，南京金榜麒麟家居股份有限公司（证券简称：麒麟家居，证券代码：839601）在新三板挂牌上市。麒麟家居主要从事软床垫，以及家具、布艺制品等家居产品的研发、生产及销售。

⑧ 客来福（新三板）

8 月 10 日，客来福家居股份有限公司（证券简称：客来福 证券代码：838945）在新三板挂牌上市。客来福 2014 年度、2015 年度净利润分别为－547.16 万元、115.08 万元。客来福主营业务为定制衣柜、移门及其配套产品的研发、生产及销售。自成立以来，始终致力于定制家具及整体家居产品的研发和生产。

⑨ 国富纵横（新三板）

3 月 8 日，北京国富纵横文化科技咨询股份有限公司（证券简称：国富纵横，证券代码：836097）在新三板挂牌上市。4 月 12 日，公司举办了上市挂牌仪式。国富纵横成立于 2006 年 3 月，主营业务是为家具、建材、轻工行业提供企业管理、营销方面的咨询、策划、公开课培训、企业内训等服务。

⑩ 鑫泰股份（新三板）

7 月 26 日，湖南鑫泰麻床垫股份有限公司（证券简称：鑫泰股份，证券代码：838083）在新三板挂牌上市。鑫泰股份成立于 2010 年 3 月 10 日，主要从事床垫的专业化研发、生产及销售，是率先将麻纤维透气材料应用于床垫生产的企业。

投资融资

大型家具企业依靠传统方式生产、销售，产生的成本持续增加，而获利减少。很多家具企业通过投资融资的方式来扩大市场份额，提升生产能力。通过投资融资来拓展原有业务、收购创新型业务、对生产线进行升级改造、建成智能生产线、建设新的销售渠道来补充原有渠道。投资融资的实现，为家具企业创新提供了强大动力。

① 华日高档家具产业园项目成功落户宁津

华日高档家具产业园项目由廊坊华日家具股份有限公司投资建设。项目总投资 19.5 亿元，一期投资 4 亿元，主要生产木门、软体沙发、办公酒店家具、实木家具系列等产品，计划 2016 年 10 月建成投产。项目全部建成后，将创造就业岗位 4 000 个，可实现年销售收入 40 亿元。

② 美克家居定增 16 亿改造天津基地

8 月 13 日，美克家居曾披露，公司拟发行股份募集资金总额不超过 16 亿元，用于包括新建两条板木定制柜类家具生产线、两条实木家具生产线进行自动化推广升级改造和新建及改造物流库房，实现智能物流。在智能制造方面，美克家居早在 2012 年就斥资 3.5 亿元启动了智能制造项目——“大规模个性化定制＋自动化生产”（MC+FA）。2015 年 7 月，这一项目被国家工业和信息化部认定为“家居用品制造智能车间试点示范”项目。9 月 20 日，美克家居已收到证监会《中国证监会行政许可申请受理通知书》，定增项目稳步推进。

③ 红星美凯龙再征 A 股募资 62.5 亿人民币

5 月 13 日，红星美凯龙家居集团股份有限公司，发布首次公开发行股票招股说明书，宣布开始 A 股市场第二次 IPO 进程。继 2015 年在港股市场筹得近 56 亿元人民币，本次红星美凯龙计划通过 A 股上市募集 62.5 亿元。

④ 德尔集团宣布收购百得胜 48% 股权

2 月 25 日，德尔未来科技控股集团发出《关于购买苏州百得胜智能家居有限公司 48% 股权暨重大关联交易的公告》。公告称，德尔集团董事长汝继勇在苏州签署《股权转让协议》，以总价格为 5 093 万元收购苏州百得胜智能家居有限公司 48% 的股权。本次股权收购完成后，百得胜将成为德尔集团控股子公司。

⑤ 宜华木业 1.9 亿美元增资香港全资子公司

宜华木业 4 月 8 日晚发布公告称，拟以现金出资的方式出资 1.9 亿美元，对公司在香港设立的全资子公司理想家居国际有限公司进行增资，本次增资完成后，宜华木业仍持有理想家居 100% 股权。

⑥ 仁豪居品并购恒福家具

继 3 月中旬仁豪居品惠州工业园高调开园投产后，4 月 13 日，仁豪居品正式宣布收购深圳市恒福家具有限公司。

⑦ 实创收购皇朝家私天津工厂

4 月，实创装饰接手原皇朝家私（天津）现代（现代装修效果图）化制造工厂，自有木作生产基地正式入驻天津武清工业园，园区面积超过 10 万平方米，工厂采用现代化生产设备和德式工艺。向客户提供优质的装修木作产品：橱柜、木门和全屋定制家具，保证产业链供应的更高品质与时效。

⑧ 川洋家居定增募资 3 004 万元

川洋家居 8 月 23 日发布定增方案，公司拟向南京理索纳投资管理有限公司发行股票不超过 580 万股，融资额不超过人民币 3 004.40 万元，股票的发行价格为 5.18 元。在方案中，公司表示，本次募集资金用于汽车海绵生产线提升改造和补充公司流动资金。川洋家居主营业务为软体家具产品及海绵制品的研发、设计、生产与销售。

⑨ 定制家居品牌欧睿宇邦获 6 000 万 A 轮融资

家居定制品牌“欧睿宇邦”获得 6 000 万元 A 轮融资，投资方为家居市场产业基金“磁斯达克”。欧睿宇邦是上海宇邦厨具公司的旗下品牌，上海宇邦成立于 2000 年，以厨房橱柜起家。欧睿宇邦诞生于 2008 年，在之前厨房的定制化经验基础上，把原来的厨房业务拓展为家庭整体橱柜业务。

⑩ 红星美凯龙战略 4 000 万元投资 VR 家装平台打扮家

红星美凯龙战略 4 000 万元投资“VR 家装平台打扮家”，VR 家装平台打扮家的模式是，在全国很多城市和一些现有建材城合作，把他们改造成“VR 家居城”，在这个平台上，用户可以随时随地进行虚拟购买，大大降低用户购物成本。

⑪ 宜华木业18.3亿收购华达利，加速全球布局

1月7日，广东省宜华木业股份有限公司正式宣布收购新加坡上市公司华达利国际控股有限公司。通过收购华达利，宜华木业进一步拓展海内外市场，扩大客户基础，进入软体家具行业，形成国内外一体、线上线下交互的良好销售网络布局，实现覆盖全屋家居品类的“互联网+泛家居”战略，推动“Y+生态系统”全面升级。2016年4月18日，宜华木业审议通过《关于公司全资子公司投资健康家国际生物科技股份有限公司的议案》，推动泛家居版图多元化扩张，产业链延伸新领域，“Y+生态系统”拓展扩容开新篇。在本次投资完成后，宜华木业将持有健康家不低于51%的股份，成为其控股股东。

战略合作

不同专业领域的研究方向与资源优势使得家具行业细分不断深化，由此出现多个细分行业的龙头企业在各自细分领域享有优势。许多企业试图通过拓展业务范围来扩大市场份额，但在其他细分行业的盲目扩张会产生负面影响。所以，企业转变思路，通过战略合作来提高效率、实现共同发展。整合多方资源，形成优势互补，错位借力，提高竞争力，共同开拓市场，提高各自品牌知名度和市场占有率。

① 宜华木业牵手恒安兴拓展软装饰领域

宜华木业与恒安兴公司在广东汕头签署战略合作协议，继续并加大力度推进双方在泛家居项目上的合作。恒安兴旗下Royalrose品牌的部分软装饰产品已进入宜华木业的终端渠道，与宜华木业家居体验馆、专卖店中不同系列的家具产品进行整体搭配、推广与销售，而宜华木业其众量的线下家居体验馆、专卖店也为恒安兴带来更多的渠道和客户资源，双方在资源整合上达到互补互利的双赢结果。

② 居然之家与简爱家居达成战略合作

居然之家与简爱家居在北京签署了战略合作协议，共同拓展二三线市场。9月26日，居然之家·简爱家居广州南沙项目发布在北京国家会议中心举行，这是继两者签署战略合作协议后首次对外发布的实质性合作项目。

③ 曲美家居携手海尔家电开启家居定制的深度合作

6月，曲美家居与海尔家电发布了联手定制的儿童房“童话家”，一系列充满想象力的动画主题的冰箱、空调、洗衣机等儿童定制家电，一经推出，就收到了市场的热烈反响。

④ 兔宝宝与方圆金鼎合作拟设立10亿元家居产业基金

兔宝宝5月25日晚间公告，公司拟与北京方圆金鼎投资管理有限公司共同设立“德清兔宝宝金鼎家居产业资产管理中心（有限合伙）”。基金将助力兔宝宝整合家居产业资源，布局家居产业生态，逐步实现全屋定制的发展战略，基金总规模为人民币10亿元。

⑤ Mlily梦百合正式成为曼联全球合作伙伴

10月31日，曼联足球俱乐部宣布与Mlily梦百合达成全球合作伙伴关系。这标志着Mlily梦百合正式成为曼联首家官方床垫和枕头合作伙伴。合作为期五年，Mlily梦百合将协助怡安训练基地的工作人员，并将Mlily梦百合床垫使用于训练基地的休息区中。

⑥ 美乐乐与东作云红木家具签署战略合作协议

11月16日，中国最大的家居电商O2O平台美乐乐与东阳红木家具市场唯一官方平台东作云签署战略合作协议。战略合作协议在美乐乐家居网成都总部签署。双方在红木产品营销、供应链及互联网技术等领域开展战略合作。

⑦ 美克美家入驻红星美凯龙

12月3日，美克家居与红星美凯龙签署了战略合作框架协议，双方将实现资源共享，开启品牌战略新布局。公告显示，美克家居旗下品牌A.R.T.及其新品系列将优先进驻红星美凯龙全国商场内开店及销售，红星美凯龙将利用其行业地位及资源优势为公司提供基于A.R.T.品牌的专享定制化服务。

⑧ 圣象联合中南林业科技大学开启“圣象大国工匠”计划

11月30日，圣象集团与中南林业科技大学达成了双方的战略合作，签署了《中南林业科技大学—圣象

集团有限公司“圣象大国工匠”训练计划项目协议书》，双方将在实训教学和生产实践等领域展开深层次的交流，全面深化校企合作、产教融合、招生就业、订单培养、企业职工培训、实训基地建设、林业产业及生态文化传承等各个方面的合作。

电子商务

电商潮流是科技和消费观念共同作用的结果，也是客户需求和体验对渠道提出的新要求。2014 年电商时代的到来对传统家具市场格局产生了深刻影响，这种影响我们已经看到。2016 年，电子商务在家具行业持续稳步发展，许多企业在电子商务方面的实践已经成熟有序，而电子商务的思维模式，已经成为行业发展的普遍共识。

① 2016 天猫美家年度总榜揭晓

林氏木业家具旗舰店、全友家居官方旗舰店、顾家家居旗舰店、雅兰官方旗舰店坐稳前四；其他上榜的店铺，如和购旗舰店、拉菲曼尼旗舰店等历来都是月度十强榜的常客。值得一提的是，林氏木业共有两家店上榜，另一家为排名第九的林氏旗舰店。索菲亚家居旗舰店领跑全屋定制排行榜，夺得了年度总冠军，TATA 木门官方旗舰店紧随其后名列第二。进入前五的依次还有金牌厨柜旗舰店、欧派官方旗舰店、尚品宅配官方旗舰店。前十五强中，仅 TATA、梦天、阳毅、尚品本色等为门 / 门窗品牌，其他均主打柜类定制。

② 京东儿童家具馆上线 推首个电商平台儿童家具标准

5 月 25 日，京东儿童家具馆上线发布会在京举行，京东正式推出独立的儿童家具类目，并与中国质量认证中心（CQC）共同推出首个电商平台儿童家具质量评审标准，建立系统的、严格的儿童家具品质保障体系，全面打造环保安全的儿童家具选购平台，通过联合第三方质量认证机构、儿童家具企业等多方力量，共同推动儿童家具的品质升级。

③ 龙江拟投资 1 亿元打造亚洲最大家具材料电商平台

第 31 届国际龙家具展览会期间，龙江镇政府与亚洲国际联合会、慧聪网、顺控集团签署了四方共建战略合约，将共同打造亚洲最大的家具材料互联网交易电商平台。该平台预计投资 1 亿元，将整合龙江几千家家具材料企业，形成一个国际性的 B2B 平台。

④ 家居电商“好在”获千万级天使融资

场景式家居电商“好在”宣布已获得千万级天使融资，领投方为心元资本。“好在”在家居网购商城多种 SKU 和产品基础上，连接家居行业专业的设计师、造型师、搭配师，为客户提供场景式家居生活美学搭配方案。

⑤ 美家居顺利融资 1 200 万元 计划年内销售 5 亿元

5 月 25 日消息，红木 O2O 交易平台美家居宣布完成 Pre-A 轮融资，融资金额 1 200 万元人民币，由新青年资本领投，美家居区域合伙人跟投，本轮融资后美家居估值 3 亿元。美家居 O2O 商城成立于 2015 年 7 月，是一个对接经销商和生产厂家的平台。通过对 B 端生产厂商、经销商进行整合，实现对 C 端市场的规范与掌控，改变了红木市场中商品单价高、产品质量参差不齐等问题。截至目前，美家居已拥有红木合作厂家供应商 100 多家，线下实体服务商 260 余家，线上商城每月订单超过千万。

⑥ 家居特卖网“居品汇”获百万元天使轮融资

5 月 6 日，家居特卖网站“居品汇”宣布获得数百万元天使轮融资，投资方为戈壁创投。居品汇创造了“正品尾货＋超低折扣＋限量特卖＋无忧退换”的独特 F2C 商业模式。居品汇成立于 2015 年 5 月，隶属于北京家居品汇电子商务有限公司，基于 F2C 出发，专注于三四线城市，打造基于线上交易和线下体验的家居 O2O 平台。

⑦ 江西玉山打造家具电商总部基地 百余家企业半年销售额近 3 亿元

2016 中国 · 玉山“互联网＋”家具产业带合作交流会吸引省内外 200 多家家具企业、8 家入围阿里巴巴“聚划算”家具电商，两天实现 1 200 万交易额，电商产业园上半年入驻家具电商企业达 68 家。2016 年上半年，全县 122 家家具企业实现电商销售额近 3 亿元，“家具电商总部基地”初显峥嵘。

2016 年的双 11，无论是线下品牌还是线上品牌都进入了“狂欢”状态，玩直播、发红包引发全民参与。客单价较高的家居业在双 11 大战中的地位越发重要，部分品牌甚至一度杀入淘宝全类目销售排行榜 top10。可以说，玩转互联网资源、用好全渠道，家居业正在觉醒！

回看近 3 年排行榜可以看出，前 3 名位置始终未曾变化，淘宝发家的林氏木业从 2012 年起一直占据着排行榜首位的位置。值得一提的是，家具界泰斗级企业——华日家居，从 2015 年的第 8 名上升至 2016 年的第 5 名，最终以破亿收官。

2016 年双 11 家居业销售排行榜

天猫美家双 11 全品类前十：林氏木业、PINGO 国际、全友、实创、顾家、大自然、友邦、索菲亚、九牧、家装 e 站。

住宅家具销售前十：林氏木业 6.1 亿元，全友家私 3.5 亿元，顾家家居 3.1 亿元，索菲亚 2.39 亿元，雅兰床垫 1.2 亿元，华日家具 1.1 亿元，其次依次为多喜爱、芝华仕、拉菲曼尼、光明家具、卫诗理家具。

全屋定制品类前十：索菲亚、TATA 木门、欧派、梦天木门、金牌橱柜、尚品宅配、客来福、玛格家居、维意定制、皮阿诺。

上市家居企业 2016 年业绩陆续发布，通过家居各板块中上市公司年度财报数据来看，大部分上市企业仍保持了增长态势，实现了营收、净利润的双增长，业绩不俗，一些上市企业也出现增幅有所下降的态势。

① 红星美凯龙

2016 年全年实现营业总收入 93 亿元，较上年同期增长 6.01%；归属于上市公司股东的净利润 43.68 亿元，较上年同期增长－0.03%。

② 曲美家居

2016 年全年实现营业总收入 17 亿元，较上年同期增长 32.52%；归属于上市公司股东的净利润 1.85 亿元，较上年同期增长 58.21%。

③ 顾家家居

2016 年全年实现营业总收入 48 亿元，较上年同期增长 30.11%；归属于上市公司股东的净利润 5.75 亿元，较上年同期增长 15.40%。

④ 皇朝家私

2016 年，皇朝家私综合净利实现了扭亏为盈；该公司 2015 年综合亏损约 112 500 000 港元。皇朝家私并未公布具体净利数据，只是表明，截至 2016 年 12 月 31 日的综合数据，实现了盈利。恢复盈利主要是因为销售额增加，以及零售业务营运亏损减少。

⑤ 尚品宅配

2016 年全年实现营业总收入 40 亿元，较上年同期增长 30.39%；归属于上市公司股东的净利润 2.56 亿元，较上年同期增长 83.12%。

⑥ 索菲亚

2016 年全年实现营业总收入 45 亿元，较上年同期增长 41.75%；归属于上市公司股东的净利润 6.64 亿元，较上年同期增长 44.66%。

⑦ 好莱客

2016 年全年实现营业总收入 14 亿元，较上年同期增长 32.44%；归属于上市公司股东的净利润 2.52 亿元，较上年同期增长 55.30%。

⑧ 欧派家居

2016 年全年实现营业总收入 71 亿元，较上年同期增长 27.23%；归属于上市公司股东的净利润 9.50 亿元，较上年同期增长 94.39%。

⑨ 富森美

2016 年全年实现营业总收入 12 亿元，较上年同期增长 17.31%；归属于上市公司股东的净利润 5.56 亿元，较上年同期增长 22.82%。

⑩ 多喜爱

2016 年全年实现营业总收入 6.7 亿元，较上年同期增长 12.35%；归属于上市公司股东的净利润 0.21 亿元，较上年同期增长 42.33%。

⑪ 大自然

2016 年全年实现营业总收入 4.4 亿元，较上年同期增长 32.35%；归属于上市公司股东的净利润 0.24 亿元，较上年同期增长 84.59%。

⑫ 东易日盛

作为中国家装第一股，东易日盛近日发布了半年报，报告显示，公司 2016 年 1—6 月实现营业收入 11.30 亿元，同比增长 22.25%；归属于上市公司股东的净利润－1 344 万元，同比增长 13.13%，对公司股价构成利空。报告表示，年度前期业务宣传和客户资源拓展等费用投入相对较多，因此利润呈一定程度的亏损状态，而木作工厂从北京搬迁至廊坊以及信息化建设方面的投入费用高，对利润的影响也未消除。

⑬ 金螳螂

2016 年全年实现营业总收入 196 亿元，较上年同期增长 4.87%；归属于上市公司股东的净利润 16.89 亿元，较上年同期增长 5.43%。

⑭ 兔宝宝

2016 年全年实现营业总收入 27 亿元，较上年同期增长 62.56%；归属于上市公司股东的净利润 2.6 亿元，较上年同期增长 166.52%。

⑮ 德尔未来

2016 年全年实现营业总收入 11 亿元，较上年同期增长 0.94%；归属于上市公司股东的净利润 1.91 亿元，较上年同期增长 17.87%。

创新营销

营销是产品与消费者“见面”的重要一步。当前，大部分家具企业以“大明星代言”＋“大店形象”作为主要营销方式。同时，一些家具企业开始根据营销环境的变化情况，并结合企业自身的资源条件和经营实力，创新营销方式，提升品牌知名度和美誉度。

① 左右沙发签约 CCTV《工匠精神》栏目

7 月，左右沙发入选 CCTV 发现之旅《工匠精神》栏目，并签订录播合同，8 月底，为期一周的纪录片拍摄正式落地开启。11 月 24 日，CCTV 发现之旅频道正式播出近 15 分钟的左右沙发工匠精神纪录片——《黄华坤幸福在左右》。该片以“博鳌椅”为典型事迹追溯左右产品的匠心品质，解读关怀人本的幸福文化以及回顾黄华坤董事长曲折的创业历程。

② 宜家广州可以进行私人订制

11 月 2 日，宜家广州在 11 周年店庆新闻发布会上宣布，从即日起，宜家广州商场正式推出一对一的装饰设计服务（Home Furnishing Consultancy），为个人家庭提供家具及家居用品搭配设计。这是宜家中国在华南区首项私人订制的设计服务。此前，仅有北京地区被纳入此项服务范围，该服务将陆续在全国范围推行。

③ 从高铁到奥运 皇朝家私的再爆发

8 月 3 日，皇朝家私与永达高铁传媒公司签约，正式推出了“皇朝家居号”高铁专列，开跑进入倒计时。除此之外，候车站、LED 屏、海报甚至行李架，都将随处看到皇朝家私的身影。

④ 2.2 万套名博沙发服务里约奥运

2016 年里约奥运会上，名博公司 2.2 万套沙发进入奥运村、媒体中心和接待中心，服务各国运动员。沙发在确保低碳、简约基础上，通过创新设计实现多功能、实用。

跨界发展

随着传统产业的转型升级和新兴产业的迅速发展，一些家具相关企业发现并抓住新的增长点，迅速布局，实现跨界整合，随着行业之间的界限变得模糊，跨界发展成为家具行业的一个创新点。

① 国内首只家居商业地产并购基金在上海设立

8月29日红星美凯龙与高和资本在上海对外宣布，将共同发起设立国内首只家居商业地产并购基金，双方将作为该基金的联合GP（普通合伙人，即管理人），资金规模为50亿元（将根据投资节奏随时扩募），将以红星美凯龙在一、二线城市的委托管理商场为主要资产标的。

② 居然之家正式进军养老产业

6月25日，居然福康养老用品体验中心开门迎客，标志着居然之家正式进军养老产业。居然福康养老用品体验中心分为产品、概念、讲座咨询、健康体验四大区域，营业面积近1 000平方米，经营5 000余种养老产品，几乎覆盖整个养老产业链，可为老年人实现老有所养、老有所康及老有所乐。

③ 红星美凯龙联合复星集团等投资智慧停车领域

11月2日，红星美凯龙联手复星集团、中民投、峰瑞资本、韬蕴资本等知名产业投资方和一线投资机构，正式入股国内知名互联网停车公司“停简单”。

④ 海尔发布家哇云平台 战略瞄准家居物流市场

3月，海尔在京发布家哇云平台战略，欲快速整合国内主流家居物流配送及安装服务商。海尔家哇成立于2015年7月，孵化于海尔集团创客生态圈，目前推出的家哇云平台本质是家居物流服务平台。目前家哇云已与12个物流服务商建立了合作关系，数据触手网络覆盖全国30个省级城市、373个地级城市和2 770个服务区县，同时还拥有12个大家居产地物流揽货仓城市和13 329条总路线。

⑤ 宜家中国开卖自行车

8月15日，在宜家2017财年媒体发布会上，宜家中国宣布推出自行车产品，跨界经营。这款名为斯拉达的宜家自行车获得了2016年红点设计奖的“至尊奖”，即日起消费者可以在成都的宜家商场买到。

⑥ 跨界整合全国第一家“酒店+家居卖场”开业

11月9日，重庆莎瑞美家酒店正式开业。重庆莎瑞美家酒店是全国第一家把家居卖场和酒店完美结合的跨界平台。重庆莎瑞酒店管理有限公司打造全国首例零租金营运模式，为传统家具销售行业与传统酒店行业营运带来颠覆性的变革。

产品设计

目前，中国家具行业的设计气氛非常活跃，设计师有很大的空间释放能量。消费者层面上，审美能力提升，使设计价值得到认可；家具企业逐渐重视设计和原创的力量，例如：DPM、华日、曲美、康耐登等企业不断在设计方面发力；专业院校从源头上培养设计人才；行业媒体一直积极倡导原创设计，新浪、网易等不断发声；行业的领头企业，扛起中国设计引领的责任，红星、居然主办多场赛事与活动，让中国家具设计在世界“站起来”；中国设计师成长很快，不断在世界家具舞台上崭露头角。

① DPM定制床垫获德国红点奖

DPM应用的“点对点睡眠系统”凭借创新的设计，荣获了2016年德国红点设计大奖以及“瑞士日内瓦国际发明金奖”，并特别荣获“中国发明与创新代表团金奖杯2015”。这也是DPM继发明点对点枕之后第二次获得“瑞士日内瓦国际发明金奖”。

② 红星美凯龙携手隈研吾发布“2017家居维密秀”

12月25日，一场家居界“维密”在上海上演了“首秀”，在炫酷多彩的舞台上，“2017亚洲家居潮流”正式发布。整个榜单围绕人们未来家居生活最为关注的“色彩、风格、材质、智能”等四个方面进行了前瞻性的探索。

③ 我要去米兰·中国时尚家具设计大赛在上海召开发布会

“我要去米兰·中国时尚家具设计大赛”是2016年网易家居联合康耐登共同推出的公益赛事，目的是为中国当代设计新势力与未来设计力量提供展现自我的舞台。大赛期待才华横溢的中国家具设计新势力，基于文化传承结合当代生活方式，呈现中国未来设计力量的新风貌，并将中国未来设计力量的成长与思考带向世界的舞台——米兰。

④ “当代中国的生活哲学展”绽放2016米兰设计周

4月12日，以“传承站出来”为主题的“2016米兰设计周——当代中国的生活哲学展”的开幕式酒会在米兰隆重举行。红星美凯龙搭建平台，携手中国首个设计类公益基金会——创基金10位设计大师联合设计搭档，配对10家原创设计领先的家居品牌，以1+1+1的强大阵容，与来自世界各地的家居时尚行业来宾齐聚一堂，共同分享各自的设计理念和设计成果。

⑤ 南京一位学生设计的家具拍出5 600元高价

12月29日，南京林业大学家居与工业设计学院家具设计系四门课程作业作品于展览现场举行了拍卖仪式。此次课程作业联展涉及大三、大四工业设计（家具设计）和产品设计8个班级4门课程的89件作品。现场共拍出5件，其中一件“万字佛印”茶几拍出5 600元的高价。

科技创新

科技创新需要企业具有雄厚的科研技术实力和经济资本，目前，家具行业科技创新进程加快，大型家具企业自主研发智能生产线软件系统，新型材料、新型科技，在行业中引起很大反响，通过科技创新实现降低成本、提高效率，引领行业发展。

① 索菲亚机器人智能分拣系统可节约16人

经过大半年的研发及安装调试，索菲亚柔性生产线机器人智能分拣系统正式上线。该智能分拣系统包括：3台机器人+书本架的分拣系统、2套CCD检测系统（检测尺寸、孔位和外观缺陷）、2套板材自动清洁系统、信息化目视化管理系统（品质状况、生产效率、设备运行、库位管理、订单追踪等），实现了板材从打孔到打包的自动化智能化衔接，能节约生产人员16人。

② 2016硅谷高创会 Mlily梦百合引领智能零压时代

7月16日，代表全球高科技成果盛会之一的硅谷高创会在北京举行。据悉，本届硅谷高创会邀请超过50个创新公司、硅谷500强企业高管以及业内人士、专家和学者一起共襄盛会。届时，Mlily梦百合将携“零压”概念再次回归。

③ 漳平拟建成国内最为先进智能的木屋构件和室内外家具生产基地

福建省漳平木村林产有限公司三期项目总投资4.7亿元，产品为填补国内空白的第四代新型防腐木材。项目采用国际先进技术和设备，拟建成国内最为先进智能的木屋构件和室内外家具生产基地，实现机器换工，木材利用率达100%。

行业公益

近年来，家具行业领军企业投身公益事业，履行社会责任，传播社会正能量，以实际行动诠释了企业发展不忘反哺社会的责任感和使命感。不同企业分别从环保、儿童成长等方面坚持公益事业。

① 广州市番禺区首建废旧家具回收站 尝试回收利用

5月11日，广州市番禺区正式运营废旧家具回收处理中心，制定了《番禺区废旧家具收集处理工作指引》，引导居民和街道工作人员处置旧家具。番禺区废旧家具回收处理中心是继白云区之后，全市第二家废旧家具处理中心。

② 2016以旧换新再开启 曲美家居旧爱设计引关注

自2013年，曲美家居响应北京商务委组织的家具“以旧换新”活动，率先推出了“以旧换新绿色觉醒”活动。2016年第4季曲美家居“以旧换新”于6月10日正式启动。曲美家居第4季“以旧换新”将把“绿色觉醒 旧爱焕新达人秀”中作品拍卖所得及预售产品销售所得部分利润捐赠给中国绿化基金会，继续用于在偏远贫困地区种植生态经济作物，改善当地民众生活。

③ 左右沙发签约“百万森林计划”联合行业助推绿化事业

3月12日植树节前后，左右沙发发起内部员工植树活动，19日，在第31届深圳国际家具展上，左右沙发宣布助力中国绿化基金会“百万森林计划”，旨在2016年内，全国终端店面发起，每售出一套沙发，即向“百万森林计划”捐种一棵树，用于沙漠地区的防护林项目。

展会资讯

家具展览会是家具行业的重要活动，家具企业通过展会进行品牌推广、招商引资。2016年，首届北京国际家具展开展，米兰展在上海开展等都在行业内引起很大反响。

① 首届米兰国际家具（上海）展览会开展

11月19日，首届米兰国际家具（上海）展览会在上海展览中心开幕。观众主要来自中国一线及二线城市等经济发展迅猛地区，参观总人数达20 750人，本次展会有三大看点：一是全景式展示意大利生活方式和设计风格；二是设置大师班，讲解建筑领域和设计课题，涉及国际知名的意式建筑；三是设置以35岁以下新锐设计师为主的卫星展。

② 米兰家具展落地上海后或再与名家具展牵手

2月25日，意大利米兰国际家具展中国发展战略新闻发布会在东莞厚街举行。会上，米兰国际家具展主办方米兰国际家具展览公司（COSMIT）正式宣布将在中国举办展会的同时，进一步加强跟东莞名家具展的合作。

③ BIFF·2016北京国际家具展开展

7月1日，由中国家具协会、中国室内装饰协会、中国林产工业协会特别支持，北京居然之家投资控股集团有限公司、中国国际展览中心集团公司共同主办的BIFF·2016北京国际家具展在北京中国国际展览中心开幕。首次展览面积达12万平方米，展品涵盖各种风格家具、家具原辅材料及木工机械。

④ 名家具展与中国家居品牌联盟达成战略合作

自第35届国际名家具（东莞）展览会开始，中国家居品牌联盟正式与东莞国际名家具展览会合作，签署展览合作协议。就中国家居品牌联盟在每年3月、9月举办的东莞国际名家具展览会上，针对展会的区位划分、联合推广、新品推介、客商接待等多维度进行深度紧密的合作。

2016 国内外行业新闻·国际篇

美洲

① 加拿大

Wind Point 收购加拿大办公家具制造商 ISE	私募基金 Wind Point Partners 旗下公司 Knape & Vogt（KV）的 Workrite Ergonomics 部门已经收购了位于加拿大多伦多的 International Source for Ergonomics（ISE）。根据官方新闻稿，ISE 是人体工学（Ergonomics）办公家具和用品市场的领先企业，主要产品包括可调整的键盘、电脑支架、办公桌椅等各种配套产品，客户为北美的各大企业和政府机构。

② 美国

私募巨头 KKR 收购年销售额达 9.17 亿欧元的瑞典床类家具厂商 Hilding Anders	12 月 1 日，美国私募基金 KKR 宣布，已经与私募基金 Arle Capital Partners 达成协议，收购后者持有的 Hilding Anders 股权，本次交易有待相关部门的许可。交易完成之后，KKR 将会拥有 Hilding Anders 的控制性股权。
哈弗蒂 Haverty 家具三财季 2.12 亿美元 净利同比减少 3.78%	11 月 2 日，哈弗蒂家具（股票代码：HVT）公布财报，公告显示公司第三财季净利润为 736.60 万美元，同比减少 3.78%；营业收入为 2.12 亿美元，同比增长 0.83%。每股盈利 0.34 美元，上年同期每股盈利 0.34 美元。
家具连锁企业 West Elm 进军酒店业 所有家具可店中买到	9 月 26 日，布鲁克林室内设计及家具零售连锁企业 West Elm 公司宣布，该公司将进军旅游酒店行业。以该公司经典室内设计为模板的 West Elm 旅馆将于 2018 年在美国数个城市开始运营。在每家新开设的 West Elm 旅店中，传统、手工制作家具以及其他经典的室内设计风格将是最主要的招牌属性。所有酒店中的家具都可以在 West Elm 连锁店中购买得到，这也成为 West Elm 家具零售业务另一个推广方法。
家居电商 Wayfair 收购聊天软件 Trumpit	8 月 30 日，家居电商 Wayfair 宣布收购移动聊天软件 Trumpit，计划通过本次收购，拓展公司服务类别，将通信聊天功能整合到公司平台中。但 Wayfair 表示，他们计划利用 Trumpit 的技术，让员工和客户可以进行图片及视频的交换共享。此外，Wayfair 更看重的是 Trumpit 的整个研发团队，旨在加快 Wayfair 在移动及通讯服务上的发展进程，促进客户服务代表与客户之间的沟通，进一步改善客户体验。

美国品牌家具供应商客思达回台湾挂牌上市	百货类股客思达深耕美国家具市场，是美国很有影响力的品牌家具供应商，近年来布局电商效益彰显，更通过大数据帮助经营团队决策，有效提升净利率。客思达创立 35 年，结合智慧云端家具销售，在美国市场拥有高市占率，9 月 1 日，客思达在中国台湾举办上市前业绩发表会，并规划于 9 月下旬以贸易百货类别挂牌上市。
定制床垫平台 Helix Sleep 获 735 万美元融资	8 月 29 日，Helix Sleep 宣布获得 735 万美元 A 轮融资，该轮融资由 Double J Capital、Simon Venture Group、WTI 等多家投资机构和天使投资人参与投资，部分投资人将加入董事会。Helix 希望用这笔资金招募更多人才，扩大生产及营销规模，进一步发展床垫定制服务。
曾估值 9 亿美元家居电商 One Kings Lane 最终以 300 万美元被收购	据报道，家居闪购网站 One Kings Lane 最终以 300 万美元被老牌家居零售商 Bed Bath&Beyond 收购。One Kings Lane 上线之初恰逢全球经济危机，随后，这家公司获得老虎全球、凯鹏华盈、Mousse Partners、Greylock 等知名投资公司的青睐，融资达到 2.25 亿美元，并曾一度获得数亿美元的年收入。然而，随着全球经济复苏，企业积压库存变少了，而且传统零售商也开始在其网站上进行限时促销，One Kings Lane 的业务模式难以为继。
智能床垫 Eight 完成 A 轮融资 已预售 6 000 张床垫	7 月 15 日，Eight，这家曾叫做 Luna 的初创公司宣布已经完成了 600 万美元的 A 轮融资。Eight 打造的是一款智能床垫，可以追踪用户的睡眠、改变温度（甚至让床垫的不同部位分别设定不同的温度）、并且把数据发送到其他物联网设备上。它们表示已经通过众筹和预购预售了 6 000 张床垫。
床垫革新者 Casper 推出床状漂浮垫	电商初创公司 Casper 是床垫界的革新者。现在，这家公司将创意延伸到了泳池漂浮垫。自 7 月 5 日起，Casper 计划为每一个床垫订单免费赠送床状漂浮垫。该漂浮垫具有真床尺寸，白灰两色搭配、特色是内嵌 2 个枕头和杯托，你可以跟朋友带着饮料躺在上面享受清凉夏季。
Homee 获 500 万美元融资	7 月 8 日，室内电商公司 Homee 对外宣布获得 500 万美金 A 轮融资，此轮融资由 Peter Thiel 的 Founders Fund 领投，Tinder 的 CEO Sean Rad 跟投。之前 Homee 还在天使轮中引入过包括 Sean Rad 在内的一些个人投资者，截止到目前总共筹集到 720 万美金。与此同时，Homee 新版 APP 也在 7 月 6 日上线。
美国最大家居电商 Wayfair 年销售额可达 10 亿美元	Wayfair 在全球拥有近 8 000 家供应商，销售 12 000 多个品牌，是美国最大的家居电商。它成立于 1992 年，年销售额达 10 亿美元。成立了 14 年，却很少有人知道。甚至在其发展的前 8 年，从未拿过投资人的一分钱。而如今已经上市，估值超过 30 亿美元。
贝恩资本旗下家具公司 5 月底上市	私募基金贝恩资本（Bain Capital）旗下的法国家具零售商 Maisons du Monde 于 5 月 27 日上市，计划通过上市筹集 3.25 亿 ~ 3.85 亿欧元资金。据路透社报道，公司将在上市前敲定发行价格，当前确定的指导价区间为每股 16.50 ~ 22.25 欧元。花旗银行、高盛银行、法国兴业银行是本次 IPO 的主要承销商。

在美华人造出透明木头或用于家具领域	美国马里兰大学的华人科学家胡良兵带领的团队近期研制出一种透明木头，并认为它将来能应用在家具、建筑材料等多个领域。这项研究成果近期发表在美国《先进材料》杂志上。胡良兵副教授等人首先去除木头中有颜色的木素成分，然后填充光折射率匹配材料环氧树脂，实现了木头在光学上的透明。测试结果表明，总透光率可以达到 90%。据胡良兵介绍，透明木头具有比原始木头更高的强度，相比玻璃、塑料更加环保，还具有这些常用透明材料不具备的一些独特光学特性。
美户外家具商 Highwood 投 170 万美金扩厂	美国木材合成商及户外家具品牌 Highwood 于 2016 年伊始宣布扩厂。这是自 2003 年以来第三次扩产，厂房面积将增加 25 000 平方英尺。
美家居巨头 Lowe's 23 亿美元收购加拿大 Rona	美国知名家居连锁品牌 Lowe's 以 32 亿加元（约 23 亿美元）的价格收购加拿大品牌 Rona。在这次交易中，Lowe's 同意将总部设在魁省的波奇维尔，且保留 Rona 多数零售店招牌。此外，Lowe's 也承诺继续雇用 Rona 多数职员，并保留 Rona 的管理人员。
美国对华木制卧室家具作出反倾销行政复审初裁（2015）	2016 年 10 月 11 日，美国商务部发布公告称，对华木制卧室家具（wooden bedroom furniture）做出反倾销行政复审初裁：本次反倾销行政复审涉及 18 家中国企业，初步裁定其中 11 家企业在本次行政复审调查期内无可审查交易；另外 7 家中国涉案企业因未提交其适用于单独税率的反倾销调查问卷答卷，故适用 216.01% 的中国普遍税率。本次行政复审的调查期为 2015 年 1 月 1 日—12 月 31 日。
美国华盛顿州禁止家具及儿童产品使用五种阻燃剂	美国华盛顿州制订《无毒儿童及家庭法》(toxic-free kids and families act)，自 2017 年 7 月 1 日起，儿童产品及布艺家具若含以下 5 种有毒阻燃剂中任何一种，而含量超过百万分之一千，即禁止销售和分销：磷酸三（1，3-二氯-2-丙基）酯（TDCPP）、磷酸三（2-氯乙基）酯（TCEP）、十溴联苯醚（Deca-BDE）、六溴环十二烷（HBCD）以及四溴双酚 A（TBBPA）。这是首次有美国州份禁止儿童产品及家具使用 TBBPA，TBBPA 常用于汽车座椅、纺织品及玩具之中。
美国 KI 家具华南运营中心在东莞开业	北京康爱医养家具与美国 KI 医养家具的合作，将“互联网＋”思维融入到传统家具行业中，主力开发养老家具，为银发人群提供了更美好、更有尊严的晚年生活。KI 医养家具发展遍及美洲、欧洲、澳洲以及亚洲部分地区，现在 KI 家具的医养系列家具入驻中国，已经在国内医养机构、照护机构、医疗机构里获得了认可。

③ 巴西

巴西这家家居店安装“大头针”摁下去中意的东西就存进手机	巴西最大的家居连锁 Tok&Stok 和 Pinterest 合作在家具店里安装了实体的大头针（Pin it）按钮，来帮助消费者保存家具信息。当消费者在店里逛时，发现中意的家具可以直接按按钮“订”下来。这个装置会通过蓝牙直接把这个家具推送到 Pinterest 和这家家具公司联合推出的应用 PinList 上。原理是这样的：按钮中的 BLE（Bluetooth Low Energy）装置部分会自动连接按钮旁边最近的一个手机，把产品信息推上去。

非洲

① 埃及

埃及政府促家具出口 鼓励企业参与国际展销会

埃及贸工部长塔里克·卡比勒称，埃及政府将大力支持家具出口行业的发展，并利用出口发展基金来偿还家具出口商的所有债务。贸工部长表示为促进出口，埃及政府鼓励埃及企业参加国外举行的商品展销会，并表示埃及将在斋月十日城、Burg Al-Arab、Badr、Miniya 以及 Quesna 等地建立新的工业区。埃及家具出口协会（EFEC）会长赛义德艾哈迈德称，埃及将有 32 家公司参加 1 月在德国法兰克福举行 Heimtextil 展览会。

② 加纳

加纳第一家中国人创办的大型家居商城开业

加纳（非洲西部国家）第一家由中国人创办经营的大型家居商城“save more”10 月 9 日在首都阿克拉开业。商城分上下两层，占地约 3 000 余平方米，主营家具、家居装潢、电器、办公用品等，覆盖国内外多个知名品牌。此前，中国品牌的电器、办公用品等多以专卖店的形式在加纳售卖。

③ 其他国家

多国红木原产地陆续禁止原料出口

据当地媒体报道，莫桑比克当局已经决定自 2016 年 12 月 31 日起，实施真正的全面禁止东非黑黄檀（紫光檀）木材出口；贝宁、科特迪瓦、几内亚比绍、尼日利亚、马里等国家：先后出台禁令，禁止 30 多种红色硬木的出口；几内亚比绍：自封关到现在，几乎没有出口的红木；多哥：2016 年 6 月发布最新为期 10 年的伐木禁令；冈比亚、加纳：因濒危证限制原因，只能出口微量红木；科特、马里：因无濒危证可办，已停止出口红木。

欧洲

① 德国

德国家具集团 Steinhoff 38 亿美元收购美国床上用品零售商 Mattress

德国家具零售商 Steinhoff International Holdings NV 在上周日宣布他们完成了对美国最大的床上用品零售商 Mattress Firm Holding Corp 的收购，收购总价约为 38 亿美元（包含负债）。据路透社报道，Steinhoff 以每股 64 美元的价格要约收购 Mattress，比 Mattress 上周五闭市时的股价溢价 15%，Steinhoff 希望通过此次交易成为世界上最大的床上用品零售公司。

德国床垫龙头品牌 Breckle 入驻中国	德国床垫第一品牌 Breckle 将于 3 月 15 日举办发布会，宣布正式进军中国。据悉，Breckle 是一个拥有 83 年床垫制造历史的德国品牌，不仅常年稳居德国床垫销量冠军的宝座，更几度占据欧洲床垫市场份额 40% 以上。背靠德国世界第一的精密制造能力，Breckle 的产品不仅通过了德国最严格的 DIN 标准，获得了代表环保产品的蓝天使标签；在国际上更是取得了欧洲 GS 安全认证、CQGC 国际产品质量保障中心认证等国际产品质量认证。作为一个在欧洲家喻户晓的床垫品牌，Breckle 先后在德国、意大利、瑞典都设立了工厂，生产的产品包括床垫、床撑、床上用具三大品类，先后几次被评选为世界十大家纺品牌。此次进入中国的床垫产品全部在德国生产，代表了德国在家具行业的世界级的产品品质，是德国床垫行业的典范代表，更是名副其实的世界名牌。

② 俄罗斯

俄罗斯软家具进口超过出口量 9 倍	据俄罗斯软家具进出口概述的数据，在 2015 年 3 月至 2016 年 2 月期间，俄罗斯成为软家具的纯进口国：进口成品超过出口。在此期间，俄罗斯进口软家具 356 万件，超过出口量 9 倍，中国成为俄罗斯软家具的最大供应商。

③ 法国

二手家具在线交易平台 Selency 获 330 万 美元种子轮融资	二手家具在线交易平台 Selency 宣布获得 330 万美元种子轮投资，由 Accel Partners 和 Kima Ventures 领投，Showroomprivé 等参投。Selency 是一家法国初创公司，前身是 Brocante Lab，由 Charlotte Cadé 和 Maxime Brousse 联合创办于 2014 年。

④ 捷克

2016 年捷克家具业产值创下 18.2 亿美元纪录	根据捷克家具生产商协会的统计，2016 年捷克家具业产值达到创纪录的 446.4 亿克朗（约合 18.2 亿美元），同比增长 2.5%，家具业销售总额 354.8 亿克朗（约合 14.5 亿美元），同比增长 2.3%。该协会负责人称，捷克家具生产的增长很大程度上受出口带动。

⑤ 克罗地亚

中国企业成克罗地亚首都家具家装展上亮点	来自中国河北的 19 家企业参加了在克罗地亚首都萨格勒布举办的家具家装展，成为该展会的一大亮点。据了解，19 家中国企业是该展会历史上中国企业参展规模最大的一次，中国企业使用展馆面积 600 平方米，展品有家具、室内装饰、厨具、陶瓷制品等。

⑥ 丹麦

丹麦 HAY 与 COS 跨界合作推出花园系列家具	H&M 旗下的服饰品牌 COS 与丹麦家具品牌 HAY 推出了 2016 年春季的联名花园系列。这次的跨界合作并非是 HAY 专门为 COS 设计生产的产品，而是从 HAY 的产品系列里挑选出一些，放在 COS 店里售卖。

⑦ 瑞典

宜家将在俄罗斯、比利时、中国等推广电商业务	9 月 23 日消息，据《生意人报》报道，为了进一步拓展市场，瑞典家具零售商宜家计划在莫斯科上线电商业务，具体时间没有透露。除俄罗斯外，宜家计划在中国、比利时等国家推出电商业务。目前，宜家家居所在的 28 个市场中，已在 14 个市场建立了网络业务，公司网络业务在逐步扩大。

宜家2016财年销售额342亿欧元 增长7.1%	得益于在中国、澳大利亚、加拿大以及波兰市场的业绩有所增长，宜家公司2016财年销售收入同比有所增长。 数据显示，在截至2016年8月31日的12个月时间里，宜家公司实现销售收入342亿欧元（约合384亿美元），较上一年相比增长7.1%。同店销售额同比涨幅达到4.8%。
IKEA（宜家）获3项2016德国红点产品设计奖	2016年德国红点大奖由41名设计领域专家组成评审团，在约5 200件参赛作品中评选出获胜者。宜家SLADDA（斯拉达）自行车、LISABO（利萨伯）桌子系列和TILLREDA（提瑞达）电磁炉荣获产品设计奖。其中，SLADDA（斯拉达）自行车荣获产品设计类别“至尊奖”——红点设计大奖的最高荣誉。
宜家在印度市场首家店面破土动工	据英国广播公司8月15日报道，宜家（IKEA）在印度的首家门店近日开始动工。宜家希望克服外资公司进入印度市场的困难，在2017年年底顺利开业。产品种类将达到7 500种，预计每年迎客500万～700万人次。宜家计划10年内在印度开25家门店，同时增加印度供应商的数量，比如地毯、竹子家居制品。印度零售市场市值约6 000亿美元，宜家在未来10年将投资超过15亿美元。
英国宜家将设“太阳能商店”跨入新能源领域	据“联合新闻网”5月10日报道，瑞典家具大厂宜家家居（IKEA）将跨出舒适圈，开始销售太阳能发电板。2016年夏季开始，英国宜家家居卖场将设置一个全新专区“太阳能商店”（Solar Shop）。尽管英国已削减太阳能补贴，宜家家居仍决定投资和开始销售太阳能面板。目前，该公司已有3家太阳能商店。

⑧ 英国

英国家具电商Made.com：网友票选设计再生产销售	Made.com由中国商人李宁与英国在线旅游零售业务公司lastminute.com的创始人Brent Hoberman、Chloe Macintosh和Julien Callede等人联合创办，其模式可以被理解为家具界的“快时尚”，他们与设计师直接进行合作，将设计师设计的家具图纸发布在网站上，得票高的设计在中国的工厂直接下单制作，之后将这些家具进行销售。

⑨ 欧盟

含杀生物剂家具未经核准 禁止在欧盟市场贩售	欧盟执委会食品健康安全总署表示，欧盟528/2012号有关“生物灭杀剂”规章（Biocidal Products Regulation）自2013年9月1日开始实施，该规范适用杀生物剂产品及含有杀生物剂产品之“经处理成品”（Treated Article）例如资讯、电子、家具、纺织或汽车等产品。
欧盟搭建“绿色城市家具”电子选购平台	欧盟近日搭建了一个环保家具政府采购平台，通过在政府采购过程中提供专业周到的选购咨询服务，帮助欧洲各国政府采购到合格满意的环保办公家具。这个名为“绿色城市家具”的电子平台是由欧盟“未来计划”项目资金支持搭建而成的。该平台能够帮助欧洲各国的政府采购部门向供应商提出合理明确的绿色环保办公家具采购要求，并帮助他们在各种不同的绿色环保家具供应方案中作出比较选择。
输欧产品镉检测新规发布	欧盟官方发布并实施新法规《化学品的注册、评估、授权和限制》，修订了关于镉的相关限制条款，规定镉含量超过0.01%的油漆不得使用或投放欧盟市场。

亚洲

① 日本

MUJI 无印良品推出体压分散床垫	MUJI 无印良品秋冬推出「MUJI to Sleep 日日好眠」，10 月将推出新款的体压分散床垫，可以针对身体各部位分散体压，还能利用聚氨酯吸湿放湿性佳的特性，让床垫保持干爽透气，预计售价在 6 000～7 000 元。
三井化学公布“会变色会发声”新型塑料家具	6 月 1 日，三井化学在日本东京有明国际会展中心举办的室内用品展“家居设计生活展”（Interior Lifestyle）上，首次公开了会变色的塑料家具及餐具等。该项目通过对该公司的材料用途进行创新，向客户展现材料的魅力，以便开拓新客户。
日本推出智能床垫 能自动调整睡眠姿势	Molten Corp 所推出的 Leios 气床垫可通过内置的智能技术了解到使用者是否处于最佳的休息姿势，并通过身体压力控制功能来调节气室的压力，让使用者身体的每一个部位都获得最佳的支撑。这样不仅可以避免拉伤，还能减少褥疮并促进血液循环——如此的功能特别适合老年人或病患使用。

② 以色列

以色列塑料家具商 Keter Plastic 将出售 80% 股权	Keter Plastic 主要制造一系列家用器皿、存储容器以及户外庭院家具。根据当地媒体报道称，该家以色列塑料制造商的老板 Sami Sagol 已经同意出售该公司的大多数股权。7 月 20 日，Sami Sagol 伦敦的私人股本公司 BC Partners 达成协议。将出售 80% 的股份，市值为 16 亿～17 亿美元。

③ 印度

印度 Furlenco 获 3 000 万美元融资	印度家具租赁创企 Furlenco 宣布获得 3 000 万美元新一轮融资。其中包括 1 500 万美元的股权融资和 1 500 万美元的债券融资。
印度计划用无人机打击红木走私	据外媒 7 月 28 日报道，印度政府正计划利用无人机技术，打击该国猖獗的红木走私活动。
印度家具租赁公司 Furlenco 推出多种新型服务方式	Furlenco 成立于 2012 年，2015 年的 A 轮融资拿了 600 万美元，专门为学生、初入职场的新人，还有那些因工作需要经常更换工作地点的人提供家具。Furlenco 负责所有家具的设计和生产。客户下单后，公司会在 72 小时之内将家具送到家，并帮助客户安装和清理干净。另外，如果客户只是要家，则搬运免费。而一旦客户不再需要使用这些家具，Furlenco 也会负责上门将家具运走。家具回收后，Furlenco 将负责维修和翻新，以便下一次使用。

④ 印度尼西亚

印度尼西亚拟吸引200名中国家具商投资建厂	据印度尼西亚《点滴网》3月28日报道，印度尼西亚投资协调委员会（BKPM）称，由于在中国的经营成本持续上升，而印度尼西亚国内有大量的木材、藤等原料，印度尼西亚投资协调委员会有意吸引中国广东省200名家具制造商将工厂迁来印度尼西亚。
印度尼西亚家居电商Fabelio 8个月内2次融资	印度尼西亚家居类初创公司Fabelio宣布获得200万美元的A轮融资，此轮融资由Venturra Capital领投，500 Startups和IMJ Investment Partners跟投。2015年7月，Fabelio曾完成50万美元的种子轮融资。

⑤ 孟加拉国

孟政府将给予家具产品出口补贴	据国外媒体《每日星报》4月12日报道，近日孟政府宣布将分别给予家具和塑料产品15%和10%的出口补贴。

2016年标准批准发布公告汇总

2016年国家标准批准发布公告一览表

序号	标准号	标准名称	代替标准号	发布日期	实施日期
1	GB/T 32487—2016	塑料家具通用技术条件	—	2016-02-24	2016-09-01

2016年工业和信息化部行业标准批准发布公告一览表

序号	标准编号	标准名称	标准主要内容	代替标准	采标情况	实施日期
1	QB/T 2280—2016	办公家具 办公椅	本标准规定了办公椅的术语和定义、产品分类、要求、试验方法、检验规则及标志、包装、运输和贮存。 本标准适用于室内工作用椅。	QB/T 2280—2007	—	2016-07-01
2	QB/T 4934—2016	连体餐桌椅	本标准规定了连体餐桌椅的术语和定义、要求、试验方法、检验规则及标志、使用说明、包装、运输和贮存。 本标准适用于木质、金属、塑料等材料制作的供室内使用的连体餐桌椅（包括凳子）。 本标准不适用于可折叠连体餐桌椅。	—	—	2016-07-01
3	QB/T 4935—2016	办公家具 屏风桌	本标准规定了办公家具屏风桌（台）的术语与定义、要求、试验方法、检验规则、使用说明、标志、运输、贮存。 本标准适用于办公屏风桌产品。	—	—	2016-07-01
4	QB/T 4936—2016	会展用拆装桌	本标准规定了会展用拆装桌的术语和定义、要求、试验方法、检验规则、标志、使用说明、包装、运输及贮存。 本标准适用于会展用拆装桌。	—	—	2016-07-01

—04—

数据统计

Statistical Data

编者按：本篇行业基础数据均来自中国轻工业信息中心，分为全国数据、地区数据和分类数据三大板块。为了便于读者更好地从基础数据中了解行业发展状况，《2016 年中国家具行业经济运行概况》从主营业务收入、行业利润、行业发展格局、区域发展格局等四个方面对行业数据进行了分析和解读。对子行业的企业数量、我国家具行业内销及出口情况进行了数据解读。

全国数据则列出了各家具细分行业规模以上企业的主营业务收入及出口交货值数据。地区数据列出了全国各地区家具行业规模以上企业主营业务收入、各地区家具产量、进／出口情况。分类数据列出了各类型家具进／出口量值表以及各国家（地区）家具商品进／出口情况。

2016 年中国家具行业经济运行概况

2016 年是我国“十三五”规划的开局之年，是调整家具行业发展方向的关键之年。面对国际和国内复杂的经济环境，我国家具行业运行缓中趋稳，稳中向好，在提质增效、结构改革、创新发展等方面取得了良好进展。

我国家具行业具有突出的规模总量优势。2016 年，规模以上企业[①]（下同）共有 5 561 家，比 2015 年增加 271 家；全年家具行业产量 7.95 亿件；完成主营业务收入 8 559.46 亿元，同比增长 8.57%；累计实现利润总额 537.48 亿元，同比增长 7.88%。出口额规模扩大的态势在 2016 年受阻下滑至 491.89 亿美元；家具进口 26.32 亿美元，增速提高到 4.94%。近年来，我国家具行业对国际市场的依赖程度持续减弱，部分以出口贸易为主营业务方向的家具企业开始关注内销市场，由出口导向转变为内外销并举。

一、主营业务收入

2016 年，家具行业完成主营业务收入 8 559.46 亿元，同比增长 8.57%。从近三年的月度主营业务收入走势可以看出，运行轨迹基本相似，上半年震荡上行，下半年呈现翘尾的态势（图 1）。

2016 年，家具行业月度主营业务收入情况如图所示（图 2）。12 月是全年主营业务收入最高的月份，增速经历了年中的下滑，在年末实现了拉升。

近三年来，家具各子行业的主营业务收入及增速变化与整个家具行业大致相同，即主营业务收入保持逐年递增的趋势，但增速进一步放缓；木质家具制造业和其他家具制造业的占比有所扩大，其他 3 个子行业的占比则出现收窄（图 3）。

2016 年，木质家具制造业累计完成主营业务收入（下同）5 481.27 亿元（占 64.04%），同比增长 9.02%；金属家具制造业 1 545.69 亿元（占 18.06%），同比增长 6.28%；其他家具制造业 1 256.6 亿元（占 14.68%），同比增长 10.86%；竹、藤家具制造业 178.41 亿元（占 2.08%），同比增长 3.77%；塑料家具制造业 97.5 亿元（占 1.14%），同比增长 1.49%（图 4）。

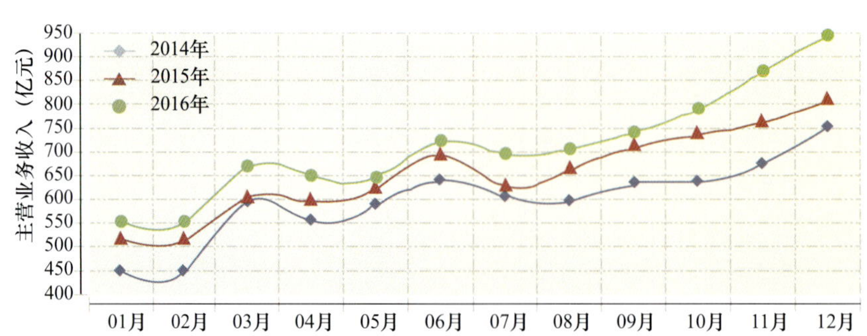

图 1　近三年家具行业规上企业月度主营业务收入对比

① 规模以上企业可简称为规上企业。

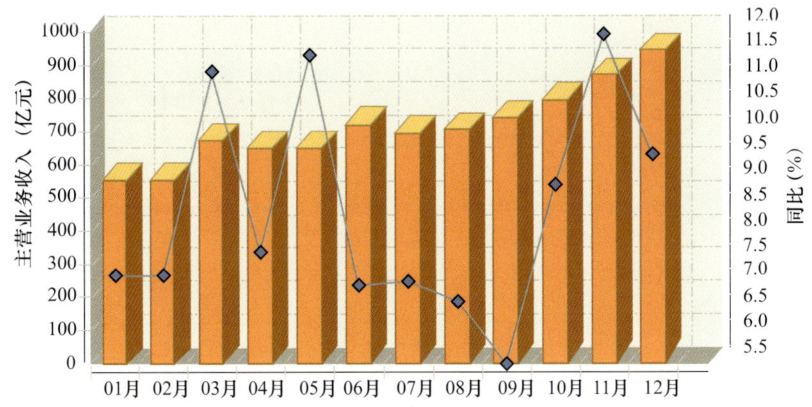

图 2　2016 年家具行业规上企业月度主营业务收入及增速情况

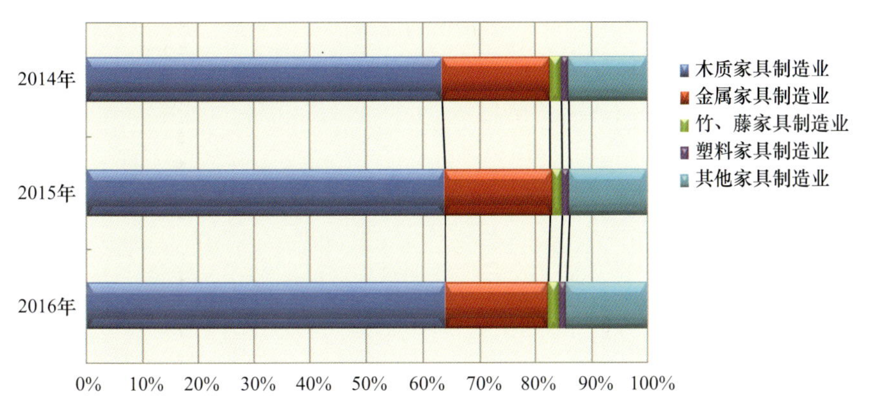

图 3　近三年家具各子行业规上企业主营业务收入占比变化情况

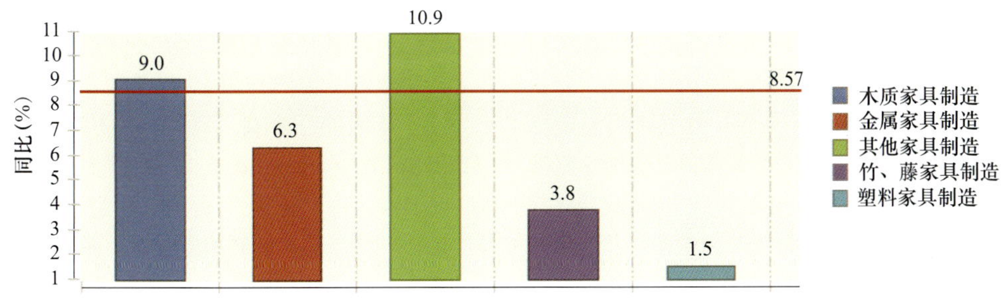

图 4　2016 年家具各子行业规上企业主营业务收入增速情况

二、行业利润

2016 年，家具行业规上企业（下同）累计实现利润总额 537.48 亿元，同比增长 7.88%；由于家具行业整体的边际利润有所下滑，继 2013 年后再次出现了利润总额增速低于主营业务收入增速的情况（图 5）。

从近三年家具行业月度利润总额的运行轨迹来看，2016 年上半年的抬升止步于 5 月，6—7 月连续下行，8—9 月显示升降震荡后，10 月起延续往年翘尾的走势（图 6）。

2016 年前 5 个月，受前期房地产销售高增长的影响，家具需求释放，造成行业的利润总额

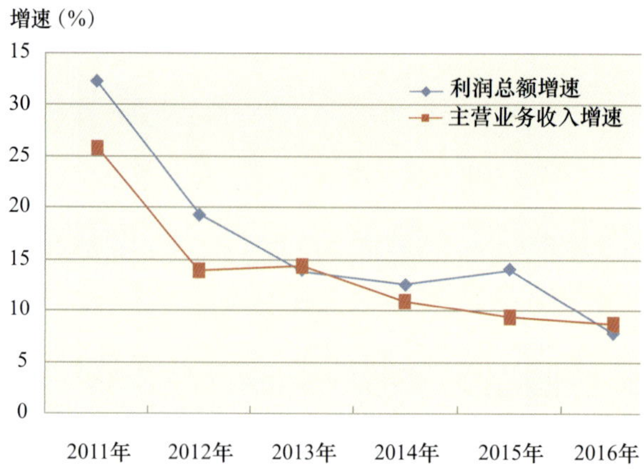

图 5　2016 年家具行业规上企业利润总额与主营业务收入的增速对比

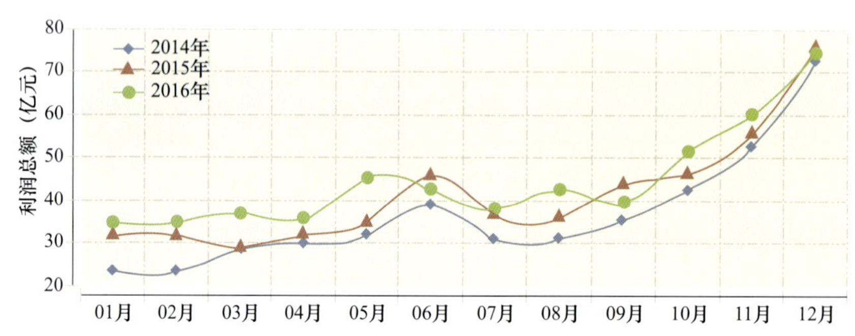

图 6　近三年家具行业规上企业月度利润总额对比

快速上涨，各月均呈现出两位数增长，其中 5 月的增速突破了 37%，6—12 月利润总额增速的变化幅度较大。家具行业的月度利润总额情况如图 7 所示。

近三年，在家具各子行业中，木质家具制造业的盈利能力相对较好，利润总额及增速都保持了逐年递增的态势，塑料家具制造业的利润总额增速最快，金属家具制造业的利润总额降为个位数增长，而另外两个子行业则出现了利润总额下降、增速负增长。

2016 年，木质家具制造业的利润总额占家具行业总量（下同）的 62.73%，金属家具制造业占 20.6%，其他家具制造业占 14.39%，竹、藤家具制造业占 1.28%，塑料家具制造业占 1%（图 8）。

三、行业发展格局

1. 子行业企业个数占比

规上企业是家具行业实现转型升级的重要载体，各子行业着手培育新规上企业，使得自身规模逐渐扩大。在不断发展多种材料制造家具的当下，木质家具制造企业依然是支撑家具行业发展的主力军。

2016 年，家具行业规上企业共有 5 561 家，比 2015 年增加 271 家。其中，木质家具制造企业 3 606 家（占 64.85%），金属家具制造企业 951 家（占 17.1%），其他家具制造企业 806 家（占 14.49%），竹、藤家具制造企业 104 家（占 1.87%），塑料家具制造企业 94 家（占 1.69%）（图 9）。

与 2015 年相比，家具行业规上企业增加了 271 家，其中，木质家具制造企业家增加了 175 家，金属家具制造企业增加了 20 家，其他家具制造企业增加了 58 家，竹、藤家具制造企业增加了 16 家，塑料家具制造企业增加了 2 家。

2. 内需市场比重

近年来，我国家具行业对国际市场的依赖程度持续减弱，发展模式进一步转变为内需导向为主。

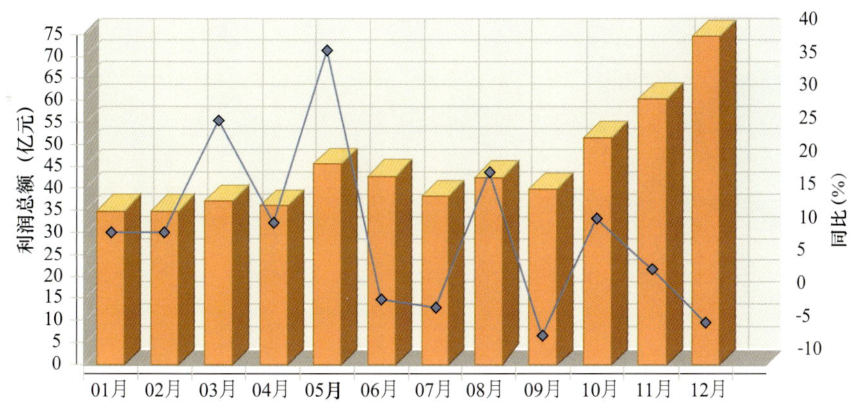

图 7　2016 年家具行业规上企业月度利润总额及增速情况

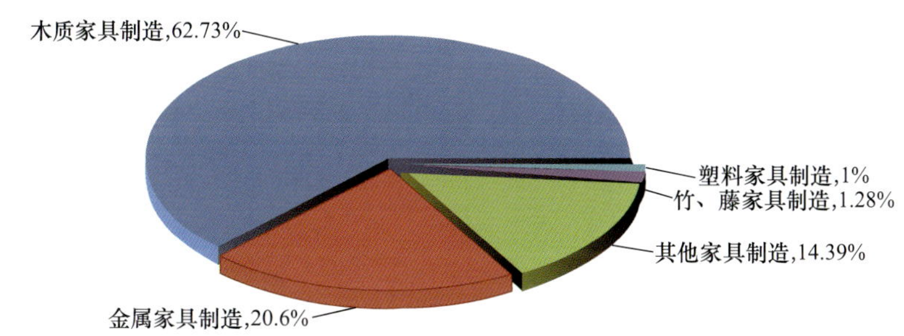

图 8　2016 年家具各子行业规上企业利润总额占比情况

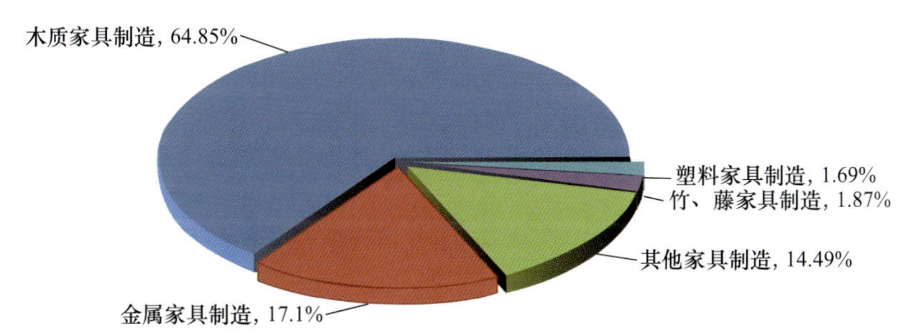

图 9　2016 年家具子行业规上企业数占比情况

2016 年，家具行业规上企业的内销率由 2011 年的 74.34% 扩大为 78.94%（图 10）。

3. 对外贸易市场

近年来，我国家具行业对国际市场的依赖程度持续减弱，2016 年，家具行业规上企业的出口依存度由 2011 年的 25.66% 降为 21.06%（图 11）。

从近十年（2007—2016 年）的家具行业进出口的发展情况看，贸易竞争力指数（TC）保持在 0.90 附近，标志着我国出口家具在国际市场上仍具备较强的竞争力（图 12）。

出口额规模扩大的态势在 2016 年受阻下滑至 491.89 亿美元，增速则是从 2013 年起大幅下跌，进入下行轨道，在 2009 年国际金融危机后，2016 年再次出现了负增长，同比下降 9.38%（图 13）。

家具的进口规模在经过 2015 年回落后，2016 年反弹到 26.32 亿美元，同时增速也由 2015 年的 -10.57% 提高到 4.94%（图 14）；2016 年的贸易顺差为 465.57 亿美元，同比下降 10.08%，是 2010 年以来首次下跌，比 2012 年少了 10.70 亿美元。

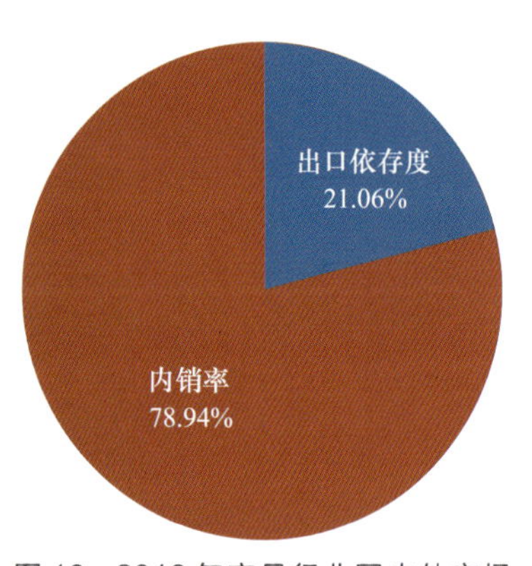

图 10　2016 年家具行业国内外市场销售结构图

图 11　2011—2016 年家具行业规上企业出口依存度变化

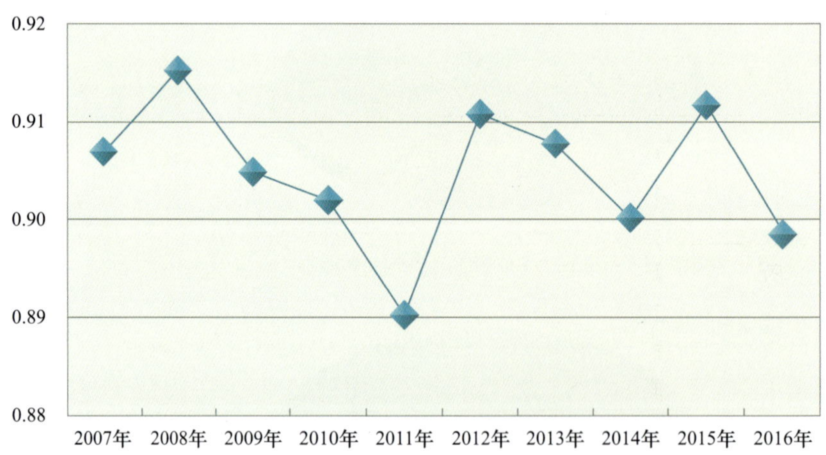

图 12　2007—2016 年家具行业贸易竞争力指数的变化

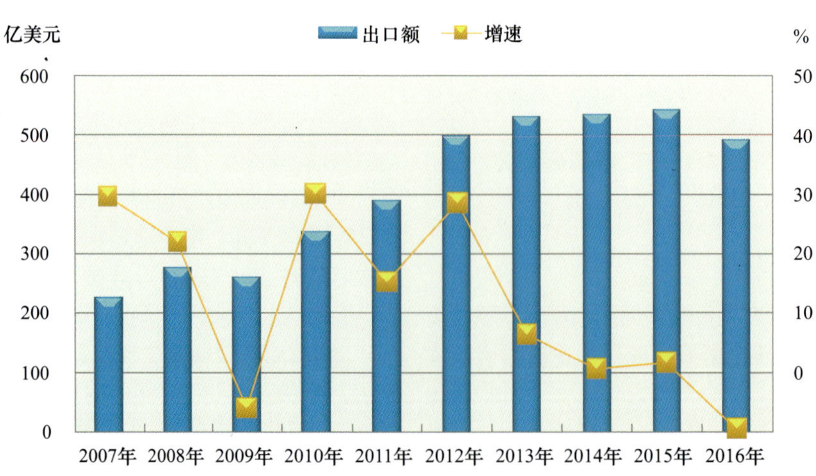

图 13　2007—2016 年家具行业出口额的变化

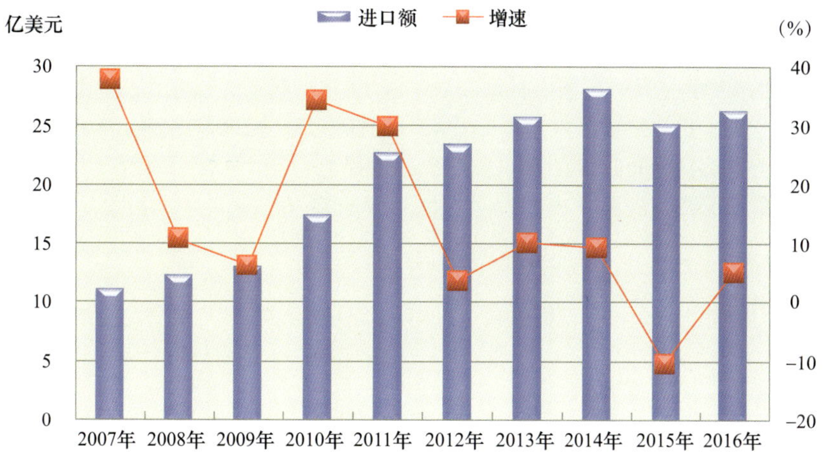

图 14　2007—2016 年家具行业进口额及增速的变化

我国家具出口排名前十位的贸易国（地区）中，美国、日本和英国依旧位居前三，2016 年对上述三国的出口额占比合计超过 45%；与 2015 年相比，澳大利亚与德国的名次不变，中国香港地区与新加坡的排名发生互换，韩国由第十位升至第八位，而加拿大与马来西亚则顺次下降一位；从出口额占比来看，除澳大利亚、新加坡及马来西亚外，其他 7 个国家和地区的占比均有不同程度的扩大。

2016 年，仅有对中国香港地区的出口以超过 20% 的速度快速提升，对韩国呈个位数增长，对美国微增，其他 7 个国家均显示为负增长（图 15）。

2016 年，我国前十位进口家具贸易国（地区）为德国、意大利、美国、越南、日本、韩国、波兰、英国、中国台湾及法国；有 7 个国家（地区）表现为正增长，其中从日本、波兰及意大利进口家具的增速恢复了快速增速（图 16）。

四、区域发展格局

按地区来看，家具制造主要集中在浙江、福建、广东、河南、山东、江西、四川、上海、辽宁、江苏 10 个地区，家具产量累计为 7.14 亿件，同比增长 1.19%，占行业总产量的 89.88%（图 17）。

江西、江苏、福建以及四川 4 个地区的家具产量增速达到了 10% 以上，河南与浙江的家具产量呈个位数增长；广东、辽宁、上海以及山东 4 个地区的家具产量增长为负，尤其前两个地区更是出现了两位数以上负增长（图 18）。

2016 年，以去产能、去库存、去杠杆、降成本、补短板等为重点的一系列供给侧结构性改革措

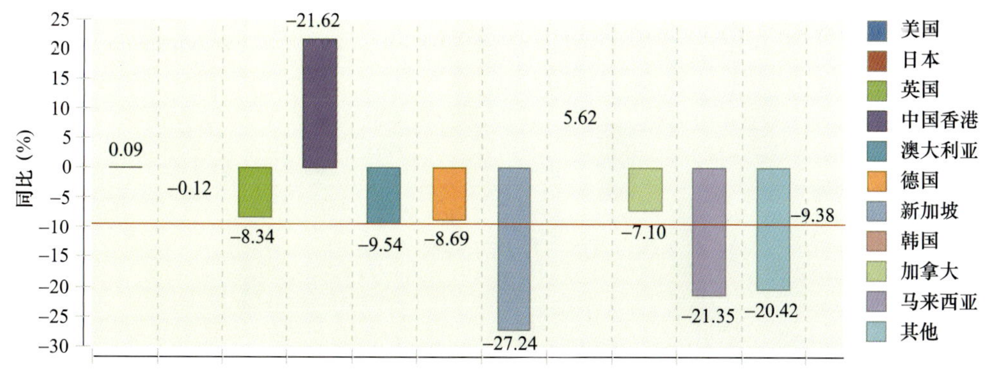

图 15　2016 年我国家具出口至前十位贸易国（地区）的增速情况

施，加快了家具产业扩大有效产能、提高供给质量、加强技术创新的步伐。同时，我国家具行业以《中国制造 2025》文件精神为指导，不断提升创新能力、加强品质品牌建设、优化发展结构，进一步贯彻国家提出的“增品种、提品质、创品牌”的“三品战略”，增强企业核心竞争力。

2016 年，家具企业整体发展平稳。2017 年，行业将继续通过供给侧结构性改革，实现家具行业在产品、技术等方面从中低端向中高端的发展转变。

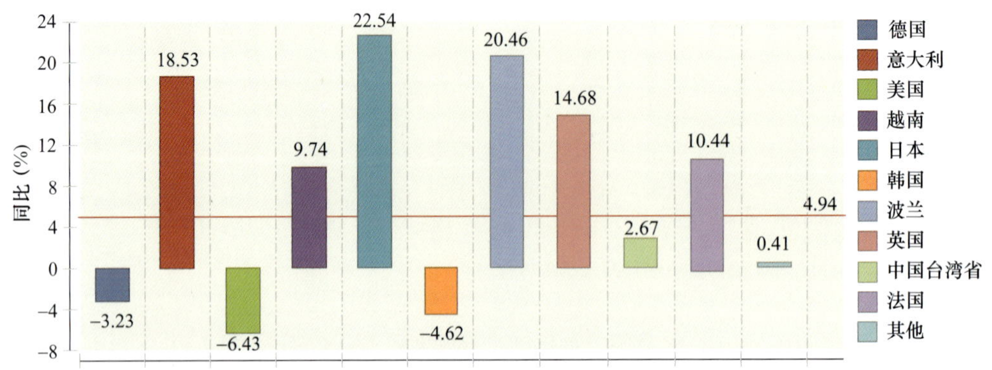

图 16　2016 年我国从前十位贸易国（地区）进口家具的增速情况

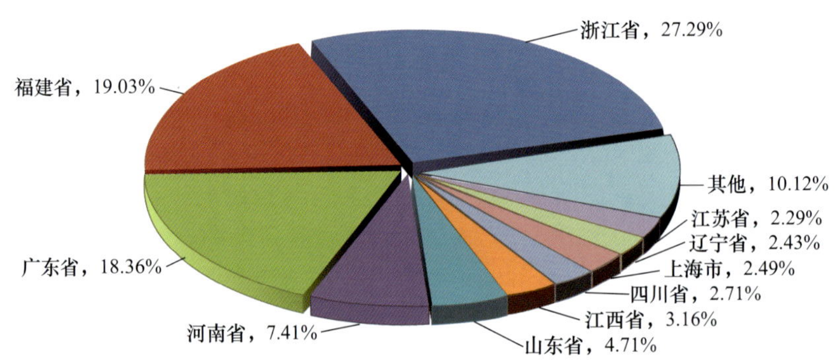

图 17　2016 年全国家具行业累计产量地区占比情况

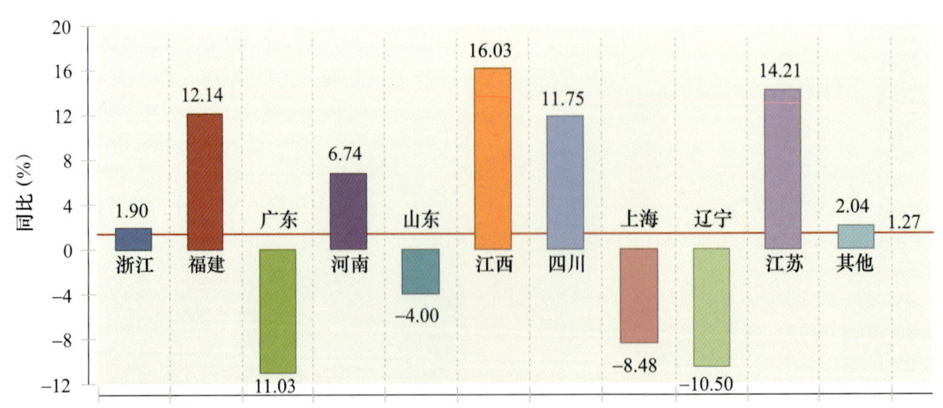

图 18　2016 年全国家具行业累计产量主要地区同比增长情况

全国数据

2016 年家具行业规模以上企业主营业务收入表

行业名称	2016 年主营业务收入（亿元）	2015 年主营业务收入（亿元）	增速（%）
家具制造业	**8 559.50**	**7 883.70**	**857.19**
其中：木质家具制造业	5 481.30	5 027.80	901.94
竹、藤家具制造业	178.40	171.90	376.59
金属家具制造业	1 545.70	1 454.30	628.08
塑料家具制造业	97.50	96.10	148.96
其他家具制造业	1 256.60	1 133.60	1 085.52

2016 年家具行业规模以上企业出口交货值表

行业名称	2016 年出口交货值（亿元）	2015 年出口交货值（亿元）	增速（%）
家具制造业	**1 802.36**	**1 744.29**	**3.33**
其中：木质家具制造业	865.34	864.19	0.13
竹、藤家具制造业	47.99	50.09	-4.19
金属家具制造业	499.56	466.53	7.08
塑料家具制造业	53.25	50.34	5.77
其他家具制造业	336.22	313.13	7.37

地区数据

2016 年各地区家具产量表

地区名	2016 年产量（万件）	2015 年产量（万件）	同比（%）
全国	**79 464.15**	**78 464.21**	**1.27**
北京	776.16	693.36	11.94
天津	1 275.90	1 279.58	−0.29
河北	1 413.58	1 365.61	3.51
山西	10.91	12.28	−11.18
内蒙古	86.01	83.18	3.41
辽宁	1 931.77	2 158.44	−10.50
吉林	317.71	316.62	0.35
黑龙江	182.68	223.91	−18.41
上海	1 975.84	2 158.99	−8.48
江苏	1 820.08	1 593.63	14.21
浙江	21 685.45	21 280.65	1.90
安徽	947.51	1 098.80	−13.77
福建	15 123.24	13 485.80	12.14
江西	2 508.75	2 162.10	16.03
山东	3 745.70	3 901.59	−4.00
河南	5 885.37	5 513.71	6.74
湖北	669.26	654.80	2.21
湖南	893.35	778.54	14.75
广东	14 587.82	16 396.59	−11.03
广西	415.38	473.13	−12.21
海南	0.60	1.58	−62.18
重庆	632.69	580.94	8.91
四川	2 155.78	1 929.18	11.75
贵州	206.47	143.16	44.22
云南	28.58	16.92	68.94
陕西	108.31	91.95	17.79
甘肃	15.02	6.26	140.04
青海	2.07	2.26	−8.48
宁夏	25.06	22.21	12.79
新疆	37.11	38.43	−3.43

2016 年全国各地区家具进口情况

地区名	2016 年进口值（美元）	2015 年进口值（美元）	增速（%）
全国	**2 632 201 626**	**2 508 217 125**	**4.94**
上海	920 701 952	919 799 670	0.10
广东	374 051 427	341 971 782	9.38
北京	274 119 383	262 357 327	4.48
江苏	236 913 960	192 624 405	22.99
天津	146 181 418	110 340 035	32.48
浙江	129 777 951	119 825 860	8.31
辽宁	100 863 248	101 440 892	–0.57
吉林	75 789 970	80 309 080	–5.63
福建	67 790 269	84 207 849	–19.50
山东	57 307 485	48 105 740	19.13
湖北	46 491 719	38 245 367	21.56
四川	43 470 017	36 295 094	19.77
广西	36 729 869	55 337 618	–33.63
重庆	33 248 895	42 439 972	–21.66
河北	23 532 903	24 812 050	–5.16
湖南	22 531 925	4 601 328	389.68
江西	14 737 168	5 619 174	162.27
云南	9 843 243	9 255 267	6.35
安徽	3 629 851	1 888 803	92.18
陕西	2 671 761	4 288 916	–37.71
新疆	2 645 824	3 698 631	–28.46
河南	2 443 363	2 619 483	–6.72
海南	1 716 133	2 878 879	–40.39
黑龙江	1 585 593	11 509 147	–86.22
贵州	1 117 857	341 049	227.77
山西	981 249	2 573 976	–61.88
甘肃	548 718	404 404	35.69
青海	337 781	37 109	810.24
宁夏	258 434	3 500	7 283.83
内蒙古	106 823	331 731	–67.80
西藏	75 437	52 987	42.37

2016 年全国各地区家具出口情况

地区名	2016 年出口值（美元）	2015 年出口值（美元）	增速（%）
全国	49 188 834 159	54 283 053 126	-9.38
广东	21 968 506 804	26 237 303 854	-16.27
浙江	10 380 587 655	10 440 968 110	-0.58
江苏	3 836 159 000	3 719 856 756	3.13
福建	2 805 958 481	2 907 955 440	-3.51
上海	2 689 559 948	2 841 025 184	-5.33
山东	2 634 524 391	2 507 600 972	5.06
河北	1 262 410 932	1 153 493 546	9.44
江西	712 234 462	936 698 386	-23.96
天津	558 549 707	566 437 293	-1.39
辽宁	513 646 396	553 464 870	-7.19
河南	470 565 524	364 224 060	29.20
安徽	390 886 346	424 903 890	-8.01
北京	198 260 959	232 658 827	-14.78
湖南	170 789 793	262 387 929	-34.91
湖北	159 850 250	199 616 421	-19.92
黑龙江	108 188 392	130 662 123	-17.20
重庆	72 760 340	248 210 447	-70.69
吉林	68 633 734	74 080 141	-7.35
广西	48 581 646	53 976 851	-10.00
新疆	32 603 010	48 171 629	-32.32
海南	28 581 303	32 703 313	-12.60
四川	27 548 918	144 052 923	-80.88
云南	10 074 425	87 657 329	-88.51
陕西	9 511 792	20 561 596	-53.74
贵州	7 893 357	22 531 248	-64.97
内蒙古	7 394 800	31 150 751	-76.26
甘肃	7 321 744	23 862 831	-69.32
青海	3 590 579	7 769 920	-53.79
宁夏	2 708 610	7 803 684	-65.29
西藏	496 290	576 830	-13.96
山西	454 571	685 972	-33.73

分类数据

2016 年家具商品进口量值表

进口商品名称	进口量（万件）	去年同期进口量（万件）	进口量同比（%）	进口额（万美元）	去年同期进口额（万美元）	进口额同比（%）
家具				263 220.00	250 822.00	4.94
94033000-办公室用木家具	39.45	47.83	-17.52	3 325.66	4 309.25	-22.83
94034000-厨房用木家具	64.40	59.67	7.92	13 998.90	9 673.15	44.72
94035010-卧室用红木家具	5.21	1.82	185.32	1 130.05	687.80	64.30
94035091-卧室用漆木家具	0.03	0.01	96.99	12.75	9.59	32.88
94035099-卧室用其他木家具	119.36	115.41	3.42	16 191.63	15 435.21	4.90
94036010-其他红木家具	19.27	16.04	20.15	2 662.67	2 191.04	21.53
94036091-其他漆木家具	0.05	0.07	-28.38	14.62	37.81	-61.32
94036099-其他木家具	596.63	556.84	7.15	33 804.51	33 947.40	-0.42
94031000-办公室用金属家具	11.53	8.37	37.74	1 842.88	1 559.64	18.16
94032000-其他金属家具	65.12	81.13	-19.74	5 865.78	5 961.00	-1.60
94037000-塑料家具	151.14	117.38	28.76	1 792.62	1 510.83	18.65
94038100-竹制或藤制家具	3.52	2.48	41.98	89.04	62.77	41.85
94038910-柳条及类似材料制家具	0.00	0.01	-69.33	0.40	0.48	-18.05
39263000-塑料制家具、车厢或类似品的附件	293.14	340.13	13.81	8 204.37	7 781.17	6.60
94038920-石制家具	0.32	0.20	63.40	556.35	432.17	28.74
94038990-其他材料制家具	25.25	18.66	35.35	2 467.97	4 004.44	-38.37
94039000-家具的零件	7 482.83	6 340.03	18.03	16 625.64	16 141.45	3.00
94011000-飞机用坐具	0.76	0.47	63.34	6 788.78	8 113.49	-16.33
94012010-皮革或再生皮革制面的机动车辆用坐具	4.50	0.52	761.57	1 681.48	361.26	365.45
94012090-非皮革或再生皮革制面的机动车辆用坐具	39.76	31.23	27.29	5 777.99	4 458.86	29.58

（续表）

进口商品名称	进口量（万件）	去年同期进口量（万件）	进口量同比（%）	进口额（万美元）	去年同期进口额（万美元）	进口额同比（%）
94013000-可调高度的转动坐具	20.30	19.43	4.50	2 836.55	2 395.21	18.43
94014010-皮革或再生皮革制面的能作床用的两用椅（但庭园坐具或野营设备除外）	0.01	0.01	90.63	28.36	17.72	60.10
94014090-非皮革或再生皮革制面的能作床用的两用椅（但庭园坐具或野营设备除外）	3.53	1.11	218.26	299.22	175.89	70.12
94015100-竹制或藤制的坐具	10.13	9.12	11.09	209.99	194.00	8.24
94015900-柳条及类似材料制的坐具	2.26	1.39	63.34	34.06	25.79	32.09
94016110-皮革或再生皮革制面带软垫的木框架坐具	11.30	12.02	-6.00	8 191.54	6 324.41	29.52
94016190-非皮革或再生皮革制面带软垫的木框架坐具	38.92	29.34	32.66	8 047.40	7 240.99	11.14
94016900-其他木框架坐具	215.52	180.14	19.64	8 790.25	8 545.81	2.86
94017110-皮革或再生皮革制面带软垫的金属框架坐具	5.88	3.70	58.92	1 812.46	1 481.06	22.38
94017190-非皮革或再生皮革制面带软垫的金属框架坐具	17.08	18.04	-5.31	2 191.94	2 086.32	5.06
94017900-其他金属框架坐具	111.69	95.23	17.29	1 579.45	1 990.98	-20.67
94018010-石制的坐具	0.01	0.01	-25.27	1.64	3.61	-54.51
94018090-其他未列名坐具	168.23	145.80	15.39	5 563.52	7 088.41	-21.51
94019011-机动车辆用座椅调角器	1 242.20	1 433.76	-13.36	6 197.18	6 946.28	-10.78
94019019-机动车辆用坐具的其他零件	8 625.00	8 783.63	-1.81	63 777.24	59 157.00	7.81
94019090-非机动车辆用坐具的零件	2 824.67	2 244.55	25.85	15 529.86	14 912.26	4.14
94021010-理发用椅及其零件	0.36	0.33	7.20	67.45	47.45	42.15
94021090-牙科用椅及其零件；理发用椅的类似椅及其零件	10.02	8.25	21.36	550.90	703.87	-21.73
94029000-其他医用家具及其零件（如手术台、检查台、带机械装置的病床等）	95.22	141.87	-32.88	11 831.37	12 150.27	-2.62
94041000-弹簧床垫	8.83	7.51	17.55	2 755.69	2 655.59	3.77

2016 年家具商品出口量值表

出口商品名称	出口量（万件）	去年同期出口量（万件）	出口量同比（%）	出口额（万美元）	去年同期出口额（万美元）	出口额同比（%）
家具				4 918 883.42	5 428 305.31	9.38
94033000-办公室用木家具	1 768.66	1 852.53	-4.53	114 125.53	122 036.85	-6.48
94034000-厨房用木家具	2 685.36	2 582.37	3.99	147 976.18	163 629.26	-9.57
94035010-卧室用红木家具	0.03	0.10	-68.54	52.85	37.74	40.05
94035091-卧室用漆木家具	0.51	0.19	166.70	33.17	12.97	155.67
94035099-卧室用其他木家具	3 609.80	3 543.60	1.87	455 986.55	450 862.46	1.14
94036010-其他红木家具	0.87	0.59	48.01	563.45	330.35	70.56
94036091-其他漆木家具	0.26	0.84	-69.16	76.10	51.59	47.51
94036099-其他木家具	15 188.73	14 824.65	2.46	663 156.40	727 888.30	-8.89
94031000-办公室用金属家具	1 084.68	1 076.05	0.80	51 915.58	59 202.41	-12.31
94032000-其他金属家具	27 867.70	26 888.53	3.64	627 610.60	692 924.19	-9.43
94037000-塑料家具	4 322.84	3 766.43	14.77	78 422.80	88 011.34	-10.89
94038100-竹制或藤制家具	477.14	403.33	18.30	7 459.11	6 618.03	12.71
94038910-柳条及类似材料制家具	7.59	25.79	-70.56	259.30	527.77	-50.87
39263000-塑料制家具、车厢或类似品的附件	3 731.36	4 495.77	-17.00	31 133.75	35 673.77	-12.73
94038920-石制家具	114.04	107.44	6.14	15 749.57	22 013.28	-28.45
94038990-其他材料制家具	3 223.68	3 619.46	-10.93	116 720.71	243 302.22	-52.03
94039000-家具的零件	102 897.22	96 082.16	7.09	316 004.18	336 185.57	-6.00
94011000-飞机用坐具	1.30	0.61	114.13	4 874.50	5 621.87	-13.29
94012010-皮革或再生皮革制面的机动车辆用坐具	16.10	25.64	-37.21	1 544.83	2 630.75	-41.28
94012090-非皮革或再生皮革制面的机动车辆用坐具	144.16	160.94	-10.42	8 179.91	8 650.59	-5.44
94013000-可调高度的转动坐具	5 402.82	5 436.01	-0.61	197 188.67	224 112.52	-12.01
94014010-皮革或再生皮革制面的能作床用的两用椅（但庭园坐具或野营设备除外）	37.65	60.69	-37.97	6 486.65	15 742.64	-58.80
94014090-非皮革或再生皮革制面的能作床用的两用椅（但庭园坐具或野营设备除外）	417.41	436.32	-4.33	42 760.32	45 598.68	-6.22
94015100-竹制或藤制的坐具	35.64	30.01	18.77	1 294.06	1 062.20	21.83
94015900-柳条及类似材料制的坐具	4.30	5.56	-22.63	71.94	108.43	-33.65

（续表）

出口商品名称	出口量（万件）	去年同期出口量（万件）	出口量同比（%）	出口额（万美元）	去年同期出口额（万美元）	出口额同比（%）
94016110-皮革或再生皮革制面带软垫的木框架坐具	1 644.18	1 823.46	-9.83	291 494.71	305 677.78	-4.64
94016190-非皮革或再生皮革制面带软垫的木框架坐具	5 336.76	4 929.81	8.26	479 473.58	442 700.75	8.31
94016900-其他木框架坐具	3 027.49	3 166.52	-4.39	67 997.72	72 236.02	-5.87
94017110-皮革或再生皮革制面带软垫的金属框架坐具	1 833.29	1 902.13	-3.62	45 009.34	69 617.30	-35.35
94017190-非皮革或再生皮革制面带软垫的金属框架坐具	12 085.52	11 682.76	3.45	326 798.30	389 523.98	-16.10
94017900-其他金属框架坐具	21 763.00	22 248.24	-2.18	281 198.77	321 133.12	-12.44
94018010-石制的坐具	2.95	4.62	-36.13	330.59	403.32	-18.03
94018090-其他未列名坐具	8 015.69	7 445.02	7.67	112 429.71	118 083.39	-4.79
94019011-机动车辆用座椅调角器	2 671.26	2 173.15	22.92	13 113.59	12 688.07	3.35
94019019-机动车辆用坐具的其他零件	13 644.06	13 089.12	4.24	131 868.21	119 578.13	10.28
94019090-非机动车辆用坐具的零件	49 526.86	49 553.90	-0.05	176 759.48	208 067.81	-15.05
94021010-理发用椅及其零件	326.19	674.80	-51.66	10 378.27	20 383.85	-49.09
94021090-牙科用椅及其零件；理发用椅的类似椅及其零件	330.23	290.60	13.64	3 360.08	3 392.66	-0.96
94029000-其他医用家具及其零件（如手术台、检查台、带机械装置的病床等）	3 806.69	3 670.26	3.72	46 148.29	52 844.72	-12.67
94041000-弹簧床垫	753.38	619.47	21.62	42 876.06	39 138.61	9.55

2016 年家具商品进口各国家（地区）情况

国别码		2016 年进口值（万美元）	2015 年进口值（万美元）	增速（%）
贸易国合计		**263 220.16**	**250 821.71**	**4.94**
亚洲		**90 453.95**	**84 239.88**	**7.38**
101	阿富汗	0.00	0.28	-100.00
102	巴林	0.04	0.06	-38.70
103	孟加拉国	616.83	406.08	51.90
105	文莱	0.00	0.00	0.00
106	缅甸	4.67	37.84	-87.66
107	柬埔寨	21.85	41.85	-47.80
108	塞浦路斯	0.00	3.07	-100.00

（续表）

	国别码	2016 年进口值（万美元）	2015 年进口值（万美元）	增速（%）
109	朝鲜	5.25	4.37	20.19
110	中国香港	395.92	498.94	−20.65
111	印度	1 463.76	1 300.81	12.53
112	印度尼西亚	4 294.21	4 074.25	5.40
113	伊朗	1.04	3.02	−65.66
114	伊拉克	0.03	0.00	0.00
115	以色列	144.24	157.58	−8.46
116	日本	18 456.38	15 062.07	22.54
117	约旦	0.40	0.05	687.40
118	科威特	0.20	0.12	66.83
119	老挝	352.70	557.90	−36.78
120	黎巴嫩	0.00	0.02	−100.00
121	中国澳门	0.27	1.97	−86.28
122	马来西亚	4 551.08	3 523.30	29.17
124	蒙古	0.34	0.16	107.73
125	尼泊尔	7.82	10.13	−22.79
126	阿曼	0.00	0.00	0.00
127	巴基斯坦	9.20	37.84	−75.68
128	巴勒斯坦	0.07	0.00	0.00
129	菲律宾	705.04	670.11	5.21
130	卡塔尔	0.00	0.00	0.00
131	沙特阿拉伯	1.33	2.01	−33.46
132	新加坡	143.38	110.98	29.20
133	韩国	17 236.44	18 072.14	−4.62
134	斯里兰卡			
135	叙利亚			
136	泰国			
137	土耳其			
138	阿拉伯联合酋长国			
139	也门共和国			
141	越南			
142	中国	6 218.55	6 358.41	−2.20
143	中国台湾	9 152.13	8 914.54	2.67
144	东帝汶	0.00	0.00	0.00
145	哈萨克斯坦	0.01	0.00	0.00
148	土库曼斯坦	0.00	0.00	0.00
149	乌兹别克斯坦	0.97	0.00	0.00

（续表）

国别码		2016 年进口值（万美元）	2015 年进口值（万美元）	增速（%）
	非洲	**222.34**	**235.00**	**5.39**
203	贝宁	0.00	0.00	0.00
205	布隆迪	0.02	0.00	0.00
206	喀麦隆	0.00	0.00	0.00
213	刚果（布）	0.00	0.00	-100.00
215	埃及	142.50	167.99	-15.18
217	埃塞俄比亚	0.18	0.00	0.00
219	冈比亚	0.00	0.40	-100.00
220	加纳	0.00	0.00	0.00
223	科特迪瓦共和国	0.29	0.14	112.19
224	肯尼亚	0.00	0.00	0.00
225	利比里亚	0.00	0.00	0.00
227	马达加斯加	0.00	0.00	0.00
232	摩洛哥	0.50	0.92	-45.36
233	莫桑比克	0.00	0.00	0.00
234	纳米比亚	0.00	0.48	-100.00
235	尼日尔	0.00	0.00	0.00
236	尼日利亚	15.48	0.11	14 190.03
240	塞内加尔	1.39	2.30	-39.62
241	塞舌尔	0.18	0.00	0.00
242	塞拉利昂			
244	南非			
246	苏丹	0.00	0.00	0.00
247	坦桑尼亚	0.06	0.00	0.00
248	多哥	0.00	2.41	-100.00
249	突尼斯	4.26	1.44	195.88
254	津巴布韦	0.00	0.00	0.00
	欧洲	**144 537.45**	**137 512.11**	**5.11**
301	比利时	614.02	709.65	-13.48
302	丹麦	1 028.16	1 026.84	0.13
303	英国	9 764.98	8 515.20	14.68
304	德国	41 835.53	43 232.68	-3.23
305	法国	6 547.41	5 928.39	10.44
306	爱尔兰	21.36	51.22	-58.29
307	意大利	35 683.25	30 103.84	18.53
308	卢森堡	0.53	2.21	-75.90

（续表）

国别码		2016 年进口值（万美元）	2015 年进口值（万美元）	增速（%）
309	荷兰	456.00	547.85	−16.76
310	希腊	41.52	10.52	294.65
311	葡萄牙	1 886.58	2 383.04	−20.83
312	西班牙	1 602.79	1 068.44	50.01
313	阿尔巴尼亚	4.91	3.56	37.77
315	奥地利	2 447.83	3 325.79	−26.40
316	保加利亚	558.88	291.68	91.61
318	芬兰	292.93	323.15	−9.35
320	直布罗陀	0.00	0.00	0.00
321	匈牙利	3 026.91	3 021.33	0.18
322	冰岛	0.01	0.01	78.21
323	列支敦士登	0.00	0.00	0.00
324	马耳他	0.37	0.08	385.42
325	摩纳哥	0.01	0.24	−96.59
326	挪威	692.61	494.61	40.03
327	波兰	17 167.44	14 251.90	20.46
328	罗马尼亚	1 976.18	1 405.18	40.63
329	圣马力诺	491.68	185.28	165.37
330	瑞典	2 609.12	4 160.68	−37.29
331	瑞士	589.78	996.26	−40.80
334	爱沙尼亚	432.12	610.85	−29.26
335	拉脱维亚	457.29	474.77	−3.68
336	立陶宛	4 502.49	4 309.97	4.47
340	白俄罗斯	64.78	19.49	232.42
343	摩尔多瓦	0.25	0.22	14.46
344	俄罗斯联邦	314.93	537.69	−41.43
347	乌克兰	25.93	0.53	4 747.67
350	斯洛文尼亚共和国	451.10	407.34	10.74
351	克罗地亚共和国	52.44	160.85	−67.40
352	捷克共和国	5 589.86	5 206.20	7.37
353	斯洛伐克共和国	2 871.05	3 199.08	−10.25
354	前南斯拉夫马其顿共和国	0.08	0.05	76.11
355	波斯尼亚－黑塞哥维那共和国	395.68	472.35	−16.23
358	塞尔维亚	38.63	73.13	−47.18
	拉丁美洲	**3 397.18**	**3 296.16**	**3.06**
402	阿根廷	0.05	0.09	−41.26

（续表）

国别码		2016 年进口值（万美元）	2015 年进口值（万美元）	增速（%）
406	伯利兹	0.02	0.00	0.00
410	巴西	89.53	401.40	-77.70
412	智利	0.25	0.10	137.88
413	哥伦比亚	0.60	1.51	-60.18
415	哥斯达黎加	0.72	0.00	0.00
416	古巴	0.00	0.10	-100.00
418	多米尼加共和国	0.31	0.00	0.00
419	厄瓜多尔	0.07	3.31	-97.82
423	危地马拉	0.12	0.00	0.00
425	海地	0.00	0.00	0.00
426	洪都拉斯	40.20	72.48	-44.54
427	牙买加			
429	墨西哥			
431	尼加拉瓜			
432	巴拿马	0.01	0.01	2.92
433	巴拉圭	0.07	0.00	0.00
434	秘鲁	0.00	0.55	-100.00
442	特立尼达和多巴哥	0.00	0.19	-100.00
444	乌拉圭	0.00	0.06	-100.00
445	委内瑞拉	0.00	0.00	0.00
北美洲		**23 645.90**	**24 465.14**	**3.35**
501	加拿大	2 327.17	1 680.96	38.44
502	美国	21 318.73	22 784.19	-6.43
大洋洲		**961.79**	**1 068.71**	**10.00**
601	澳大利亚	453.38	717.55	-36.82
603	斐济	0.00	0.00	0.00
609	新西兰	508.06	351.16	44.68
611	巴布亚新几内亚	0.33	0.00	0.00
613	所罗门群岛	0.02	0.00	0.00
620	密克罗尼西亚联邦	0.00	0.00	0.00
701	国别（地区）不详	1.56	4.71	-66.87

2016 年家具商品出口各国家（地区）情况

国别码	国家（地区）名称	2016 年出口值（万美元）	2015 年出口值（万美元）	增速（%）
	贸易国合计	**4 918 883.42**	**5 428 305.31**	**-9.38**
	亚洲	**1 531 159.58**	**1 767 072.62**	**13.35**
101	阿富汗	72.56	54.51	33.12
102	巴林	3 848.03	4 866.25	-20.92
103	孟加拉国	7 676.26	21 132.72	-63.68
104	不丹	8.04	11.54	-30.31
105	文莱	4 117.28	18 331.62	-77.54
106	缅甸	4 738.21	4 330.08	9.43
107	柬埔寨	1 354.29	1 563.82	-13.40
108	塞浦路斯	2 055.04	1 840.91	11.63
109	朝鲜	2 709.85	2 797.14	-3.12
110	中国香港	221 285.58	181 952.97	21.62
111	印度	82 656.70	90 863.44	-9.03
112	印度尼西亚	31 071.69	47 132.50	-34.08
113	伊朗	6 480.04	15 928.10	-59.32
114	伊拉克	13 806.03	15 093.66	-8.53
115	以色列	22 823.85	25 045.37	-8.87
116	日本	289 884.16	290 235.15	-0.12
117	约旦	5 231.13	8 475.20	-38.28
118	科威特	11 289.06	15 631.16	-27.78
119	老挝	311.34	337.55	-7.77
120	黎巴嫩	5 905.29	8 023.48	-26.40
121	中国澳门	13 535.29	18 856.96	-28.22
122	马来西亚	116 930.35	148 669.83	-21.35
123	马尔代夫	1 551.05	912.35	70.01
124	蒙古	1 678.10	1 778.81	-5.66
125	尼泊尔	150.33	151.20	-0.58
126	阿曼	10 366.49	11 335.15	-8.55
127	巴基斯坦	7 456.79	8 346.10	-10.66
128	巴勒斯坦	115.55	222.61	-48.09
129	菲律宾	39 184.02	34 804.60	12.58
130	卡塔尔	6 526.77	11 935.45	-45.32
131	沙特阿拉伯	97 593.34	134 891.55	-27.65
132	新加坡	152 566.20	209 695.15	-27.24
133	韩国	149 813.46	141 845.36	5.62
134	斯里兰卡	5 607.33	5 240.93	6.99

（续表）

国别码	国家（地区）名称	2016 年出口值（万美元）	2015 年出口值（万美元）	增速（%）
135	叙利亚	374.97	1 658.53	-77.39
136	泰国	39 706.68	63 132.79	-37.11
137	土耳其	5 868.48	15 747.59	-62.73
138	阿拉伯联合酋长国	79 393.33	112 664.14	-29.53
139	也门共和国	1 305.70	1 055.48	23.71
141	越南	24 266.65	28 938.05	-16.14
143	中国台湾	52 229.29	51 771.64	0.88
144	东帝汶	233.80	229.09	2.06
145	哈萨克斯坦	3 664.88	5 113.89	-28.33
146	吉尔吉斯斯坦	575.49	674.17	-14.64
147	塔吉克斯坦	735.01	1 010.96	-27.30
148	土库曼斯坦	295.91	357.78	-17.29
149	乌兹别克斯坦	2 109.87	2 385.27	-11.55
199	亚洲其他国家（地区）	0.00	0.00	0.00
	非洲	**200 430.07**	**302 599.04**	**33.76**
201	阿尔及利亚	18 821.17	19 139.00	-1.66
202	安哥拉	5 287.43	27 203.90	-80.56
203	贝宁	3 265.41	6 148.36	-46.89
204	博茨瓦那	1 291.35	1 207.35	6.96
205	布隆迪	35.69	18.20	96.11
206	喀麦隆	2 315.76	4 329.24	-46.51
207	加那利群岛	9.06	38.71	-76.61
208	佛得角	122.37	201.13	-39.16
209	中非	40.81	2.36	1 627.36
210	塞卜泰（休达）	0.46	0.29	60.97
211	乍得	4.14	311.87	-98.67
212	科摩罗	430.15	539.35	-20.25
213	刚果	2 368.43	3 850.13	-38.48
214	吉布提	7 347.02	6 600.72	11.31
215	埃及	8 829.36	13 311.60	-33.67
216	赤道几内亚	592.02	805.86	-26.54
217	埃塞俄比亚	693.17	877.52	21.01
218	加蓬	1 211.80	2 136.54	-43.28
219	冈比亚	630.88	689.03	-8.44
220	加纳	10 978.46	17 323.36	-36.63
221	几内亚	2 112.43	2 923.68	-27.75

（续表）

国别码	国家（地区）名称	2016 年出口值（万美元）	2015 年出口值（万美元）	增速（%）
222	几内亚(比绍)	18.10	48.79	−62.90
223	科特迪瓦共和国	3 659.65	3 394.11	7.82
224	肯尼亚	11 770.33	16 490.30	−28.62
225	利比里亚	512.00	646.52	−20.81
226	利比亚	3 041.39	8 112.12	−62.51
227	马达加斯加	1 728.72	1 437.45	20.26
228	马拉维	368.33	523.84	−29.69
229	马里	254.70	431.93	−41.03
230	毛里塔尼亚	1 156.16	1 114.14	3.77
231	毛里求斯	3 394.86	3 506.80	−3.19
232	摩洛哥	9 160.44	10 664.61	−14.10
233	莫桑比克	3 471.08	8 072.19	−57.00
234	纳米比亚	828.56	1 512.74	−45.23
235	尼日尔	199.18	112.01	77.83
236	尼日利亚	20 782.52	40 294.66	−48.42
237	留尼汪	2 575.25	2 206.26	16.72
238	卢旺达	94.31	82.88	13.79
239	圣多美和普林西比	3.55	13.44	−73.55
240	塞内加尔	8 881.20	11 203.32	−20.73
241	塞舌尔	214.47	397.19	−46.00
242	塞拉利昂	365.42	651.00	−43.87
243	索马里	2 009.76	1 809.07	11.09
244	南非	38 267.65	51 538.44	−25.75
245	西撒哈拉	0.09	0.35	−72.87
246	苏丹	3 591.50	3 989.65	−9.98
247	坦桑尼亚	9 825.45	14 140.30	−30.51
248	多哥	1 884.79	4 375.00	−56.92
249	突尼斯	1 299.07	1 503.62	−13.60
250	乌干达	476.37	426.34	11.73
251	布基纳法索	54.30	67.54	−19.60
252	扎伊尔	2 382.47	3 762.02	−36.67
253	赞比亚	466.29	649.61	−28.22
254	津巴布韦	422.60	769.02	−45.05
255	莱索托	41.38	74.64	−44.56
256	梅利利亚	0.13	0.24	−46.18
257	斯威士兰	83.33	180.17	−53.75

（续表）

国别码	国家（地区）名称	2016 年出口值（万美元）	2015 年出口值（万美元）	增速（%）
258	厄立特里亚	55.27	18.46	199.37
259	马约特岛	645.25	674.01	-4.27
260	南苏丹	54.01	45.76	18.03
299	非洲其他国家（地区）	2.77	0.33	729.96
	欧洲	**984 122.21**	**1 070 292.19**	**8.05**
301	比利时	41 106.44	45 181.38	-9.02
302	丹麦	26 660.78	30 398.20	-12.29
303	英国	248 666.23	271 289.02	-8.34
304	德国	178 474.47	195 458.59	-8.69
305	法国	110 643.21	111 484.19	-0.75
306	爱尔兰	8 021.37	9 258.08	-13.36
307	意大利	49 987.85	56 665.34	-11.78
308	卢森堡	17.31	16.19	6.90
309	荷兰	84 275.11	95 435.52	-11.69
310	希腊	10 211.02	9 508.13	7.39
311	葡萄牙	7 232.51	6 441.59	12.28
312	西班牙	57 877.65	61 545.66	-5.96
313	阿尔巴尼亚	1 613.01	1 715.72	-5.99
314	安道尔	1.01	1.31	-23.38
315	奥地利	3 209.55	4 026.30	-20.29
316	保加利亚	2 129.19	2 208.25	-3.58
318	芬兰	5 461.98	5 515.75	-0.97
320	直布罗陀	0.05	0.12	-60.03
321	匈牙利	1 284.81	1 013.61	26.76
322	冰岛	592.13	465.33	27.25
323	列支敦士登	62.98	2.26	2 686.43
324	马耳他	2 265.95	2 811.92	-19.42
325	摩纳哥	8.71	11.83	-26.35
326	挪威	9 667.86	12 665.42	-23.67
327	波兰	36 879.83	33 525.61	10.00
328	罗马尼亚	6 665.23	6 103.65	9.20
329	圣马力诺	0.00	2.98	-99.90
330	瑞典	33 257.19	39 467.56	-15.74
331	瑞士	4 370.38	4 426.96	-1.28
334	爱沙尼亚	2 016.93	2 186.95	-7.77
335	拉脱维亚	2 897.49	3 212.29	-9.80

（续表）

国别码	国家（地区）名称	2016 年出口值（万美元）	2015 年出口值（万美元）	增速（%）
336	立陶宛	2 613.99	2 597.70	0.63
337	格鲁吉亚	1 829.62	2 905.34	-37.03
338	亚美尼亚	220.10	280.16	-21.44
339	阿塞拜疆	450.68	1 325.23	-65.99
340	白俄罗斯	152.87	198.08	-22.82
343	摩尔多瓦	101.48	138.83	-26.90
344	俄罗斯联邦	24 893.12	34 364.81	-27.56
347	乌克兰	3 659.84	3 320.95	10.20
350	斯洛文尼亚共和国	4 748.44	4 197.06	13.14
351	克罗地亚共和国	2 830.85	2 586.70	9.44
352	捷克共和国	4 759.79	4 334.85	9.80
353	斯洛伐克共和国	1 556.44	1 296.35	20.06
354	前南斯拉夫马其顿共和国	26.98	29.13	-7.38
355	波斯尼亚－黑塞哥维那共和国	69.34	85.93	-19.30
356	梵蒂冈城国	0.00	0.08	-100.00
357	法罗群岛	0.09	51.21	-99.82
358	塞尔维亚	375.77	309.85	21.28
359	黑山	274.61	224.22	22.47
	拉丁美洲	**167 717.39**	**222 250.25**	**24.54**
401	安提瓜和巴布达	91.16	33.01	176.18
402	阿根廷	8 773.96	9 158.97	-4.20
403	阿鲁巴岛	96.50	247.66	-61.03
404	巴哈马	161.78	445.17	-63.66
405	巴巴多斯	172.81	225.60	-23.40
406	伯利兹	89.02	107.65	-17.31
408	玻利维亚	376.43	428.30	-12.11
409	博内尔	2.78	4.24	-34.25
410	巴西	17 129.07	25 552.71	-32.97
411	开曼群岛	158.51	14.83	968.67
412	智利	23 630.35	24 038.54	-1.70
413	哥伦比亚	9 716.20	11 151.49	-12.87
414	多米尼亚共和国	49.76	189.03	-73.68
415	哥斯达黎加	3 624.49	3 421.52	5.93
416	古巴	810.46	866.81	-6.50
417	库腊索岛	39.33	68.42	-42.52
418	多米尼加共和国	3 663.39	3 531.77	3.73

（续表）

国别码	国家（地区）名称	2016 年出口值（万美元）	2015 年出口值（万美元）	增速（%）
419	厄瓜多尔	2 911.90	4 947.25	−41.14
420	法属圭亚那	130.96	108.07	21.19
421	格林纳达	31.27	38.31	−18.39
422	瓜德罗普岛	350.81	276.14	27.04
423	危地马拉	2 288.97	1 995.75	14.69
424	圭亚那	461.71	368.59	25.26
425	海地	469.26	524.97	−10.61
426	洪都拉斯	1 019.59	1 030.11	−1.02
427	牙买加	1 466.96	2 154.92	−31.93
428	马提尼克岛	194.56	195.52	−0.49
429	墨西哥	46 438.51	53 962.32	−13.94
430	蒙特塞拉特	0.78	52.59	−98.52
431	尼加拉瓜	796.18	677.85	17.46
432	巴拿马	15 645.53	44 701.56	−65.00
433	巴拉圭	635.82	930.11	−31.64
434	秘鲁	12 445.58	12 894.37	−3.48
435	波多黎各	5 405.00	5 789.85	−6.65
436	萨巴	0.00	98.05	−100.00
437	圣卢西亚	53.66	79.23	−32.27
438	圣马丁岛	14.72	23.75	−38.04
439	圣文森特和格林纳丁斯	20.85	68.23	−69.44
440	萨尔瓦多	1 031.31	845.41	21.99
441	苏里南	358.06	661.82	−45.90
442	特立尼达和多巴哥	1 416.91	1 873.62	−24.38
443	特克斯和凯科斯群岛	6.28	4.89	28.54
444	乌拉圭	4 000.84	4 617.41	−13.35
445	委内瑞拉	1 245.27	3 245.55	−61.63
446	英属维尔京群岛	5.74	13.66	−58.01
447	圣其茨一尼维斯	15.80	12.72	24.20
448	圣皮埃尔和密克隆	0.00	50.32	−100.00
449	荷属安地列斯群岛	267.74	521.56	−48.67
499	拉丁美洲其他国家（地区）	0.78	0.00	0.00
	北美洲	**1 823 436.33**	**1 833 234.51**	**0.53**
501	加拿大	148 091.66	159 408.91	−7.10
502	美国	1 675 333.28	1 673 759.20	0.09
503	格陵兰	0.04	0.09	−55.25

（续表）

国别码	国家（地区）名称	2016 年出口值（万美元）	2015 年出口值（万美元）	增速（%）
504	百慕大群岛	11.35	66.31	-82.88
599	北美洲其他国家（地区）	0.00	0.00	0.00
	大洋洲	**212 017.84**	**232 856.70**	**-8.95**
601	澳大利亚	183 437.52	202 779.45	-9.54
602	库克群岛	4.06	11.39	-64.35
603	斐济	968.09	506.91	90.98
604	盖比群岛	0.00	0.04	-100.00
605	马克萨斯群岛	0.00	0.01	-100.00
606	瑙鲁	0.74	0.57	30.59
607	新喀里多尼亚	514.80	655.62	-21.48
608	瓦努阿图	161.42	279.18	-42.18
609	新西兰	24 739.72	25 630.13	-3.47
610	诺福克岛	0.00	0.02	-100.00
611	巴布亚新几内亚	1 286.94	1 868.07	-31.11
612	社会群岛	3.90	4.10	-4.80
613	所罗门群岛	179.70	188.98	-4.91
614	汤加	36.72	123.08	-70.17
615	土阿莫土群岛	0.00	0.02	-100.00
616	土布艾群岛	0.00	0.03	-100.00
617	萨摩亚	155.35	142.04	9.37
618	基里巴斯	24.30	24.59	-1.17
619	图瓦卢	0.43	6.10	-92.96
620	密克罗尼西亚联邦	50.02	22.00	127.39
621	马绍尔群岛共和国	26.87	36.60	-26.58
622	帕劳共和国	55.93	116.87	-52.14
623	法属波利尼西亚	323.40	452.28	-28.49
625	瓦利斯和浮图纳	0.77	0.71	8.79
099	大洋洲其他国家（地区）	47.15	7.94	493.87

05

行业分析

Industry Analysis

编者按：行业分析篇是本书新增加的两个篇章之一，主要用于记载中国家具行业各细分产业的发展现状与发展瓶颈、新技术与新材料等领域的最新研究成果以及行业未来的发展趋势分析。除家具行业外，本篇还汇集了家具上下游各产业的行业分析，方便家具生产企业第一时间了解家具原辅材料、加工机械等上下游产业链的最新成果。2017 年，编者从 3 个不同角度各挑选了一篇分析，分别为："知识储备——行业发展新模式""细分产业——定制家具产业"以及"上下游产业——家具涂料产业"。其中，家具涂料产业分析这篇文章是以市场调研的角度进行切入，并从消费者角度、用大数据统计反映了消费者购买家具时对涂料、涂装的主要关注点。未来，本篇还将放置更多细分产业和上下游产业的行业分析，为读者提供更精准的细分数据及最新成果。

互联网时代中国家居产业的新思维与新模式

吴智慧
南京林业大学

目前，随着我国“互联网＋”“中国制造 2025”的提出，以“工业 4.0”“互联网＋”“两化融合”和“个性化定制，柔性化生产”为主旋律的创新驱动已成为传统产业转型升级和经济发展的动力。尤其是在当下互联网无处不在、科技瞬息万变以及充满多样化和个性化需求的时代，受互联、融合、协同、互动和去中介化、快捷高效等互联网思维的熏染，家具企业的生产方式已不再是传统经济时代的大批量生产模式，制造与服务的行业界限也不再像以前那么明显，而是以制造为基础，逐渐由“生产型制造”转向“服务型制造”、由家具产品制造商转向家居系统解决方案服务商，如“定制家居”“集成家居”“全屋定制”和“家居整体解决方案”等模式，都已成为未来家居产业变革的重要方向。

一、互联网思维与“互联网＋”的内涵

纵观互联网的发展过程，无论是按从 Web1.0 门户时代、Web2.0 搜索 / 社交时代到 Web3.0 大互联时代，还是按从 PC 互联网时代到移动互联网时代，以及我国“互联网＋”的提出，都说明互联网已经由互联网 1.0 时代（消费互联网）向互联网 2.0 时代（产业互联网）转变，已经进入基于物联网、大数据和云计算的智能生活时代，这也是一个“以人为本”的互联网思维指引下的新商业文明时代。

1. 互联网思维的概念与本质

互联网思维就是在互联网、大数据、云计算、物联网等科技不断发展的背景下，对市场、用户、产品、企业价值链乃至对整个商业生态进行重新审视的思考方式，并由此扩展到对整个社会生产生活方式的重新思考。这种思考方式是利用互联网这个平台，利用客户的需求和反馈，用大数据和云计算进行分析，通过物联网进行交互和智能，从而改进产品和快捷服务，以占有市场和凝聚用户的方式，是一个开放、体验和自由，并让用户参与当中、把用户需求作为第一位的思考方式。

不同的人对于互联网思维有不同的认识，其实互联网思维是相对于工业化思维而言的，互联网思维不仅仅适用于互联网公司，绝不仅仅是印象中的电子商务，也不仅仅是停留在营销环节，而是适用于所有企业，包括传统行业的企业，涉及企业经营的方方面面。

互联网思维是以一个宏观的角度去看一件事情的思维方式，是代表着一种用户思维、简约思维、极致思维、迭代思维、流量思维、社会化思维、大数据思维、平台思维、跨界思维等结合的思维方式。其本质就是符合互联网时代本质特征的思维方式，所以互联网思维其实是一个综合现代符合互联网时代思想的结合。其特征包括便捷、免费、无中心、去层级、社群化、个体参与、用户体验至上、数据化思维等。这种思维方式的基础在于联结和聚合的可能性。互联网使每一个参与的用户联结在了一起，形成一个由无数点组成的巨型网络，由此可以产生无数种可能性。未来的任何企业必定会互联网化，而且每家企业都要有互联网的思维。在未来如果不用互联网思维方式来思考问题，就没办法在社会经济中展开竞争。

2. 移动互联网思维的概念与本质

移动互联网思维是一种多维网络状的生态思维。这种生态思维，以节点彼此连接，形成大小不同的生态圈。不同生态圈之间也彼此连接形成更大

的生态圈。更大生态圈再彼此连接，形成更大的生态圈或系统。以此类推，没有终极。

去中心化和伙伴经济是移动互联网思维的两大特性。去中心化是指所有的节点在生态圈中都是平等的；伙伴经济是指所有的节点、圈子在这个生态系统中都是伙伴，是一种互亲、互爱、互惠、互利的关系，而不是竞争、斗争、战争的关系。

移动互联网思维是一种进化思维，对我们人生的各个方面，从个人，到家庭，到企业，到国家、社会，都具有重大的指导作用。

3. 工业互联网的概念与本质

美国通用电气公司（GE）首次提出了工业互联网的概念。2015 年 3 月，工业互联网第一次出现在我国《政府工作报告》中。工业互联网是指让无数的机器、设施与系统网络、先进的传感器、控制和软件应用相连接，以提高生产效率、减少资源消耗、降低产品成本。

工业互联网是两大革命（工业革命和信息革命）的整合。工业革命出现了无数台机器、设备、机组和工作站；信息革命产生了计算机、信息与通信系统，包括网络革命、数据革命。当今是数据经济时代，正如马云所说：人类已经由 IT 时代（信息技术时代）进入 DT 时代（数据处理技术时代），数据取代了石油成为了最核心的资源，在未来，数据会成为像水、电、石油一样的公共资源；未来的世界，所有的机器，它们不仅会生产产品，它们必须说话，它们必须思考。机器不再仅由石油和电力驱动，而是由数据驱动。

4.“互联网＋”的内涵与特征

我国 2015 年的《政府工作报告》首次提出：制定“互联网＋”行动计划，推动移动互联网、云计算、大数据、物联网等与现代制造业结合，促进电子商务、工业互联网和互联网金融健康发展，引导互联网企业拓展国际市场。我国 2016 年的《政府工作报告》又提出：发挥“互联网＋”集众智汇众力的乘数效应和深入推进“中国制造＋互联网”。由此，“互联网＋”在中国引起了广泛关注、重视和应用，改变了我们的生产、工作、生活方式，也引领着我国创新驱动发展的“新常态”，被认为是中国传统产业转型升级和经济提质增效的“新引擎”。

“互联网＋”（Internet＋）是指利用互联网平台、信息通信技术把互联网和包括传统行业在内的各行各业结合起来，进行跨界融合，从而在新领域创造一种新生态。通俗地说，“互联网＋”就是“互联网＋各个传统行业”，但这并不是简单的两者相加，而是利用信息通信技术以及互联网平台，让互联网与传统行业进行深度融合，协调发展。这相当于给传统行业加一双“互联网”的翅膀，然后助飞传统行业。

“互联网＋”是一个巨大无比的概念，绝不仅仅是电商，不只是开一个网店或把产品放在网上销售；也不是开设一个网站、建立一个微信群、开发一个 APP 那么简单；更不只是满足企业的销售渠道或销售效率；而是站在用户角度、提升用户体验、解决消费痛点，从而通过大流量、大数据、信息化和数字化，实现精准服务、精益制造以及价值创造与效率提升。可以预见这种大流量、大数据、云计算、物联网、务联网等全新供需关系的模式和网络数字制造的模式，必将逐步成为新的划时代的革命。

“互联网＋”不仅仅是技术上的“＋”，更是思维、理念、模式上的“＋”，其中最重要的基础就是要具有“互联网思维”。基于上述互联网思维，“互联网＋”具有跨界融合、创新驱动、重塑结构、尊重人性、开放生态、连接一切等六大特征。通过跨界、互联、开放、融合、协同等，引起商业模式、生产方式、生活方式的变革。

二、工业 4.0 与中国制造 2025 的内涵

工业 4.0（Industry 4.0）作为德国国家战略，是把传统制造技术与互联网技术相融合，旨在支持工业领域新一代革命性技术的研发与创新，再次提升德国工业的全球竞争力。工业 4.0 在德国被认为是继机械、电气和信息技术的前三次工业革命之后的“第四次工业革命”。它与美国流行的“第三次工业革命”（以美国著名趋势学家杰里米·里夫金出版的《第三次工业革命》为主）的说法不同。

1. 工业 4.0 的概念

工业 4.0 就是基于信息物理系统（CPS，cyber-physical system），通过 CPS 网络实现人、设备与产品的实时连通、相互识别和有效交流，从而构

建一个高度灵活的个性化和数字化的产品与服务的智能制造模式。简单地说，工业 4.0 就是利用信息物理系统（CPS）将生产中的供应、设计、制造、销售、服务等信息数据化、智能化，最后达到快速、有效、个性、定制的产品供应。

工业 4.0 的概念描述了由集中式控制向分散式增强型控制的基本模式转变，目标是建立一个高度灵活的个性化、定制化和数字化的产品与服务的生产模式。在这种模式中，传统的行业界限将消失，并会产生各种新的活动领域和合作形式，创造新价值的过程正在发生改变，产业链分工将被重组。在这种模式下：

生产：由集中向分散转变，规模效应已不再是工业生产的关键因素。

产品：由趋同向个性转变，未来产品都将完全按照个人意愿进行生产，极端情况下将成为自动化、个性化的单件制造。

用户：由部分参与向全程参与转变，用户不仅出现在生产流程的两端，而且广泛、实时参与生产和价值创造的全过程。

2. 工业 4.0 的内涵

德国工业 4.0 战略的要点可以概括为：是由一个网络（信息物理系统网络 CPS）、两大主题（智能工厂和智能生产）、三项集成（横向集成、纵向集成与端对端的集成）、八项计划（标准化和参考架构、管理复杂系统、综合的工业宽带基础设施、安全和保障、工作的组织和设计、培训和持续的职业发展、监管与规章制度、资源利用效率）组成的框架机构。

工业 4.0 的内涵主要包含：第一，用物联网（万物互联）和务联网（服务互联）把制造业的物理设备单元和传感器、终端系统、智能控制系统、通信设施等连接组合起来，使物理设备具有研发、设计、精准控制的“智能”；第二，实现人和人、人和机器、机器与机器、制造与服务之间的互联，实现智能制造；第三，用户全过程、全流程的参与，不仅带来丰富的市场信息，而且衍生了“个人定制”、“众包设计”等新业态，引起了生产方式、商业模式的变革。

3. 中国制造 2025 的目标

2015 年 3 月，我国的《政府工作报告》首次提出要实施“中国制造 2025”的宏大计划。2015 年 5 月，国务院正式印发《中国制造 2025》。《中国制造 2025》是经济新常态下中国制造业未来十年的顶层规划和发展路线图，是我国实施制造强国战略第一个十年的行动纲领。其根本目标在于改变中国制造业“大而不强”的局面，突出创新驱动，优化政策环境，发挥制度优势，实现中国制造向中国创造转变，中国速度向中国质量转变，中国产品向中国品牌转变。通过 10 年的努力，使中国迈入制造强国行列，为到 2045 年将中国建成具有全球引领和影响力的制造强国奠定坚实基础。力争通过“三步走”实现制造强国的战略目标：

第一步：力争用 10 年时间，到 2025 年迈入制造强国行列。

第二步：到 2035 年，我国制造业整体达到世界制造强国阵营中等水平。

第三步：到新中国成立 100 年时，制造业大国地位更加巩固，综合实力进入世界制造强国前列。

4. 中国制造 2025 的内涵

“中国制造 2025”的内涵重在创新驱动、转型升级，迈向中高端。其与德国的“工业 4.0”、美国的“工业互联网”的本质内容是一致的，三者都指向一个核心，就是智能制造，即“制造业＋互联网”。因此，也有人说：“中国制造 2025”就是中国版的“工业 4.0”。

“中国制造 2025”与德国“工业 4.0”相比，两者共同点都是智能制造（大数据、云计算、物联网、人工智能）。其中，德国“工业 4.0”的实质是“自动化＋信息化”，是在工业 2.0 和工业 3.0 的基础上实现智能制造；“中国制造 2025”的实质主要是“工业化＋信息化”，是通过“两化”融合实现智能制造。两者不同点：德国“工业 4.0”主要侧重技术与模式；“中国制造 2025”主要侧重产业和政策，是中长期规划。

三、定制与大规模定制的内涵

当今，中国制造业在世界范围内面临着：技术进步日新月异、产品需求日趋多变、市场竞争日益激烈等竞争环境。一方面，自动化技术、计算机技术、信息技术、材料技术和管理技术等迅猛发展，形成制造“硬”技术与管理“软”技术的有效结合与综合应用，极大地改变了制造业的制造方式、经营管理模式和提高了制造业的制作能力、管理水平；另一方面，市场需求的变化与竞争的加剧，迫使企业不得不寻求能快速响应市场和适应当代环境的制造方式与生产经营方式。企业开始由原来的按库存生产转向按订单生产，由此，使得“定制”逐渐兴起。

1. 定制的内涵

定制（Customization），是指为个别客户（或用户、消费者）进行量身加工或服务。其实质就是按订单生产，是指根据客户订单的要求来进行组织和安排生产。传统的木匠打（做）家具、裁缝做衣服等就是定制。

在过去很长的一段时间内，按库存生产（大批量生产）在我国的家具与木制品生产企业中占有极大的比例。最近 10 年，随着我国社会经济的迅速发展、人民生活水平的不断提高和人们需求的急剧增加，逐渐带来了更多个性化的需求，产品的更新换代也越来越快，市场越来越难以预测。在这样的趋势下，按库存生产的风险越来越大，越来越多的企业开始向另外一种生产模式——按订单生产（定制生产）模式转变。

目前，“定制”风潮就应运而生。“定制”已经成为一种时尚、一种潮流；“定制”俨然成为高档、高贵、富有、奢华的代名词。对制造企业来说，定制是企业品牌品质和文化的提升，也是企业在品牌文化体系建设的过程中更丰富、更可靠的内涵；对于消费者来说，定制产品本就是一个非常愉悦的生活经历，“定制”已经不仅仅是对产品功能的需求，更多将心力倾注在对自我情感的一种倾诉，可以说，定制本身也是特定的消费族群的生活方式的表达。可以预见，“定制”正离我们越来越近，了解定制，选择定制，才能真正与时代同行。

2. 个性化定制的内涵

个性化定制（Personalized customization），是指根据客户提出或指定的特殊需求，或由客户介入产品的设计、生产加工过程，为客户提供其所定制的个人专属性较强的商品，或获得与其个人需求匹配的产品或服务。

随着人们需求类型的变化和市场竞争形势的加剧，客户需求表现出日益个性化、多样化、复杂化、多变化等特点。现代社会消费充满了激情与个性化，个性化定制产品能给消费者的心理带来精神的喜悦和个性的满足，“个性化定制”代表的是一种简单而时尚的生活方式，既代表了定制者的审美情趣与独特的生活主张，也让更多的消费者享受到了“专属”的服务和个性化产品带来的独一无二的生活体验。唯有亲为，方显珍贵。

与此同时，我国的家具与室内装修已经由最初的木匠打家具、木工上门装修，发展到在半机械化或机械化、自动化或智能化的工厂内按订单生产定制的家具和木制品，使得家具与家居木制品的“个性化定制”和“柔性化生产”逐渐发展起来。

3. 柔性化生产的内涵

柔性化生产（Flexible Production），又称柔性制造系统（FMS，Flexible Manufacturing System），是由统一的计算机信息控制系统、物料自动储运系统和一组数字控制加工设备有机组成的，能适应加工对象变换的自动化机械制造系统。它能在不停机的情况下实现多品种工件的加工，并具有一定管理功能。它是针对大规模生产的弊端而提出的新型生产模式，即通过系统结构、人员组织、运作方式和市场营销等方面的改革，使生产系统能对市场需求变化作出快速响应，同时消除冗余无用的损耗，力求企业获得更大的效益。

“个性化定制”与“柔性化生产”首次在我国 2016 年的《政府工作报告》中提出后，已经成为舆论和社会关注的热点。但许多行业和企业以及更多的人员，并没有理解这两个词的真实含义，其实质体现的是：“个性化定制”指的是商业模式，是由传统的“商家对用户”（B2C，Business to Customer）向“用户对企业”（C2B，Customer to Business）或“线上到线下”（O2O，Online to Offline）转变；“柔性化生产”指的是制造模式，是由传统的“生产商对经销商”（M2B，Manufacturers to Business）或“生产商对消费者”（M2C，Manufacturer to

Customer）向“消费者对生产商”（C2M，Customer to Manufacturer）转变。

柔性化生产在“互联网＋”时代被赋予了更多的意义。供需双方通过互联网平台，实现明确需求、产品设计、加工生产、物流配送，在短时间之内完成个性化产品的交易，柔性化生产在此过程中至关重要。以服装行业的青岛红领和家居行业的广东尚品宅配为例，都是通过个性化定制和柔性化生产让用户的需求得以快速落实为企业的订单和生产计划。与此同时，柔性化生产也有助实现多企业的组织协同，让技术要素、市场要素等协同配置更便捷，提升产品的质量和服务水平。

4. 大规模定制的概念

大规模定制（MC，Mass Customization），又称规模化定制或批量化定制，是一种集企业、客户、供应商、员工和环境于一体，在系统思想指导下，用整体优化的观点，充分利用企业已有的各种资源，在标准化技术、现代设计方法、信息技术和先进制造技术的支持下，根据客户的个性化需求，以大批量生产的低成本、高质量和高效率提供定制产品和服务的生产方式。

大规模定制是一种先进制造系统，其基本思想在于通过产品结构和制造流程的重构，运用现代化的信息技术、新材料技术、柔性制造技术等一系列高新及先进适用技术，把产品的定制生产问题全部或者部分转化为批量生产，以大批量生产的成本和速度，为单个客户或多品种小批量的个性化订单定制任意数量的产品，实现大规模生产的一种崭新制造模式。它把大批量与个性化这两个看似矛盾的方面有机地综合在一起，它实现了客户的个性化定制和大批量生产的有机结合。简单地说，大规模定制是以大批量生产手段满足客户个性化需求的一种制造模式。

实现大规模定制的必须具备：准确获取顾客需求的能力、面向MC的敏捷产品开发设计能力、柔性的生产制造能力。因此，实现大规模定制的技术基础：

工业化：具有机械化、自动化、柔性自动化的加工设备以及计算机集成制造系统。

标准化：以成组技术、模块化为基础；倡导“部件就是产品”；力求在产品、原辅材料、工艺及工装、质量及检验、销售及服务等技术的标准化，基础信息、文件报表格式、数据定额、业务流程、环节程序等管理的标准化，以及岗位和作业等工作的标准化。

信息化：具有先进的信息化系统，确保“人、财、物、产、供、销”等资源和流程的“管控一体化”；实现产品数字化、网络化、协同化、即时化的设计与制造、销售与服务。

四、家居及其定制模式

中国家具业经历了改革开放后30年的高速发展，已是世界家具第一生产大国和第一出口大国，出口国已遍布全球200多个国家和地区，在国际家具生产和贸易中具有重要的地位。我国家具产业作为劳动力密集型的“传统制造业”、人类社会的一个“常青产业”“民生产业”“生态产业”的重要组成部分和一种“文化创意产业”，创造了世界的奇迹。当前，中国经济进入新常态，家具业的发展也出现了从高速发展向中低速发展转变，同样碰到许多新的问题，既面临着许多压力及挑战，也正在进行转型升级和提质创新，使得家具与建筑室内装修紧密结合，正在向着“大家居”方向延伸和发展。

1. 家居的内涵与外延

“家居”，其原意为“没有就业，在家闲着”。当今，其新义为“家庭居室”，是指人在家庭中的居住房间或场所。家居的通俗概念是指家庭装修、家具、电器等一系列和居室有关的用品甚至包括地理位置（家居风水）都属于家居范畴。这里是指构成居室的各类装饰或陈设的物品及环境。最近几年，国内许多家具、木业及装饰建材的生产企业和商贸市场也开始逐渐改名为“家居”企业或“家居”市场。

由上述家居的涵义可知，家居是家具＋建筑室内装饰装修。随着家具与建筑室内装饰装修的密切结合，已经由家具产品延伸到家居用品及家居环境。由此“家居”或“家居产业”形成了主要包括家具、家装、家电、家纺、家饰、灯具、厨具、卫（洁）具等八个方面组成的“大家居”的范畴，并出现了定制家居、全屋定制家居、集成家居、整体家居、智能家居等制造模式和商业模式。

2. 家居的定制模式

随着个性化需求的日渐旺盛和“互联网＋”技术的不断推行，家居市场个性化定制会越来越流行，尤其是对于 80 后、90 后年轻人而言，定制家具（家居）无疑是最受欢迎。据不完全统计和预测，定制家具（家居）的 2015 年市场为 1 000 亿元，如按照未来每年保持 18% 以上增速，到 2020 年市场规模将可能达到 1 600 亿元。因此，如何在“家居”大范畴中找到自己企业的经营定位、制造模式和商业模式，是家具企业转型升级和创新驱动发展的一个首要问题。以此同时，家具大规模定制与先进制造技术将会得到广泛的应用，家具（或家居）的“个性化定制，柔性化生产”也将会不断发展。

定制家具　是家具企业在大规模生产的基础上，将每个消费者都视为一个单独的细分市场，消费者根据自己想要的家具来设计或提出要求，企业根据消费者的设计要求或订单来制造的个人专属家具。如目前市场上出现的整体衣柜、整体厨柜、整体书柜、酒柜、鞋柜、电视柜、步入式衣帽间、入墙衣柜、整体家具等。

定制家具是对一件或一套、一类家具产品的定制，它可以根据消费者个人喜好、空间细节来定做个性化的家具配置，每件（套、类）定制产品都可以独一无二。因此，它是目前库存家具生产企业和消费市场的潜在竞争。

定制家居　是基于大规模定制（MC），并以规模化、标准化和信息化为基础，满足用户个性化家居需求的一种商业模式。它是以使用者为中心进行家居的完全定制，从设计入手将家具与室内装修、装饰等之间的关系充分协调，按个性化设计、工厂化生产，从而达到风格的一致和工艺的完美结合。

定制家居是对室内居住环境及其家居用品的整套定制。定制家居作为家装产业化的产物，它与传统的家装模式有着显而易见的优势，它不仅能够替代传统的手工作坊式的装修模式，而且也是未来装饰行业发展的必然趋势。

全屋定制家居（整装定制家居）　是一项设计及定制、安装等服务为一体的家居定制解决方案，它是企业在大规模生产的基础上，根据消费者的要求来设计与制造消费者的专属家具或家居。全屋定制家居是为了实现家居风格的统一，从设计、选材与规格、外观造型、色彩装饰，到功能、环保与配套升级、生产制造、销售服务等，对每一件家居产品都进行单独定制，使构成全屋定制体系的每个空间或每件家具产品都有不同的风格以满足个性化的需要。

全屋定制家居打破了“先装修后买家具”的传统装修理念，是主张“先定家具后装修”的模式，既可以合理利用房屋的各种空间，又能够与整个家居环境相匹配。其借助互联网技术手段和平台，吸引了消费者，通过网上预约、上门量尺、方案设计、到门店看方案、合同签订（下单）、定制生产、产品配送、上门安装售后等流程，为消费者提供了个性化的家具定制服务。并具有符合现代人生活追求、满足个性化需求、按订单生产、没有库存积压、加速资金周转、降低营销成本、简化装修流程、利于产品设计开发、注重品质与环保等优势。目前，全屋定制家居越来越受到消费者的认可，也已成为众多家具厂商推广产品的重要手段之一，未来十年将是定制类整体家居发展的高峰。

集成家居（整体家居）　是把整个室内装修作为一种产品经营的服务模式，是以满足家居个性需求为前提，以工厂标准化生产为保障，以专业化服务为核心，集整体家装设计、施工，家居产品研发、生产，材料整合配套、供应成一体的全方位家居服务模式。

集成家居（整体家居）是由家居产品生产企业独立承担和提供设计、生产制作和装修服务等一条龙服务，通过规模化定制、工业化生产、信息化管控、网络化服务，为消费者提供专业化的整体集成家居解决方案，根据消费者的个性化要求，量身设计定制家具、衣柜、厨柜、书柜、壁柜、鞋柜、电视柜、地板、木门、楼梯、墙板、踢脚线、木线条等所有家居产品，能使全屋家居产品在产品、选材、装饰、装修和配饰等整体风格上协调统一、浑然一体、协调一致；能满足客户对整体家居的产品需求和服务需求，具有整体性更强、品质更优、装修更少，更具个性化、更省心省时省钱的鲜明特征；同时，还能缓解装修中出现的污染问题，解决了施工现场噪音、粉尘、有害物质的污染，构造舒适、安全、环保、时尚、人性化、个性化的室内家居环境。

整木家居（整木定制、整木家装） 就是把家居装修所需木制产品组合在一起。这是一个概念，就是为消费者和客户提供一整套家居木制产品的整体风格解决方案，所配套产品包括家具、木门、木窗、厨柜、衣柜、酒柜、书柜、衣帽间、护墙板、天花板、楼梯、地板、壁炉、装饰柱、各类装修造型套、装饰造型线条、百页窗等定制型木质产品。整木家居，通常大多是实木或板木结合的中高端产品定位，主要适合于别墅、豪宅、庄园、会所、高档宾馆酒店、高档消费场所、标志性高档场所、风格建筑室内、高档样板房等的装修。

尽管目前整木家装还没有行业标准，行业对整木家装概念还很模糊，整木家装得设计理念、工艺结构、配套技术上大多还不成熟；真正专业做整木家居或整木家装的规模型企业还不是很多，一些整木家装品牌基本都是从以前生产木门、柜类、木地板、楼梯类、家具类等产品延伸而发展起来的，企业水平有高有低，质量有好有坏。但随着工厂化定制、数字化设计与制造技术的推进，整木家装将会是未来家居装修行业的一个重要趋势。

智能家具 是在现代时尚家具的基础上，将组合智能、电子智能、机械智能、物联智能等巧妙地融入家具产品中，使家具智能化、时尚化、多功能化，使用更加便捷、舒适。这是新贵生活方式重要组成部分，也是未来家具发展的潮流和趋势。

智能家居 智能家居：是以住宅为平台，利用综合布线技术、网络通信技术、安全防范技术、自动控制技术、音视频技术将家居生活有关的设施集成，构建高效的住宅设施与家庭日程事务的管理系统，提升家居安全性、便利性、舒适性、艺术性，并实现节能环保的居住环境。

智能家居是一个居住环境，是以住宅为平台安装有智能家居系统的居住环境，是在物联网的影响之下物联化体现。智能家居通过物联网技术将家中的各种各样的家电设备连接到一起，构成功能强大、高度智能化的现代智能家居系统，可以提供家电控制、照明控制、窗帘控制、电话远程控制、室内外遥控、防盗报警、环境监测、暖通控制、红外转发以及可编程定时控制等多种功能和手段，使生活更加舒适、便利和安全。与普通家居相比，智能家居不仅具有传统的居住功能，兼备建筑、网络通信、信息家电、设备自动化，集系统、结构、服务、管理为一体的高效、舒适、安全、便利、环保的居住环境，提供全方位的信息交互功能，帮助家庭与外部保持信息交流畅通，优化人们的生活方式，帮助人们有效安排时间，增强家居生活的安全性，甚至为各种能源费用节约资金。

智能家居让用户以更方便的手段来管理家庭设备，比如，通过触摸屏、手持遥控器、手机、移动终端、互联网来控制家用设备，更可以执行情景操作，使多个设备形成联动；另一方面，智能家居内的各种设备相互间可以通讯，不需要用户指挥也能根据不同的状态互动运行，从而给用户带来最大程度的方便、高效、安全与舒适。

五、结语

当前，在互联网和“工业 4.0”的时代背景下，随着我国大力推动“两化融合”“互联网＋”和“中国制造 2025”，尤其是在我国 2016 年《政府工作报告》中，首次提出“个性化定制”与“柔性化生产”，这些都为我们提供了一种全新的思维模式、商业模式和制造模式。因此，作为劳动密集型的家具制造业和传统的室内装修业，面对我国劳动力、资源与环保成本的持续上升，市场竞争的日益激烈，个性需求的日趋多变，技术进步的日新月异，应该学习借鉴“工业 4.0”和“互联网思维”，通过“制造业＋互联网”，走信息化与工业化的“两化”深度融合之路，在互联网、物联网、云计算、大数据等技术的强力支持下，将大规模定制理论和信息技术有效融合，通过数字化设计与制造的生产方式、信息化管理与服务的商业模式创新，逐步实现研发设计、生产制造、过程控制、企业管理、营销服务等生产经营全过程的数字化、智能化，才会使家具或木业制造企业从产品制造商向家居系统集成服务商的方向转变。可以预计，我国的家具或家居的“个性化定制，柔性化生产”将会有持续不断的发展。

中国定制家居行业现状与分析

刘晓红
顺德职业技术学院

一、前言

中国定制家居行业的发展，在《中国制造2025》的号角下，正吹响着“集结号”，以秋风扫落叶之势，在华夏大地星火燎原，可圈可点。这种模式、这种力量、这个群体、这种活力，在全世界家居行业也难以寻觅。可以说，它属于中国。正是家居行业一群新人的无中生有，通过先人一步，快人一步，历经千辛万苦，走过千山万水，说了千言万语，通过千方百计，才开创了前所未有的新局面。中国定制家居行业，也代表了中国家具行业自力更生，自主创新、自成一体的一次成功转型升级，从很多层面和模式上，跳出了传统家具经营模式的套路；无论从经营理念和经营模式，还是从制造技术到销售方式；无论从人才培养与使用还是对供应链的认识与处理，无论从先进的装备还是智能的软件，都走出了一条属于自己的路，可贺可喜。定制行业一大批优秀企业的风起云涌，全方位地创新，使经济低迷时节的家居行业，却呈现出百花齐放、千帆竞发的繁荣景象，这无疑是家居行业一次历史性的华丽转身，实现着凤凰涅槃。

下面就从以下几个方面对定制家居行业做一些分析和探讨。

二、2017 年定制家居行业的现状与分析

即使不是行业人士，只要经常在外行走的人就可以知道谁是这个时代的主角。机场、高铁站、Shopping mall 里，视线里总会自觉不自觉地看到定制家居的大幅广告牌，尚品宅配，索菲亚，欧派和好莱客等，清一色的重量级明星代言，吸引着人们的眼球。

2017 年，定制行业注定是不平凡和不平静的一年，除了圈子里起步较早做定制的，圈外的人，几乎一窝蜂向定制行业涌入。群雄逐鹿已是常态，竞争在很短时间便进入白热化。盘点过去的一年，可以看出定制家居行业表现出如下几个显著特点：

1. 定制家居向“全屋定制”快速升级

2017 年，随着定制家居行业竞争的不断加剧，全屋定制开始成为新的行业态势。单品类的橱、衣柜定制企业经历了几年高速发展期，如今开始延伸产品链，实现“范围经济”的扩张。2017 年，主流的定制家居企业基本都完成了“全屋定制”的品牌战略升级。从尚品宅配最早的“全屋定制”一家独秀，到后来者居上的欧派、索菲亚、好莱客、玛格等也纷纷向“全屋定制”转型。从“单打冠军”到“全能冠军”的转型，绝非声音大，喊得凶，就能转型。目前一窝蜂的向“全屋定制”，本人认为，既是一种大势所趋，也是一种行业乱象。传统家具行业“大而全、小而全”的悲剧，必定还会在新型的家居定制行业重演。不是互联网时代和信息化时代，就一定能做好“大而全、小而全”，这个时代更需要专业化，通过协同和合作，实现共赢。全屋定制，是一些优秀的大企业，具备了雄厚的人才优势、资本优势、市场优势和技术优势，才有能力做“全能冠军”，能否成功，还要看后期的战略规划和管理能力，更不要说那些势单力薄的中小企业。

今天，定制行业的竞争，已经不同于过去传统家具行业竞争的态势和标准了。没有一流的人才，雄厚的资本支持，强大的信息化技术和数字化的制

造技术，没有更高视野的战略和战术部署，想做好定制绝非易事。虽然全屋定制，未必都能做到做好，但这是市场发展的必然趋势，因此，也必然是定制发展的一个主流方向。

2. 定制行业“跨界”已成常态

2017 年，“跨界”是一个热词，不仅是行业之间纷纷跨界合作，在供应链上也正在形成强有力的跨界合作，不断书写着新的经营模式。家具行业的创新正在经历着跨界创新，集成创新和协同创新。这三个“创新”用另外一个词来说就是“供应链管理”。因为，未来的战争不是企业之间的战争，也不是产品之间的战争，而是供应链之间的战争。从材料到设计，从技术到产品，从销售商到客户的整个供应链，只有能打造出一流的供应链，企业才能以最好的资源，最经济的成本、最高的效率、最优的品质、最快的速度满足消费者的需求。

随着定制行业的繁荣，成品家居企业也纷纷进入；随着定制家居行业向纵深发展，又不断有不同定制品类的互相跨越：橱柜跨衣柜、衣柜跨橱柜，乃至跨越至门窗、木门等领域。2016 年，这种趋势丝毫没有减弱之势，反而进一步突破了同业品类间的局限走向“异业联盟”，这也意味着家居企业从“器物”到“环境”的实质性跨越。

跨界融合的典范当属尚品宅配。它本身出身于“全屋定制”，近几年，快速与其他行业的巨头跨界合作，如与抽油烟机企业，床垫企业，床上用品企业，地板企业，实木家具企业、沙发企业以及物流企业等，跨界的范围更大、强度更大，因此，就能在更大范围实现着更高层次的“全屋定制”。

跨界融合，欧派也算得上是行业里的典型代表之一。2016 年，欧派的“全屋定制 mall”“一家搞定模式”等新概念不断冲击着家居人的旧观念。欧派起步于橱柜，转型于定制，再到全屋，到目前，欧派已能为消费者提供橱柜、衣柜、卫浴、木门、墙饰、寝具、家具等 7 个自有品类，正在实现着一站式解决设计、装修、选材和采购家居产品等全屋定制的问题。此外，集美家居与比亚迪合作，推出新能源城市展厅；圣象与友迪斯合作，联手布局智能家居领域；大自然家居、博洛尼家居向上游家装领域跨界……

2017 年，是定制家居业跨界融合的深化之年，无论是家居企业本身，还是行业展会，亦或是流通平台，都在进行着不同维度的跨界发展。这也是 2017 年第二届中国（广州）定制家居展将主题定为“定制融年”的原因所在。为了获得更好的经营资源，“跨界”合作与创新必然成为一种趋势和常态。

3. 定制家居“智能”制造不断升级

智能制造，是中国制造的终极目标。国务院在 2015 年 5 月就发布了《中国制造 2025》蓝皮书，为中国制造业未来的发展做好了顶层设计和技术路线图。2016 年 12 月 7 日，工信部又发布了《中国智能制造“十三五”规划》，进一步细化了实现智能制造的战略部署。

定制家居行业的一大批企业，率先在智能制造方面走在了家居行业前列。尚品宅配也成为中国家具行业首个“国家智能制造示范基地”，奠定了它在行业的龙头地位。在定制行业，自动化、工业 4.0、机器代人、无人工厂、大数据、云计算等词汇，已经是定制企业的标签。因为，今天的家具定制，没有这些“软实力”既无法服务客户，企业也难以为继。

当前，定制家居圈不断强调的“工业 4.0”，就是定制化智能生产的概念体现，它的重要标志就是将互联网、大数据、云计算、物联网等新技术与工业生产相结合，实现工厂、消费者、产品和信息数据的互联，重构整个企业的生产方式。

在智能制造方面，尚品宅配可谓独树一帜。尚品宅配在 2016 年正式提出了“全屋家具，科技定制”的口号，开始全面进入工业 4.0 的智能化生产时代。配合理念的落地，尚品宅配世界级智造基地——维尚五厂前期项目也已相继投入使用，成为国内首个世界级工业 4.0 家具制造基地典范。除此之外，卡诺亚第五期（清远）生产基地进入开工建设阶段；科凡定制近 5 万平米 4.0 智慧工厂正式揭幕；诗尼曼制造三厂暨信息科技中心落成。他们正式迈开了打造工业 4.0 的步伐……

除了生产系统外，打通生产与前端，实现数据互联的家居软件也在不断升级，力求助力企业升级。如金田豪迈的 WCC 定制软件，法国的 Top Solid Wood 设计软件，不仅与定制行业巨头紧密合作，更在学校布局，与顺德职业技术学院等全国几所学院的家具专业深度和持久地合作，联合培养定制软件紧缺人才。三维家、商川软件等，已经为很多定制企业提供了有力地支持。

软件和硬件的升级，是定制家居行业可持续发展的根本保障。智能制造与软件关联最强。可以说无软件，不智能。所有的软、硬、网等系统都在软件的助力下，逐渐走向智能。智能制造全过程，软件无处不在赋能和使能。另外，硬件跟不上，也无法响应软件的指令。因此，硬件和软件两手都要抓，两手都要硬。

2017 年，随着上市的高潮，各大定制企业硬件与软件的升级也将迎来一个高峰，智能制造正在如火如荼地升级和蔓延。

4. 定制家居行业迎来“上市潮”

2017 年，“上市”，是定制家居行业最热的一个词。它不是一个企业在“上市”，而是一群企业紧锣密鼓地轮番“上市”。之所以定制企业比其他家具企业上市的动力更足，本人认为，是因为定制行业需要更大强度的“资本流”才能支撑生产系统升级、品类扩张、市场拓展、品牌包装等耗费的大量资金。定制的竞争，不仅是技术和市场的竞争，更是资本的竞争。

盘点一下 2016—2017 年年初的上市公司，2016 年 1 月，顶固家居在新三板专场进行挂牌敲钟仪式；2016 年 3 月，百得胜以德尔未来股权收购的方式实现曲线上市；2016 年 9 月，顾家家居在上海证券交易所主板上市；2016 年 10 月，客来福在新三板上市；2017 年年初，欧派家居、尚品宅配、皮阿诺先后在阳春三月完成上市，正在排队的还有志邦、我乐、金牌等。除了以上的一些上市公司，据统计，目前，定制家居、地板、瓷砖、卖场、卫浴、装修、涂料、照明、门窗、家纺等多行业，还有 20 多个家居企业正摩拳擦掌，等待着上市。

在过去的一年，成功上市的企业获得了强大的资本支撑，在扩大企业规模、提高产品品质、提升设计和研发能力、增强企业竞争力方面已牢牢占据主动。随着上市企业的增多，家居市场将会更加规范，进而有助于推进整个行业的转型升级。上市，成为定制家居企业继续升级和壮大的发动机。

5. 定制家居行业“触电”即发

移动互联网成为主流的营销渠道，已经是不争的事实。2016 年，定制家居企业已下线下全面向线上——电商进军，迎来集体爆发。从此，对于定制家居行业来说，O2O 成为一种常态。

据不完全统计，2016 年的“双 11”有超过 30 家家居品牌销售额破亿。在定制家居品类中，索菲亚、TATA 木门、欧派、梦天木门、金牌厨柜、尚品宅配、客来福、玛格家居、维意定制、皮阿诺取得了前十的好成绩。尤为值得关注的是，梦天木门、客来福、玛格、维意等企业都是首次参与“双 11”，在本次电商决战中一鸣惊人，也凸显了 2016 年家居企业“触电”的火爆场面。

虽然当前还有人质疑家居行业“体验感缺失”、“最后一公里”问题，但随着 O2O 模式日趋完善，跨界融合、上下游产业链的整合更加顺畅，这些问题都将迎刃而解。虽然，定制家居企业进入电商相对较晚，但毋庸置疑，最终，它们将是电商的主力军和最终的领导者。

6. “VR”技术快速普及

VR（Virtual Reality，即虚拟现实，简称 VR），是由美国 VPL 公司创建人拉尼尔（Jaron Lanier）在 20 世纪 80 年代初提出的。2016 年，VR 技术快速进入并普及于家居定制企业。例如，联邦家居在第 37 届广州家具展上首家推出 VR home 空间体验系统；2016 年 3 月，欧派在第 6 届广州定制家居展上推出了 VR home 体验屋；索菲亚展示了全息投影立体展厅；4 月，百强家具在展厅推出 VR，让消费者提前全方位感受未来之家。在 7 月广州建博会上，VR 技术更是得到了集中展示。VR 技术也带动了三维家、酷家乐等大一批服务于家居行业的软件公司的发展。它们在 VR 领域不断深耕，为各大家居企业提供专业的技术支持。

本人认为，这种技术很快就会成为普适技术，也一定会不断升级（目前还有很多问题），会以更便利、客户体验更好地方式在终端帮助客户参与设计与确定方案，助力前端营销和客户服务。

7. 定制向“实木”和“新中式”延伸

既然大众生活中新中式和实木已被广泛认可和接受，定制向这个方向发展也是自然而然。因为，定制最根本的出发点就是满足大众消费者的需求。

在这方面，百得胜、玛格、联邦高登等品牌走在了“中式情结”回归的前列。

“实木”作为中式家具最典型的一个特征，也随新中式的崛起得到了带动。其实，实木家居的定制并不是现在才出现，早在四、五年前，就已经在全国各地悄然兴起，只是受制于它的材料、工艺的复杂性，实木制造企业的信息化和工业化基础普遍薄弱，无法象板式定制企业的起点这么高，规模这么大，标准化水平这么高，因此，发展比较缓慢，但他们的毛利有的甚至超过 100%，因此，也吸引了大量的企业进入这片看似蓝海的红海。

实木定制正在蔚然兴起，毋庸置疑。至于什么风格，应该是百花齐放，也不会“新中式”一枝独秀。但解决好个性化与标准化、工业化与信息化的路还很遥远。观念依然比较落后，手段也不够先进，基础比较薄弱，但发展的动力很足。拭目以待它的升级。

8. 定制家居行业“环保”成为发展主题

2016 年元旦，鉴于中国恶劣的环境问题，环境保护部出台号称“史上最严”环保法，并在各地展开了多次环保整治行动。2016 年 1 月，《全屋定制家居产品》行业标准正式实施；4 月，国家发展改革委、商务部会同有关部门汇总审查形成《市场准入负面清单草案（试点版）》，禁止使用溶剂型涂料；10 月，史上最严苛家具标准——“深圳标准”（家具类）之深圳经济特区技术规范《家具成品及原辅材料中有害物质限量》颁布……

2016 年始，环保成了各大定制家居企业最重视的事情。目前的定制主流企业，主要以三聚氰胺饰面板为主要基材，或者采用真空吸塑进行表面装饰，很少涉及油漆涂装，因此，相对环保问题没有那么突出。即便如此，各大定制家居企业也不敢掉以轻心，并加大了环保改造的力度。例如 2016 年 11 月，博洛尼正式发布 F2C 超级家装 3.0 模式，推出变态级环保理念；2016 年 12 月，曲美家居首度发布社会责任报告，表明企业在环保工艺上将会有更大作为。

2017 年，“环保整治”与“环保战略升级”成了家居业环保议题的两大关键词。虽然定制家居企业的环保表现良好，但更多的上游企业却步履艰难。基于当前严峻的生态环境，可以预见，这场“环保攻坚战”将是一场持久战，一场只能赢不能输的战争。

9. 存在问题

除了以上的七个主要特点和趋势外，定制家居行业同其他行业一样也存在着很多的问题，如同样遭遇原辅材料的涨价风潮；同样面临产品和服务同质化和价格战；同样面临资金短缺和人才匮乏的局面；同样面临信息化与工业化还没有很好融合的困境；同样面临差错率很高、标准化程度较低的现状；同样面临质量水平还不高，文化与艺术审美还较薄弱的问题；同样面临招商难，培养一个好的经销商更难的问题等。

问题多是自然的，新生事物必然是一个不断纠错的过程。明确问题，自然就有解决问题的思路和方法。行业要发展，这些问题也必将成为推动产业进步的动力。

三、大数据背后的定制家居行业变化与趋势

在风起云涌的上万家定制家居大军中，最能代表定制行业实力和水平，现状与未来方向的莫过于这四个企业，他们分别是欧派、索菲亚、尚品宅配和好莱客。它们四个也分别完成了上市，很多方面可以同台竞技，展示自己独特的一面。了解它们，其实就是在了解定制行业，它们就是定制的风向标。

1. 快与盈利能力各领风骚

通过四巨头财报数据（图 1、图 2），可以看出，欧派家居赚钱最多，尚品宅配跑得最快，索菲亚盈利能力最强。

从业绩规模来看，定制橱柜起家的欧派家居稳居老大。2015 年，欧派家居营收 56.07 亿元，而最早上市的索菲亚营收 31.96 亿元，软件起家的尚品宅配营收 30.88 亿元，好莱客营收 10.8 亿元。

不过，从业绩增速来看，尚品宅配“跑”得最快。2013 年至 2015 年，尚品宅配实现营业收入分别为 11.75 亿元、19.12 亿元和 30.88 亿元，年复合增长率高达 62.10%。从 2015 年营收对比来看，尚品宅配同比增长 61.52%，索菲亚同比增长

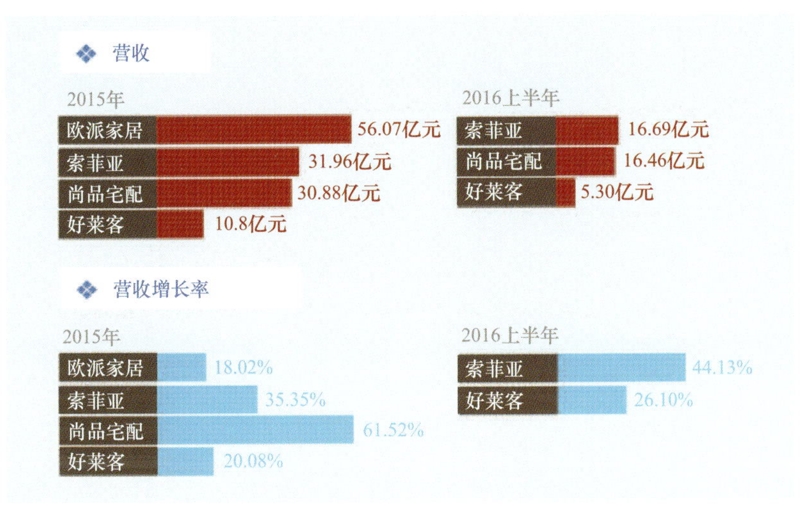

图 1　2015—2016 年上半年定制家居四巨头的营收及营收增长率

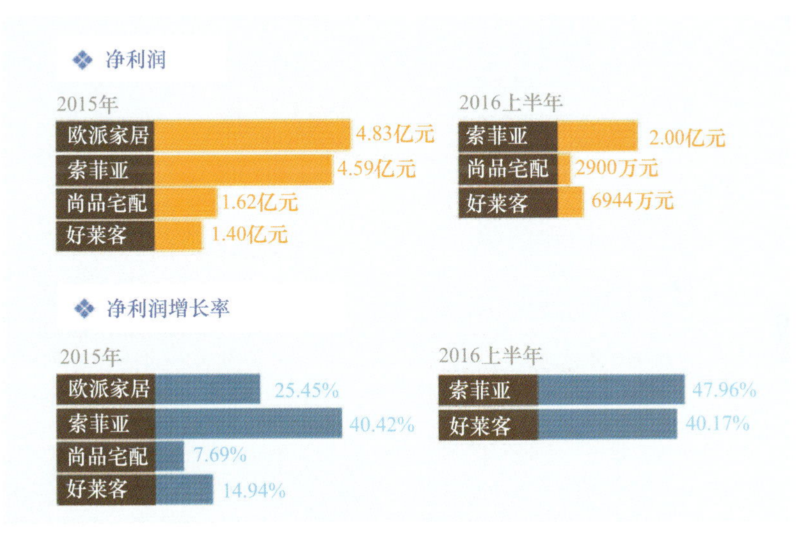

图 2　2015—2016 年上半年定制家居四巨头的净利润及其增长率

35.35%，好莱客同比增长 20.08%，欧派家居同比增长 18.02%。

就盈利能力而言，索菲亚则是当之无愧的领跑者。2016 年上半年，索菲亚净利润 2.00 亿元，同比增长 47.96%。从 2015 年数据对比来看，索菲亚净利润 4.59 亿元，同比增长 40.42%。这个增长率远高于欧派家居的 25.45%、好莱客的 14.94% 以及尚品宅配的 7.69%。单从净利润数据来看，年营收入 31 亿元的索菲亚，净利润已接近年营收入 56 亿元的欧派家居（净利润 4.83 亿元），远远高于同等营收规模的尚品宅配（净利润 1.40 亿元）。

2. “大家居”是四巨头业绩新的增长点

从这四个企业的营收构成来看（图 3），它们的“大家居”战略在业绩端已显成效。

以做定制橱柜起家的欧派家居为例，整体衣柜、整体卫浴、定制木门已贡献 21% 的营收。2015 年，欧派家居整体橱柜营收 38.45 亿元，同比增长 12.13%；整体衣柜营收 13.37 亿元，同比增长 34.78%。定制木门营收 1.21 亿元，同比增长

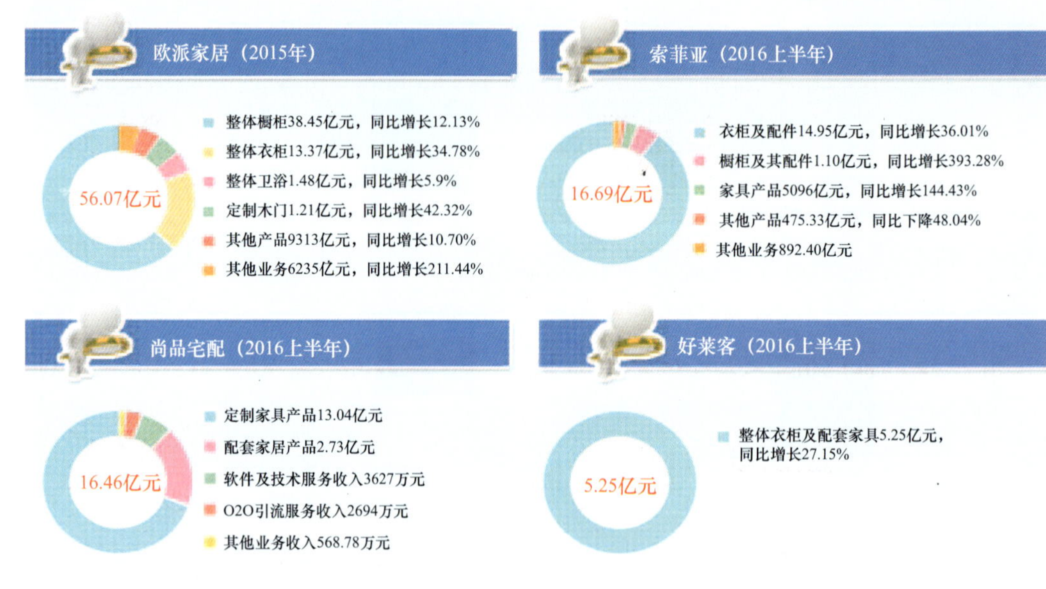

图3　2015—2016年上半年定制家居四巨头的营收构成

42.32%。

从定制衣柜做起的索菲亚，则从2013年转向“定制家”，并于2014年引进司米橱柜。索菲亚做全屋定制后，2013—2015年客单价年增速10%～15%。2016上半年，索菲亚16.9亿元的营收构成中，橱柜及其配件产品贡献了1.1亿元，同比增长392%。可以预料，定制橱柜将成为索菲亚一大增长点。

以软件起家的尚品宅配，全屋定制的配套家居产品占比也近17%。从2016上半年数据来看，尚品宅配主营业务收入16.40亿元，其中定制家具产品13.04亿元，配套家居产品2.73亿元，软件及技术服务收入3 627万元，O2O引流服务收入2 694万元。

好莱客从2015年7月开始推进大家居，并配套进行门店升级。2016上半年安信证券报告称，在上海、武汉、长沙、江苏多地草根调研显示，好莱客门店升级后全屋定制订单占比可达20%～50%，且客单价提升明显。

3. 四巨头资本流向智能化制造

通过图4可以看出，四巨头募资的重点投资向扩充产能、智能生产改造、信息化系统升级和营销网络建设等智能化制造领域流动。

其中，扩大产能是四巨头募资用途的重头戏。欧派家居拟将募资资金的85%投入到产能扩充；尚品宅配拟将募资资金的46%投入到智能制造生产线；索菲亚将2016年定增募资的59%投入到生产基地的建设和改造；好莱客则拟将定增募资的67%投入到智能生产建设项目。

从尚品宅配招股书或许能明白它们的战略考虑。尚品宅配2013—2015年复合增长率为62.10%，而近三年产能利用率已接近90%，且呈现逐年不断上升的趋势，随着公司销售规模的不断增长，现有的生产设施已基本处于满负荷运转的状态。“智能制造生产线建设项目”的建设将能有效解决公司在定制家具生产端产能不足的问题。项目完全达产后年新增销售收入33亿元。

值得注意的是，这几个定制家居企业的生产建设主要以智能生产为主。包括柔性生产线、智能化定制家居生产线、自动化生产线，引入机器人、智能立体仓库等智能设备。

信息化系统项目主要解决前端下单到后端生产、管理整个流程优化。从欧派家居招股书来看，募资投入的信息系统项目完成后，将优化企业全产业链运作，为公司减少加班工时10%，减少缺

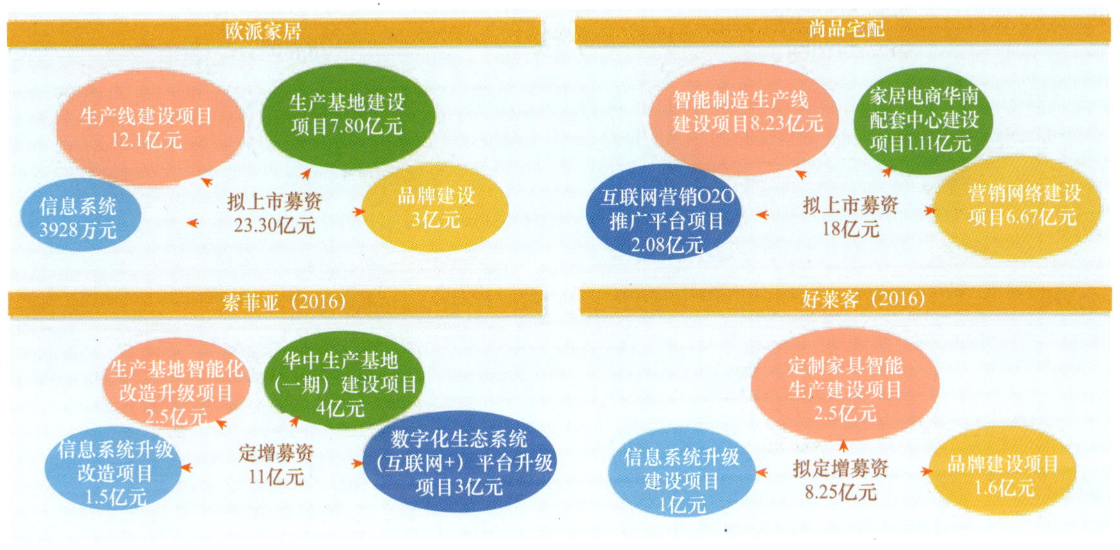

图 4　2015—2016 年上半年定制家居四巨头资本的流向

件 15%，提高生产率 15%，降低管理成本 5% 左右；同时，提高公司生产的规模化、定制化水平，经销商商场接单成功率提高 25% 以上，产品开发技术准备周期及制造周期缩短 10%～20%，接单后的交货周期减少 2 天以上。

实际上，经过多年智能生产、信息化、互联网＋平台改造升级之后，以尚品宅配和索菲亚为代表的定制家居企业在信息化和工业化的道路上走得很快。以尚品宅配为例，它的生产、制造流程高度工业化和智能化，已经成长为知识和人才密集型的高新技术企业。举个例子：2016 年尚品宅配仅 IT 开发人员就有 200 多人，数据处理和运营有 300 多人，仅公司内部的教学学院培训老师都有 200 人左右，相当于一个大学的几个学院的师资。窥一斑而知全豹，可见做智能制造绝非一般企业可为。

四、总结

定制，毋容置疑，这是民心所向的需求。定制企业顺势而上，创新性地满足了这种需求。因此，定制企业才能在这么短的时间，举世界之力，创造了辉煌业绩。创新永远要以市场为导向，以消费者为中心，以供应链的优势为基础，才有未来。通过以上对 2016—2017 年度中国定制家居行业的盘点，可以对定制家居行业目前的现状和未来的发展趋势有一个比较清晰的认识。如何做好定制，也有很多因素要考虑，但其中，最关键的因素，本人认为要重视以下三个方面：

1. 必须以客户需求为核心

任何行业的未来都是以客户需求为核心而获得持续发展的。家具作为人们生活的必需品，与人们的生活方式、生活水平和生活质量息息相关。今天的互联网技术，改变了社会生态，也包括人们的生活方式。个性化的需求导致了“定制”的热潮。在这股定制浪潮中，数控化、网络化、信息化，智能化这四个要素成为企业能否实现定制最重要的技术手段，也是企业之间竞争的重要要素。

工业和信息化部副部长、中国科学院院士怀进鹏先生在去年举行的“工业软件与制造业融合发展高峰论坛”上第一次提出了“新四基”，他说：“如今，为了更好地让制造业的同仁们重新认识和进一步思考有关数字转型的发展过程，工信部提出了‘新四基’：在未来发展进行数字化转型和推动能力建设的新的过程当中，我们需要抓住一硬、一软、一网、一台来配合。”其中，“硬”是指自动控制和感知硬件；“软”是指工业核心软件；“网”是指工业互联网；“平台”是指工业云和智能服务平台。这也应证了家具行业定制企业竞争的四要素，其实就是怀院士所讲的“新四基”。

因此，中国家具制造业的转型发展，不仅要解决产品质量提升、强化工业基础能力、制造业升级转型等基本问题，还要跨越“一硬、一软、一网、一台”这“新四基”的门槛。无论是家具行业的定制化还是协同化，都在不断推动传统的工业经济从B2C向C2B转型。只有以客户需求为核心的商业模式才能赢得市场。

2. 必须重视供应链的建设和维护

供应链是定制家居企业制胜的法宝。市场竞争模式由单体企业间的竞争转向由核心企业主导的企业群间的供应链竞争，已成为趋势。供应链竞争的精髓，是链条上的各个企业能够实现核心资源的最优化整合，获得增值，进而赢得市场份额。同时，市场竞争加剧必然推动企业从“小而全”到“小而专”“大而专”的转变，实现社会专业化分工，从而获取“唯一”或“第一”的市场话语权。目前，定制行业之所以做的好，就是他们充分地认识到供应链的重要性，尤其是跟世界一流的供应商合作，才能在某个方面先人一步，快人一步，赢得机会。无论是尚品宅配还是欧派，使用的设备、材料、软件、五金等，都是世界一流的，甚至是世界一流的企业专为他们定制的技术和装备。这些企业与金田豪迈、德国瑞好、奥地利百隆五金、德国夏特、广东先达数控、东泰五金等国内外知名公司，不仅是供应商的关系，更是战略合作伙伴。他们与优秀的上游企业紧密合作与交流，联合攻关，实现共赢。这一点上，定制家居企业远远比传统家具企业做的好，他们始终跟优秀的人在一起，始终让优质资源最大化的为自己使用。这才是真正的智者。

赢得供应链，才能赢得最后的市场。

3. 必须重视创新，也只有创新才有未来

在今天这个瞬息万变的世界，创新具有了更重要的意义。毋庸赘言，也毋庸置疑，只有创新才有希望和未来。模式创新，管理创新，供应链创新，技术创新，工艺创新，设计创新，企业在每一个方面都需要创新，才能始终保持一个企业持续地进步和发展，也才能建立自己持续地竞争力，才能始终在群雄逐鹿中保持胜利者的地位。

百舸争流千帆竞 借海扬帆奋者先。祝愿中国定制家居行业做强做大，成为中国家居行业最亮丽的一张名片，成为中国智造的创造者和领导者。

中国家具涂料与涂装产业发展趋势及消费者购买心理分析

广东华润涂料有限公司

行业调研，是华润涂料多年来所一直坚持的针对家具市场动态及流行趋势所进行的专业调研行为。一方面，通过对国内家具展会的家具品牌进行逐一调研统计，看目前家具市场流行材质、风格、涂装效果等；另一方面，通过第三方权威机构，对消费者购买家具的行为习惯进行调研，以了解市场需求的趋势和关注点。从以上调研分析中获悉行业最新动向，以更好的服务客户、服务消费者。

透过展会看家具涂料与涂装的发展趋势

近年来，华润家具漆通过实地勘察、填写调查表的形式持续对国内家具行业展会进行调研，并分别从设计风格、家具材质、家具涂料、涂装效果及工艺、涂装色彩等方面进行对比分析。

一、家具风格

2016 年调研数据显示，家具风格主要以现代中式风格（现代实木风格）为主，占 43.91%。其次分别是现代美式（小美）风格占 17.66%，现代欧式风格占 12.89%，现代简约风格占 11.69%，其他风格在市场上占有比例较少。

从 2013—2016 年整个家具风格趋势可以看出，现代中式、现代简约、现代美式、现代欧式风格占市场主流，其中现代美式风格从 3% 上升到 17.66%，现代简约、现代欧式风格逐渐下降（图 1）。

二、家具材质

2016 年国内家具展主要材质以乌金木、楸木、橡木、胡桃木、水曲柳、榆木、樱桃木、橡胶木、鹅掌楸为主。其中乌金木所占比例最高，同时市场上出现较多的非洲杂木仿中式贵重木材，如仿檀木（图 2）。

三、家具涂料

通过调研数据分析可以看到，无论是面漆还是底漆，家具市场的涂料主要还是以 PU 为主，比例均占到 80% 以上。主要得益于 PU 产品的优异效果表现，包括良好的附着力，木材适用范围广；易打磨，可操作性好；漆膜丰满度、透明度好等特性（图 3、图 4）。

四、涂装效果及工艺

表面光泽：2016 年家具市场的光泽度主要以 3 分光、5 分光为主，分别占 59% 与 27%。从整体上看主要以亚光为主（图 5）。

透明度：2016 年家具市场的产品透明度主要以高透明度和中透明度为主，两者占了总体 85%（图 6）。

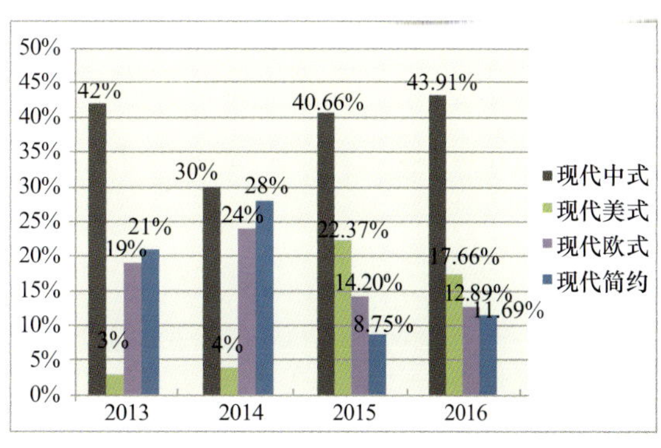

图 1　2013—2016 年国内家具展主要家具风格变化

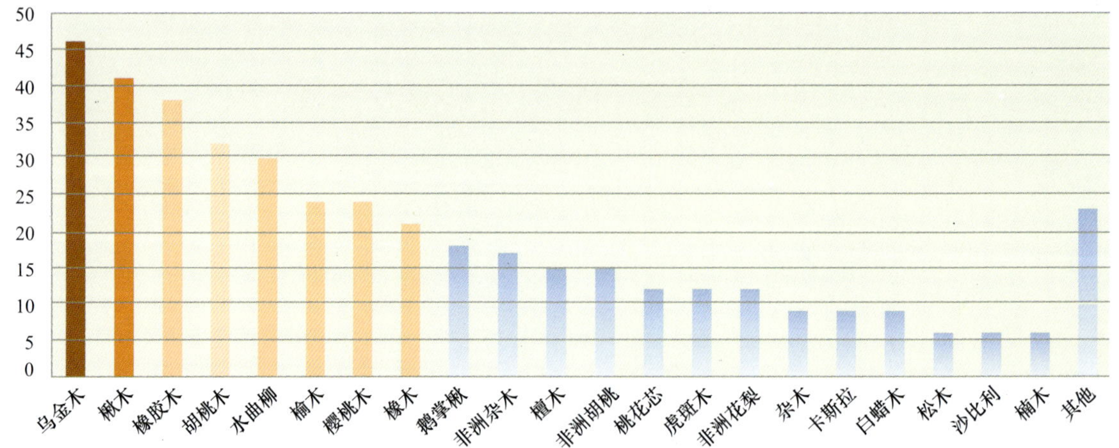

图 2　家具主材占比

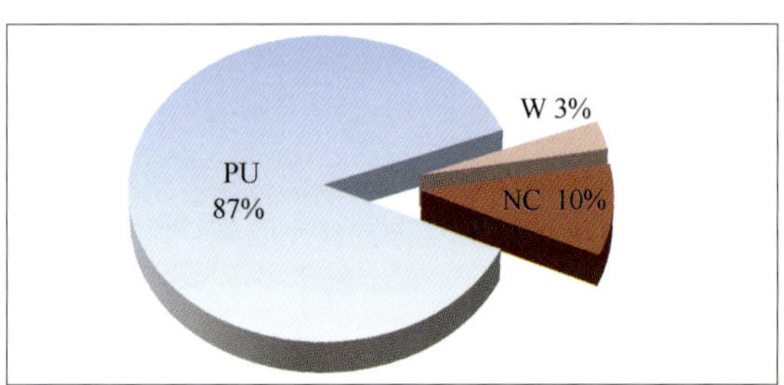

图 3　底漆

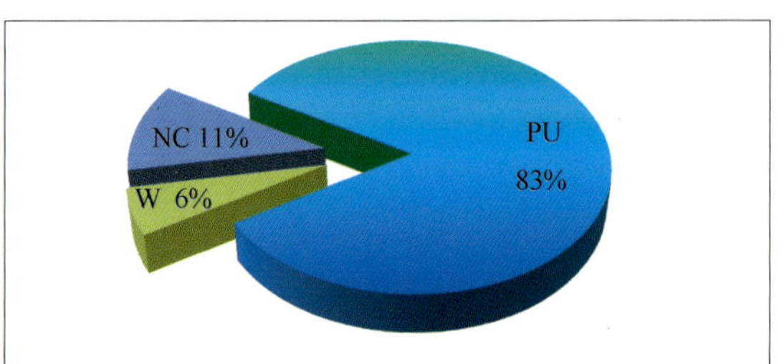

图 4　面漆

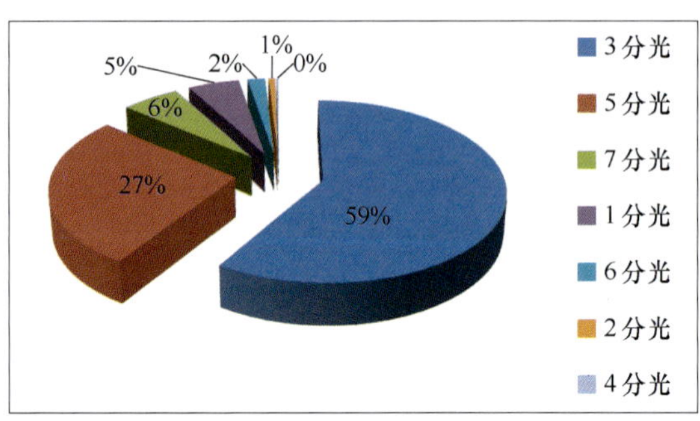

图 5　表面光泽

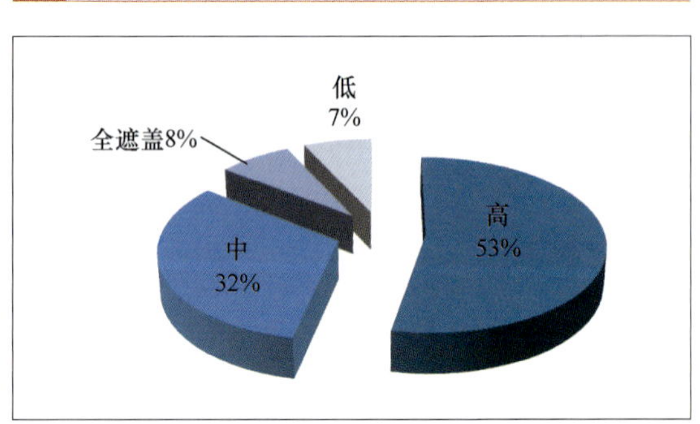

图 6　透明度

开放度：2016 年家具市场产品的开放度主要以封闭效果为主，占 70%（图 7）。

五、色调与色相

2016 年家具展的展品色调以暖色和中暖色为主，冷色比例非常低，色相以棕色为主（图 8、图 9）。

色系：2016 年家具展总体以浅色系和中色系为主，分别占了调研总体的 48%，42%，深色系比例很低约 10%。

六、主要风格涂装运用解析

1. 现代中式

- 2016 年现代中式家具材质以乌金木，檀木，榆木和胡桃木占多数，但材质种类总数繁多而分布平均，反映市场上现代中式风格家具选材的多样性。

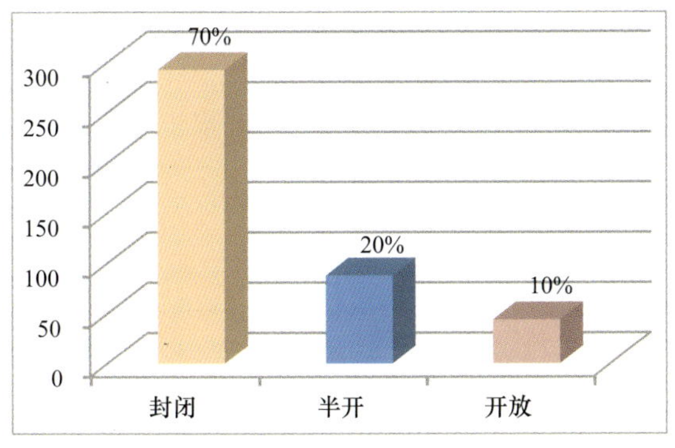

图 7　开放度

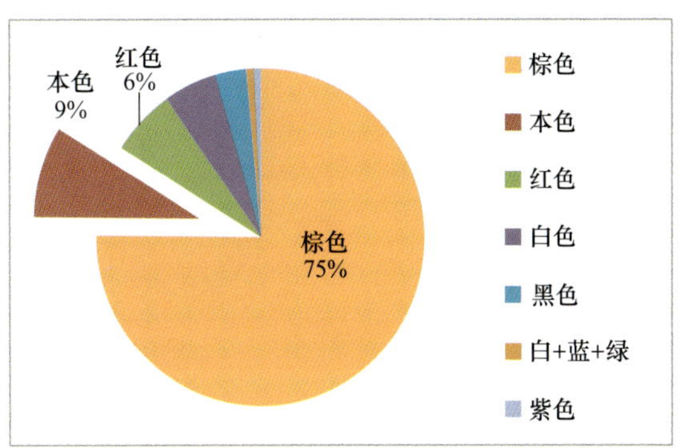

图 9　颜色占比

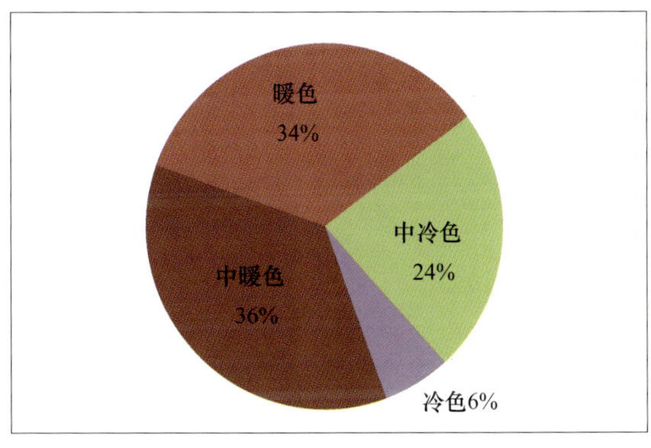

图 8　色调占比

- 2016 年展会上现代中式风格的家具涂装绝大部分还是使用 PU 类，尤其是底漆，占到了调研总量的 100%，面漆只有少量使用水性漆。
- 2016 年现代中式家具市场以全封闭，高透明度，哑光效果为主。
- 2016 年现代中式家具市场色彩体现为以暖色调，黄棕色相为主，色系则以浅色系和中色系为主（表 1、图 10）。

2. 现代美式

- 2016 年现代美式家具市场的材质以水曲柳、鹅掌楸、樱桃木和楸木为主，其中水曲柳占最大比例，达到调研总体的 20%。

表 1　2016 年现代中式家具主要涂装工艺

材质	家具涂装	表面光泽	透明度	开放度	色调	色相	色系
乌金木，檀木，胡桃木，虎斑木，卡斯拉，橡胶木	底漆：PU 面漆：PU 为主，其次水性	3 分光 5 分光	高	封闭	暖 中暖	棕	浅 中

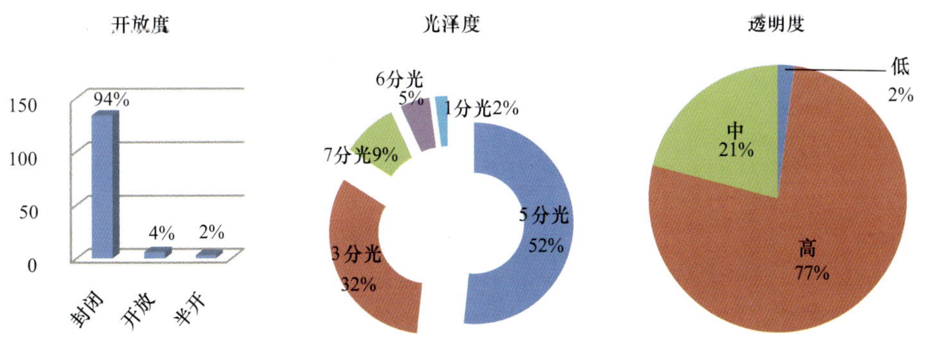

图 10　2016 年现代中式家具主要涂装工艺

- 2016 年现代美式家具市场涂装种类以 PU 和 NC 为主，其中 PU 比例比 NC 高，而水性漆在面漆的使用量有上升趋势。
- 2016 年现代美式家具市场工艺以全封闭和半开放效果为主，光泽度 3 分光占绝大多数，透明度则以高透明度和中透明度为主。
- 2016 现代美式家具市场的色调以中冷色、中暖色调为主，占比达 76%；色相集中在黄棕，占比 78%；色系集中在浅色系，占比 84%（表 2、图 11）。

表 2　2016 年现代美式家具主要涂装工艺

材质	家具涂装	表面光泽	透明度	开放度	色调	色相	色系
水曲柳，鹅掌楸，樱桃木，楸木	底漆：PU/NC 面漆：PU/NC	3 分光	高透明 中透明	封闭 半开放	中冷色	黄棕	浅

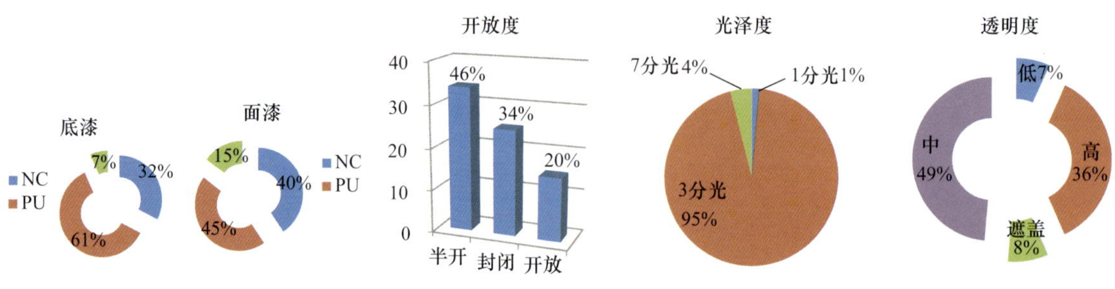

图 11　2016 年现代美式家具主要涂装工艺

3. 现代欧式

- 2016 年现代欧式家具市场的主材种类繁多，橡胶木、楸木、水曲柳、乌金木所占比例较大，其余木材呈均匀分布状态。
- 现代欧式家具市场的涂装以 PU 类为主，2016 年展会调研中 PU 类占了现代欧式家具总量的 100%。
- 2016 年现代欧式家具市场以全封闭，3 分光效果为主，透明度则以高透明度和中透明度为主。
- 2016 现代欧式家具市场的色调，中冷色占比 45%，中暖色占比 25%；色相集中在黄棕，占比 70%；色系集中在中色系，占比 65%（表 3、图 12）。

纵观 2016 年国内深圳和东莞两大家具展，现代中式家具仍然是国内市场绝对主流，并与现代美式和

表 3　2016 年现代欧式家具主要涂装工艺

材质	家具涂装	表面光泽	透明度	开放度	色调	色相	色系
橡胶木，楸木，水曲柳，乌金木	底漆：PU 面漆：PU	3 分光 5 分光	高	封闭	中冷	黄棕	中

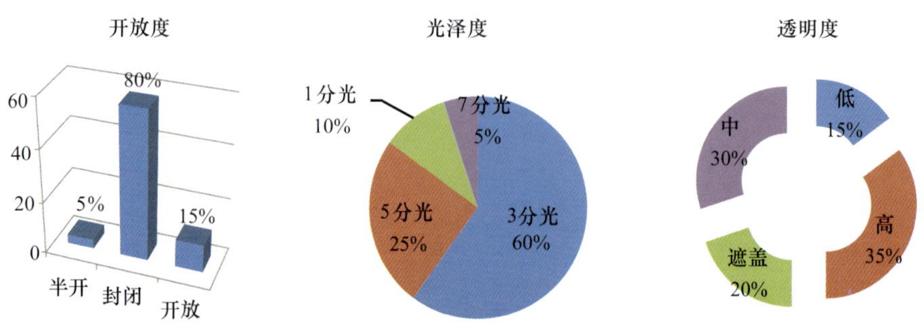

图 12　2016 年现代欧式家具主要涂装工艺

现代欧式家具三分天下。国内家具市场的选材多样性呈现逐年增加的趋势，并出现多种以前市场上没有见过的非洲进口木材，从而可以分析出家具市场原材料的匮乏，上好的木材已经越来越少，而一向以选材作为其中一大卖点的中式家具也无可避免地要从家具的涂装，色彩搭配，整体空间设计当中寻找新的利润点。

现代美式和现代欧式家具无论是从造型还是涂装方面近年来都趋于简化，特别是现代美式家具的涂装，破坏处理越来越少，阴影比较平淡甚至不打阴影，只是从造型和空间搭配的格调当中体现美式风格；而现代欧式则摒弃过往繁复的雕刻，改为从家具线条和色彩搭配当中突出欧式风格，同时现代美式和现代欧式都越来越多地采用中式元素进行融合增加设计感。

七、消费者购买家具时对涂料、涂装的主要关注点分析

通过公正的第三方调研机构，华润涂料对家具行业的消费者进行深入细致的需求研究，挖掘消费者真正关注的家具环节，为色彩效果的研发，以及家具企业的产品生产，提供最直接的依据与借鉴。

本次调研以消费者定性研究为调研方式，旨在通过对个体的深入、细致研究，挖掘出在对于家具消费的问题上，消费者群体的深入看法。

调研表明，消费者自身在购买家具时，最关注环保/气味、质量和款式，其次是材质、品牌和颜色。在这些关注要素中，本文着重分析与家具涂料、涂装密切相关的要素，分别是环保、质量、款式/色彩、品牌、表面效果（手感、纹理）、保护性能。

1. 环保

“是否有气味？气味是大还是小？”闻气味是消费者判断家具是否环保最直接的方式。市面上的实木家具主要是木材的味道，因为实木家具一般采用水质漆面打磨以后，做完养护，做打磨处理，基本上没有味道。而家具涂料的气味表现，在板式家具身上体现比较明显。

相关环保证书则会以是否齐全作为衡量，iso9001、iso14000、绿色环保检验证书、国家3A认证、十大品牌认证、CQC认证等。虽然消费者不能明确证书的相关数量与作用，但有关环保的证书能给消费者在一定程度上消除顾虑。

此外，卖场规模、以及产品品牌、材质板材的环保级别，以及油漆是否属于环保漆等，均是消费者意识中环保性能衡量的构成要素（图13）。

2. 质量

消费者主要从厚度、重量及手感三个角度来判断家具的质量。通过手感的方式去考察家具质量的同时，其实就是对家具涂料的考察。消费者主要通过观察与触摸，去感受涂料性能、工艺效果的差异。

消费者如果想深入了解家具所采用的涂料，会要求导购提供一些有效的判断方法，例如摸一下不容易注意到的地方（如柜子背板、抽屉底板）来感受油漆的效果；通过样板来对比感受不同牌子的油漆效果的差别。

其次，通过观察样板截面涂层效果也是消费者判断油漆工艺好坏的一个途径（图14）。

3. 款式/色彩

风格涂装是家具设计中非常重要的表现形式，是消费者对家具的第一印象。消费者会结合装修整体风格、个人喜好等多方面的因素选择不同的家具涂装效果。除了主观的审美喜好外，部分消费者也会受客观因素影响选择，例如当下家具涂装流行趋势、家具款式与装修风格的搭配方法专业指引，以及家具的独特卖点等。

消费者不仅对涂装色彩深浅、明亮程度、光泽度讲究，还对色彩的质量以及款式有要求，体现在以下方面：①颜色是否均匀。②颜色是否自然，越自然和谐的颜色，越受消费者青睐。③供选择的色彩多不多，特别是儿童家具要求色彩更多选择。④订做与样板有无色差。

4. 品牌

品牌就是质量的保证，这是大部分消费者的共识。在上述分析的关注要素中，有两个贯穿所有要素的关注点：①家具的品牌；②卖场的档次、规模。

消费者往往认为，能进入大卖场的家具品牌，是该家具企业的实力认证。反过来，家具品牌借助大卖场的平台，既能提升品牌形象，又能吸引人气。这就是品牌合作的双赢效果。品牌，在消费者心目

关注点
判断标准
导购回应
消费者预期
环保/气味
闻气味，是否有气味或气味大小
让消费者自己闻
证书是否齐全
出示检测证书
借助工具来解说，例如产品吊牌或者价格牌
卖场规模
进入卖场的品牌，经过检验，是合格的
观察卖场规模，自行判断
品牌
通过网络了解
在卖场感受判断
材质是否环保
实木：不含甲醛；用榫的方式连接，不用胶水
板式：介绍板材的环保级别，如E0，E1级等
消费者比较关注板式家具的甲醛含量
油漆是否环保
油漆是环保的（如水性漆、清漆、进口的漆、环保的漆等）
油漆的厚度
木纹是否清晰

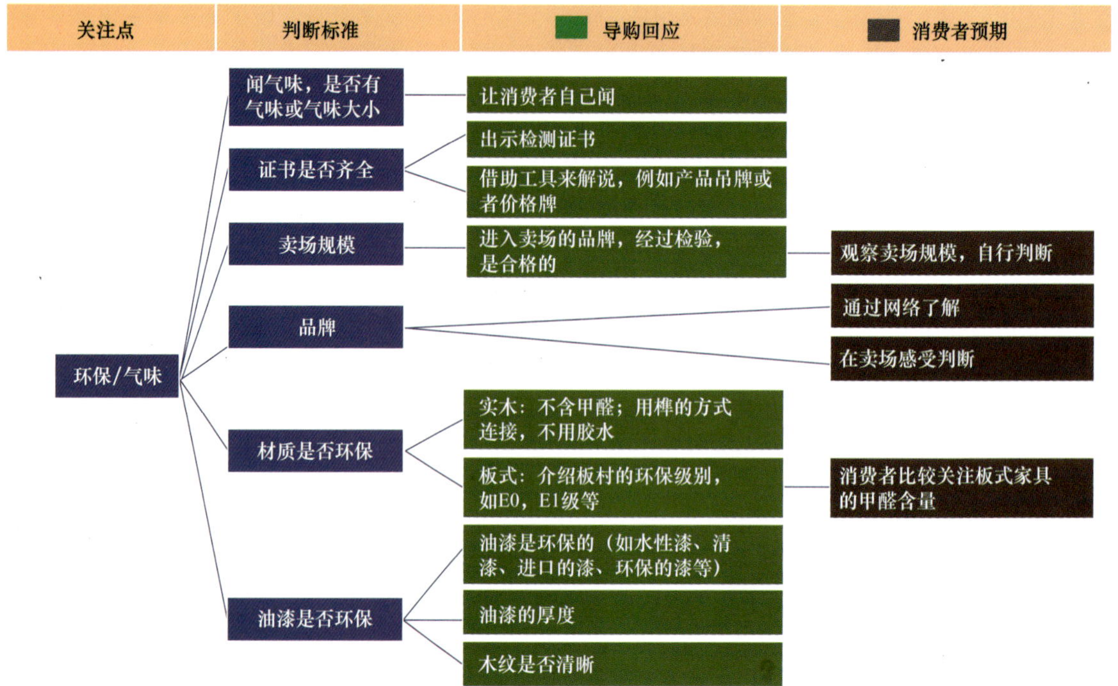

图 13　环保关注点

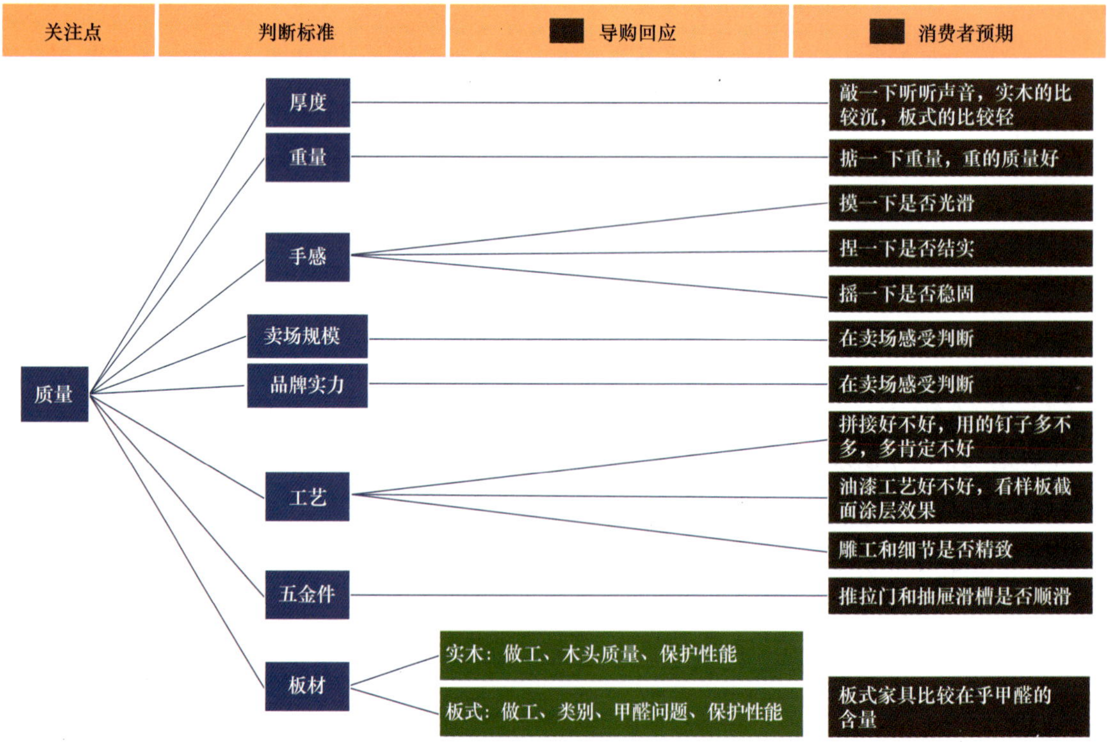
关注点
判断标准
导购回应
消费者预期
质量
厚度
敲一下听听声音，实木的比较沉，板式的比较轻
重量
掂一下重量，重的质量好
手感
摸一下是否光滑
捏一下是否结实
摇一下是否稳固
卖场规模
在卖场感受判断
品牌实力
在卖场感受判断
工艺
拼接好不好，用的钉子多不多，多肯定不好
油漆工艺好不好，看样板截面涂层效果
雕工和细节是否精致
五金件
推拉门和抽屉滑槽是否顺滑
板材
实木：做工、木头质量、保护性能
板式：做工、类别、甲醛问题、保护性能
板式家具比较在乎甲醛的含量

图 14　质量关注点

中的地位不言而喻。信息化时代，消费者对家具的认识，不再局限于表面。精明的消费者会了解家具材料的出处，采用的涂料与工艺，以此作为选购家具的考虑因素。如采用知名品牌家具涂料，家具的价值就会相应提升。那么有哪些要素影响到消费者对家具或家具涂料品牌的判断与选择呢（图 15）？

①亲朋好友的推荐，口碑相传；

②广告、网络的曝光度，品牌形象的塑造；

③品牌历史，历史悠久的品牌得人心；

④产品气味大小，环保性能的直观体现；

⑤品牌间的合作，如同大家具品牌会进入大卖场，优秀的家具品牌也会配名牌的家具涂料；

⑥品牌专区的数量和面积，体现品牌在市场上的规模与占有率；

⑦导购服务态度和水平，专业程度影响消费者对产品的认知；

⑧是否有自己的工厂。

5. 表面效果

消费者对家具涂料表面效果的判断，一般通过手感、观察纹理、光泽度。手感是否光滑，反应涂料是否性能好。观察纹理是否清晰美观，自然；纹理的粗细以及木头的种类。木器涂料的光泽度，是否喜欢（图 16）。

6. 保护性能

在保护性能方面，消费者普遍关注点集中在清洁难易程度、防水防潮性能、以及耐划伤、耐磕碰等环节，部分消费者会考虑褪色问题。

清洁难易程度上，消费者普遍认为与款式有关，简约款式、无雕花等复杂工艺的家具都比较容易清洁，此外有部分的消费者认为表面涂有油漆的实木类家具都比较容易清洁。

防水防潮性能，消费者则主要通过观察漆膜厚度以及板材材质质量自行进行判断。

变色及褪色方面，部分消费者能够接受家具长时间使用后的正常褪色现象，同时，部分消费者对目前的油漆工艺充满信心，相信通过油漆工艺可以达到家具不易褪色的目的（图 17）。

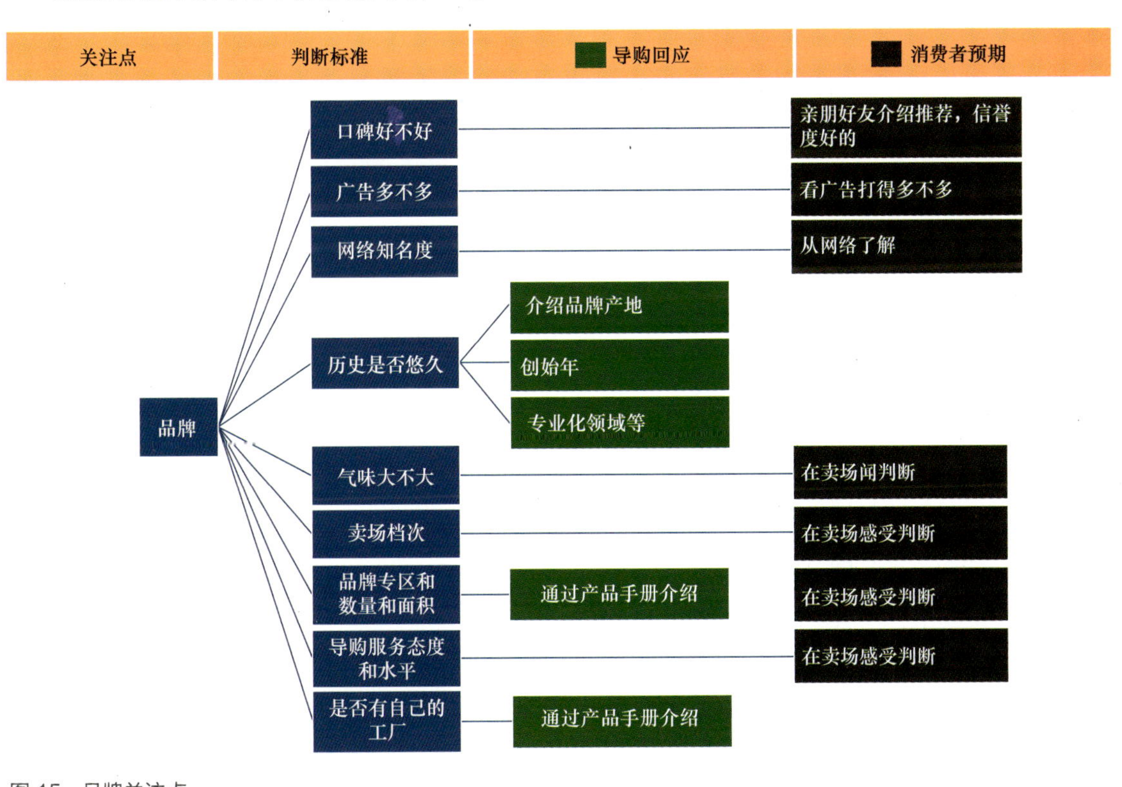

图 15　品牌关注点

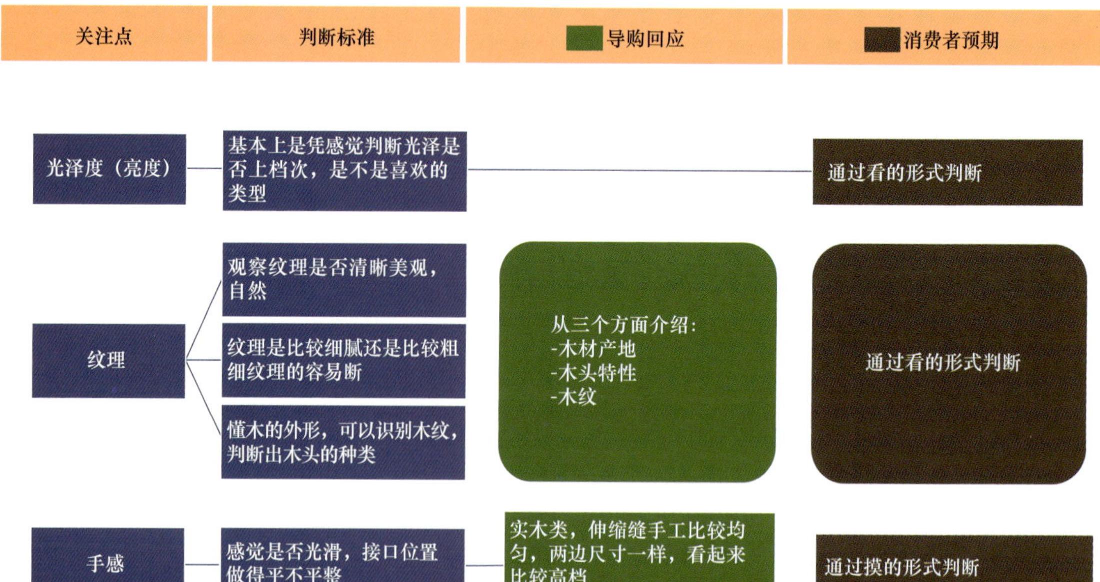

图 16　表面效果关注点

关注点	判断标准	导购回应	消费者预期
保护性能	耐划伤	介绍各类板材的耐划伤性能	指甲掐会不会有明显痕迹，看硬度怎样
	耐磕碰	会介绍油漆喷得厚，比较耐磨	认为有一定品牌影响力的产品，都信赖此项保护性能都达标
	不易变色或褪色	时间久了都会发黄，白色比较容易褪色发黄，深颜色不会	
		介绍色彩保养的技巧	
	清洁的难易程度	简约款式、无雕花等复杂工艺的家具都比较容易清洁	表面涂有油漆的实木类家具都比较容易清洁
	防水或防潮	会介绍怎么保养家具	摸摸漆看厚不厚
	防毒防虫	樟木家具会说木头特性防虫蛀；另外会从工艺说经过高温杀毒处理，不会发霉虫蛀	摸摸漆看厚不厚
	不易变形	通过产品手册介绍	材质好的不易变形

图 17　保护性能关注点

06

地方产业

Local Industry

编者按：近年来，随着中西部地区家具产业的快速发展，我国家具产业格局在潜移默化中发生改变。从各地区发展情况来看，家具制造业主要集中在浙江、福建、广东、河南、山东、江西、四川、上海、辽宁、江苏10个地区，家具产量累计为7.14亿件，同比增长1.19%，占行业总产量的89.88%。江西、江苏、福建以及四川4个地区的家具产量增速达到了10%以上，河南与浙江的家具产量呈个位数增长；广东、辽宁、上海以及山东4个地区的家具产量增长为负，尤其前两个地区更是出现了两位数以上负增长。本篇收录了全国27个重点省（自治区、直辖市）2016年的行业发展情况介绍，主要记录各地区行业概况，技术创新、最新成果等行业大事记，特色产业发展情况，品牌发展及重点企业情况等方面内容，统计了25个省（自治区、直辖市）近5年的行业数据，供读者比较分析。

北京市

一、行业概况

2016 年，北京市家具行业围绕“清洁空气行动计划”、行业转型升级、京津冀协同发展及行业、企业诉求等，加大与政府职能部门的沟通，各项工作有条不紊进行。企业也在转型升级中稳步前进，在工艺升级改造、设计创新等方面都取得一定进步。随着疏解非首都功能定位的进一步深化，越来越多的生产制造企业加快了调整退出、转型升级的步伐。2016 年北京市家具行业发展趋势进一步放缓，从业人员数量有所下降。

二、行业纪事

1. 完成企业退出工作支撑项目

配合各区县经信委按照《北京市工业污染行业、生产工艺调整退出及设备淘汰目录》对木制品、家具制造企业进行甄选，较好地完成了调整退出工作，进一步推动了行业的转型升级。

2. 继续推动北京市企业诚信创建工作

截至目前，北京市共有 90 家家具企业获得了“北京市诚信创建企业”荣誉称号，虽然总体数量不多，但有影响力的企业占据了 80% 以上。对于获得“诚信创建”的企业，已纳入北京市企业信用信息系统，并在申报工业发展资金、中小企业发展专项资金、信息化发展项目支持资金，以及在政府采购、政府投资项目中给予优先考虑。让诚信成为一种习惯，从而推动家具行业的诚信体系建设。

3. 积极做好宣传，引导企业有序外迁

为做好疏解非首都功能工作，北京市家具行业协会利用会议研讨以及协会网站、微信等平台及时进行了相关政策的宣传和贯彻，并组织企业多次到河北、天津等开发区考察，引导企业树立大局意识，主动顺势而为。在产业外迁过程中，众多企业主动承担了相应的社会责任。截至目前，百余家企业与北京周边地区开发区签署了入驻协议，更远的则到了江苏、山东和河南等省，有的已落地生产。

2012—2016 年北京市家具行业发展情况汇总表

主要指标	2016 年	2015 年	2014 年	2013 年	2012 年
企业数量（个）	1 000	1 020	1 200	1 400	1 600
工业总产值（万元）	3 900 000	4 200 000	4 000 000	3 600 000	2 800 000
规模以上企业数量（个）	66	66	66	67	67
规模以上企业工业总产值（万元）	2 100 000	2 107 600	2 000 000	1 603 814	1 128 330
出口值（万美元）	28 488.4	23 265.9	20 000.0	19 409.3	22 746.0
内销（万元）	3 871 511	4 048 772	3 999 800	3 599 800	2 799 800
家具产量（万件）	2 680.6	2 750.4	2 864.2	2 894.3	3 254.3

数据来源：北京市家具行业协会

4. 争取技改资金补助

为推动企业的升级改造，积极与市环保局、经信委相关职能部门沟通，并对相关参与技术改造的企业进行了摸底调查，不遗余力地帮助企业做好技术改造项目资金补助的申请工作；及时将《〈北京市大气污染防治技术改造项目奖励资金管理办法〉的通知》（京财经〔2014〕1782 号）、《北京市财政局、北京市环境保护局〈关于印发〈北京市锅炉改造补助资金管理办法〉补充规定〉的通知》（京财经〔2014〕1447 号）及时传达给企业。目前，“油改水”项目已基本完成，为家具环保标准第二阶段的实施奠定了良好基础。

三、重点工作开展情况

1. 家具经营服务规范

为加速推进北京服务标准化要求的需要，完善北京市家具行业经营服务方面的规范，北京市于 2015 年，就组织消协、质检以及行业企业、专家，制订全面的、科学的和可操作的《北京家具行业经营服务规范》，并进行了宣贯。这一举措将进一步完善行业的诚信建设，将行规行约提升到法律层面。

2. 家具制造业挥发性有机物污染治理与减排研究项目

此课题为环保部针对家具制造业的大气污染治理和减排的项目。北京市家具协会协助中国家具协会对国内外家具制造业挥发性有机物污染控制技术政策、我国家具制造业挥发性有机物排放现状进行了调查分析，提出了我国家具制造业挥发性有机物减排技术路线及政策并对不同技术路线减排效益分析，较好地完成课题要求。本课题增强了行业话语权，对树立权威、良好形象以及提高凝聚力都有很好的促进作用。

3. 北京家具产学研联盟

北京林业大学成立了“北京家具产学研联盟”，在人才培养、产品与技术开发、科学研究与成果推广、学生就业与人才引进、行业服务以及基地建设等领域开展紧密合作。北京林业大学与家美迪克浴室有限公司成立了研发中心；同时，还有黎明文仪、锦绣投资、挪亚家等企业与北京林业大学达成了不同领域项目的合作意向，使产学研发挥更大作用。

4. 大学生 CEO 计划

行业正值转型关键时期，对优秀人才需求更为迫切。“大学生 CEO 计划”正是协会为解决这一问题，为行业输送高端人才而举办的活动。本计划由北京市家具行业协会与北京国富纵横文化科技咨询股份有限公司携手共同发起，并得到了北京林业大学、清华大学美术学院、中央美术学院、北京工业大学、华北电力大学等院校的大力支持。

5. 职工技协杯首届家具职业技能大赛

为深入贯彻北京市总工会《北京市“十三五”时期职工发展规划》文件精神，认真落实《关于进一步促进技能人才队伍建设的实施方案》内容要求，进一步发挥职业技能竞赛工作在高技能人

才培养、选拔和激励等方面的作用，北京家具行业协会与北京市家具企业工会联合举办，集美控股承办的“‘集美’职工技协杯”首届家具行业技能大赛。大赛很好地诠释了家具从业人员的工匠精神，形成了尊重技艺、尊重人才、尊重劳动的良好氛围。

四、品牌发展及重点企业情况

1. 天坛家具河北投产

金隅天坛公司于2016年正式在河北大厂投入生产，投资12亿元，建设占地面积约30万平方米，年产80万件家具产品。拥有从德国、意大利、瑞士等国进口的30余条世界先进水平的家具生产线，包括德国舒乐、豪迈全自动生产设备。2016年天坛销售额达7亿元，遍布在全国的专卖店有150多家（新东方20家、红翅30家、乌金王子20家、简风15家、卡蒂娜40家、柚道25家），2017年预计民品产值5亿元。

2. 曲美家具联手恒大集团

曲美家居公司与河南恒大家居产业园签订了《家居企业合资合同》，拟在河南省兰考县共同设立河南恒大曲美家居有限责任公司。曲美公司与恒大家居产业园的合作，充分利用双方在各自领域的优势，实现双方合作共赢。公司加强和提升对全品类大家居产品的研发设计、生产销售等优势项目的布局，与恒大住宅建设开发销售提供配套的资源优势相结合，有利于深入推进公司地产大宗业务的发展，从而提供新的利润增长点，符合公司及全体股东的利益。

3. 荣麟家居海外第一家分店开业

2016年10月，荣麟家居海外第一家分店——洛杉矶店开业。“中国创造”让大洋彼岸领略东方文化。一个“中国品牌”的崛起与发展不仅是经济发展的延续，更是文化交流的契机。荣麟家居入驻洛杉矶帕萨迪纳，为老城注入了新的东方文化。

上海市

一、行业概况

按照上海高端化、集约化、服务化，推动三二一产业融合，推进产业高端发展的政策下，产能落后的行业面临的是高成本、高压力，中小规模的家具制造企业难以继续在上海生存，仅 2016 年关停家具企业已超过 1 300 家。特别是治理大气污染提上议事日程，6 月起起草上海地方标准“家具制造业大气污染物排放标准”，并在广泛宣传和政府及环保部门持续施压下，上海家具制造企业面临严峻困境。

上海家具市场还面临城市规划的影响，当前已关闭约 30 万平方米市场。大型商场将更依赖核心竞争力以求发展，中小型商场会逐渐面对去留的抉择。上海家具市场总规模比 2015 年减少 10% 左右。上海家具行业 2016 年经济运行是偏缓的。企业平均毛利率为 21.5%，同比 2015 年下降 3%。可喜的是，医院、学校等机关事业单位的采购 2016 年尚好，总体上，家具产销水平与 2015 年持平。

从消费层面来看，在市场已饱和的情况下，受大环境影响和消费者自我保护意识的增强，对家具产品的质量、服务要求又越来越高，注定了 2016 年上海家具内销市场是下滑的。下表反映出的 2016 年内销额似乎有增长的现象，是价格上升因素所致。据近十年来新增住房家具消费评估，2006—2010 年人均 1.5 万元；2011—2015 年人均 2.1 万元；2016 年人均 2.5 万元。因价格上升因素才显示内销额略有增长，而其中招标采购部分占了大块。

二、行业纪事

6 月，国家发改委发布《长江三角洲城市发展规划》明确将上海定位为“全球城市”，而作为辐射长三角，未来将驱动上海经济发展引擎的虹桥，将与陆家嘴的国际金融中心共同担当上海联通世界的窗口，成为第六大世界级城市群的中

2012—2016 年上海市家具行业发展情况汇总

主要指标	2016 年	2015 年	2014 年	2013 年	2012 年
生产企业数量	1 500	2 510	2 600	2 725	2 800
规模以上企业数量	320	360	365	352	330
规模以上企业总产值（亿元） 增长（%）	298.62 +4.9	283.9 +3.2	284.4 +7.1	264.2 +7.6	244.2 +2.7
规模以上企业产量（万件）	—	—	3 174.9	2 248.1	2 396.2
出口值（亿美元） 增长（%）	22.55 −4	24.03 −1.5	28.16 −0.8	28.7 +1.4	28.3 +5.4
内销（包括机团、办公采购）（亿元） 增长（%）	170 +5.9	160 −6.5	171.5 −9.6	195 +15.4	165 −7

数据来源：上海市家具行业协会

心。2016年岁尾，随着第200家商场的开业，红星美凯龙一举成为全球规模最大、数量最多的大型商业Mall运营商。2017年2月28日，立足于全球视野下的总部经济，红星美凯龙宣布成为继罗氏、壳牌、阿里巴巴之后又一入驻虹桥商务区的企业。车建新现场表示："这次立足虹桥商务区，一方面考虑对全国辐射，另一方面为国际化做好准备。"未来5年计划在全球开红星美凯龙家居mall，不会局限中国，要吃世界的蛋糕。

在上海，行业的"新动力"更在于创意价值高于制造价值。上海作为"特大城市"的基调已定，提高市民的生活质量重任，有很重要的一块是落实在家具行业身上。办公家具形势继续看好，高端民用家具市场会有所增长，注重环保、节能，有价格优势的产品，市场前景已显乐观。

立足城市大本营，增进行业规范与品牌影响；与城市发展融合，促进多方、同行的合作；掌握"新消费"聚合动向，鼓励新业态、新思维的创新；特别在探索上海区域、海派文化方面，要体现行业的社会价值；培育出一批"新一代上海牌"；在推进企业更亲民的实质性的工作中，更加注重质量稳定、服务至上的社会责任。上海地区各行业都在着眼于规划优环境、促联动、强功能、立足服务、提升整体竞争力的发展纲要。上海市家具行业普及上海地方标准《家具经营服务规范》，年内分别已在5个商店获得了合格验收，在此基础上，逐步推进全行业的标准化达标活动。

三、品牌发展和重点企业情况

1. 摩登上海设计周

9月，上海浦东举办的中国国际家具展可谓家居界的一大热事，吸引着来自全球160个国家和地区的专业人士和设计爱好者慕名而来。而"Maison Shanghai摩登上海"，更是生活元素承载家居与设计的另一种崭新方式。与此同时，上海国际设计之都的风浪也席卷着家具行业。

2. 亚振家具

2016年12月2日亚振家居A股成功上市，上市不久累计涨幅119.70%。亚振品牌优势突出，制造工艺精湛，渠道铺设广泛，公司多次获得国内家具行业重要奖项，并数次亮相国际"舞台"，品牌知名度较高。目前公司正阶段性开拓海外市场，凭借精准产品定位，公司全面覆盖中高端欧式家具市场，在保证产品独特性的同时，也使得附加价值得到大幅提升。渠道推广方面，公司采取了"以点带面"的策略。在控制销售成本的前提下，将品牌影响力和渠道覆盖范围最大化。目前公司已覆盖全国80多个城市，共开设店面170余家。

"中国制造"和"海派时尚"完美融合，亚振产品在"共建上海国际设计之都、时尚之都、品牌之都"的相应展会上获得了"海派风中国造"金奖。8月18日，亚振海派艺术馆的开馆，既是深化传承与创新海派文化，更是与上海其他博物馆、艺术馆、美术馆共同形成新海派文化圈。得到了原中宣部副部长龚心瀚等领导的高度赞扬。艺术源于生活，并最终融入生活。让海派艺术走进高雅生活，走进千家万户，走出上海，走进全国，走向世界，继2015年与意大利米兰世博会合作后，亚振再度携手国际顶级设计力量，全新助力"I Dreamer设想家全球设计大赛"，并特邀英国、法国设计新锐合作，同时也承载着创意双城季的巨轮，传递生活美学，从而实现各类创意设计师与企业间的"跨界设计与合作"。

3. 诺梵办公家具

诺梵办公家具在国际大众消费者面前展示与众不同的办公家具时尚秀。CCTV发现之旅频道《品质》栏目，也对本次诺梵在SIFCGF上的展览作了专门采访。诺梵始终在办公家具行业探索时尚的前沿，诺梵的"跨界"代表一种新锐态度与包容万象的融合，诺梵与SIFCGF的相互渗透，呈现给大众的是品牌的立体感与纵深度。

天津市

一、行业概况

2016年，家具市场继续深度调整，供过于求，竞争空前激烈。天津市家具行业仍处于发展的瓶颈期，设计创新不足、产品同质化严重、促销营销活动雷同等问题继续存在；发展环境方面，政府环境保护力度空前，劳动力、原材料等成本上升，对企业产生了较大的压力；企业发展不均衡，龙头企业通过技术改造等多方面战略调整继续保持良好势头，流通市场仍在不停增开新店，依托品牌优势持续扩张，中小企业在重重挤压的状况下必须凭借加强研发、创新设计使得产品在市场中大显身手。

二、行业纪事

1. 中国国际实木家具展览会

2016年天津家具展在中国家具协会和天津市商务委等有关部门的支持帮助下，于年初得到中国商务部批复“天津（国际）家具展览会”，正式升级为“中国国际实木家具展览会”，成为“中”字头的家具类展会。2014、2015、2016年连续3年成功举办“中国国际实木家具展览会”。展会以B2B为营销模式，主打实木为主要特色，同时涵盖红木、软体、木工机械和原辅材料。展览面积60 000平方米，来自全国20个省份300余家企业前来参展，其中特装展位超过130家，现场媒体65家，展览期间接待来自全球多个国家和地区12万人次。津派家具作为天津本地家具企业的一张“名片”，通过天津家具展这个平台展示给了全国的家具企业和经销商，并得到了广泛认可。天津的规模企业为展会提供各种支持，使中小企业借助这个平台得到了迅速发展。

2. 行业组织更加健全

2016年初，天津市家具行业协会与市产权局积极联系，通过紧密的沟通与协作，成立了京津冀家居行业“12330”知识产权保护服务工作站；7月12日在天津市家具行业协会五届二次会员代表大会上，定制家居专委会正式成立；12月16日，京津冀鲁辽五地家协在北京成立了“环渤海家具行业协同发展联盟”。

3. 天津名优产品积极走向世界

在工商联的组织下，天津市家具协会与中国家具协会相关部门负责人一同赴英考察利物浦会展现状。与加拿大木业协会、美国阔叶木协会建立了良好的关系，配合芬兰木业发展局在津举办京津冀三地家具木材市场调研沙龙，为日后促进会员间的商

2012—2016年天津市家具行业发展情况汇总表

主要指标	2016年	2015年	2014年	2013年	2012年
规模以上企业家具产量（万件）	1 275.90	1 279.58	1 042.27	940.50	857.09
出口值（万美元）	55 854.97	56 643.73	59 723.60	54 332.45	54 304.39
进口值（万美元）	14 818.14	11 034.00	12 370.30	10 771.88	12 310.14

数据来源：中国轻工业信息中心

务合作奠定基础。通过几年的发展，天津家具企业以实木家具企业、沙发制作企业为代表日益形成品牌规模。其中以美克美家、南洋胡氏、兴叶、意利达、珍荣、夏凡尼、卡梅尔等企业在业内通过品牌的发展，已经形成了强大的影响力和极高的知名度。

三、品牌发展和重点企业情况

1. 多品牌战略加速渗透家居市场——美克美家

美克家居发布 2016 年年度报告，营业收入 34.67 亿元，同比增长 21.26%。11 月 29 日，由 PChouse 太平洋家居主办的“2016PChouse 时尚设计盛典”在广州举行。美克美家在此次评选中以高票优势将“2016 年度设计师心中大牌”奖项收入囊中。12 月 3 日，美克家居与红星美凯龙战略合作签约仪式在红星美凯龙常州常武商场举行，标志着两大业内龙头将开启品牌战略新布局。未来美克家居 A.R.T. 品牌将依托红星美凯龙商场、城市综合体、购物中心等迅速布局，推动自身在全国市场上的快速发展，进一步扩大品牌影响力。

2. 瞄准中国实木家居第一品牌前行——南洋胡氏

南洋胡氏远期的品牌愿景是成为全球健康实木家居第一品牌，引领未来实木家居潮流，为了达到这一愿景，力争在 25 周年之际实现中国实木家居第一品牌的初期战略目标。

重庆市

一、行业概况

2016年以来，重庆市家具生产及销售企业，全面苦练内功，积极谋求转型升级，狠抓技术创新，内销增速延续预计比2015年增长20%左右，有的企业甚至可能超过30%。

据重庆家具行业协会对全市部分单位的抽查数据显示，部分单位2016年销售收入及利润均实现了同步增长，其中：2016年朗萨家私营收总额60 356万元，缴税总额2 453万元，同比增长18%；玮兰公司累计完成工业总产值89 945万元，同比增长7%，实现销售收入89 711万元，同比增长6%；鱼梦实现销售收入6 000余万元，产值4 000余万元，利润280万元，较上年增长35%。

2016年，重庆市家具行业工业总产值超90亿元，同比增长12%；规模以上企业产值60亿元，同比增长10%；企业数量17 500家，同比增加500家。

二、品牌发展及重点企业情况

1. 重庆市朗萨家私（集团）有限公司

重庆市朗萨家私（集团）有限公司成立于2000年，占地101亩，拥有8万平方米的标准厂房，现有员工1 000余人，生产八大系列上千品种的产品。2016年朗萨家私营收总额60 356万元，缴税总额2 453万元。2016年朗萨集团荣获“安全标准化三级企业”“2016年度重点工业企业”“中国家具行业产品创新单位”等荣誉。在全国28个省份，拥有6个营销分公司，50多个自营专卖店和400多家代理商，朗萨产品获得了经销商及广大消费者的高度认可。

为改善空气环境质量，公司采取“无泵水帘+喷雾处理器+光催化净化工艺+活性碳吸附工艺治理挥发性有机物废气”，治理工程包括：UV光催化设备17套、管道输送系统1套、活性碳处理系统2套，总投资310万元。公司新建厂房67 737平方米，总投资55 000万元。建成后将围绕“6个新”

2012—2016年重庆市家具行业发展情况汇总表

主要指标	2016年	2015年	2014年	2013年	2012年
企业数量（个）	17 500	17 000	5 178	2 900	2 400
工业总产值（万元）	934 128	813 157	653 738	625 801	564 230
规模以上企业数量（个）	203	179	135	128	119
出口值（万美元）	3 528.44	2 482.10	1 097.72	925	713
内销（万元）	1 652 743	1 023 390	901 704	751 420	662 400
家具产量（万件）	6 952 641	5 811 750	5 280 613	4 426 719	4 033 697

（即新工厂、新能源、新设备、新产品、新管理、新渠道）作为未来发展规划，开启 2.5 产业模式。

2. 重庆玮兰床垫家具有限公司

重庆玮兰床垫家具有限公司经过近 22 年的专业积累，已发展成为国内规模与实力兼备的健康睡眠家居企业。公司以“科技、健康、环保”为品质导向，包含了一流的睡眠科学专家团队，不断更新生产设备和技术。近年来，玮兰与世界第一大无纺布集团——德国科德宝，世界 500 强——瑞典宜家、美国杜邦、美国礼恩派等全球软体家具企业开展深度合作，开创了软体家具制造工艺和企业发展的新篇章。2016 年，玮兰公司累计完成工业总产值 89 945 万元，同比增长 7%；实现销售收入 89 711 万元，同比增长 6%。

3. 重庆鱼梦家俬实业公司

重庆鱼梦家俬实业公司坚持诚信守法经营，以人为本，注重产品品质管理，参照质量体系要求落实管理，重视安全、环保工作，公司通过“三级安全生产标准化”体系认证，员工职业健康管理体系健全，环保设施齐全和环保手续齐备，从未发生安全、环保方面的事故问题。2016 年实现销售收入 6 000 余万元，产值 4 000 余万元，利润 280 万元，较上年增长 35%，在职职工 120 余人，产品主要销往西南周边。公司荣获重庆市著名商标（2014—2017），拥有 20 余项实用新型和外观专利，多次被评为重庆市“重合同、守信用企业”“消费者信得过单位”和“售后服务先进单位”。

近两年，受宏观经济影响，家具行业的发展也面临新的机遇和挑战。一方面，家具本地化成为潮流。近些年，各地的家具生产制造能力不断提升，区域间差距已经不大，本地家具本地售的优势逐渐显现。另一方面，租金人工高起与销量下滑之间的矛盾凸显，寻找新模式迫在眉睫。璧山青杠家具园区聚集了多家工厂，在规模、产品、交通等方面的优势都为家具工厂店提供了便利条件。由鱼梦牵头，鱼梦、佳梦、迪恩、若曼、港风等五家园区内工厂，在重庆家具协会的授牌下，联合成立了重庆家具产业联盟，并把青杠家具园区升级为重庆家具产业联盟生产基地，共同创立渝盟美家家具工厂直销中心。打造家具联盟工厂直销中心的消息一出，很快吸引了吉典和贝贝两家重庆家具工厂加入，最终形成七大工厂抱团营销的强劲势头。

抱团发展成就联盟工厂直销。鱼梦作为整个事件的牵头人，负责整个渝盟美家家具工厂直销中心项目的统筹与管理。近两年随着美式风格的大行其道，联盟里的各大家具厂都在生产美式家具，风格、品类各不相同，优势互补，于是选定美式家具为渝盟美家突破口。为了打造最纯正的工厂直销模式，直接把店开在了工厂里，投资上千万在基地内鱼梦办公大楼里打造了近万平方米的展厅，主营联盟内各厂家生产的美式风格家具，陈列产品多达 4 000 多件，情景样板间 60 多个，所有产品全部工厂价直销，并于 2016 年 3 月 12 日开业，成为距离主城最近、规模最大、产品最多的美式家具工厂直销场所。

河北省

一、行业纪事

1. 筹建河北省政府家具采购供应商库

2016 年 5 月，河北省政府采购办决定筹建家具、服装、保安三大供应商库，并委托河北省家具协会负责家具供应商库的前期筹建工作。协会经认真调查研究，草拟了企业入库条件及标准，详细列出了企业入库资质、加分项目、家具品类等，很快就收到了采购办的同意答复。截至目前，协会共推荐了 40 余家企业入库，采购办的软件平台建设也已接近尾声，供应商库将于 2017 年正式启用。

2. 河北省家具协会定制家居委员会成立

近年来定制家居发展迅猛，为整合行业资源、搭建良好发展平台、促进定制企业交流合作、推动河北省定制家居行业健康快速发展，河北省家具协会决定成立定制家居委员会，并于 9 月 23 日召开了成立筹备大会。11 月，部分定制企业组织参观了东莞木工机械展览会，并到家居五金产业聚集区——顺德勒流镇与当地企业进行了交流、对接，为尽快弥补河北定制家居原材料方面的短板做了具体准备工作。在 12 月 27 日举办的协会年会上，定制家居委员会正式成立，预计于 2017 年围绕原材料供应、培育金牌企业、拓展市场等方面开展大量活动。

河北省家具协会定制家居委员会筹备会议

3. 京津冀家居行业“12330”工作站成立

4 月 20 日，由京津冀三地知识产权维权援助

2012—2016 年河北省家具行业发展情况汇总表

主要指标	2016 年	2015 年	2014 年	2013 年	2012 年
企业数量（个）	5 200	5 200	5 300	5 300	5 500
工业总产值（万元）	647.30	606.10	550.00	510.00	450.00
规模以上企业数量（个）	136	135	133	129	120
规模以上企业工业总产值（万元）	2 928 000.00	2 522 559.33	2 335 703.08	2 162 688.04	1 948 367.60
出口值（万美元）	51.60 亿人民币	45.96 亿人民币	86 799.65	80 370.05	72 405.45
内销（亿元）	547.00	540.00	510.00	460.00	410.00
家具产量（万件）	1 071.63	1 058.19	979.78	907.203	817.3

数据来源：河北省家具协会，出口值数据来源于石家庄海关数据

京津冀家居行业“12330”工作站签约成立

2016 石家庄定制家具展

中心共建的家居行业“12330”知识产权保护服务工作站成立仪式在京举行。成立仪式上，京津冀知识产权维权援助中心负责人与三地家居（家具）行业组织负责人共同签署了京津冀家居行业“12330”知识产权保护服务工作站合作协议。12家知识产权保护服务工作出色企业授予 12330 工作站分站称号。9 月，工作站召开了知识产权保护服务工作座谈会。此外，河北省知识产权局 8 月在河北省家具协会设立了河北省（家具）知识产权维权援助中心。

4. “环渤海家具行业协同发展联盟”成立

12 月 16 日，京津冀辽鲁五地家具协会在北京成立了“环渤海家具行业协同发展联盟”。环渤海地区以京津冀为核心，加上辽宁、山东形成“3+2”经济区域，有着强大的资源和市场优势，仅京津两地科研院所、高等院校的科技人员就占全国的四分之一。未来，联盟将围绕“高效、清洁、低碳、循环”的绿色家具制造体系建设，为企业提供最好的服务。五地协同，将提振整个环渤海家具行业的发展，使环渤海家具企业的影响力在国内外愈发凸显。

5. 2016 石家庄定制家居及门业橱柜展览会成功举办

华北首个专业定制家居展览会——“2016 石家庄定制家居及门业橱柜展览会”于 9 月 23—25 日在石家庄新会展中心（原火车站）成功举办。展会由河北省家具协会主办，展会加强了家居生产企业与代理商、经销商间的交流与合作，帮助定制家居企业拓展市场空间，搭建企业展示平台，促进集成定制家居行业的快速发展。此次展会的举办，其专业定制的定位在华北地区尚属首次，意义非凡。鉴于定制家居的特点，主办方整合了家具、家装、建材等多行业的专业买家，范围覆盖华北地区和河南、山东等地。此外，在经销商直面厂家、享受优惠的同时，展会还实行展销结合，更加注重零售环节，让参展企业当时见到收益。

6. 第六届石家庄木工机械展及家具材料展览会圆满落幕

9 月 23—26 日，“第六届石家庄木工机械及家具材料展览会”在石家庄新会展中心（原火车站）举办。本届展会由河北省家具协会主办，吸引了省内外数千名家具生产厂家前来参观、采购。定制家居机械的展出是本届展会的一个亮点，顺应了当今家居市场的发展趋势，极大地满足定制家居企业的需求，与同期举办的石家庄定制家居展览会两相辉映，吸引的观众更加宽泛，取得的效果更加出色。

7. 第五届中国香河国际家居采购文化节成功举办

4 月 28 日—5 月 2 日，“第五届中国香河国际家居采购文化节”在香河家具城成功举办。此次活动由中国家具协会、河北省家具协会和香河国际家具城共同主办。河北省家具协会组织了来自全省各地 500 余厂商参加了此次家居文化节。中国家具协会信息工作会、河北省家具协会五届二次理事会也在文化节期间召开。

8. 河北省家具协会成功主办第 27 届、第 28 届正定展销会

两届展销会分别于 4 月 10—12 日和 9 月 10—12 日举办，由正定县人民政府、河北省家具协会主办，三才正定家具市场承办。“第二十七届家具灯饰博览交易大会暨家家旺家居网第三届灯饰家具展销会”紧紧围绕“家具行业做大、做强、做优，交易平台线上线下互动”的主题，旨在大力发展家具电商市场，推进正定三才家具市场向专业型商场的转型升级。“第二十八届家具灯饰博览会”吸引了数万厂家、商家与消费者，展会流动人口量数十万人，各类参展的厂家、商家多达 8 000 余家，沿街搭建的 500 个摊位也都被争相承租一空。展会期间，家家旺家居网点击量突破千万人，线上线下成交量数千万元，累计订货、签约 20 亿元人民币。

9. 第三届涞水京作红木家具文化节圆满落幕

“第三届中国 • 涞水京作红木家具文化节暨第二届中国文玩核桃博览会”由中国家具协会、河北省轻工行业协会、河北省家具协会、涞水县人民政府主办，涞水县古典艺术家具协会、涞水县文玩核桃协会承办。文化节期间举办了各种家具制作工艺、硬木雕刻等大赛；本次文化节还举办了麻核桃博览会，设置固定交易、展示摊位 600 余个。尤其是 300 余件河北省京作古典家具精品的展出更是引人注目。

10. 中国国际金属玻璃家具及小件家具博览会

2016 年 4 月 8 日，“第十五届中国国际金属玻璃家具及小件家具博览会暨第二届胜芳国际家具原辅材料展”盛大召开，展会覆盖 120 多个国家和地区，参展企业超过 2 000 余家，来自世界各地的采购商 10.6 万人。2016 年 8 月 26 日，“第十六届中国（胜芳）特色家具国际博览会暨第三届胜芳国际家具原辅材料展”盛大开幕，本届展会延续了之前“一期两展”的展出模式，将家具成品展和家具辅料展同期举办，展出总面积达 40 万平方米，吸引了 2 500 余家商户。

11. 2016 河北省硬木雕刻及京作古典家具制作技艺大赛成功举办

由河北省轻工行业协会、河北省家具协会、河北省红木古典艺术家具协会、涞水县古典艺术家具协会、遵化市红木文化企业协会、沧州市红木古典家具协会、武邑县硬木雕刻文化产业协会共同举办的“2016 河北省‘京作古典家具杯’硬木雕刻及京作古典家具制作技艺大赛”于 8 月 16 日在涞水县拉开帷幕。来自大城、青县、遵化、武邑等地近百名能工巧匠同场竞技，赛事盛况空前。本次技艺大赛以传统工艺美术展示及制作为核心，包括京作古典家具制作、京作家具雕刻、硬木雕刻、漆雕、镶嵌雕刻、核雕等。举办大赛的目的，是共同打造河北京作古典家具特色品牌影响力，提高河北京作古典家具特色区域发展水平。

二、品牌发展及重要企业情况

1. 河北蓝鸟家具股份有限公司

河北蓝鸟家具股份有限公司始建于 1953 年，是一家集设计、研发、生产、销售于一体的国内大型综合性家具企业。经过 64 年的发展壮大，蓝鸟现拥有 30 万平方米国际一流现代化家具工业园区，员工 2 600 人。在长期的发展过程中，蓝鸟家具在华北、东北、西北、华东等 20 个省市建立了坚实的市场网络，并于国际市场进行交流合作，产品远销日本、德国、英国等国家。2016 年，蓝鸟主营业务收入 4.18 亿元，实现利润 3 000 万，出口交货值逾 800 万元。蓝鸟家具在 2016 年投资 2 000 万元新建水性漆生产线，建成后年生产能力达 5 亿元，将有效提升蓝鸟家具的生产环保水平。

2. 廊坊华日家具股份有限公司

华日家具先进的水性漆技术以及水性漆售后保养技术日趋成熟。自 2014 年开始华日家居就开始了水性漆的攻关，因为水性漆在实木家具上的运用对于整个行业来说都是一次新的尝试。在油性漆大行其道时，华日家居通过对用户的要求进行分析，环保健康将是家具未来的走向，所以投入大量的人力和物力在水性漆的研究上，突破了水性漆漆面漆

皮开裂以及基材的开裂变形的重大问题。更是在2015年水性漆全面投入市场之后，在水性漆售后维护以及顾客保养上做了大量工作。

2016年华日家居斥巨资引进5台国内先进优选锯。优选锯的运用提高了企业对于木材的利用率，更是对于木材资源的尊重。节省了大量的人力成本，对于技术型人才得培养有了更广泛的意义。优选锯运用的同时，更是对企业内部的标准化做了进一步的提高，生产效率明显提升。在行业内做了一个节能减排的新标杆。

3. 河北东明国际家具博览有限公司

河北东明国际家具博览有限公司创建于1988年，现已发展成河北省目前最具规模的集家具连锁流通、家具制造、家具研究院、家具展览会、家具文化传播为一体的大型家具专营集团公司。2016年，随着定州店的盛大开业，现拥有石家庄东二环店、建华店、西二环店、金利来店、北二环店、北杜店、办公馆、红木坊、廊坊市霸州店、邢台市邢台店、邯郸永年店、定州店十二家具连锁品牌商场，总营业面积近百万平方米，年销售额21亿元。2016年先后荣获了裕华区政府质量奖、河北省服务名牌、全国模范职工小家等称号。

4. 唐山市汇丰实业集团有限公司

唐山市汇丰实业集团有限公司，创建于1986年10月，注册资金2 088万元人民币，是一家以生产、销售中、高档实木家具和建筑用实木门为主，业务涵盖家具制造、装饰装潢、实木全屋定制等多种经营的中型民营企业集团。

汇丰实业集团总部位于冀东名镇——沙流河镇，占地4万平方米，现有员工600余人，其中，具有高中级管理、技术专业职称人员40余人。企业总资产已超出人民币2亿元，其中汇丰家具制造有限公司拥有各种进口和国产设备180台（套），年生产能力达到30万件（套）。目前，汇丰家具销售网点已遍布全国80多个大、中城市，市场覆盖全国20多个省（自治区、直辖市），产品已出口到日本、韩国、美国、澳大利亚等国家。此外，近年来“汇丰门业”“汇丰国匠全屋定制”业务发展迅速，经营规模及范围不断扩展。

5. 河北依丽兰家具有限公司

2016年，依丽兰公司针对市场变幻，新兴消费群体的增加，结合2015年度推出的金丝檀木——花木兰系列实木家具，对现有产品及时进行调整，对产品系列进行转型。同时，推出依丽兰易打理沙发系列，市场反应良好，消费者大为认同。为打造品牌推广，重磅推出央视广告滚动播出。在2016年中，销售额实现再突破，同比增长高达26.3%。

6. 河北三才集团正定家具批发市场

河北三才正定家具市场始建于2002年。2016年度，市场销售额达30亿元以上，同比上年增长1.5%。三才正定家具市场每年举办的春秋两届家具展销会，无论从展会规模、影响力、客流量、辐射面、办展质量都有了一个质的飞跃，展会的举办为全国各地的经销商搭建了一个广阔的购销平台，如今三才家具市场已成功举办28届家具展会，奠定了“北香河、南正定”的发展格局。

山西省

一、行业概况

山西家具行业的发展和全国同行业一样经过30多年的发展历程，现已进入了而立之年，家具市场从国营的逐步发展到大型的以民营为主导的家具流通市场。家具生产企业也是发展到如今以个体为主的中小型具有一定规模的家具制造企业。30多年的发展成就了一批行业领军的市场和行业的领军人物。

二、行业发展特点

1. 年轻化市场逐渐成市场主力军

现如今，山西家具行业发展趋势愈发呈现出多元化的特点，因此家具企业还需做好市场细分来获得突围方向。如今的家具市场，任何家具产品都洋溢着青春的光辉，家具行业似乎正逐渐向年轻化过渡。年轻化是家具行业未来的几个主流走向之一。随着80后、90后主导消费群体对生活品质的追求带动了个性化风潮的兴起，家具空间及产品从尺寸到颜色到材质乃至个性图案，用户掌握对自己家具产品绝对控制权。而提供定制的企业，则通过定制在竞争激烈的家具市场中寻得了又一片蓝海。

2. 家具流通市场布局完善

自2005年居然之家在山西太原入驻第一家连锁店以来，居然之家的产品经营链条逐步完善，“一站式”购物的特征逐步凸显，从设计到装修，从购买材料到家具配套，从家居用品到家居饰品，从消费者拿到房子钥匙到正式入住，所有消费环节都可以在居然之家实现。截至目前，居然之家在山西的太原、大同、朔州、忻州、运城、临汾、吕梁、晋中、长治、晋城10个地市发展了15家连锁店，已覆盖山西全省主要地市。再结合本地的家具市场，山西的家具流通领域已基本覆盖完善。

三、品牌发展和重点企业情况

在以福润家具为代表的中式家具和锦言斋、荣泰真为代表的古典晋作家具是山西目前晋作家具的代表企业。其他还有金贵精红木、昕亮木业、猫王、九品、富丽达办公家具、金余沙发、舒乐沙发等都是山西目前发展较好的本土家具企业。由于技术、资金、设备和管理的限制，企业规模、产品款式、发展水平相对珠三角、长三角等发达地区而言还相差甚远。在成熟的市场经济体制之下，消费者的利益需求很大程度上决定商品将如何生产，服务将如

2012—2016年山西省家具行业发展情况汇总表

主要指标	2016年	2015年	2014年	2013年	2012年
规模以上企业家具产量（件）	109 074	122 797	154 880	104 322	31 213
出口值（美元）	454 571	685 972	3 199 105	15 077 126	91 902 957
进口值（美元）	981 249	2 573 976	2 612 652	436 635	4 462 223

数据来源：中国轻工业信息中心

何提供。单纯的生产型企业不能充分结合消费趋势，将逐渐失去市场份额。从生产型企业向生产服务型企业转变，既是企业发展成熟的表现，也是产业升级必然的结果。未来家具行业以品牌企业为中心的集团将陆续出现。通过科学的技术创新、产品创新、营销创新，增强品牌的核心竞争力，不断提升品牌附加值，扩大品牌影响力，促进品牌企业的持续稳定发展。

内蒙古自治区

一、行业概况

1. 进口俄罗斯木材现状

2016 年，内蒙古家具业是以平稳发展度过的。据内蒙古检验检疫局对外发布消息称，内蒙古自治区各口岸 2016 年共进口俄罗斯木材 1 331 万立方米，同比增加近三成。这一进口量，已超过一个西湖的蓄水量。西湖蓄水量为 1 030 万立方米。俄罗斯作为中国最大的木材供应国，有约 80% 的俄罗斯木材进口到中国。近年在中俄"政热经热"形势下，进口俄罗斯木材已成常态。尤其是在中国边境城市内蒙古自治区满洲里，随时都能看到做进口俄罗斯木材生意的俄罗斯人和中国人在一起的情形。正是在此背景下，内蒙古 18 个对外开放口岸加大了进口俄罗斯木材的力度。作为中国通往俄罗斯重要的"黄金通道"的满洲里口岸，仅 2016 年前 10 月，进口俄罗斯木材贸易值达 81.9 亿元人民币。俄罗斯木材在中国的热销，与蓬勃发展的木材加工业有关。资料显示，近年来中国房地产、家具、装修等市场需求的快速增长，带动了木材加工行业的快速发展，使中国人造板及家具产业的产值产量居世界首位。

2. 北方（乌兰察布）家具产业园

近年来，内蒙古自治区乌兰察布市 2016 足"围绕首都、依托首都、保障首都、服务首都、得益于首都"的发展定位，大力实施蒙晋冀长城"金三角"区域合作、融入京津冀协同发展、参与蒙俄经济走廊建设"三大开放合作战略，"借助京蒙对口帮扶合作的良好契机，加大承接北京非首都功能和产业转移工作力度，在绿色农畜产品供应、文化教育、医疗卫生、旅游休闲度假等方面实现全方位、多层次的合作交流。

针对产业转移的重点，乌兰察布市 2016 年规划建设了位于察右前旗，总占地面积 6 300 亩的北方（乌兰察布）家具产业园，园区包括国际木材交易市场、木材物流中心、木材初加工区、木材深加工区、木材综合利用生产区、家具辅料生产区、家具用品生产区和综合服务区，逐步打造成辐射华北、西北地区的木材加工产业园区、家具制造研发中心、家具企业总部基地等 8 大中心为主的完整家具产业链。项目建成后，预计年产值 300 亿元，可增加就业 6 万人。目前，木材综合加工循环经济产业园、普尔玛家具文化（北京）有限公司、乌兰察布森诺家具材料有限公司等知名企业入驻北方（乌兰察布）家具产业园。

3. 生产及零售企业概况

内蒙古家具行业生产企业在 2016 年继续以销定产，除继续扩大销路、寻找代理商和厂家直销以外，还积极参加国内外的家具展销会，并利用网络进行营销，有的与商场做联营，开直销店。

2012—2016 年内蒙古自治区家具行业发展情况汇总表

主要指标	2016 年	2015 年	2014 年	2013 年	2012 年
规模以上企业家具产量（万件）	86.01	83.18	111.40	87.32	95.80
出口值（万美元）	739.48	3 115.08	5 982.90	1 698.20	1 588.46
进口值（美元）	106 823.00	331 731.00	334 784.00	236 477.00	990 814.00

数据来源：中国轻工业信息中心

内蒙古的家具零售业在2016年重点在于招商和做促销活动，特别是在做促销活动方面，各个卖场积极利用一切办法吸引顾客。比如利用满额赠、抽红包、明星出场、降价等活动进行促销。随着红星美凯龙、居然之家等相关家具企业的继续开店，家具商场的竞争更加激烈，一些家具企业也在转型，开展其他业务进行补充。

二、品牌发展和重点企业情况

1. 内蒙古金锐家具汇展有限公司

2016年内蒙古金锐家具汇展有限公司对卖场进行了装修，对布局结构进行了调整，对硬件设施予以升级，使卖场环境更舒适、更具亲和力，卖场一改以往定位模糊的状态，走中端路线。针对此定位，卖场对所经营的品牌进行了调整，减少板材家具品牌，增加实木家具品牌，在产品风格款式上有意识地避免同质化。此外，卖场还加强了管理，加强了与经销商的沟通协调，使家具城的运营更顺畅。

管理上对卖场要求销售业绩不良、品牌档次偏低的店面进行升级，更换代理品牌或引进更具个性、更有创意的新品。其次，卖场采取“以名牌带动普通品牌”的营销策略，并加强了活动促销的力度，通过举行“相亲会”等较新颖的促销活动来带动销售。

2. 包头市深港家具有限责任公司

包头市深港家具有限责任公司营业面积为3万多平方米，是以经营家具、布艺制品、办公家具为主的家具营销市场。公司销售额占包头市家具销量的60%以上，是包头市家具行业的领头羊，销售覆盖市区及固阳、达茂、白云、巴彦淖尔市、鄂尔多斯市及周边地区，公司主要经营广东、北京、东北等地的中高档实木、板式及软体等家具产品，在包头有着十多年的经营历史。2016年，是深港家居集团不平凡的一年，全年共举办了11场大型促销活动，取得了不错的效果。

3. 美林实业集团公司

美林实业集团公司是以生产、经营家具为主，装饰、装修为辅的大型家具集团公司。下设通辽市美林家具有限公司、通辽市美林装饰工程有限公司、通辽市美林林产品有限公司、通辽曲美家具有限公司四个分公司，是三位一体的市场战略联合体，四个分公司组成了集团从家具生产到家具市场经营，并涉及家具相关联产业的经营联合体。美林实业集团下设企业美林家居购物中心，创建于1996年，现主要以家居经营销售为主，旗下的美林家居购物中心营业面积2.2万平方米，是通辽地区汇集家具品牌较多的广场式家具超市。

4. 赤峰白领傢俬有限责任公司

白领丽家是赤峰白领傢俬有限责任公司和香港浩威思特家私有限公司联手精心打造的行业知名品牌，总营业面积2万多平方米，是内蒙东部地区规模较大的专业化家具经营商场。营销软体家具、板式及实木套房、整体厨房、餐台茶几、办公家具、窗帘及家居饰品、集成家具等众多种类产品。白领丽家以品牌经营为核心，以“一站式”购物为特色，以中高档家具为主力卖点。

5. 内蒙古华锐肯特家具有限公司

内蒙古华锐肯特家具有限公司成立于2003年，是内蒙古最大的一家集研制、开发、生产、销售、售后服务为一体的家居产业集团。如今华锐旗下有华锐肯特家具公司、华锐床垫公司、华锐装饰公司、华锐包头分公司、华锐经营公司、华锐培红家具公司、华锐文宝轩办公家具公司、华锐文宝轩家具公司、华锐小额贷款公司及华锐香河红木家具体验馆等多个子公司，并投资蒙银银行，占投资总额的10%，涉及家具生产销售、装饰装潢、银行贷款、金融投资及公益事务多个领域。

华锐已是拥有总资产1 900 932.46元，年销售3亿多元。2013年公司在香河设立1万平方米红木体验馆，单店占地投资额全国第一；成立于2004年的包头分公司单店占地6 000平方米，每年销售2 000万元，营业利润300万元；天津设红木家具体验馆，占地1 000平方米，年销售额2 000万元，利润300万元；呼和浩特设办公家具公司三个，占地4 000平方米，年销售额5 000万元，年利润700万元；仅呼和浩特民用家具展位18个，年销售300万元，利润30万元；2016年实现销售收入4亿元，成功实现了年初制定的集团整体销售翻番的目标。

辽宁省

一、行业创新发展成果

1. 第五届沈阳家博会再创新高

2016年8月5—7日，第五届中国沈阳国际家博会在沈阳国际会展中心成功举办。参展企业713家，展出面积12万平方米，与会的业界买家和专业人士达11万人次。本届展会的规模、品质、档次与以往历届相比大幅提升、再创新高。沈阳国际家博会从2012年起，经过五年不懈努力，打造出一个中国北方家具业最具规模、最具影响力行业交流合作的大舞台，是国内唯一国家级的区域专业展会。

第五届中国沈阳国际家博会期间召开的论坛活动

2. 企业设计创新水平不断提升

创新是辽宁家具行业永恒不变的发展主题。结合国家“增品种、提品质、创品牌”的三品战略，在家具产业转型升级中，提升产品的设计水平，特别是原创设计是推动企业发展的重要动力。澳美雅、法诺奇、乾盛尔、富丽斯特等沙发制造企业积极主动与鲁迅美术学院有关专业对接，从鲁美的家具、家装、染织等专业设计骨干作品及毕业生原创设计作品制作入手，将研究设计成果转化为实用家具产品，以专业视角推动企业设计创新，打造自主品牌，加大品牌培育力度，提升辽宁家具产业整体水平。

为推进家具品牌战略，企业积极参与中国实木家具产业基地十大品牌、辽宁办公家具十佳品牌及辽宁精品沙发十佳品牌的评选活动，进一步提升企业品牌竞争力，提高品牌附加值，扩大品牌影响力。

3. 行业信息化平台建设成效显著

随着网络信息技术的不断发展，微信的覆盖面

2012—2016年辽宁省家具行业发展情况汇总表

主要指标	2016年	2015年	2014年	2013年	2012年
企业数量	2 200	2 200	2 200	2 000	2 000
工业总产值（亿元）	500	700	650	600	500
规模以上企业数量	101	153	168	174	190
规模以上企业工业总产值（亿元）	90.20	196.60	326.18	400.06	357.16
出口值（万美元）	54 958	55 346	58 362	75 802	82 463
家具产量（万件）	1 931.77	2 158.40	1 653.73	1 711.84	1 973.87

数据来源：辽宁省家具协会

广，操作灵活、方便、智能等特点凸显，辽宁家具行业创建了具有语音播报功能微信公众平台，实时发布国际国内重要新闻及行业相关信息。特别是“每天三分钟，可知天下事”的特色栏目，坚持全年365天不间断发布信息。从下半年开始，对微信公众平台进行了拓展和延伸，增加了每天三分钟封面人物宣传，赋予动态的新内涵，推荐行业优秀企业家183位，成为展示家居行业领军人物风采和企业形象的新平台。行业关注度不断提高，受到业界普遍认可和高度赞誉。

4. 国际行业交流与合作进一步扩大

一是积极参加美国高点国际高端家具展会，鞍山的双象家具、辽阳的宁峰木业等企业产品在世界顶级家具展会上全新亮相，还有30多家大型经销商与会，此行受到美国高点家具展总裁Tom • Conley先生的欢迎，并表示将参加沈阳国际家博会，考察辽宁及东北市场；二是加拿大政府驻沈办事处代表高度关注辽宁家具产业发展，双方围绕家具、木材交流合作共赢之路进行了深入探讨；三是邀请意大利阿克雅建筑设计公司的首席设计师Giordani先生来辽宁讲学；四是加强与美国驻沈阳总领馆密切合作，促进家具业双边贸易合作，特别是辽宁家具出口及美国的阔叶木中国市场推广方面取得了很好效果。

二、特色产业发展情况

1. 中国实木家具产业基地转型升级加快

大连庄河是中国实木家具产业基地，为充分发挥辽宁实木家具制造优势、提升优化中国实木家具基地，在大连新兴产业经济区内建立了庄河家居园，园区占地735亩，将存量企业向园区转移、集聚。目前入住园区有大连华夏家具、万鹏家具、丰汇木业等7个家居木业生产项目。该项目的开工建设标志着中国实木家具产业基地进入到转型升级的新阶段，对中国实木家具第一品牌向高端化、国际化的目标迈进将发挥积极作用。

2. 扶持中国北方新兴家具产业园的建设

阜新彰武“中国北方新兴家具产业园”是“十二五”发展起来的国家级家具产业集群。抢抓京津冀产业转移历史机遇，吸引近百家企业来园区考察，洽谈合作项目，不断加大招商力度。园区企业产品涵盖家具、木门、板材、地板、胶漆等20余类、千余品种，现有生产加工型企业63家，其中，规模以上企业23家。以板材加工、家具制造、地板生产、包装配套、商贸物流等产业为一体的家居产业集群已初步形成。

3. 定制家居成为行业新的增长点

随着人们对家具的差异化个性化需求不断增加，定制家具以其设计时尚、材质环保、功能完善、服务优良等特点受到市场消费者亲睐，逐步向卧室、书房、客厅、餐厅以及厨房等全屋家具领域拓展。全省定制家具企业达600多家，中意、郁林、华泽三峰、森寰等优秀品牌脱颖而出，年均增速20%以上，成为近年来全省家具消费领域新的快速增长点。

根据行业发展实际需要，辽宁省家具协会组建了定制家具专业委员会，参与研究制定行业发展规划，开展行业自律，宣传推广定制家具的先进理念及领先优势，组织专业人才培训、为定制家具走向产业化、现代化、品牌化提供服务。

4. 推动辽宁智能家居制造业发展

智能家具是传统家具发展的必然趋势，市场前景十分广阔。为全面贯彻落实《中国制造2025》，提出用智能撬动家居，推动辽宁智能家居产业发展。一是鼓励支持有条件的企业综合集成应用工业互联网、云计算、大数据技术，推广智能制造、绿色制造，提高企业运营效率，降低运营成本；二是加强产业研发与跨界合作，推出智能家居新产品。积极组织企业到新松机器人、青岛海尔、沈阳海尔、3D（蓝白木业）等企业学习考察，开展跨界合作建立智能制造产业联盟，协同推动智能装备和产品研发、系统集成创新与产业化；三是加大智能家居市场推广普及工作，让人们了解智能家具给现代人的家庭生活带来极大的便利，培育消费者的使用习惯和消费欲望。

三、重点企业情况

1. 华丰家具集团有限公司

华丰家具集团有限公司是中国实木家具的一线

品牌，辽宁家具行业龙头企业。注册资金 500 万美元，占地面积 6 平方千米，建筑面积 200 万平方米，下属 20 个工厂。已形成客厅、餐厅、卧室、办公等系列产品 10 000 多个品种，日开发新品种达 7 种以上，年开发达 1 000 多种。产品畅销国内，远销日本、美国、东南亚及欧洲等国家和地区。在国内大中城市建立了 45 家销售分公司，300 多个家具销售店。

2．大连光明日发集团有限公司

大连光明日发集团有限公司旗下有大连日发光明家具有限公司、大连日新光明家具有限公司、大连和信涂料有限公司、大连春滨木业有限公司四户生产型企业及两户经营型企业。投资并管理的企业共占地 14 万平方米、厂房 6.5 万平方米，拥有各种先进机械设备近千台（套）。所辖生产型企业主要从事民用实木家具、学生桌、婴儿床、儿童家具、环保木器涂料的生产与销售，产品除满足国内高端市场需求之外，常年出口日本、澳大利亚、欧洲、美国等国家和地区。

3．大连华夏家具集团

大连华夏家具集团成立于 1999 年，目前已发展到资金规模 6 亿元的家具生产企业。集团公司占地面积 33 万平方米，建筑面积 15 万平方米，拥有现代化家具生产流水线，主要生产中、高档实木家具、办公家具等木制产品、木屋及俄罗斯进口木材销售。华夏家具集团是以辽宁省庄河市——黑龙江省穆棱市经济开发区——俄罗斯滨海边疆区阿尔谢尼耶夫市“新百达木业有限责任公司”为“三点一线”的产业定位，以“原料生产”“配套加工”“品牌销售”为一体的集团管理模式，产品是以国际销售和国内销售双向发展的实木家具为主，远销日本、爱尔兰、荷兰、俄罗斯等地。是辽宁家具行业对外投资的重点企业。

4．沈阳市舒丽雅家私有限公司

沈阳市舒丽雅家私有限公司创建于 1984 年，现已扩建为多产业集团，并成功跻身于全国最大的家具专业生产企业之一。“舒丽雅”产品涵盖沙发系列、睡眠系列、法式新古典系列、实木系列。

5．沈阳宏发企业集团家具有限公司

沈阳宏发企业集团家具有限公司始建于 1981 年，公司一直致力于以实木、办公及软体家具的集市场调研、设计、制造、销售、服务于一体的经济模式。公司厂区占地面积 29 万平方米，建筑面积 12 万平方米，总投资规模 5.6 亿元。公司拥有国际最先进的德国豪迈公司木工机械设备生产线。宏发家具是辽宁省和沈阳市名牌产品。宏发公司在全国重点城市拥有 200 多家销售网点，产品远销加拿大、美国、韩国、俄罗斯、日本、澳大利亚、新西兰等国家。

6．沈阳凯程家具有限公司（澳美雅家具）

澳美雅公司成立于 20 世纪 90 年代，是一家集研发、设计、生产和销售于一体的软体家具生产企业。专业从事卧室及客厅家具产品的研发、生产与销售，产品系列涵盖沙发、软床、床垫。在东北地区、河北地区、内蒙古等地区拥有 130 余家的澳美雅品牌专卖店，为千万家庭提供高品质的家居产品和服务。

辽宁省家具协会组织企业考察智能家居行业

江苏省

一、行业概况

2016 年，全省有家具企业 8 000 余家，规模以上企业有 700 多家；从业人员达 70 多万人；全省家具卖场达 1 万平方米以上的有 294 家，总面积达 1 325 万平方米。

一年来，完成家具工业总产值 1 374.52 亿元人民币，同比上升 4.21 %；家具产品产量 15 472.43 万件，同比增长 3.25 %；家具进口总额 2.1 亿美元，同比增长 27.5%；家具出口总额 36.2 亿美元，同比下降 0.4 %。

二、品牌发展和重点企业情况

1. 品牌发展和重点企业运行情况

2016 年，经济增长进入了换挡期，经济发展进入新常态。江苏省家具行业经历了重大考验，面临机遇与挑战并存的局面。整体水平大幅度提升，行业呈中高速发展势头。定制家具、固装家具、智能家具等行业皆出现不同程度上扬。

目前，江苏省家具业已产生一批具有一定社会影响力和品牌知名度的新三板挂牌企业，梦百合家居科技股份有限公司是全省第一家成功上市的家具企业，亚振家具股份有限公司随后成功上市。家具行业以品牌企业为中心的集团陆续出现。

通过技术创新、产品创新、营销创新，增强品牌的核心竞争力，不断提升品牌附加值。调研显示，中高档产品的需求量仍呈上升势头。新中式家具、古典家具、欧风家具、美式家具等大幅上升。软体家具、卧房家具、办公和教学科研家具、红木家具、厨房家具、门业家具、户外家具等，都能做到稳中有升。原来生产松木家具的企业大部分已转型升级，研发了新产品。原来生产钢木家具的部分企业也已基本转型。实力比较雄厚的企业均能做到量力而为，稳步前行。许多企业添置了先进设备，扩大了生产规模，运用了新材料、新技术、新工艺，产品的质量得到了提升，产量也有了一定的突破。2016 年，家具卖场的建设已趋平缓，新建并开业的家具商场 1 家，面积达 15 万平方米。

2012—2016 年江苏省家具行业发展情况汇总表

主要指标	2016 年	2015 年	2014 年	2013 年	2012 年
企业数量	8 000	6 500	7 000	8 000	8 000
规模以上企业数量	700	600	600	600	600
工业总产值（亿元）	1 374.52	1 318.99	1 275	1 229.51	1 131.10
出口值（亿美元）	36.20	36.32	98.10	37.30	43.50
家具产量（万件）	15 472.43	14 985.4	14 642.76	14 330.36	13 159.19

数据来源：家具进出口数据由江苏省商务厅提供，其他数据来自江苏省家具行业协会

2. 重点制造企业

梦百合家居科技股份有限公司 现已成为国内最大的记忆绵枕头、床垫、沙发、休闲旅游用品的专业生产商之一。年销售记忆绵床垫 200 万件，记忆绵枕及其他各类产品 1 000 万件，在美国、西班牙、塞尔维亚、中国香港等地设立控股子（孙）公司 11 家，并于 2016 年 10 月正式登陆资本市场，股票代码：603313。公司深度开发 ERP 资源系统，新增两条机器人流水线生产设备，用于优化内部管理和生产流程。成功开发了多种功能性聚氨酯新材料。公司品牌“Mlily 梦百合”通过融通国内外资源，已将产品行销至全球 73 个国家及地区，向全世界超过 7 000 万用户传递了追求真实自我的品牌精神。此外，公司通过与欧美当地 2 000 家销售门店深度合作等方式，力争将“Mlily 梦百合”打造成美国床垫 TOP10 品牌。

梦百合家居科技股份有限公司上市

亚振家具股份有限公司 中国欧典家具的先驱者。一直坚守“设计立业”的基本思想，2016 年大力引进国际顶级设计师加盟，成立亚振海派艺术馆；坚持全面推进卓越绩效管理，追求顾客价值最大化；始终严守诚信经营理念，荣获国家级“守合同重信用企业”；积极推进“油改水”项目建设，引进信息化 MES 系统，在打造绿色制造和智能制造标杆企业进程中迈出坚实步伐。2016 年，亚振家具稳步发展，于 2016 年底在上交所 A 股成功上市。

江苏斯可馨家具股份有限公司 专注布艺沙发研发与创新，致力于打造时尚、健康人居环境的家居产品和服务。在全国建立五大生产基地，有近 2 000 家系列品牌专卖店，产品出口全球 60 多个国家和地区。2016 年，新建 3.7 万多平方米厂房投入运行，并设立智能制造及自动化设备生产线，全面推进全屋定制板块，以先进精益生产模式进行现场管理，在提升产品品质的前提下，大大提升了生产效益。

江苏渔歌子家具有限公司 软体家具制造企业。2016 年，强力推进企业变革。优化一个总部，形成带动华东，辐射华北、华中的运营格局；塑造了三大品类，强势打造睡眠中心、整体客厅中心、儿童家具事业部；贯通三条脉络，按照“北上、南征、西拓”的全国战略布局，打通北、西、南三条市场脉络；打造三大基地，把苏州、济南、郑州三大在建或即将投产的项目，建设成为公司的三大分厂基地；形成四大中心，在总部建设成为制造中心、物流中心、电商中心和商学院中心；立足华东，走向全国。

三、特色产业发展情况

1. 中国东部家具产业基地——海安

中国东部家具产业基地位于江苏省海安县。2016 年，东部家具基地成功举办“2016 首届中国东部家具博览会”，吸引了近 8 万多人次的经销商和消费者到海安批发、选购家具；成功承办了中国家具协会召开的第六届中国产业集群工作会议，全国各地 46 家产业集群的代表齐聚海安，共商发展大计；制定海安家具行业“十三五”发展规划，并通过了由中国家具协会朱长岭理事长任组长的高规格评审团评审。

“十三五”规划期间，海安家具将达到 1 000 多家，家具市场规模达到 50 万平方米；成立东部家具行业协会，东部基地董事长王传威被推选为协会第一届会长，目前协会会员数已达 200 多人，已是海安第一大商协会。

2016 家具全产业链不断完善，在生产、销售、配套、物流、研发等方面加快建设。B 区精品馆 2016 年 7 月 16 日成功开业；截至 2016 年底，三个园区已有 200 多家企业开工或投产；建筑面积 20 万平方米的博览中心 2 号馆已经完成基础打桩，

2017 年将全面开工建设；3 号馆也已签约，正在加速推进中；意大利家具品牌馆已经封顶正在装修，将于 2017 年上半年正式投入使用；建筑面积 10 万平方米的亚太亿发物流园于 2014 年运营，2016 年年底开通了近 100 条物流专线；2016 年 7 月，意大利 CSM 协会和南京林业大学共同打造的“中意家居设计创新中心”落户海安。

2. 中国东部商贸之都——蠡口

中国东部商贸之都蠡口位于江苏省苏州市相城区。2016 年，着力将蠡口家具城打造为“时尚家具特色小镇”。

实施市场改造 加快蠡口家具市场改造升级步伐，实施科学合理的规划和规范有序的管理，切实提升蠡口家具城的业态形象和市场竞争力。

整肃市场秩序 通过实施联合执法、协同治理等途径，着力规范提升市场经营、环境、交通、治安、形象等综合秩序。

规范仓储物流 充分利用蠡口家具城的区位优势和交通优势，加快筹建集物流、仓储、配送为一体的配载中心，切实提升市场物流能力与水平。

深化诚信经营 健全制度、完善机制，扎实推进诚信经营创建，让广大消费者重新了解蠡口、信赖蠡口、选择蠡口，重塑蠡口家具城新形象。

完善导购服务 注重利用新媒介、新科技、新思维、新方式，努力增强广告宣传的针对性和商业服务的实效性，努力完善导购服务体系，切实提升消费体验感和舒适度。

发展电子商务 加大线上宣传力度，巩固实体市场的销售业绩。充分发挥行业协会的积极作用，推动现代电商与传统企业的交流合作，实现抱团取暖、共同发展。

3. 中国家具电商产销第一镇——沙集

中国家具电商产销第一镇——沙集，位于江苏省徐州市睢宁县城东部。从 2008 年起，一群回乡创业青年开始在互联网上开网店卖小家具，然后带动家具加工制造业的起步。到 2013 年，初步形成了以“互联网＋网店＋工厂＋物流＋配套产业”的现代化家具产业体系。至 2016 年年底，全镇共有家具网店 13 500 个，固定资产投资在 500 万元以上的家具制造厂商 300 家，物流配送企业 45 家，家具从业人员 5 万人以上，家具品牌 500 个，当年实现网上销售 75 亿元。在全国率先实现 17 个行政村“淘宝村”全覆盖，沙集镇荣获“中国家具电商产销第一镇”“全国优质家具生产集聚区”“江苏省 2016 年度农村电子商务十强镇”第一名、“江苏省创业示范基地孵化基地”等称号，东风村荣获“江苏省 2016 年度农村电子商务十强村第一名”，和平村被评为“江苏省电子商务示范村”。

4. 中国苏作红木家具名镇——海虞

中国苏作红木家具名镇——海虞，位于江苏省常熟市。2016 年 11 月下旬，海虞镇举办了以“匠心苏韵、经典传承”为主题的 2016 海虞苏作红木文化节及金蝙蝠红木创办 50 周年庆典，来自苏作红木产区近 50 家企业的逾千件红木精品亮相。期间举办了“苏作红木文化精髓与传承”专家论坛、苏作精品坐具展、金蝙蝠 50 周年纪念展、苏作木工技能大赛等丰富多彩的活动。海虞素有“红木之乡”的美誉，2012 年，中国家具协会授予海虞镇“中国苏作红木家具名镇”称号。2013 年，中国家具协会与海虞镇人民政府合作建成中国红木家具文化研究院，重点挖掘红木文化内涵，传承“苏式”家具经典及工匠精髓，创新“苏作”优秀传统技艺。

5. 苏作红木产业集聚地——光福

光福镇隶属于江苏省苏州市吴中区。1999 年，光福镇被命名为江苏省历史文化名镇，列入江苏省重点中心镇。2009 年，在充分调研的基础上，确立以吴中光福为核心的苏作红木家具产业集聚地。近几年，光福苏作红木企业（作坊）已发展至 200 余家，年产值约 30 亿元人民币。同时，涌现出如“苏福红木”“名仕阁”“紫檀阁”“吴宝轩”“圣恩坊”“府君红木”等一批苏作红木品牌企业，为苏作红木的传承、创新奠定了良好基础。光福苏作红木家具还组团北上北京，南下广东、云南，东至东阳、上海等地区参加各地展览交流活动。光福苏作红木人涌现出一大批具有资质、业内外认定的专技人员。其中获得初、中、高级职称的已有几十人。获得各类荣誉称号的有，苏州民间工艺家 9 人，苏州市工艺美术大师 10 人，江苏省工艺美术大师 3 人，江苏省工艺美术名人 5 人。积极参与“非遗”项目的建设。到目前，形成了“明式家具制作技艺项目”国家级、省级、市级传承人的人才梯队。

6. 徐州市松木家具工业产区——贾汪

贾汪区位于江苏省徐州市东北部。据统计，松木家具企业近 300 家，初具规模的（年产量千万以上的）大概有 130 家，年产值达 100 多亿元。百度上搜中国十大松木家具，其中贾汪家具就有 6 家，占据全国市场。贾汪区家具行业直接带动城乡劳动力就业再就业 4 万余人，间接带动城乡劳动力就业再就业 8.5 万人，带动就业创业人员 52 人。成立专业的培训业务团队，培训带动周围 20 家实木家具企业进驻电子商务平台。2016 年贾汪区家具行业电子商务平台线上销售超过 3.5 亿元。近年来，徐州家具已不仅仅是以松木家具品牌而风靡全国，规模化企业更是早已开始致力于研发创造新品牌，探索逐渐转型升级，研发设计出黄金胡桃木、核桃木、红影木、橡木、榆木、红木、樱桃木等实木家具。已经形成松木家具、原现代实木家具、专业青少年实木家具、北欧现代实木家具、美式家具、新中式家具等几大板块。转型升级风潮成就了贾汪家具近 20 家过亿产值的企业。

四、行业纪事

1. 江苏家具武汉展会大放异彩

2016 年 4 月下旬，第二届武汉国际家具展览会在武汉国际博览中心拉开帷幕，江苏徐州贾汪 8 家企业赴本届展会参展。此外，本省昆山思凯林家具有限公司、办公企业美耐家具有限公司产品也在武汉展会展出。

2. 组织企业参观木工机械设备展

2016 年 6 月上旬，北京木工机械展在北京中国国际展览中心举办，江苏省家具行业组织了徐州、南通、苏州、南京、常州、无锡共 229 位企业家赴京观展，企业家们参观到许多先进的国内外木业家具制造的新机械、新设备和新式配套工具。2016 年下半年，许多企业更新了设备。

3. 第八届苏州家具展览会

2016 年 6 月下旬，第八届苏州家具展览会在苏州国际博览中心盛大开幕。此次展会分为两个会场，主会场在苏州国际博览中心，面积 12 万平方米，来自全国多个省份的 600 余家参展企业展示其最新产品。分会场是拥有 150 万平方米的蠡口家具市场，蠡口 50 座交易展厅和 3 000 多家常驻商户，给参展商们提供更多选择。

4. 第六届“姑苏杯”苏作红木家具作品展

2016 年 6 月，江苏省家具行业协会与苏州市经信委和苏州市家具协会共同举办了“第六届‘姑苏杯’苏作红木家具作品展”，展会评选出本届“姑苏杯”金、银、铜奖和最佳创意奖、最佳工艺奖及优秀奖，更好地推动苏作红木家具的传承、创新与发展。

5. 江苏省家具行业协会五届四次理事会

2014 年 10 月 19 日，江苏省家具行业协会五届四次理事会在无锡召开，200 多位家具企业家出席了会议。

6. 江苏省软体家具峰会

11 月下旬，江苏软体家居峰会在苏州隆重召开。本次会议由江苏省家具行业协会沙发专业委员会主办，斯可馨家居、国富纵横智业机构协办。200 多名软体家具企业家参加了此次盛会。

江苏省家具行业协会五届四次理事会

浙江省

一、行业概况

2016年，浙江省家具产业结构继续进行调整，呈现“筑底回升”的良好态势。全行业有规模以上企业762家，实现工业总产值963.51亿元，同比增长7.23%；工业销售产值918.01亿元，同比增长6.63%；主营业务收入886.59亿元，同比增长6.10%；利润总额51.68亿元，同比下降7.15%；利税总额87.86亿元人民币，同比增长2.75%；新产品销售321.55亿元，同比增长14.43%，出口交货值452.24亿元人民币，折合65.71亿美元，同比增长6.55%。

完成家具产量2.17亿件，同比增长1.9%。其中，木质家具3 798.59万件，同比增长10.2%；金属家具1.35亿件，同比增长0.3%；软体家具1 934.01万件，同比增长7.6%；亏损企业117家，同比增长0.86%，亏损企业亏损4.87亿元，同比增长1.61%。

科技活动经费支出总额为10.99亿元，同比增长15.43%；购置技术成果费用3.32亿元，同比下降23.72%；销售费用46.61亿元，同比增长22.08%；管理费用53.81亿元，同比增长11.43%；财务费用10.02亿元，同比下降12.93%。全部从业人员平均数16.86万人，同比下降0.53%；应付职工薪酬91.31亿元，同比增长15.14%。

另据浙江省家具行业协会统计，全行业4 500家企业全年完成工业总产值2 000亿元，增长13%；家具出口103.81亿美元，下降0.58%。

二、行业纪事

1. 设计驱动，产品创新

在浦东、虹桥、广州、东莞、深圳、苏州等主要家具展览会上，浙江省家具企业携新品参展。圣奥、顾家、喜临门、诺贝、梦神、城市之窗、艾力

2012—2016年浙江省家具行业发展情况汇总表

主要指标	2016年	2015年	2014年	2013年	2012年
企业数量（个）	4 500	4 500	4 500	3 100	3 000
工业总产值（亿元）	2 000	1 800	1 600	1 493	1 350
主营业务收入（亿元）	1 851	1 669	1 488	1 403	1 275
规模以上企业数量（个）	762	739	679	639	597
规模以上企业工业总产值（亿元）	963.51	874.78	824.31	729.26	630.66
规模以上企业主营业务收入（亿元）	886.59	811.05	766.64	685.39	595.49
出口值（亿美元）	103.81	104.41	100.13	91.17	84.26
内销（亿元）	1 286.02	1 142.20	1 036.60	919.54	819.16
家具产量（亿件）	2.17	2.11	2.12	1.88	1.81

数据来源：浙江省家具行业协会

斯特、富得宝等企业凭借良好的行业口碑吸引了大批客户；华奇、天源、大森、优品U舍、欧美佳、大风范、欧宜风等品牌分别将欧式、法式风格发挥得淋漓尽致。美格登、艺家百年、国森、富邦等企业将时尚与古典互相融合。森川、明清家居、艾德文、星威、中源等企业的展品非常年轻化，具有简约、现代等特点。为了迎合年轻人的口味，莫霞也推出了全新的北欧风格MAX&MINI致简系列。梦莹、帕特·温士顿、简美时代等品牌将设计的注意力集中在欧美风格上，更加强调功能性和实用性。顾家、莫霞、城市之窗、富得宝、玛润奇、明堂红木等企业斩获多项设计大奖。

恒林、永艺、大康、恒丰、诺贝、春光、澳珀、柏厨等企业在材料、工艺等方面不断创新，增添了科技、自然等元素。针对老年人这一细分领域，华洲文仪开发了“华爱天颐”养老家具。春光名美为了提升酒店家具设计附加值，举办了“名美杯”酒店家具与室内环境设计大赛。星威分别荣获“2015年度好设计奖（good design）”“2016年度红点奖（red dot）”“2016德国iconic奖”三个国际大奖，其“兔子椅”“双色椅”参加世界工业设计大会。

2. 营销升级，品牌为先

2016年，浙江省家具企业开展了许多精彩纷呈的营销活动。圣奥举办了办公家具全球营销颁奖大会，花为媒、欧宜风、华洲、丽博、伊莎美伦等企业举办了经销商交流大会以及新品品鉴会等活动。在电视剧《好先生》当中，富邦美品作为指定家居赞助商。美林格入围中央电视台发现之旅《工匠精神》的选题拍摄。顾家家居除了启用邓超作为全新的形象代言人之外，在全国各大报纸的头版刊登“寻夫启事”，之后又发酵了“孤独沙发”系列活动，号召“全民顾家日816不加班”。通过一系列的营销活动，顾家向公众传递了“因为顾家，所以爱家”的品牌理念。大康建立安吉椅业博物馆，提升了安吉椅业的品牌价值。

3. 降低成本，提升产能

企业加强内部管理，同时加快产能扩张，提高劳动生产率，全员平均劳动生产率从2.84万元/（人·月）提升到了3.58万元/（人·月）。顾家家居在河北的生产基地现已投产，梦神年产量160万张床垫的慈东新厂区也投产运营，金鹭生产面积也从原来的60亩扩充到了75亩。大康6万多平方米的新厂区建成投产，其生产线布局、生产流程经过设计和改良，提升了20%的生产效率，并投入了2 000多万元的生产设备进行机器换人。

4. 用户至上，丰富业态

莫霞、迪欧、大森、顾家等企业纷纷敞开工厂大门，开展厂购活动，邀请消费者亲临“透明工厂”，进行理性消费。圣奥、喜临门、顾家、花为媒、永艺、丽博、护童等企业不断拓展电商渠道。2016年双11，顾家家居凭借3.11亿元的销售额跻身2016年天猫家具类目第3位，销售额同比增长288%，花为媒也创造了销售额246万元的好成绩。

线上活动五花八门，线下体验丰富多彩。第六空间相继在滨江、西溪开设了新卖场。红星美凯龙进驻了诸暨、东阳等地，进一步扩大版图。顾家家居为了将“顾家关爱”进行到底，服务人员走进用户的家中，服务范围从单品类家具保养扩展至全屋免费保养。

5. 提升价值，贡献社会

2016年，顾家家居在上海证券交易所上市，川洋家居也在“新三板”挂牌。恒林、中源正在积极准备IPO，上市指日可待。至此，浙江省喜临门、永艺、顾家、卡森、富邦、格莱特、永强、川洋8家公司分别在上海、香港、法国证交所，新三板上市。

企业在创造财富的同时，热衷公益事业。卡森

“顾家家居”在上海证券交易所上市

圣奥集团董事长倪良正（左十）获评“风云浙商”

集团投资100多万元的恒森阳光庇护中心帮助解决一批精神和智力残疾人员的工作和生活上的问题。和也健康科技有限公司向“援藏医生”捐助了价值100万元的物资。在首届浦江1058圣奥绿丝带“爱心送考”活动上，圣奥集团为助考活动赞助了价值10万元的物资。圣奥慈善基金会捐建的第15个“圣奥老年之家”也落户在舟山普陀。

在“2016浙商全国500强”名单中，圣奥集团位列241名。圣奥集团董事长倪良正有着一颗几十年精耕家具行业的赤子之心和工匠精神，获评“风云浙商”。此外，圣奥集团有限公司董事长倪良正、顾家家居股份有限公司董事长顾江生、德意控股集团有限公司董事长高德康同时荣获了“优秀杭商”的荣誉称号。

三、特色产业发展情况

至2016年底，全省拥有5张家具产业集群“金字招牌”。各地区发展情况如下：

1. 中国椅业之乡——安吉

2016年，安吉县家具企业累计出口129.97亿元，同比增长11.5%。部分龙头企业出口强劲：恒林椅业出口12.9亿元，同比增长20.0%；中源家居出口5.85亿元，同比增长39.8%；大东方家具出口3.63亿元，同比增长28.0%；盛信家具出口2.58亿元，同比增长16.9%。恒林销售收入18亿元；永艺销售收入14.6亿元，同比增长23.6%；中源销售收入6.5亿元，同比增长52.1%；2015年1月，永艺股份在上海证券交易所成功上市，成为安吉县首家上市公司，同时也成为全国首家椅业上市公司。目前，恒林、中源等企业也在有序推进上市工作。

近年来，“中国椅业之乡”连年被中国家具协会授予“中国家具优秀产业集群奖”荣誉；2014年安吉县被中国家具协会授予“中国家具重点产区转型升级试点县”；2016年被国家工信部授予“全国产业集群区域品牌建设椅业产业试点地区”。

2. 中国欧式古典家具生产基地——玉环

2016年，玉环县家具总产值39.45亿元，同比增长1.76%。规上企业33家，产值14.07亿元，同比下降6.79%。玉环家具企业调整结构，坚持“双轮驱动，内外销并举”，迎合刚需，着力拓展国内市场，2016年内销同比增长4.84%。

玉环家具企业以市场为导向，开发简欧、小美式、新中式、智能沙发等不同档次、不同风格的新品。企业导入先进质量管理体系，截至目前，已有80%以上规上家具企业通过了ISO9000等先进质量管理体系认证，通过工艺创新、技术创新、设计创新研发高质量、高附加值产品。现在，在全国各大城市的家具卖场都有玉环家具的身影，涌现出了宫廷壹号、大风范、国森、欧宜风、天源、千代、港源等在全国具有较高知名度的家具品牌。通过全行业的努力，“中国欧式古典家具生产基地”被中国家具协会授予“2016中国家具行业先进产业集群”荣誉称号。

3. 中国出口沙发产业基地——海宁

2016年，海宁市家具行业累计实现工业产值80.77亿元人民币，同比增长5.8%。其中：沙发出口企业85家，累计出口额50.79亿人民币，同比增长15.08%。据测算，全年家具行业累计实现工业总产值约115亿元，增长10%，继2012年后连续第五年取得增长。

大部分企业保持了健康发展的态势，龙头企业继续发力，引领行业发展；中小企业各显所长，稳步前进。出口前十位企业中，慕容、卡森、欧诺雅、佳联名列其中。目前，海宁市家具企业超1 000万美元的企业已增至30余家，其中慕容、海派、卡雷诺等增幅都超过20%。2007年海宁市出口100万美元以上的家具企业有20余家，经历了欧美金融危机的历练后，经过9年的发展，目前已达60余家，行业竞争趋于有序。

4. 中国办公家具产业基地——杭州

据杭州市统计局和海关统计数据：2016年1—11月全市规模以上家具企业88家，完成工业总产值141.27亿元，同比增长1.40%；工业利税总额19.83亿元；同比增长-23.16%；工业利润总额15.06亿元；预计全市900多家企业全年将完成工业总产值近260亿元。1—11月杭州市（含省级公司）出口家具及其零部件18.19亿美元，同比增长2.4%。

2016年，杭州市家具行业优化产业结构，转型升级初见成效，创新推动品牌建设。为了提高生产效率，降低生产成本，杭州家具企业一方面加强内部管理，改良生产布局，优化生产工艺；另一方面，引入“6S现场管理”“流程化管理”和“精益生产管理”等先进的管理方式，减少浪费，降低成本，单位面积产能有了大幅度提高。

5. 中国红木（雕刻）家具之都——东阳

木雕·红木家具产业是东阳市五大主导产业之一。截至2016年年底，全市现有木雕·红木家具企业2 700多家，规上企业123家；浙江省名牌产品9个、金华名牌产品18个、东阳名牌产品31个；浙江省著名商标8个、金华市著名商标14个、东阳知名商标34个；市长质量奖企业2家，193家企业加入实施《东阳市木雕·红木家具企业联盟标准》；累计申请专利1 800多件。2016年，全市红木家具产业完成产值157亿元，产、供、销体系日趋完善，产业链已经形成，已成为全国红木家具生产销售的主要产区。

近年来，东阳木雕红木频频亮相国际性峰会。尤其是在2016年杭州举办G20峰会期间，东阳木雕·红木家具行业承担了主会场会议厅、萧山机场专用候机楼贵宾休息厅和杭州楼外楼饭店三个重要场所的项目，包括木雕装饰、会议桌、宾客座椅、背景屏风等木雕和红木家具作品，充分展现了东阳木雕·红木家具的悠久文化魅力。

四、品牌发展及重点企业情况

1. 品牌发展情况

2016年，全省共有“大东方”“iRest”“御乾堂”3个品牌（产品）被新认定为浙江名牌；“顾家工艺 KuKa Technices”“sunon圣奥”“大康”“永艺”等13个品牌（产品）通过复评；“名美”“柏厨”“PORIC”“嘉瑞福”等9件商标被新

2016年浙江名牌产品名单（家具类）

序号	产品名称	申报企业名称	商标
1	办公椅	安吉大东方家具有限公司	大东方
2	智能机器人按摩椅	艾力斯特健康科技有限公司	iRest
3	木雕红木家具	东阳市御乾堂宫廷红木家具有限公司	御乾堂

浙江名牌复评产品

序号	产品名称	申报企业名称	商标
1	沙发	顾家家居股份有限公司	顾家工艺 KuKa Technices
2	整体浴室家具	浙江金迪控股集团有限公司	金迪
3	办公家具	浙江圣奥家具制造有限公司	SUNON 圣奥
4	转椅	大康控股集团有限公司	大康 DA KANG

（续表）

序号	产品名称	申报企业名称	商标
5	办公椅	强龙家具股份有限公司	
6	按摩椅	永艺家具股份有限公司	永艺
7	环保型办公家具	浙江英之杰家具股份有限公司	ICT
8	公共座椅	浙江大丰实业股份有限公司	DAFENG
9	活动看台	浙江大丰实业股份有限公司	DAFENG
10	床垫	喜临门家具股份有限公司	法诗曼 / 喜临门
11	软体沙发	浙江花为媒集团有限公司	花为媒
12	户外休闲家具、遮阳伞、帐篷	浙江永强集团股份有限公司	YOTRIO
13	古典欧式家具	浙江飞龙家具有限公司	

数据来源：浙江省名牌战略推进委员会办公室

2016 年度浙江省著名商标名单（家具类）

序号	类别	企业名称	商标
1	家具	浙江春光名美家具制造有限公司	名美
2	餐具柜、家具、橱柜	宁波方太厨具有限公司	BORCCI柏厨
3	床垫	喜临门家具股份有限公司	爱倍
4	餐具柜	浙江美生橱柜有限公司	PORIC
5	椅子（座椅）	嘉瑞福（浙江）家具有限公司	嘉瑞福 GLOFURN
6	家具	东阳市双洋红木家具有限公司	
7	竹帘	安吉福浪莱工艺品有限公司	福浪莱
8	家具、竹木工艺品	浙江新东阳木雕有限公司	HUANGXIAOMING 黄小明
9	家具、竹工艺品	义乌市至尊宝红木家具有限公司	ZHIZUNBAO 至尊宝

2016 年度延续确认名单

序号	类别	企业名称	商标
1	家具、沙发	杭州玛润奇家俱制造有限公司	Monarchy 玛润奇
2	家具、椅子	杭州中艺实业股份有限公司	LET RIGHT
3	办公家具、家具	圣奥集团有限公司	Sunon 圣奥
4	金属箱、防磁柜（金属）	海发（宁波）办公设备有限公司	新宇
5	家具、沙发、椅子	宁波梦莹家居有限公司	梦莹 MENGYING
6	升降机操作设备、自动旋转栅门	浙江大丰实业股份有限公司	DAFENG
7	（细木工做的）家具、餐具柜	宁波欧琳厨具有限公司	欧琳 OULIN
8	木制家具、金属家具	浙江省诸暨市斯宅家具制造有限公司	斯宅
9	皮革	浙江卡森实业集团有限公司	Kasen
10	帐篷、吊床	浙江泰普森休闲用品有限公司	Westfield
11	钢塑家具	浙江华康家具有限公司	華康 HK
12	家具	浙江恒林椅业股份有限公司	恒林
13	家具	浙江金三角家私有限公司	
14	家具、竹木工艺品、木小雕像	东阳市东艺工艺品有限公司	东艺
15	金属家具、椅子、桌子	浙江隆达园艺家具制造有限公司	隆达
16	藤编制品、金属家具、家具	浙江永强集团股份有限公司	YOTRIO

2015 年暂缓 2016 年度延续确认

序号	产品名称	申报企业名称	商标
1	家具	安吉超亚家具有限公司	
2	家具、办公用家具	浙江今潮家具有限公司	今潮

数据来源：浙江省工商行政管理局

认定为浙江省著名商标，“玛润奇”“圣奥”“梦莹”等 18 件商标通过复评。

2. 重点企业基本情况

圣奥集团有限公司 2016 年，圣奥集团有限公司实现稳定增长，缴纳各种税费超过 2.72 亿元，取得了经济效益和社会效益双丰收的成果，荣获“全国顾客满意行业十大品牌”“中国最具投标实力办公家具供应商第一名”“中国家具行业信息工作先进企业”“2016 年度全国家具标准化先进集体”“浙江省 AAA 级‘守合同重信用’企业”“诚信示范企业”等众多荣誉。经浙江省家具行业协会六届一次会员代表大会无记名投票选举，一致选举圣奥集团有限公司董事长倪良正为浙江省家具行业协会第六届理事会理事长。

倪良正当选为浙江省家具行业协会第六届理事会理事长（右）；蒋鸿源当选为名誉理事长兼专家委员会主任（左）

公司制造中心通过实施机器换人、新设备引进等项目提升自动化水平，借助信息化工具提升整体运营效率。研发中心重点以“智能、环保、人性”理念，结合新型材料及新技术，开发高智能、高颜值的产品。圣奥博士后工作站加速科研成果的转化，完成了智能声控系统、传感器开发和应用等多项技术的引进及研究工作，与国外设计机构开展技术合作，进行高端产品及前沿技术的开发和研究。截至目前，圣奥集团已申请有效专利共 399 项，10 余起侵权案件获得了维权胜利，并与阿里巴巴等联合成立了杭州电子商务反假联合会，打击电子商务假冒伪劣产品。家具与材料检测中心（实验室）运行日趋正常化，并通过检测设备的升级，检测能力和水平再获提升，为确保产品品质奠定了技术基础。

圣奥慈善基金会在 2016 年，从助学、助老、扶贫、救灾等方面开展 14 个项目。慈善基金会成立至今开展项目 108 个，受益人数达 40 000 余人，累计捐款 5 000 余万元。

顾家家居股份有限公司 2016 年 10 月 14 日，“顾家家居”在上海证券交易所成功挂牌上市，股票代码“603816”。目前，顾家家居产品远销世界近 200 个国家及地区，在全球拥有近 2 000 家品牌专卖店，已成为全球最大的软体家居运营商之一。

顾家家居 2016 年第三季度财报显示，1—9 月实现营业总收入 32.5 亿元，同比增长 26.53%；实现净利润 4.2 亿元，同比增长 21.82%。2016 年，除了强势登陆上证 A 股以外，顾家家居动作不断。3 月，顾家家居服务升级，行业首创家居服务品牌“顾家关爱”，刷新行业服务标杆新高度；4 月，签约邓超先生为顾家家居最新品牌形象代言人；8 月，“816 全民顾家日第三季”以“寻夫启事”“孤独沙发”“816 不加班”等事件营销引发全社会关注；11 月，顾家家居“狂欢购物季第一季”成功举行，天猫旗舰店双 11 单日成交 3.11 亿，打响新零售转型第一枪。

“顾家家居”在上海证券交易所上市

浙江永艺家具股份有限公司 浙江永艺家具股份有限公司是一家国内领先的座椅生产企业，主要从事办公椅和按摩椅椅身研发、设计、生产和销售，并经营部分功能座椅配件及沙发业务。2015年1月23日，“永艺股份”在上海证券交易所成功挂牌上市，股票代码为“603600”，是中国椅业第一股。据永艺股份2016年第三季度财报显示，1—9月实现营业总收入9.9亿元，同比增长16.98%；实现净利润8 523.8万元，同比增长15.2%。

2016年，永艺荣获多项荣誉，其中包括：“中国外观设计优秀奖”、国际发明展览会“发明创业奖•项目奖”金奖、“2016年度浙江省家具行业质量与标准重视奖五星企业”“2016中国家具行业科技创新先进单位”“2016年度安吉县先进院士专家工作站”。永艺于11月被再次评定为“国家高新技术企业”，参与起草《办公家具 办公椅》QB/T 2280—2016、浙江制造团体标准《办公椅》T/ZZB 0081—2016、《办公家具屏风桌》QB/T 4935—2016等标准。

喜临门家具股份有限公司 喜临门家具股份有限公司作为中国床垫行业第一股（2012年上海A股主板上市，股票代码：603008），在2016年，顺利完成非公开发行A股股票事项，共募集资金9.4亿元，当年前三季度营业收入14.18亿元，同比去年增长30.39%。业绩稳步增长的背后，是市场对喜临门品牌与日俱增的信赖。2016年，喜临门大力推进自主品牌建设，新增“可尚”“席乐”“奢里”“麦风”四大品牌系列，以“唱响喜临门”“炫跑喜临门”等为主题的大促活动，形成巨大的市场反响。在第二季“蜜月喜临门”启动会上，喜临门发布了蜜月时光2升级版新款床垫，其采用的cellpur无螨海绵，由欧洲海绵集团（Eurofoam）与兰精集团（Lenzing）联合研制发明，为消费者带来了放心的体验和舒适的睡感。而由其自主研发的智能床垫——老年智能床垫和儿童智能床垫，在2016年研发完成。

目前，喜临门已在浙江绍兴、河北香河、四川成都、广东佛山拥有生产基地。随着与恒大集团的签约完成，加入河南恒大家具产业园项目，意味着位于河南兰考的第五大生产基地布局完成。

年年红家具（国际）集团 年年红集团是目前中国最大的中式名贵硬木家具研发与生产基地之一，公司技术力量雄厚，研发能力强，拥有国际一流的意大利进口烘干设备和300多条家具生产线。同时在东南亚和非洲分别建立了多家木材、板料供应加工基地，为家具生产提供了可靠的原材料保障。年年红旗下“金典”“富典”“东方雅居”“国韵”四个系列齐头并进，经销网络遍布全国各地，产品出口东南亚及欧美等国家和地区。

福建省

一、行业概况

当前，中国经济发展进入了新常态，福建家具行业发展也同样进入了新的发展阶段。从生产制造环节看，行业发展由高速转变为中高速，发展动力由要素驱动转向创新驱动，家具行业结构也不断优化升级。2016 年，全省家具行业在下行压力加大情况下，一部分企业被淘汰，一部分重点企业面临转型升级，但总体发展还是较为平稳。但国际经济形势复杂多变，许多国家经济发展减速，国际家具市场疲软，同时由于贸易保护的原因以及家具产业向低成本国家和地区转移，竞争对手实力增强。故 2016 年福建省家具出口有所下降。

2016 年福建省家具行业实现总产值 950 亿元，同比增长 7.95%。其中规模以上企业 330 家，工业总产值 465 亿元，同比增长 9.4%；利润总额达 26.39 亿元，同比增长 12.5%；税金总额 13.15 亿元，同比增长 3.2%。出口额 34.6 亿美元，同比下降 8.74%；完成产量约 15 123 万件，同比增长 12.1%。企业数约 5 300 家，从业人员约 40 万人。

生产布局上，仍然保持福州、厦门以生产板式家具（办公、民用、校用）为主，莆田以生产中式古典工艺家具为主；漳州、泉州以生产出口美式实木家具、钢管家具、酒店家具、软体家具为主；闽侯、安溪等地以生产竹、藤、铁工艺家具为主；三明、南平、龙岩以生产竹木制品为主的格局。

二、行业纪事

1. 加强设计创新，提升产品竞争力

2016 年，福建省家具协会与国际竹藤组织、福建省林业厅、中国竹产业协会、永安市政府等相关部门在永安市共同主办了“第五届国际（永安）竹具设计大赛”，本届大赛参赛作品达 1 625 件，共评出金、银、铜奖作品 23 件。优秀作品 82 件，并评出金牌指导教师、优秀指导教师和优

2012—2016 年福建省家具行业发展情况汇总表

主要指标	2016 年	2015 年	2014 年	2013 年	2012 年
企业数量（个）	5 500	5 300	5 500	5 500	4 500
工业总产值（亿元）	950	880	810	750	670
主营业务收入（亿元）	940	865	795	735	657
规模以上企业数量（个）	330	331	320	300	280
规模以上企业工业总产值（亿元）	465	433	400	390	370
规模以上企业主营业务收入（亿元）	460	426	393	382	362
出口值（亿美元）	34.66	37.98	37.43	35.60	41.25
家具产量（万件）	15 123	13 500	11 000	10 876.5	11 210

数据来源：福建省家具协会

秀组织奖等奖项。优秀作品在中国竹具城展出。目前，计大赛中部分获奖作品已产生产业化效益，通过此次契机，引导企业开展设计创新活动，提高企业创新意识，以提升福建竹家具行业综合设计水平，扩大品牌影响力。

2. 注重企业文化，实施名牌战略

近几年，企业更加重视企业文化建设，着力实施品牌战略，并取得较好的成绩。至今，已有福建家具集团、诚丰、现代、喜梦宝、森源、国辉、红梅、菲莉、华名华居、冠达星、精工、永嘉、聚丰、杜氏、龙威、三福、贡品轩、福艺、龙禧、华邦、恒星、大家之家、涌泉、建潘卫厨、闽星、怀古、飞鸿、坝下明珠、宏龙、杜氏、西华、英发、恒发、新佳美、玉致、新嘉华等200多家家具企业获得“福建省著名商标”“福建省名牌产品”。好事达、闽兴、福田、南林、木村、国辉、红梅、永嘉等20多家企业获“福建省国际知名品牌”。有千余家企业通过ISO9001、ISO14001、ISO18001、FSC质量管理体系、环境管理体系、职业健康管理体系、森林管理体系认证，以及绿色产品认证。永嘉、百乐等企业还通过了国际玩具协会行为守则认证（ICTI认证）、国际反恐认证等。喜梦宝、木村、玉鹭、森源、华名华居、山中、三福、贡品轩、名艺名居、怀古等多家企业获“中国驰名商标”。另外经过多年努力，2016年6月三棵树涂料股份有限公司在A股上市，福建省华名华居家居实业有限公司在新三版上市。企业通过一系列的品牌建设，进一步提高了市场竞争力。

3. 加强组织建设，提升服务能力

2015年底，福建省家具协会与永安竹产业研究院合作成立福建省海西家具产业发展研究院，旨在推动福建家具产业技术、设计研发、管理等水平提升和实施产学研联盟。2016年5月，为充分发挥协会的人才智力优势，协会参与省科协关于“创新驱动助力工程平台项目的建设”，依托中国林学会、中国家具协会，建立了六个学会服务站；并与福建省海西家具产业发展研究院联合建立福建省竹产业技术创新联盟，以推动福建省企业技术创新和可持续性发展。

4. 组织会议培训，提升企业凝聚力

2016年7月，福建省家具协会六届二次常务理事会议在莆田市召开，会议邀请了福建省海西家具产业发展研究院院长江敬艳、天祥质量技术服务有限公司经理黄金汇、水性科天销售总监殷东升分别作了主题演讲。2016年12月，福建省家具协会暨设计、创新论坛在福州隆重召开。会议邀请了广州德科信息科技有限公司经理李艳芝、广东数夫家具软件有限公司高级管理咨询顾问徐开勇、泉州合创文化创意有限公司总经理周建洪等嘉宾作专题演讲。常务理事会、年会的召开，为提振行业和企业的信心，促进全省家具行业健康、持续、稳定发展起到了一定推动作用。

2015年6月，由三棵树涂料股份有限公司主办、福建省家具协会协办的“聚变·2016中国房地产产业链绿色创新合作高峰论坛”在三棵树总部举行。10月，协会和国际竹藤组织、广东省先进家居产业研究院等单位联合举办“第三届国际（永安）竹天下论坛暨2016中国竹家居装饰产业创新论坛”。同时，还举办了各类培训活动，如与UL、PTS合作主办了“家具产品测试研讨会”，为企业解读最新法规要求，提高产品质量，争取赢得更多市场机会。

三、特色产业发展情况

1. 仙游

莆田市仙游县红木雕刻工艺精湛，自2013年被中国家具协会授予“仙作红木家具产业基地”，被中国收藏家协会授予“中国古典家具收藏文化名城”之后，2014年“仙游古典家具制作技艺”又被国务院列入“国家级非物质文化遗产”保护名录，仙游“中国古典工艺博览城”获评国家4A级旅游景区、被国际木文化学会授予“国际木文化研究与实践基地”。2016年古典工艺家具产值达到368亿元，同比增长14%，规模以上工艺企业数达185家。

2. 漳州

近几年来，在漳州市相关政府部门、行业协会的支持帮助下，家具行业发展较为平稳。产业体系日臻完善，集群效益显现，区域优势明显。2016年

家具规模以上企业总产值 109.39 亿元，同比增长 20.93%；销售 107.61 亿元，同比增长 20.73%；出口交货值 54.14 亿元，同比增长 19.87%。

3. 闽侯、安溪

闽侯、安溪县政府均很重视藤、铁工艺产业，大力扶持该产业，先后打造出“中国藤铁工艺之乡”，藤、铁工艺家具产值逐年上升，但出口有所下降。闽侯县家居工艺品 2016 年出口值约 48 亿元，同比下降 4%。安溪家居工艺品全产业产值达 94.27 亿元，增长 6%；电子商务发展迅猛，全年实现网上交易超 20 亿元，增长约 30%。尚卿乡、城厢镇入选“中国淘宝镇”，淘宝村增至 11 个。家居工艺品出口下降 7.83%。

4. 三明

三明市是福建省重点林区，生产商品木材以及人造板产量均居全省之首。永安同时又是三明市的中国竹笋之乡、中国竹子之乡和全国林业改革与发展示范区，竹资源十分丰富，全市拥有竹林面积 102 万亩，2016 年，永安市竹产业产值达 58.75 亿元，拥有各类竹加工企业 179 家，竹加工产品 400 多个品种，涵盖家具家居建材工艺文化等十多个行业。

四、重点企业介绍

1. 三棵树

三棵树涂料股份有限公司创立于 2003 年，是一家致力于家装涂料、建筑涂料、家具漆、胶黏剂等的研发、生产和销售的大型涂料企业，于 2016 年 6 月 13 日在上海证券交易所 A 股主板上市，登陆中国民用涂料第一股，其品牌价值达到 126.38 亿元。三棵树总部位于福建省莆田市，并在天津、四川、河南建有分厂，企业总占地面积 34 万平方米，年产能 50 万吨以上，员工达 3 000 名。

三棵树在行业首创“健康+”五项新标准，专注于健康产品的研发和制造，“三棵树，马上住”广为流传，是万科、恒大、中海、绿地等百强地产合作伙伴，全球拥有 2 万多个专卖店及网点。企业国家级技术中心面积 6 000 平方米，包括博士后科研工作站、院士专家工作站、CNAS 国家认可实验室等，配置了 100 多台世界领先的科研设备，由诺贝尔化学奖得主杰马里·莱恩教授担任首席技术顾问，参与了 30 项国家标准的制定，拥有 20 多个一级保密配方，90 多项专利及核心技术期刊论文 30 余篇。

2. 喜梦宝

2015—2016 年，公司作为中国青少年儿童家具品牌，与 KIDS&TEEN 英伦印象向市场推出了“最暖空间——大白”“最萌空间——泡泡猪”“最潮空间——芭宝丽”“最酷空间——贝雷”“匠心·马拉松”“匠心·黑森林”等空间。与此同时，喜梦宝凝聚“改变未来的力量”，先后携手央视《语文故事》栏目、湖南卫视《爸爸去哪儿 2》图书互动会、助力中国女排奥运争冠、冠名文明小博客“中国梦·童星梦”全能星大赛等，在全国推出了亲子、教育、才艺等大型公益活动。

在营销上，喜梦宝不断创新营销，升级服务，固本一二线城市，着力拓展三四线城市。喜梦宝携手 KIDS&TEEN 英伦印象推出一系列终端标准 VI 服务体系，3D 设计体验，建立起完整的产品体验，并在国内设有华东、华北、华南、西南等区域，使喜梦宝迅速有序扩张，继 2016 年第 31 届深圳国际家具展获得千万订单后，先后在重庆、台州、海口、永康、青岛、长沙、株洲、太原、兰州、南京、德阳等数十个城市新开多家专营门店，现专营门店总数已逼近 600 家，遍布全国。

3. 森源家具

福建森源家具有限公司，创建于 1994 年，经过多年的发展，已成长为一家集高星级酒店家具、精装豪宅家具、装饰设计一体化的专业化家具企业，是福建省单厂最大的纯花园式的家具工厂。

公司着重推动精装豪宅家具业务取得突破性进展，拓展高端民用定制家具业务。在厦门、北京、上海、深圳、广州等地设立精装子公司，国外设五大办事处：印度尼西亚、印度、迪拜、约旦、吉隆坡，向精装要业绩。业务遍布全球，产品行销网络遍及五大洲 30 多个国家及地区，已为全球 1 500 家高星级酒店提供产品及服务。

2015 年经中国证监会上市公司并购重组审核

委员会审核，公司重大资产重组事项获得无条件通过，森源家具正式步入上市公司行列，森源家具（股票代码：000663），为永安林业（集团）全资子公司。通过对品牌的致力运营，获得行业内唯一荣获世界酒店联盟颁发的“世界酒店·五洲钻石奖”，唯一受邀参与中国装饰协会年会并列为产业示范基地的家具公司。

目前公司拥有专利220件，其中发明7件，实用新型82件，外观131件；商标23枚境内商标，2枚马德里国际商标（商标：新增17枚国内商标，2枚马德里国际商标（美国、墨西哥、法国、德国、英国、意大利、瑞士、印度、澳大利亚、俄罗斯、欧盟等11个国家或组织注册“SUYEN”和“ ”2枚马德里国际商标）；参加GB3324《木家具通用技术条件》国标修订标工作。

公司依靠自身技术力量，制定更加严格的企业工艺技术标准手册，编制家具行业唯一的工艺技术标准手册《家具制造实用手册-工艺标准》。2014年12月31日，在国家版权局登记备案，申请版权，并在相关生产过程予以执行，夯实森源的核心工艺、技术。该创新项目在2015年10月被评为“2014年度南安市创新奖”。

4. 华名华居

华名华居于2016年7月8日在北京全国股转系统正式敲钟挂牌，成为涵江区首家国内上市企业、莆田市第二家新三板挂牌企业，全国红木第一股。

华名华居源出名门，由创建于1980年原省属大型国有企业“华闽”控股，华闽旗下产业投资涉及进出口、林产、房地产、医疗设备、医院、生物制药、文化、旅游等，其中已经和资本市场对接的有主板上市的平潭发展，新三板上市的南方制药和华闽南配等。强大的资本市场背景为公司后续发展奠定了坚实的基础和保障。

公司先后获得中国驰名商标、全国守合同重信用企业等众多荣誉称号。华名华居在业内率先建立现代化的企业运营管理机制，引进MBA管理团队，广募人才，推行目标管理，建立股权分享等长效绩效机制与主人翁企业文化。

华名华居严格推进ISO9000国际质量体系，与华南理工、厦门大学、南京林业大学等九所知名高校开展产学研合作，已建成福建省省级企业技术中心、福建省科技型企业，参与《木家具通用技术条件》《深色名贵硬木家具》《红木类商品销售及售后服务管理规范》等多项国标及行业标准研讨、起草和修订工作，获得“木材干燥工艺”等多项国家发明与实用新型专利。

5. 聚丰工艺

二十年来，福建安溪聚丰工艺品有限公司实现了传统工艺向工业设计的顺利对接，同知名国内国际设计中心合作实现产品的多元化。适时引进机器人和数字加工设备，提高了产品品质和效率，更是获得福建省重点培育文化出口企业以及福建省商检重点出口标杆企业（泉州市首家获得企业）。

6. 漳平木村

为了应对受国内外经济形势下滑的影响，木村公司2016年积极采取措施，推动转型升级。其主要做法是：一是坚持科技创新，促进转型升级。以获得国家级高新技术企业和国家林业重点龙头企业为契机，充分发挥公司在木材保护、改性、综合利用等领域处于行业技术领先的优势，以自主研发为核心，依托产学研合作，推进科技创新，促进转型升级。采用国际先进木材保护技术，开展国际技术合作（联合研发），生产第四代新型有机防腐木材，填补了国内空白。二是实施智能化制造，实现机器换工。购置国际最为先进智能的木材扫描仪、优选分色仪、中央智能吸尘系统和全自动木颗粒等生产设备，对原传统产业及生产线进行智能化提升及改造，可节省人工60%以上，工作效率翻了10倍，木材利用率增加7%以上。三是充分利用木屑等废弃物，促进循环经济发展。充分利用木材加工后剩废的木屑、边角料等制成生物质清洁燃料和建筑新材料，木材利用率达100%。同时，又提高“三剩”废弃物产品的附加值，提高企业经济效益。

江西省

一、行业概况

据江西省家具协会统计，2016 年，江西省家具制造业规模以上工业企业累计实现主营收入 1 210 亿元，同比增长 12.09%。其中，木质家具制造业实现主营业务收入 1 076 亿元，金属家具制造业实现主营业务收入 134 亿元，同比增长 13.3%。

中国（赣州）第三届家具产业博览会开幕式现场

二、行业纪事

1. 中国（赣州）第三届家具产业博览会

5 月 28 日上午，“中国（赣州）第三届家具产业博览会”在江西省赣州盛大开幕。本届家博会由国家林业局主办，江西省人民政府、中国家具协会为特别支持单位，总展面积超过 160 万平方米。本届家博会共吸引全国各地参展企业 8 000 多家，集中展示机器人喷涂、3D 打印、智能家具、现代检测等江西家具全产业链最新创造成果，参展企业数、展会规模、展示会档次创历届之最。

第三届中国中部（九江）红木家具博览会现场

2012—2016 年江西省家具行业发展情况汇总表

主要指标	2016 年	2015 年	2014 年	2013 年	2012 年
规模以上企业家具产量（万件）	2 508.75	2 162.10	1 440.92	1 264.56	1 436.61
出口值（万美元）	71 223.45	93 669.84	80 782.09	116 485.94	99 139.44
进口值（万美元）	1 473.72	561.92	193.30	96.88	53.26

数据来源：中国轻工业信息中心

2. 第三届中国中部（九江）红木家具博览会暨长江经济带发展论坛

9 月 9 日，“第三届中国中部（九江）红木家具博览会暨长江经济带发展论坛”在瑞昌市拉开帷幕。本届博览会由国策智库研究院、中国国际经济合作学会、江西省家具协会、江西省林业产业联合会、江西立信集团等单位联合主办。会议邀请了国家有关部委的老领导和刚果利比里亚等多个国家的驻华大使商务参赞出席此活动。本届红博会吸引了全国 300 家企业、2 000 位经销商参会。

3. 调整结构，推进供给侧改革

江西省家具行业积极响应和认真落实中央和省里关于去产能、去库存、去杠杆、降成本、补短板（即“三去一降一补”）的供给侧结构改革部署和要求。精准打出稳增长“组合拳”，全行业通过坚持创新驱动、技术改造、加强产业配套服务，使产业链的形成趋于完整，助推了品牌质量、信誉的提升。一是全屋定制家具的兴起，满足了特殊消费者的个性需求；二是创意设计水平的提高，有效地满足了对中高档家具产品的需求；三是一批新技术、新材料、新工艺的应用和新产品的开发投放市场引导了市场的需求；四是随着人们对品牌家具的认知度越来越高，增加了市场对品牌家具的需求；五是部分企业和卖场改革商业模式，开始探索进行线上与线下相结合的网络销售方式，扩大了产品需求。

4. 家具产品市场商业模式变革有新突破

江西省家具产品专业卖场和独立门店都在积极探索，变革商业模式主动适应经济新常态下的家具市场变化。江西省各家具专业卖场、独立门店坚持优化供给和拓展渠道相结合。一是与房地产公司联合进小区宣传进行促销；二是抓住重大节日、假期时间节点，开展重点促销；三是与家具设计、装饰公司联合结成战略联盟跨界进行资源整合与共享，变单一的家具产品经营向与产品售前、售中和售后服务相结合联合促销；四是涉足互联网＋，开始探索进行线上与线下相结合的网络促销；五是根据消费群体的不同、收入的不同、年龄的不同，实行差异化促销。在当前家具市场疲软不太景气的情况下，由于销售模式的变革，方法得当、服务周到，全省家具专业卖场、独立门店的销售额总体仍然是增长的。

5. 推动外贸发展，开拓国际市场

赣州港的建成为南康家具产品出口提供了很好的平台。企业在积极响应政府号召，不断提升发展家具外贸的意识，以强烈的使命感、责任感和饱满的热情投身到南康家具外贸转型中来，用好南康家具出口公共平台。同时，企业要实施走出去战略，参与到协会组团到中东迪拜、波兰、土耳其、美国高点等全球的家具展会中，开阔眼界、拓展国际市场、获取订单、积累经验，在做好国内市场的同时，逐步做好家具出口，实现内外贸并举。

三、特色产业发展情况

南康区有众多的家具企业在当地政府的领导和指导下，开展了“个转企，小升规”工作，引领南康家具企业依法经营、诚信经营、规范发展。樟树市金属家具产业基地的科技园和创业园正在如火如荼的加紧建设中，部分企业已投入正常生产和试生产中。南城县校用家具产业基地的微小创业园发展，其聚集效应作用明显。据不完全统计，南康中国中部家具产业基地实现营业收入 1 020 亿元，同比增长 22.9%；樟树市中国金属家具产业基地实现营业收入 134 亿元，同比增长 13.3%；南城中国校用家具生产基地实现营业收入 42.6 亿元，同比增长 18.3%。

樟树市中国金属家具产业基地的不少企业都建立了自己的科技研发机构，有的已被授予省级、市级的高新技术研发机构。南康中国中部家具产业基地的许多企业加强了与家具研发机构，咨询机构的合作。南城中国校用家具产业基地的企业加强了对校用家具产品的研发力度，加大了对设备进行技术改造，重视了产品的外观设计。红木家具企业在传承的基础上，加大了创新力度。企业通过技术创新、产品创新、营销创新，增强了企业的核心竞争力，不断提升了产品附加值，扩大了企业影响力，促进了企业的持续稳定发展。

四、品牌发展和重点企业情况

1. 江西白莲钢质制品有限公司

江西白莲钢质制品有限公司位于九江南大门——永修县。公司创建于 2002 年 5 月，公司占地面积为 33 200 余平方米，注册资金 6 110 万元，是一家集研发、生产、销售于一体的现代化专业企业。并拥有一支过硬的员工和技术研发团队，创建了省、市级金属家具技术研究中心。公司技术力量雄厚，拥有国际先进的数控生产线设备，数条先进的生产流水线和德国进口全自动酸洗、磷化、静电喷塑流水线。2012 年、2015 年两次被评为“国家高新技术企业”，获得国家发明专利、国家科技成果各一项、国家实用新型专利 50 项。主要产品有智能密集架系列、智能安防保险设备系列、智能金属家具系列、文件柜系列、普通密集架系列、图书装备系列、校用设备系列、医用设备系列、仓储货架系列共九大系列，200 多个品种。

2. 赣州市南康区金海家具有限公司

赣州市南康区金海家具有限公司，座落在中国中部家具产业基地——江西省赣州市南康区，创立于 1993 年。其“亚欧神韵”品牌先后荣获“江西省著名商标”“江西名牌产品”“全国质量、信誉 AAA 级企业”等荣誉称号。

3. 江西自由王国家具有限公司

江西自由王国家具有限公司始创于 2010 年，公司不断提升产品生产线的自动化水平，并先后引进了 3 条自动化喷涂生产线。组建了专业的研发团队，现已发展到近 20 人的专职研发人员，积极探索产学结合。对外不断开拓销售渠道，实体店与网络同时推进，移动互联网领域也不缺席，做到所有销售渠道全覆盖。为了提升服务品质，不断引入和提升内部管理的信息化水平，2014 年完成了 ERP 系统的导入，2015 年与中国航天科工集团下属航天云网合作开发导入云端系统服务。

4. 江西光正金属设备集团有限公司

江西光正金属设备集团有限公司座落于中国金属家具产业基地——江西樟树，是一家集设计、研发、制造、销售智能金属设备的国家大型科技骨干企业。公司成立于 2012 年 10 月，注册资金 1.40 亿元，生产经营场地 13.3 万平方米 ，员工总人数 1 060 人，其中高级技术管理人才占 10% 以上，专业技术骨干 30% 以上。2016 年，实现销售收入 3.12 亿元、税收 980 万元。

公司技术力量雄厚，生产设备先进。拥有成套国际领先的专业数控生产设备，德国“通快”光纤激光切割中心、全自动智能化喷塑流水线、德国“通快”数控冲压机床、数控折弯机等高端设备，为产品的质量和精美度提供有力保障。主要产品有：档案装具、图书馆设备、智能快递柜、智能存包柜、安防设备、银行安全设备、钢制家具、仓储设备、医用设备、智能立体停车设备、电力设备、高端机柜、网络自助设备 13 大系列 500 多个品种。

山东省

一、行业概况

2016 年山东家具生产企业 4 500 余家，实现主营业务收入 1 584 亿元，同比增长 8.5%。其中规模以上企业 553 家，实现主营业务收入 920.22 亿元，同比增长 2.3%，规模以上主营收入居全国第二位。木质家具企业实现主营业务收入 794.98 亿元，同比增长 1.66%。出口额 26.35 亿美元，同比增长 5.06%，出口额居全国第六位，山东家具尤以实木家具、软体家具及人造板等最具行业优势。

二、2016 年经济运行情况

2016 年是“十三五”开局之年，国内经济持续处于下行期，行业增速继续放缓，2015 年新《中华人民共和国环境保护法》实施后，作用逐步显现，企业对环保的重视程度明显提高，体现在生产过程中的每个方面。特别是木工开料车间、打磨车间及油漆喷涂车间，企业在抓紧进行设备的升级改造；同时安监部门、消防部门增加了对企业的检查及处罚力度，行业的门槛在逐步提升。企业在环保设备改造升级、消防设施（消防栓、灭火装置、消防隔离墙、消防池、车间喷淋系统等）改造升级、企业安全生产管理制度、安全生产作业环境、从业人员安全培训等方面加大了力度。随着全面建成小康社会的深化，城镇化的不断推进，人们对居室生活质量的要求日益提高，未来家居消费仍然有很大的空间。总体而言，家具作为传统行业既面临机遇，又存在挑战。主要分析如下：

1. 产业新模式作用日益凸显

在既有传统消费模式的基础上，新型产业模式渐次形成且市场占有率逐年提高，如：整木家装、定制家具类产品，受到消费者的青睐，大家居模式在成熟与完善。“两化融合”速度加快，定制类家具通过信息软件处理程序，将产品信息传递给备料环节，经过生产加工、物流配送、产品安装等环节精准到客户，更加精准、便捷、高效。通过技术创新、设备改造升级，新型数控设备的使用，降低人工投入，提高设备利用率，提升产品加工精度。向管理要效率，利用现代生产管理软件有效提高企业的生产能力，并切实降低企业的生产成本，提高企业产品附加值。

2012—2016 年山东省家具行业发展情况汇总表

主要指标	2016 年	2015 年	2014 年	2013 年	2012 年
主营业务收入（亿元）	1 584	1 460	1 332	1 210	1 085
同比增长（%）	8.49	9.61	10.08	11.52	14.81
规模以上企业主营业务收入（亿元）	920.22	982.00	858.45	820.80	702.10
同比增长（%）	−6.29	14.39	4.59	6.91	15.81
规模以上企业出口值（亿美元）	26.35	25.07	24.45	23.53	19.45
同比增长（%）	5.06	2.54	3.91	20.98	11.59

数据来源：山东省家具协会

2. 新产品、新技术、新材料的研发加快

伴随行业的发展，竞争的加剧，新产品、新技术、新材料在快速跟进。新产品的设计已经成为企业的共识，设计已成为行业发展的最大引擎，避开产品同质化，实现更多个性化、多样性产品。新技术可以有效提高生产效率，降低制造成本，实现产业的升级发展。新材料可以促进产品质量的进一步提升，从家具产品功能性、色彩、舒适度等方面得到提升。

3. 实木家具仍然是消费的主流

由于国内板式家具甲醛释放量达标率仍然不高，同时人们环保意识的不断增强，经济可支配收入的提高，实木类家具产品仍然是当前及未来几年的消费主流产品。对企业的原材料储备、木材干燥、设备更新、生产管理等环节提出了更高要求。

三、行业纪事

1. 山东家具产业转型升级召开阶段性总结评估

2016 年 7 月 21 日，山东家具产业转型升级阶段总结评估会议在省府召开。副省长张务锋、省府办公厅、省政策研究室、省发改委、省经信委、省轻工联社等相关政府职能部门领导参加了会议。

山东省家具协会做了“山东家具产业转型升级阶段发展情况”专题汇报，家具行业在“两化融合”、环保意识、产业集群及展会贸易等方面取得了较快发展。同时影响行业发展的短板如设计研发力量薄弱、营销模式创新不足等问题仍然较为突出。下一步将在行业公共服务平台（设计平台、贸易平台、技术平台、电商及信息化平台）、专业展会、人才培训、产业集群建设、企业生产条件规范等方面加大力度。与会各职能部门对家具产业转型升级报告给予了肯定，对一年多来家具产业升级发展给予了高度评价，对推动产业创新发展、转型升级、提质增效具有重要意义。

2. 首次举办红木家具培训班及产业链供给侧创新发展论坛

2 月 28 日—3 月 1 日，首次“器以载道”——山东红木家具文化传承创新培训班在济南举办。培训班旨在提升红木家具行业从业人员的传统文化认知。由故宫博物院副研究馆员周京南、京作家具工艺技术传承人田燕波、南京林业大学木材科学研究鉴定所徐魁梧等行业专家、学者进行了为期三天的系统培训。

家具产业供给侧创新与发展峰会于淄博举行

7 月 9 日，首次“家具产业链供给侧创新发展论坛”召开，邀请产业链上游原材料（板材、油漆、胶黏剂、纺织面料）、机械设备（涂装设备）、软装饰品（灯饰）优质供应商对新材料、新工艺、新技术进行了系统讲解。东莞大宝化工有限公司分析了油漆应用与新型水性漆的市场状况，在技术服务层面为客户提供贴身式服务；广东顺德博硕涂装技术公司，旨在在涂装行业做深度服务，解决家具企业遇到的木材的涨筋与浮色，干燥度等问题；厦门太龙照明从初始成本、使用成本、维护成本几个要点做出分析，给家具企业提供更多合理性选择意见；和略钧策管理咨询公司围绕生产环节，打造高效的生产管理模式，助推企业提高生产效率；广州永特耐木胶贸易公司从胶黏剂行业的走向及永特耐产品在市场中的竞争力与大家做了讲解；山东华达永恒布艺运用新材料服务于不同客户，帮助客户实现产品的差异化；济南福润德木业有限公司对公司开发的负离子生态板材进行了系统讲解。

3. 成功举办第 13 届青岛国际家具展览会

5 月 25—28 日，“第 13 届青岛国际家具展”在青岛国际会展中心举办，展会展示面积 12 万平方米，参展企业 650 余家。四天展期，专业参观商人数累计达 9.2 万人次，采购客户区域更加广泛，覆

第 13 届青岛国际家具展观众入口

盖 20 余个省市自治区。秉承打造全产业链高端贸易平台的宗旨，青岛展坚持创新，以深拓全国二、三、四线市场为目标定位，领跑北方家具展会，并助推北方家具产业的升级发展。

4. 召开山东省家具协会六届一次会员代表大会

11 月 24 日，“山东省家具协会六届一次会员代表大会暨中国家居行业名家讲坛——2016 创新模式汇”在济南召开，来自全省各地的 400 多位家具企业、机械辅料企业、橱衣柜和门窗企业、家具商城以及媒体代表共同参加了本次会议。会议选举烟台吉斯家具集团有限公司为新一任会长单位，青岛一木集团有限公司、联邦家私（山东）有限公司、山东银座家居有限公司、青岛裕丰汉唐木业有限公司、山东欧克家具有限公司等 5 家企业为轮值会长单位。

四、特色产业集群情况

1. 中国实木家具之乡——宁津

2016 年，宁津县家具产业实现主营业务收入 118.72 亿元，增长 4.26%；利税 15.99 亿元，增长 3.8%。实木家具产品远销国内 20 多个省市并出口 10 多个国家和地区。2016 年，完成出口创汇 2 879 万美元，同比增长 13.66%。

申报建立家具企业知识产权运营平台项目，已在山东省知识产权局完成答辩。平台建成后将实现专家、企业、服务机构三方线上互动，完成宁津家具产业专利数据库和专利池建设。针对国家的环保政策，宁津县家具产业也进行了大规模的整改。集中建立喷漆中心，并推广使用水性漆；安装中央集尘设施或水帘吸尘设备等，减少有机挥发物及粉尘的排放。

2. 中国软体家具产业基地——周村

周村家具及原辅材料企业 4 125 家，从业人员

第二届周村家具采购节

山东省家具协会六届一次会员代表大会现场

约 6 万人，产值达到 163 亿元，同比增长 8.6%。2016 年 4 月 22—25 日，"第二届周村家具采购节暨原辅材料展"成功举办；产品涵盖了软体家具、实木家具、客厅家具、原辅材料等产品门类；"首届中国软体家具产业基地创新发展论坛"同期举行。顺应国家治理环保的新形势、引导企业更换环保设备，配套使用相关脱硫、脱硝、除尘等环保设备，大幅降低污染物排放，组织清洁能源替换工作，保证废气排放达到国家环保标准。

五、品牌发展及重点企业情况

2016 年山东省名牌产品名单

公司名称	品牌及产品
山东凤阳集团股份有限公司	"凤阳"牌 沙发
山东福王家具有限公司	"福王"牌沙发
青岛海燕置业集团有限公司	"德鲁奥"牌办公家具、沙发
青岛永益木业有限公司	"华谊"牌 办公家具
山东大唐宅配家居有限公司	"唐"牌书柜
山东蓝图家具制造有限公司	"蓝图"牌办公家具、沙发
山东金诺集团有限公司	"金诺"牌电动密集架、钢制书架
山东菏泽红旗家具制造有限公司	"华菏"牌办公家具
山东新郎欧美尔家居置业有限公司	"欧美尔"牌沙发
山东巧夺天工家具有限公司	"巧夺天工"牌红木家具

2016 年山东省著名商标名单

公司名称	品牌及产品
山东富尔玛集团有限公司	"富尔玛阳光家及图"商标
山东红星百瑞特制造有限公司	"红星百瑞特及图"商标
山东大立华家具有限公司	"大立华及图"商标
临沂市兰山区银港板材厂	"梦千年及图"商标
临沂市麒诺家俱有限公司	"麒诺及图"商标
夏津县新天地装修装潢有限公司	"联首新天地"商标
聊城鲁星家具有限公司	"鲁星"商标

1. 烟台吉斯家具集团有限公司

2016 年吉斯集团实现销售产值 27 493 万元，同比增长 5%，实现利润 2 169 万元，同比增长 3%，公司荣获 2016 年度"全国家具标准化先进集体""中国轻工业百强企业"荣誉称号。2016 年成立家具销售公司，加大了招商力度，新增了拓展部并成立济南办事处。集团公司进一步加大了新产品的研发力度，吉斯拉图、吉斯慧智能家具系列相继问世。在 5 月青岛家具展上，凤羽和吉斯拉图系列大放异彩，吉斯床垫一举夺得床垫系列"金奖"。

沙发和床垫作为主打产品，已经拥有相当成熟的技术及配套。随着人们对生活品质的要求不断提高，从设计创新和材料运用作为切入口，嫁接智能家居。"吉斯慧"智能健康睡眠体验中心共研发出三大系列产品：智能 a 助眠系列床垫系列、智能电动系列床垫系列、智能温控＋磁疗系列床垫。

2. 青岛海燕置业集团有限公司

青岛海燕置业集团有限公司创建于 1998 年，位于青岛市城阳区棘洪滩金岭工业园，占地 13 万平方米，以生产实木门、橱柜、办公家具、欧式实木门窗等产品以及外销为主。销售分布于日本、美国、欧盟等市场。集团注册资本 8 000 万元，员工 400 余人，是目前较具规模的自营进出口外向型民营企业。

2016 年公司实现销售收入 19 771 万元，同比增长 5%，出口额 15 381 万元，同比增长 5%。海燕置业集团是青岛市技术中心，青岛市工业设计中心。公司参与了《实木复合门》行业标准 1 项，企业申请发明专利 7 项，实用型专利 5 项，国家创新基金 1 项，企业有重点创新项目 5 项，产学研项目 3 项，创新培育计划 1 项，技术成果转化 1 项，成长型小企业 1 项。面对行业升级，公司先后引进了国外先进的生产设备，如德国下料扫描优选线、德国顶特拼板机、德国威力立型四面刨等世界一流的生产设备，引进全球除尘设备技术领先的丹麦 Blue-vent 公司除尘系统设备，该系统全方位覆盖公司内所有车间的生产设备，是公司自主研发、创新设计的新型节能、环保粉尘收集余热利用系统。

3. 山东大唐宅配家居有限公司

山东大唐宅配家居有限公司专业从事整体厨

房、橱柜、板式家具的开发、生产和销售。公司厂房 10 万平方米，目前拥有多条德国豪迈自动化生产线，年产橱柜、衣柜、板式家具 80 万件。2016 年销售收入比 2015 年增长 36%，新增连锁店 86 家，产品新增花色 30 多个，公司生产的“唐”牌书柜产品 2016 年被认定为“山东名牌”产品，公司产品研发中心被认定为省级企业技术中心。

2016 年，公司新建 15 000 多平米车间投用，6 000 多平米研发楼建成，实木门板产品上线；零甲醛果香板投入使用并得到了消费者的认可；投资 200 多万元安装中央集尘装置，解决了粉尘的污染问题，改善了工作环境；自动拆单、优化排料系统全面铺开，材料利用率大幅提高，智能化工厂步伐加快；基于物联网的智能厨房产品推向市场；申报发明专利 3 项；阶梯排列的书架等 3 项产品获省创新成果奖；桌柜几类小家具实现网上销售。

4. 山东鑫迪家居装饰有限公司

2016 年公司完成销售收入 3.9 亿元，利税 8 500 万元，同比增长 25%。在大环境不利的影响下，公司业绩却实现了逆势上扬的良好势头。公司先后获得“中国木门特级企业”“国家林业龙头企业”等荣誉称号。

增强产品研发能力，注重技术创新。以山东省技术创新为平台，购置了相关的软件设施，建立了三维 CAD 计算机辅助设计、水分检测仪、甲醛、苯元素分析仪、雕刻设计机，确保产品研发顺利实施。加大产品研发力度，在原有生态门产品改进设计的同时扩展其他新产品领域。加强“产学研”合作交流力度，与山东大学、山东工艺美院合作，在生态门设计、设备改进技术、工艺流程等方面取得了显著成就。现公司已拥有外观使用新型专利 17 项，发明 2 项。

公司建立完善安全环保生产流程检测体系，生产、检测“两条腿”同时走路，有效提高了产品的合格率，产品也得到用户的好评，特别是引进国内外先进柔性加工生产线，融入除尘防爆设备，通过运用信息技术和现代制造技术，集成创新产品工艺设计和生产监控广泛采用计算机技术，提高了工艺的合理性、经济性和生产过程的自动化程度。品质量位居于同行业前列。

5. 山东艾兰仕家具科技股份有限公司

2016 年山东艾兰仕家具科技股份有限公司主营业务收入为 17 603 万元，同比增长 75.72%，生产主要以 OEM、工程单为主。公司突破技术难题，创新产品“E＋板”与“E＋石”相继推向市场，两种新技术产品以其独特的优势得到良好的市场反馈。针对国家环保政策，公司对现有的加工设备生产线进行了升级改造，全线改造后整个生产加工的车间 VOCS 排放标准均达到了标准要求。

河南省

一、行业概况

2016 年，河南家具行业前三季度规模以上企业主营业务收入 6 772.31 亿元，同比增长 8%；利润完成 402.7 亿元，同比增长 10.9%。两项主要经济指标增速高于全国平均水平，销售总量名列全国前茅。

河南是家具大省，但不是家具强省。存在着行业大、企业小，全国知名品牌欠缺，销售收入上亿元的企业不多。产业结构不尽合理，高附加值的一线产品少，品种、品质、品牌与邻省山东相比有一定差距，与广东相比相差更远，有效的供给能力和水平难以适应当前我国消费升级需求。

二、行业发展趋势

1. 加快供给侧改革，冲全国一线品牌

河南家具为了改变现状适应新的形势，满足消费升级的新需求。产品升级以市场为导向，与中国家具设计之都深圳无缝对接，按照消费升级需求以及市场流行趋研发新产品。 尤其是河南实木家具生产企业加快供给制改革，瞄准国内一线品牌，采用先进的运营模式。一是重金邀请国内知名设计师和设计机构研发新产品；二是跨省聘请高级技师、工艺师，在生产过程中坚守工匠精神，对工艺技术精益求精。在转型升级中找差距，补短板，调整产品结构，有效推动河南家具产业转型升级，河南制造向河南创造，河南产品向河南品牌转变。深圳设计河南原创，为河南家具跑步进入全国一线品牌打下良好基础。

2. 从单一定制到全屋定制

2016 年以来，河南省定制家居以市场为导向，不失时机地调整产品发展方向，从单一定制向全屋定制转型升级。大信、意利宝、翰美居等一大批优秀企业从单一的橱柜、衣柜、门定制迅速向卧室、书房、客厅、餐厅等领域拓宽。

3. 转变销售模式

近年来，河南家具企业参加全国性展会的企业呈上升趋势，尤其是参加东莞、深圳、天津展会的企业越来越多。营销模式的转变促进企业转型升级，产品品质、档次向中高端延伸。同时创新新产品研发、生产、销售的新模式，利用全国展会平台全面展示河南家具的整体形象，扩大河南品牌知名度、

2012—2016 年河南省家具行业发展情况汇总表

主要指标	2016 年	2015 年	2014 年	2013 年	2012 年
规模以上企业家具产量（万件）	5 885.37	5 513.71	4 946.80	4 713.53	3 982.98
出口值（万美元）	47 056.55	36 422.41	31 921.52	64 760.43	49 790.73
进口值（万美元）	244.34	261.95	320.92	295.82	225.09

数据来源：中国轻工业信息中心

附加值，在全国找到适合自己发展的合作伙伴，迅速打通国内外中高端家具市场。

三、特色产业发展情况

1. 招商引资情况

河南省省委、政府高度重视家具产业，虽然在资金上没有给予直接支持，但在招商引资方面各级政府付出很多。清丰、羊山、兰考、原阳、尉氏等五个园区招商引资效果良好，走在全国同行前列。随着政府环保力度不断加强，倒逼京、津、冀家具产业向中部地区基础条件比较好的清丰等家具产业园区转移。最近，国家发改委正式发布《促进中部地区崛起“十三五”规划》，明确提出中部顺应经济梯度转移趋势，积极探索产业转移的新模式，吸引和支持东南沿海符合环保等要求的产业，国内外知名企业生产基地等向中部地区有序转移。河南经过几年不懈的努力，各个家具产业园初具规模，基础条件好，承接符合环保条件的知名家具企业向中部转移非河南莫属。

2016 年，香河百家中小企业成片签约抱团入驻清丰产业园区，并进一步扩大成果，主动承接京津冀地区家具产业向清丰转移的各项准备工作；由广东恒大房地产企业牵头，喜临门、顶固、索菲亚、曲美等六家国内一线品牌共同签约入驻兰考；信阳家具小镇的广东企业已陆续竣工投产，产量虽然不大，但起点高、款式新、工艺精湛、做工细腻、价格适中，在中部有良好的市场空间；原阳、尉氏园区的郑州企业大多数生产经营情况趋稳，尤其是拿到土地证、房产证的企业，贷款、还款压力减缓，融资成本降低，生产效率提高，企业已步入良性循环的发展阶段。

2. 特色园区情况

洛阳庞村是我国重要的钢制办公家具产业基地，包括庞村镇以及周边村镇在省外的生产企业，其销售量约占全国总量的 60% 以上。近两年来，庞村镇加快转型升级补短板，投巨资引进国内外先进成套设备、关键设备和先进工艺，努力赶超国内外企业先进水平，不断满足国内外消费升级的需求。同时，洛阳伊滨新区已做好省外优质企业回迁准备，扩大园区规划，调整土地指标，支持企业回归，进一步做实做强洛阳钢制家居产业。

四、品牌发展和重点企业情况

根据国务院办公厅《关于开展消费品工业“三品”专项行动营造良好市场环境的若干意见》和《河南省轻纺工业“三品”专项行动计划》，为推动河南省家具行业增品种、提品质、创品牌，改善经营环境，全面提升家具产品有效供给和需求能力。2016 年，河南省家具行业在“三品”战略中涌现出来的河南省雅宝家俱有限公司、新乡市大班家具实业有限公司、洛阳市森傲家具有限公司等 30 家先进企业和优秀品牌进行了表彰。

湖北省

一、行业概况

2016年，湖北省家具行业稳中有进，全省规模以上企业175家，主营业务收入193.5亿元，比同期增长18.4%；全省家具生产企业约3 500家，主营业务收入360亿，同期增长20%。随着家具产业园区企业的陆续建成投产，全省家具产业将进入快速发展阶段。

二、品牌发展和重点企业情况

由于经济发展放缓，制造业面临前所未有的困难，家具行业在本轮表现尤为突出，湖北省原有家具企业主要以板式家具和软体系列为主，高端家具系列相对偏少。而随着城镇化建设的加快，人口结构比例调整，板式家具市场所在的乡镇市场日渐萎缩，企业面临新的市场环境，积极调整思路，转型升级，开发适应当前市场的新品。

以金都家具和石磊家私为代表的一批套房企业，通过市场走访，企业学习，在保持原生产系列产品的同时转型进入定制家具行业，并已经开始规模化生产。而超凡和荣星为代表的高端实木制造企业，通过与国内知名产品设计机构和专业院校合作，不断研发出新的产品，超凡家具旗下的小美实木系列在市场上已经取得较高的占有率，荣星家具的新中式风格布点全国多个城市高端家居市场。

软体家具代表企业联乐集团作为软体行业标准起草单位，从国外引进世界领先水平的软体家具生产设备和全电脑控制的软体家具生产流水线，运用新材料、新工艺、新技术，先后研制开发了“智能温控床垫”“护脊保健床垫”“植物弹簧床垫”“竹碳保健床垫”等30余种健康睡眠新产品并获得国家专利。年生产各种床垫20多万张、沙发20多万件，年创产值3亿元，产品远销欧洲、澳洲、中东、东南亚等多个国家和地区。

星球集团在面临产能上不去，产品款式落后等诸多问题的情况下，与专业机构合作，从产品到营销全面托管。半年时间，星球家具实现了品牌、产品、市场、渠道、管理、技术与服务的全面升级，形成了以北欧全实木、中式全实木等全新十三大系列产品，推出了“终身事业伙伴”的全新渠道模式，实施了无缝对接的点对点服务模式，率先在行业中全面使用水性涂料，以全新的姿态呈现给全国的经销商朋友，得取和广泛的认可。

索菲亚湖北生产基地，占地面积800亩，于2015年在黄冈建成投产，2016年产值3亿元左

2012—2016年湖北省家具行业发展情况汇总表

主要指标	2016年	2015年	2014年	2013年	2012年
规模以上企业家具产量（万件）	669.26	654.80	600.39	453.87	315.20
出口值（万美元）	15 985.03	19 961.64	14 302.48	14 501.84	13 084.35
进口值（万美元）	4 649.17	3 824.54	5 271.09	4 501.23	4 451.58

数据来源：中国轻工业信息中心

右，作为定制家居龙头企业，利用其营销品牌优势，引领定制家居行业发展，为定制家具企业树立了标杆。博洛尼咸宁生产基地也在 2016 年创造近 2 亿元产值；行业知名企业利用地理位置优势布局湖北，为湖北省家具制造业带来新的发展动力。

2016 年湖北省名牌产品名单

公司名称	品牌及产品
湖北宜昌雅佳明妃家具有限公司	明妃家具
湖北宝源木业有限公司	宝源定向板
湖北天先实木家具有限公司	天先实木家具
武汉和美家居有限公司	一新橱柜
武汉超凡家具制造有限公司	超凡实木民用家具
湖北荣星家具有限公司	红荣居实木民用办公家具
湖北联乐床具集团有限公司	联乐弹簧软床垫 / 沙发
武汉联乐床具有限公司	人间乐床垫 / 沙发
武汉龙翔家私有限公司	龙翔床垫
湖北米迪家具有限公司	米迪弹簧软床垫
湖北崇阳天森实业有限公司	天森实木家具

三、第二届武汉国际家具展

2016 年 4 月 22—25 日，“第二届武汉国际家具展”成功举办，展出产品品类丰富，通过原创设计、精品展出等方面为广大参展企业提供沟通竞技平台，企业通过参展获取所需要的经销商，展会与企业市场发展相辅相成。

随着人民生活水平的提高，人们对家居用品的要求也从单纯的产品服务提升到生活幸福指数，产品新颖、健康环保、舒适感强，一站式的体验消费场所越来越受到消费者的青睐。2016 年，欧亚达、居然之家、红星美凯龙、月星家居在湖北家具流通市场领域疯狂抢占布点，从一线城市到二三线城市，武汉、襄阳、宜昌、孝感、咸宁、仙桃、蕲春等地均已有卖场巨头入驻，当地家居消费服务水平将会大幅提升，为全省部分家具生产企业市场布局提供了良好的销售展示平台。

四、特色产业发展情况

湖北省近 10 万亩的家具产业园在全国家具领域独树一帜，经过几年的发展，不同地区产业表现出不同特色：

潜江华中家具产业园通过资产重组，以家具产业为基础，打造生态家居新城，企业市场可谓双赢，已经形成以全友、好迪、金天拓为代表的一批家具生产企业。

红安融园家具产业园则以板式套房家具企业为主，已逐步步入正轨，其重点企业成都千川木门红安生产基地年产值近 3 亿元。汉川金鼓城家具产业园以办公家具生产为主，从办公家具领域转型到实木家具领域的金海家具经过几年的努力，2016 年年产值增长 30% 以上。

香港国际家居产业基地是以“香港家私协会+平台运作公司”的运行模式，目前已经有 58 家规模以上企业入园征地近 8 000 亩，20 多家企业开工建设，部分企业已建成投产，预计将在 5 年左右的时间完成 2 万亩的工业招商和建设，产业配套及生活配套也将在 2017 年全面启动。基地建成后可实现销售收入 1 000 亿元，可解决 10 万～15 万人就业，利税达 200 亿元。园区主要以大岭山家具协会及香港家私协会的会员企业为主。

新凯龙公司入驻华中家具产业园

香港国际家居产业园 C 区入园企业开工建设仪式

武汉市

一、特色产业发展情况——武汉新港（阳逻）国际家居产业园

武汉新港（阳逻）国际家居产业园是华中地区唯一综合类泛家居产业园，位于武汉阳逻经济开发区的核心地段，是国家长江经济带家具家居产业航母，具备大联运交通的便利。总占地面积 1 570 亩，规划建设面积达 200 万平方米，分为 7 期进行完善开发和建设。其中，一期已经于 2014 年 12 月全面展开，涵盖 9 栋生产厂房、8 栋研发中心及展示厅、高层综合楼等设施。品类上囊括家居综合生产区、品牌家居生产定制区、家居辅料批发市场、产品研发中心、展示中心、生活配套区等，并打造 255 亩独立仓储配送中心。

二、第二届武汉国际家具展

“2016 第二届武汉国际家具展”于 4 月 25 日在武汉国际博览中心圆满谢幕。展会历时 4 天，来自全国各地的家具企业及上下游产业的展商 412 家共同展现了在中部家具市场的开拓趋势，来自中部六省的专业买家近 5 万人次一起见证了本次家具盛宴。大数据显示，中部地区家具市场具有巨大的潜力，目前三四级市场为主导，中低端品牌仍为经销商主要选择对象。中部家具市场是处在上升期的初始阶段，作为刚起步的展会，场馆之大，展费之低，交通之便利，是有所展会不具备的，能有现在的规

第二届武汉国际家具展观众入场

2012—2016 年武汉市家具行业发展情况汇总表

主要指标	2016 年	2015 年	2014 年	2013 年	2012 年
企业数量（个）	1 080	1 150	1 200	1 150	1 090
工业总产值（亿元）	80	85	90	80	70
规模以上企业数量（个）	20	30	35	20	15
规模以上企业工业总产值（亿元）	20	25	25	20	15
规模以上企业主营业务收入（亿元）	15	25	25	20	15
内销（亿元）	85	90	100	85	75

数据来源：武汉家具行业协会

模和档次，国内罕见。

展会上，徐州家具品牌联盟、南康实木家具展团、胜芳玻璃金属家具展团、宁津桌椅之乡展团、安吉椅业之乡展团、大连家具展团等外地产业集群，展示了进军中部家具市场的实力和决心，印证了中部拓展的大趋势。大连多家企业集体参加武汉国际家具展，均为第一次踏入中部。展会期间举行了“汉产家具品牌发展高峰研讨会”，业内专家及汉产家具企业负责人共商了汉产家具的机遇和发展。中国家具协会朱长岭理事长表示，作为内陆最大水陆空交通枢纽，武汉家具企业将在推动中部家具产业发展上发挥越来越重要的作用。

三、品牌发展和重点企业情况

1. 联乐集团评为公益爱心企业

联乐集团作为经营逾三十年的湖北爱心企业，2—5 月，积极参与由湖北省委宣传部、省文明办、省妇联联合在全省城乡持续深入开展的寻找“荆楚最美家庭”活动并爱心赠送床垫给最美家庭。同时，联乐集团大力冠名支持的 2016 年湖北省“联乐杯”业余网球公开赛 5 月 21 日、22 日在嘉鱼隆重举行。是多年来在武汉以外的城市举办最成功的一次，规模盛大空前。

2. 欧亚达集团获民营企业 100 强

8 月 31 日，武汉市工商业联合会、武汉市企业联合会、武汉企业家协会联合发布“2016 武汉企业 100 强”“2016 武汉民营企业 100 强”排行榜，欧亚达集团获得“2016 武汉百强民营企业”奖。欧亚达集团是一家以家居商品流通业为主体、多元化、跨行业的大型企业集团，经营领域涉及连锁商场管理、家具制造、房地产开发、艺术品投资等。欧亚达家居连锁商场是欧亚达集团的支柱产业，迄今辖有 20 多家中高端家居连锁商场，遍布全国 15 座城市。3 月，由欧亚达 • 徐东古玩城联手湖北收藏家协会共同打造的“武汉第 3 届文物（国际）博览会”在欧亚达 • 徐东古玩城隆重举行。12 月，“第 11 届中国建材家居流通业年会暨卖场升级行动启动大会”在扛起中部崛起发展大旗的核心城市——武汉欧亚达集团总部盛大召开。

3. 超凡家具赫斯特系列闪耀问世

8 月，武汉市实木家具龙头企业——武汉超凡家具“有你，更非凡”赫斯特系列闪耀问世，新品发布会圆满成功。新品研发会超凡每两年推一次。“赫斯特”的研发成本在 600 万元。公司与深圳知名的设计公司签约设计，培养了专门的培训讲师队伍，走自主开发之路。

4. 金马凯旋诚信经营，创新商业模式

2016 年是金马凯旋集团的“管理年和发展年”，集团创新商业模式，建设以居家文化为主题的特色小镇，打造线上线下一体化的居家生态产业品牌连锁集群。同时，集团将制定开发商业运营标准，与专业的互联网平台交互，最终实现商业、文创、艺术、餐饮、娱乐、健身、婚庆等领域的创新发展。

湖南省

一、行业纪事

1. 湖湘品牌馆蓄势启航，湖南家具迎来抱团发展时代

湖南家具制造一直在努力探寻发展之路，近年来取得了较大进步，然而行业品牌不多，大品牌更少，如何提升整体水平，是目前亟待解决的问题。首先要在制造上突破，其次要借助平台的力量把品牌推广出去，把品牌打响。借湖南家具产业集群纷纷崛起之力，湖南省家具行业协会与香江·红星美凯龙合力打造2万平方米的湖湘家具品牌馆。作为展示窗口，促使湖南家具抱团发展，助推行业崛起之路。

2. 打击假冒伪劣行为，维护市场环境

为进一步规范湖南省家居（家具）用品市场竞争秩序，加大对家居（家具）用品知名品牌保护力度，切实维护经营者和消费者合法权益，在湖南省工商局的全力支持下，2016年度，湖南省家具行业协会与晚安、星港、梦洁打假负责人，在株洲醴陵、望城、浏阳、常德、郴州等地多次进行暗访调查，并联合益阳市工商行政管理部门在制假售假猖獗的桃江、资阳、赫山区、高新区、南县等地，开展保护家居（家具）用品商标权专项打假行动，针对查处侵犯“晚安”“星港”“梦洁”“富丽真金”等家居（家具）用品高知名度注册商标专用权的扣押产品，查处假冒的晚安、星港、梦洁等床垫达150余件，包装标识近20个。

3. 推进家具产业园进程，促成家具企业集体落户浏阳

湖南家具产业园落户浏阳初具雏形，已有来自全省及周边省市的家具企业品牌500余个入驻，吸纳就业人员近万人从事与家具相关的各项服务工作，其中，欢颜家居等多个企业已完成入驻签约仪式。

二、品牌发展和重点企业情况

为助家具企业扩大品牌和商标的社会知名度和市场影响力，湖南省家具行业协会协助企业进行“湖南省著名商标”申报工作，采取团体申报的方

2014—2016年湖南省家具行业发展情况汇总表

主要指标	2016年	2015年	2014年
企业数量（个）	3 650	3 500	3 000
工业总产值（亿元）	502	465	450
主营业务收入（亿元）	540	500	469
规模以上企业数量（个）	115	100	92
规模以上企业工业总产值（亿元）	290	268	252
规模以上企业主营业务收入（亿元）	320	296	280

数据来源：湖南省家具行业协会

湖湘家具品牌馆项目鸟瞰图

式，进行统一申报，以最大可能的减少和降低企业的工作量和申报成本，仅 2015—2016 年新认定的家具企业就有 53 家。未来将继续培育更多的本土知名家具企业和品牌，打造湖湘家具名片。

2015—2016 年湖南省著名商标新认定名单（家具类）

序号	商标注册号	商标	商标注册公司	市州
1	3752427	福湘	湖南福湘木业有限责任公司	岳阳市
2	3100035	LXD	湖南长海现代实验室设备有限公司	长沙市
3	14227372	深湘	长沙市雨花区深之蓝贴面板厂	长沙市
4	7850631	福悦	湖南福悦床具有限公司	长沙市
5	12555027	与时俱进	长沙市华都家具有限公司	长沙市
6	5398043	舒康美	邵阳市双清区旺旺家具厂	邵阳市
7	3307651	李氏及图	长沙李氏家具有限公司	长沙市
8	3882006	皇邦家具；B	湖南省皇邦家居有限公司	长沙市
9	14540825	忘不了	湖南省皇邦家居有限公司	长沙市
10	7746615	名河	湖南名河家居有限公司	长沙市
11	13576578	标准大师	湖南高刀宏福家俱制造有限公司	长沙市
12	1660933	星源＋图形	怀化星源床垫家具有限责任公司	怀化市
13	10366126	冠艺	新化县中派集成家具有限公司	娄底市
14	1576936	湘达及图形	湖南世达家居实业有限公司	邵阳市
15	6028225	博盛家具 EXUBERANT	邵阳博盛家具有限公司	邵阳市
16	1532992	星驰	湖南星尚家居有限公司	娄底市
17	3272252	舜皇峰＋图形	湖南舜皇峰竹木有限公司	永州市
18	4783257	青苹果	湖南天翔生态竹业科技有限公司	益阳市
19	878044	青知源＋字母	长沙青之源办公家具设计有限公司	长沙市

（续表）

序号	商标注册号	商标	商标注册公司	市州
20	9617420	图形	长沙美瑞家具有限公司	长沙市
21	7857530	尊绅	湘潭市雨湖区金昌家具厂	湘潭市
22	11575873	发坤	汨罗市振发木业有限公司	岳阳市
23	3954858	艾度巨迪+图形	湖南艾度装饰材料有限公司	长沙市
24	5889219	小时候	益阳市明华木艺有限公司	益阳市
25	3791574	崀山+图形	湖南崀山家俱有限公司	邵阳市
26	6644472	嘉宝	湖南嘉宝家居有限公司	长沙市
27	8597954	世光+图形+字母	长沙世光家具有限公司	长沙市
28	5606720	邦弗特; BANFERT;BFT	湖南邦弗特新材料技术有限公司	长沙市
29	9697201	好树	隆回县好树衣柜制造有限公司	邵阳市
30	14716729	麓山博才 LSBC	湖南麓山教育设备有限公司	长沙市
31	1929153	梦玉	湖南梦玉床垫有限公司	岳阳市
32	9205220	喜玫瑰	长沙喜玫瑰家居用品有限公司	长沙市
33	1068946	开福	湖南开福家具有限公司	衡阳市
34	6324790	林乡	临湘市晨星竹业有限公司	岳阳市
35	5243010	冠湘；GUANXIANG	浏阳市康明木业有限公司	长沙市
36	1935912	伟迅	长沙市伟迅餐具有限公司	长沙市
37	12778174	潇湘鑫旺	蓝山县鑫旺竹业有限公司	永州市
38	1995762	好心情	湖南瑞兹家居科技有限公司	长沙市
39	7476992	湾田投资 WAN TIAN INVESTMENT	湖南湾田集团有限公司	长沙市
40	11791201	银山竹业+字母+图形	湖南银山竹业有限公司	邵阳市
41	6965033	柏齐+图形	邵阳市双清区华阳家具厂	邵阳市
42	12481851	名洋	湖南名洋家具有限公司	岳阳市
43	10144241	志中+字母	益阳市赫山区志中家具批发城	益阳市
44	6187371	畅通	宁乡县玉潭镇畅通沙发厂	长沙市
45	8934224	星港+字母	湖南星港家居发展有限公司	长沙市
46	10139710	爱斯达+字母	湖南星港家居发展有限公司	长沙市
47	1496988	爱晚亭+图形	长沙市琼利床垫有限公司	长沙市
48	7929819	君泰皇+字母+图形	株洲市君泰皇床垫厂	株洲市
49	1416766	圣德西	株洲市石峰区圣德西床垫厂	株洲市
50	1098511	柳村+图形	株洲市柳村家具厂	株洲市
51	6061417	湘星+字母+图形	湖南湘星家居有限公司	邵阳市
52	12681732	图形	湖南省星梦家居有限公司	张家界
53	1431751	湘资+图形	桃江县湘资席梦思厂	益阳市

广东省

一、行业概况

2016年，广东省家具行业积极面对国内外复杂多变的经济形势，克服实体经济下行压力较大的困难，坚持创新驱动、内外销并举的发展策略，发挥品牌骨干企业的创新引领作用，全省家具行业经济指标呈现出全面低速发展、规模企业中坚力量、结构性调整的三大特点，继续保持出口、内销的全国龙头地位。

据不完全估计，2016年全省家具销售总值4 010亿元（下同），比上年同期3 820亿元增加5.0%，净增长190亿元，行业继续进入低速发展阶段。内销2 694亿元，比上年同期2 533亿元增加6.4%，净增长161亿元，行业继续扩大内销。

1. 家具出口，增速基本持平高于全国

据海关统计数据，2016年全省家具出口1 316.2亿元，比上年同期1 286.6亿元增长2.3%，净增长29.6亿元；约占全国家具出口的42%，与同期全国家具出口下降3.8%相比高出6.1%，出口乏力，但优于全国。

2. 规模企业，单价大幅提高淘汰低值

据统计部门数据，2016年全省家具行业规模以上企业（约1 170家，下同）主营业务收入2 038.33亿元，比上年同期1 886.64亿元增长8.0%，净增长151.69亿元。规模企业主营业务收入占总销售收入4 010亿元的50.8%，净增长数占全行业净增长190亿元的80%。其中：平均单价1 397.28元/件，比上年同期1 150.63元/件增长21.4%，逐渐淘汰低值产品。木质家具、金属家具表现不俗，其他家具加速发展，主营业务收入分别达1 155.87、362.84、519.62亿元，比上年同期增长6.0%、4.7%、15.7%。木质家具继续领跑，金属家具、其他家具均衡发展，主营业务收入比重分别为56.7%、17.8%、25.5%。

据统计部门数据，2016年全省家具行业规模企业总产量14 587.82万件，比上年同期16 396.59万件减少11.0%，净减少1 808.77万件。其中：木质家具基本持平，金属家具、其他家具产量大幅减产，分别为5 261.24、5 668.23、3 658.35万件，比上年同期分别减产2.0%、17.9%、11.2%。木质家具、金属家具、其他家具产量比重分别为36.1%、38.9%、25%。

二、行业纪事

1. 创新驱动，注入行业健康发展动力

加快工业化、信息化和现代生产服务业的融

2016年广东省家具行业主要经济指标一览表

主要指标	2016年	2015年	同比增减	净增减
总值（亿元）	4 010	3 820	+5.0%	+190
出口（亿元）	1 316.2	1 286.6	+2.3%	+29.6
内销（亿元）	2 694	2 533	+6.4%	+161

数据来源：广东省家具协会

2016 年广东省规模以上家具企业主营业务收入一览表

主要指标	2016 年	2015 年	同比增减	净增减
总值（亿元）	2 038.33	1 886.64	+8.0%	+151.69
木质家具（亿元）	1 155.87	1 090.88	+6.0%	+64.99
金属家具（亿元）	362.84	346.57	+4.7%	+16.27
其他家具（亿元）	519.62	449.19	+15.7%	+70.43

数据来源：广东省家具协会

2016 年广东省家具行业规模以上企业总产量一览表

主要指标	2016 年	2015 年	同比增减	净增减
总产量（万件）	14 587.82	16 396.59	-11.0%	-1 808.77
木质家具（万件）	5 261.24	5 369.97	-2.0%	-108.73
金属家具（万件）	5 668.23	6 905.62	-17.9%	-1 237.39
其他家具（万件）	3 658.35	4 121.00	-11.2%	-462.65

数据来源：广东省家具协会

合。在创新驱动、技术改造、环境治理、优化升级的行业发展思想指导下，新一轮以信息革命、绿色制造、柔性生产、设备更新、环保设施为主线的技术改造全面展开。

规模企业继续领跑行业发展。规模企业主营业务收入达到全行业的 50%，净增长对全行业的贡献率达 80%。规模企业、品牌企业整体发展良好，经济效益增幅大于主营业务收入。家具消费需求升级。绿色家具、全屋定制板式家具、新中式家具、红木家具精品、环保儿童家具成为消费热点，多功能产品、智能家居、健康睡眠、保健老年展现需求潜力。中山市大涌镇率先列入广东省以传统家具文化为载体的特色小镇建设，从中国红木家具生产专业镇向中国红木文化旅游名镇迈进。

2. 需求导向，发展新中式多功能主题

广东省“第八届‘省长杯’工业设计大赛家具专项赛 大赛由广东省家具协会和广东省工业设计协会承办，大赛聚焦“新中式·多功能”，吸引了深圳长江、联邦家私、宜华生活、多维尚书、志达家居、中山和业居、珠海励志、中山齐家、中山红古轩、城市之窗、中山宝艺、森源家具、北京圣豪庭、景初设计、大巧设计、沣茂设计、弘历设计、肇庆学院、五邑大学、东莞职院、广东工大、顺德职院、华南农大、龙江职院等来自全国各地 398 个企业、院校、设计师踊跃参与，参赛作品共计 873 件（套）（下同），数量和质量比往届有较大提升。

最终评出产品组、概念组、产业组获奖作品共计 61 件，其中一等奖 5 件、二等奖 10 件、三等奖件 15、优胜奖件 31。其中，产品组一等奖由深圳长江《云流·客厅家具》、宜华生活《江南雨·屏风》、多维尚书《智能变形·卧室家具》获得，概念组一等奖由肇庆学院《竹、聆、静·椅》、五邑大学《修禅·茶室家具》获得。广东联邦《联邦数字化营销生态系统》获得产业组优胜奖，作品集设计体验、销售、服务为一体，值得推广。同时，家具专项赛推荐作品在第八届“省长杯”工业设计大赛总评中，取得 1 金、5 铜、4 优秀奖的好成绩。

广东省第八届“省长杯”工业设计大赛家具专项赛作品展 以“发展新中式家具·倡导新生活方式”“开发多功能家具·创享多维度空间”为主题，展出全部 61 件获奖作品。出版以“疏影流声”为题材的《作品集》《纪念邮册》《首日封》和《作品海报》，与茶道、古琴的演绎，共同展示新的生活方式，受到广东省政府领导高度重视和业界专家的关注，吸引了广大行业人士、设计师、参观者前来体验。广东省长朱小丹、副省长袁宝成参观了作品展。

朱小丹省长参观家具专项赛作品展

3. 质量提升，打造绿色家具产业联盟

绿色家具产业联盟成立。联盟由广东省家具协会牵头，联合涂料、林业、质检、认证机构以及首批 33 个家具、涂料、人造板生产企业共同发起。

领导小组成员由广东省家具协会、广东省涂料行业协会、广东省林业产业协会、国家家具产品质量监督检验中心（广东）、国家涂料产品质量监督检验中心（广东）、广东省质量监督木材及木制品检验站、广东质检中诚认证有限公司组成。执行主席由广东联邦、深圳长江、江门健威、一品木业、新达高梵、嘉宝莉、展辰、巴德士、大宝等企业组成。旨在建立一个良好的绿色家具产业链，创建一批绿色家具和原辅材料企业，发展一些绿色工业园区，促进同业健康稳步发展。

联盟先后组成绿色家具产业联盟专家委员会，公开征集绿色家具产业联盟标志，制定《绿色家具产业联盟章程》《绿色家具产业联盟公约》《联盟成员评定办法》《入盟评定细则》，并对首批申请入盟企业进行入盟评价工作，在“第 38 届中国（上海）国际家具博览会”上首次亮相，引发业界聚焦绿色消费。

4. 会展经济，促进内外市场展贸联动

第 37 届中国（广州）国际家具博览会 两期总展览规模从 68 万平方米跃升至 75 万平方米。3 800 家参展企业，157 场新品发布活动，207 个专业观众团组。全球家具人与展览人的年度盛事，第一期包括民用家具、家居饰品、家纺布艺、户外家居及休闲用品等题材，第二期包括办公系统家具、酒店家具、办公配件、钢制家具、办公坐具、公共家具、家具生产设备及配料等题材，贯穿行业向上下游，跨界延伸的全产业链。

第 38 届中国（上海）国际家具博览会 展会展出规模达 40 万平方米，涵盖民用现代家具、民用古典家具、户外家居、饰品家纺、办公商用及酒店家具、家具生产设备及配件辅料六大展区和国际家具、设计两个专题馆。来自全球优质品牌 2 000 余家企业参展，共同演绎精彩绝伦的“大家居”行业盛宴。

第 35、36 届国际名家具（东莞）展览会 搭建跨界整合平台，为行业深度调整提供智力支持。第 31、32 届国际龙家具展览会，突出“新锐品牌提升平台、引领刚需家具走向”的定位。第 21、22 届亚洲国际家具材料博览会（AIFME），延续“对话材料，接驳产业”的主题。“2016 中国（广东）国际家具机械及材料展”，尝试打造国际性专题展会。

第十一届中国（乐从）红木家具艺术博览会 广东省工艺美术家具珍品·精品展示、红木家具著名品牌精品家具展、佛山古旧家具藏品展，第八届“省长杯”家具专项赛部分优秀作品首次亮相。由哈雷车主会广州分会进行精彩机车表演，与佛山电视台《古董》栏目联袂推出大型《古董》鉴宝活动，更好地传承和弘扬红木家具文化艺术，促进广东省工艺美术家具发展。

5. 设计创新，推动知识产权人才培养

志达杯沙发设计大赛 与举办多年的丽江杯公共座椅、红古轩杯新中式家具、中泰龙杯办公家具、健威杯板式家具、荷花杯酒店家具、百利杯·全国大学生办公家具等系列设计大赛相比，志达杯沙发设计大赛吸引来自全国各地的家具企业、设计机构的设计人员和相关院校的师生踊跃参加，参赛作品水平不断提高，受到了专家评委和业内人士的好评。为推动广东省家具行业设计创新、吸引人才、培养人才、发现人才发挥重要的作用。

广州家居设计展 以“融·贯”为主题，云集国内外知名家具企业、设计院校、设计机构以及优秀设计师，展品涵盖创意特色的家具、家居饰品、工艺品、系列设计大赛获奖作品等。展览规模达 7 000 多平方米，设有学院展区、国际设计展区、

原创设计展区、互联网＋家展区、民间手工展区等五大区域，融合多方力量，贯通大家居产业的产业链。为制造企业、设计企业、设计师、消费者提供一个良好的展示、交流发展的平台。期间举办的广东家具行业设计年会、设计流行趋势发布、广东省家具协会系列家具设计大赛颁奖典礼、华笔·全国家居创意设计大赛颁奖仪式、广州家居设计展论坛等活动，重点打造实现设计交易、新品发布与展赛互动的三大功能，为推动中国家具行业原创设计力量的发展做出贡献。

6. 制定规划，指导行业健康稳步发展

8月，由广东省家具协会主办的“第十二届广东省家具行业经济工作会议暨绿色家具产业联盟成立仪式”在广州召开。会上，广东省家具协会会长王克发布并解读了《广东省家具行业“十三五”发展规划》。文件指出，未来五年要围绕产品方向，通过加大技术改造投入，加大新产品、新材料、新工艺、新技术、新设备、新软件、新模式的推广应用，加快全省家具行业工业化、信息化与现代生产服务业的深度融合，形成全省家具行业的新优势。

第十二届广东省家具行业经济工作会议暨绿色家具产业联盟成立仪式

7. 品牌建设，促进骨干企业迈新台阶

东莞市城市之窗家具有限公司被国家工商总局认定为中国驰名商标。广东省著名商标评审委员会新认定、延续认定广东省著名商标 18 件。

广东省著名商标

广东联邦	嘉宝莉	广东中侨
深圳长江	东莞城市之窗	广州华尚
东莞光润	中山中泰龙	高明中礼
广州市百利文仪	中山华盛	东莞兆生
广东大公馆	中山太兴	广东燊腾
广东优派	广东红旗	东莞盈茂

广东省名牌产品推进委员会认定 25 件广东省名牌产品所属企业

广东联邦家私集团有限公司	东莞市兆生家具实业有限公司
深圳长江家具有限公司	东莞市洋臣家具有限公司
广州市百利文仪实业有限公司	东莞大宝化工制品有限公司
佛山市南海新达高梵实业有限公司	佛山维尚家具制造有限公司
广东罗浮宫家居集团	佛山市丽星家具实业有限公司
宜华生活科技股份有限公司	佛山市日昌家具有限公司
广东优派家私集团有限公司	肇庆市现代筑美家居有限公司
东莞市远大家具有限公司	中山福溢家具有限公司
广东华颂家居集团有限公司	合众（佛山）化工有限公司
嘉宝莉化工集团股份有限公司	广东星徽精密制造股份有限公司
中山四海家具制造有限公司	广东鸿丽金属制品有限公司
佛山市大明家具有限公司	广东中侨五金电器制造有限公司
佛山市顺德区新马木工机械设备有限公司	

广州市

一、行业概况

2016 年广州市家具行业推动互联网与制造业融合，提升制造业数字化、网络化、智能化水平，在家具等都市消费领域推进智能制造、大规模个性化定制、网络化协同制造和服务型制造，打造了一批网络化协同制造公共服务平台，加快形成制造业网络化产业生态体系。

二、家居流通呈现新格局

在广州市家具流通领域，随着部分家具卖场撤出市中心，选择在白云、番禺等次中心城区开店，以安华装饰城、十全十美装饰城、好运来、靓家居等为代表的白云家居商圈给市民给消费者的印象更多是平价便宜。而三年来，随着武汉欧亚达家居的进驻，整体家居服务商——靓家居的升级，通过频繁而接地气的特色促销，品牌整合的多次升级改造，大大提升了白云家居商圈的卖场形象、品牌质素和服务质量，使得白云家居商圈华丽变身，成为广州市民装修选材、添置家具的必到之所。

而另一方面，白云家居商圈的竞争格局在这两年也发生了巨大变化，合纵连横成为与时俱进的关键词。2016 年 9 月 27 日，仅有百米之隔、素来是竞争对手的靓家居整体家居黄石店开进欧亚达，两大卖场一起分享客流，抢占更多的市场份额。欧亚达与靓家居的合作从 2012 年欧亚达进驻广州时就开始谋划，在市场低迷的情况下，与其分庭抗礼，不如强强联合，共同做旺商圈。靓家居总经理曾育周表示，在新的市场形势下，单纯建材超市带来的客流已经不足以支撑，必须从大型家居卖场或 shopping mall 招揽客流，这也是靓家居新的布局思路。靓家居欧亚达店试开业半年以来，给欧亚达带来了三分之一的客流，而来欧亚达买家具和建材的顾客也被引流到靓家居，很多顾客对于靓家居的装修套餐很感兴趣，真正实现了分享和双赢。

三、特色产业发展情况——番禺红木家具产业集群

广州番禺石碁镇有两千多年历史，文化源远流长，且地处番禺区中部，交通优势明显，得天独厚的条件使市莲路石碁牌坊至石楼十字路口段长达 4 公里的红木商家自发集聚，形成红木文化带，石碁镇拟在筹建红木小镇的基础上，向市莲路沿线辐射，以南浦村为先行试点，对村级工业园进行升级改造，集产、学、研、商、游于一体的红木文化特色小镇。

2015—2016 年广州市家具行业发展情况汇总表

主要指标	2016 年	2015 年
企业数量（个）	5 380	5 610
工业总产值（亿元）	970	965
出口值（亿美元）	40	46

数据来源：广州市家具行业协会

近期，“红木小镇”的建设已加速推进，先后完成了企业培育、园区升级改造、标识推广等工作，下一步将继续推进全国家具（红木雕刻）职业技能竞赛（广州赛区）工作，进一步提升产业集群影响力。

四、品牌发展和重点企业情况

广州市家具行业具有家居卖场多，品牌企业强，个性化定制与办公家具企业并进的特点。如：尚品宅配、索菲亚、欧派、酷漫居等定制家具品牌，已经成长为全国定制家具行业的标杆，百利文仪、至盛冠美、欧林、优派等办公家具企业早已在全国办公家具领域占有一席之地。2016 年，广州市家具行业龙头企业营销创新，带动行业生产保持较快增长。

酷漫居成立于2008年12月，注册资本3 389.36万元，是一家以动漫创意文化整合提升传统产业，打造B2C+C2B+O2O模式，并基于城市儿童数据进行营销的电子商务及社群营销平台。酷漫居是打造文化创意产业和互联网科技融合的新商业模式及新业态的创新型公司，结合产品功能和动漫文化为青少年儿童提供适合其身心健康发展的一站式居室环境整体解决方案。公司拥有米奇、维尼、迪士尼公主、超能陆战队、Hello Kitty 等国内外知名动漫品牌形象在中国的正式授权，为酷漫居的儿童房一站式解决方案注入文化内涵。此外，利用 UV 油墨打印技术，酷漫居为孩子提供海量个性化图案选择，满足孩子个性化需求，实现“科技+文化”的创新结合。

深圳市

一、行业纪事

1．打造“深圳标准”

深圳市政府全面推进标准、质量、品牌、信誉的“四位一体”建设，深圳质量的理念贯穿于社会发展各领域和全过程，质量第一已经成为深圳市各行各业的共同追求。深圳家具行业作为深圳市重点发展行业，将质量放在首位，在低碳、环保、无异味、零甲醛等环保领域强势发力，制定了属于家具行业的“深圳标准”，从而打造世界一流的品质。《家具成品及原辅材料中有害物质限量》与《绿色家具优品评价规范》，都以最严苛的要求规范指导着深圳家具质量的提升。

《绿色家具优品评价规范》 2015年，深圳市政府以1号文发布《关于打造深圳标准构建质量发展新优势的指导意见》以及相关的行动计划，总体目标是：到2020年建立健全覆盖经济社会发展各领域的多层次、高水平的深圳标准体系，推动深圳标准达到国内领先、国际先进水平，把深圳标准打造成为高端产品、先进技术、卓越管理和优质服务的品牌象征，在若干重点领域成为国际标准的引领者，树立中国质量新标杆。因此，为树立绿色家具标榜，带领传统家具行业转型升级，深圳市市场监督管理局于2015年5月下达2015年深圳市技术标准文件制修订计划的通知，要求由深圳市家具行业协会牵头编制《绿色家具优品评价规范》指导性技术文件，并由深圳家具研究开发院、深圳市赛德检测技术有限公司、深圳市左右家私有限公司、深圳雅兰家具有限公司、深圳市森堡家俬有限公司、深圳市新福牌家具用品有限公司牵头起草标准的主要技术内容。

《家具成品及原辅材料中有害物质限量》 2016年10月10日，“深圳标准”（家具类）之一的深圳经济特区技术规范《家具成品及原辅材料中有害物质限量》通过深圳市人民政府审查批准实施，标准号SZJG 23—2016，实施日期为2017年1月1日，并作为首个家具产业的地方性法规限定的强制性标准，由深圳市市场监督管理局监督执行。该标准对家具成品及家具原辅材料的限量要求加以整合监控，从产业链管理方面，提升家具制造的品质。该标准适用于深圳经济特区销售、生产的家具成品和销售、使用的家具原辅材料，其中家具成品包括木家具、金属家具（仅适用于含木质材料、软体覆面材料的金属家具）、软体家具，其他类型家具可参照执行；家具原辅材料包括胶黏剂、木器涂料、木质材

2012—2015年深圳市家具行业发展情况汇总表

主要指标	2015年	2014年	2013年	2012年
工业总产值（万元）	1 330 404.22	1 548 596.47	1 442 641.71	1 561 628.93
规模以上企业数量（个）	137	141	154	125
规模以上企业工业总产值（万元）	1 287 148	1 378 312	1 463 138	1 373 194
规模以上企业主营业务收入（万元）	1 304 727	1 399 480	1 504 182	1 395 996

数据来源：深圳市家具行业协会

料、纺织面料、皮革，其他类型家具原辅材料除外。

2. “中国绿色家具优品”评定工作

由中国家具协会发起，深圳市家具行业协会承办，深圳市赛德检测技术有限公司作为技术支持单位，针对不同类别的家具产品，在全中国区域打造了一种高度负责、安全可靠和透明度高的家具产品评定标签；首先在深圳试点，逐步在全国范围内开展。符合评定细则的企业产品，将获得“绿色家具优品”称号，并接受监督。

“绿色家具优品”是中国家具行业内的对优质产品的最高等级认定，以“优于国家标准，比肩国际标准”为准则。通过对各类家具产品的环保和性能评定，对产品根据法律或国家标准中明令禁止的、严格控制的成分或参数，由专业、权威性、经授权的独立检测机构实施检测工作。

从 2014 年启动以来，受到行业、媒体和社会的广泛认可，如今已进行了三批企业评定，前两批共有八家企业获得“绿色家具优品”证书，分别是左右沙发、雅兰床垫、七彩人生、松堡王国、仁豪居品、圆方园、格调家私、路福寝具；第三批有三家企业获得准入资格，分别是天诚家具（红苹果）、兴利家具、华意空间。

3. 推进“深圳家具”品牌标识

2014 年，面对家具产业转型新常态，深圳市家具行业协会依托“深圳家具”，打造统一的区域品牌标识，塑造“深圳家具”新形象，将影响力从行业向终端扩展，持续引领中国家具行业发展。

“深圳家具”作为区域品牌标识，代表了深圳家具行业的品质标杆。根据《“深圳家具”标识使用实施细则》第四章“标识的管理”第六条第三点“自愿接受协会每年两次对申请产品或者原辅材料的抽检，且抽检结果需符合国家申请（行业）标准要求”的规定，“深圳家具”标识企业的原辅材料及成品检测都必须符合标准。

二、特色产业发展情况

1. 打造深圳时尚家居设计周

2016 年，已经连续举办了 20 年、30 届的“深圳国际家具展”正式升级为“深圳时尚家具设计周”，首届深圳时尚家居设计周在深圳市领导见证下正式启动。

2017 年，“深圳时尚家居设计周暨第 32 届深圳国际家具展”于 3 月 19—22 日隆重举行，汇聚全球家具、设计、饰品以及建筑、装饰等各领域顶尖设计师、精英人才，在深圳展开一场以时尚引领潮流，以创新驱动变革，以设计驾驭未来的主题派对。芬兰冬日生活展、首次登陆国内家具展的瑞典宜家家居生活展、国际设计生活展、意大利托斯卡纳艺饰廊，以及东方风尚中国原创商业产品系列展；日本设计师联手丹麦设计师诠释的“都市拎包入住体验展”、德国设计组团与中国设计机构同台 PK 的“18m^2 极小户型魔术挑战赛”、德国海福乐与奥地利百隆上演的“智慧五金与灵动五金主题展”、美国工业设计鬼才 Karim Rashid 个人作品展、五位设计大咖联手呈现的一场完美设计橱窗秀、深圳市家具行业协会携手新浪家居打造的“中国时尚家居 T 台秀”、携手 ELLEDECD 家居廊打造的“另一种传承”主题展览、全球建筑 / 家具 / 设计精英巅峰对话的“产业与设计思享会”以及国际设计师商业对接会、Design 爬梯中国原创设计展；100 多位国际顶尖设计大师，30 多场联动全球的时尚设计主题活动，打造一场名副其实的国际设计盛宴。

随着全球第一大会展中心——深圳国际会展中心建设有序进行，深圳时尚家居设计周将于 2019 年全面移师深圳国际会展中心。

2. 建设深圳时尚创意学院

2016 年，深圳市家具行业协会与深圳职业技术学院共同规划建设深圳时尚创意学院，引入意大利米兰理工大学等国外优秀教育资源，对全市 20 万在职设计师和创意人才进行系统再教育，打造国际文化创意交流平台。

深圳时尚创意学院将以时尚创意学院为主体，以时尚创意博物馆、品牌运营中心为两翼，充分利用深圳独特的产业环境和毗邻香港国际大都会的有利条件，发挥深圳职业技术学院在时尚创意教育上的已有优势，立足深圳，面向世界，致力于为家具、服装、珠宝、钟表、内衣、工业设计、眼镜、皮革八大时尚创意行业的企业、研究机构、各个设计公司培养具有扎实理论基础、较强实际工作能力、兼具设计与管理思维的高级人才。

3．引领中国住宅精装产业化发展

2016 年，在深圳国际家具展 5 号馆，由深圳市家具行业协会、深圳市家具行业协会住宅精装研究院联合万科等房地产商、国际和港澳台设计师及深圳家具企业共同打造的“拎包入住体验展”，率先启动了对房地产业住宅精装化下家具产业链创新发展的模式探索，为深圳家具行业的产品设计、营销战略等方面的创新提供了样板和路径。

2017 年，由深圳家具协会住宅精装研究院主办，并联手日本知名设计师林典子、桑野阳平、漾美（中国）家居、私订生活（中国香港）、德国贝朗卫浴、奥地利百隆五金及德国海福乐五金全新打造的“都市拎包入住体验馆”，用 55 平方米、82 平方米、135 平方米都市主力户型实景诠释统一的设计语言与设计逻辑。从建筑设计到空间设计、家具设计，“拎包入住”给予行业的思考，不仅是住宅精装化的商业模式，而是设计逻辑的颠覆。未来，建筑设计、空间设计与家具设计只有走向集成设计，关注住宅精装产业化的探索才能走在正确的道路上。

本届“都市拎包入住体验馆”取得了前所未有的热烈反响，来自全世界的建筑、地产、装饰、家具、软装、家电等住宅产业链上下游企业数千人融入展会参观交流，并引起了央视、深视新闻及行业媒体等新闻媒体的广泛关注。据了解，“都市拎包入住体验馆”所引领的住宅精装产业化的设计逻辑和模式，有望成为深圳住宅领域新的“深圳标准”，从而改变中国住宅精装产业格局和发展方向。

4．推动深圳家居文化创意园发展

2016 年，以深圳市富丽法雷尔家私制造有限公司、深圳市豪迈实业发展有限公司、深圳市尚好家私有限公司、深圳市美廷理创投资发展有限公司、深圳兴利家具有限公司、深圳兴利尊典家具有限公司、深圳市万兴科实业发展有限公司八家知名家具企业为核心的深圳家居文化创意园在坪山新区落成。

同年 5 月 10 日，全国文博会首个家居文化创意产业分会盛大开幕，作为新晋的文博会分会场，深圳家居文化创意园是由深圳市家具行业协会联合坪山新区八家大型家居公司共同打造的总部集群，项目位于坑梓办事处金沙社区，总规划建筑面积 98 万平方米，其中一期家居企业总部集聚区建筑面积 60 万平方米，二期家居创意设计大厦八大企业展示面积超 3 万平方米，三期时尚创意产业联盟基地建筑面积为 35 万平方米。园区以“家居文化＋”为理念，运用各类文化内容促进传统家具行业转型升级，推动家具单项产业向家居复合产业聚集的跨越式发展。

深圳家居文化创意园借助文博会平台，演绎“文化＋休闲”“文化＋科技”“文化＋金融”先进产业模式，以文化植入为先导，以“家居文化”为核心，共同推动产业转型，使得坪山新区优势传统产业之一的家具业朝着文化创意产业升级，促进坪山新区依托文化创意向国际化区域形象转型，成为深圳新区域发展的又一匹黑马。

三、品牌发展及重点企业情况

1．深圳市左右家私有限公司

深圳市左右家私有限公司始创于 1986 年，拥有超 100 万平方米的亚洲家具研发制造基地，已陆续走向全球 178 个国家与地区，开设有近 3 000 家专卖店。

2016 年 4 月 12 日米兰设计周开幕，左右沙发与著名室内设计师陈耀光合作的题名为《局》的概念式作品登陆米兰设计周。从 2015 年的博鳌之“国椅”到故宫之“龙行椅”，再到米兰之“局”，左右沙发的设计创新步伐不断加快。另一方面，2016 年左右沙发将幸福聚焦到“绿色”上，助力中国绿化基金会“百万森林计划”，每售出一套沙发，即向百万森林计划捐种一棵树，并且于 8 月在腾格里沙漠东缘生态治理示范区栽种“左右幸福林”，以绿色驱动品质转型。作为家具行业工匠精神的代表，左右沙发在 CCTV-发现之旅频道的纪录片——《黄华坤 幸福在左右》于 11 月 24 日播出。

2．深圳市仁豪家具发展有限公司

深圳市仁豪家具发展有限公司是业内最具竞争力的集家具研发、生产、营销于一体的大型家具制造企业，公司致力于板木、实木、软体及全屋定制家居品类，远销美洲、东南亚及港澳台等国家和地区。

2016年3月14日，仁豪集团惠州工业园正式开园，一座由世界顶级工业规划公司——德国舒乐商务咨询公司规划的30万平方米的国际一流水准的现代化工业园，超20亿元计划产值，来自德国的豪迈电子开料锯、全自动木料优选锯、全自动四边封边机、十一排全自动电子排钻、通过式加工中心、全自动六面雕刻加工中心、全自动喷漆线、全自动打包线等现代化设备，运用流水线生产模式，实现设备联机进行精益生产、制造升级。同时，2016年，仁豪居品正式参评中国绿色家具优品，成为第二批获证企业之一。除了制造升级、品质升级，仁豪居品与来自芬兰的设计师机构STUDIO TOLVANEN达成战略合作，研发的“经典芬兰”系列于2017年深圳国际家具展上盛装亮相。

3. 香港雅兰集团

雅兰，迄今已经51年的风雨历程，已发展成为涵盖家居用品（主要为床垫及床上用品）生产经营、地产开发、酒店经营管理、电力发展及玩具生产经营等制造业于一身的集团公司。早在1982年，雅兰就荣获了香港工业总会颁发的品质标志证书（Q-MARK），在2015年成为中国绿色家具优品首家获证床垫企业后，雅兰持续保持月度抽检100%合格率的成绩，其产品品质和质量管理、生产流程管理在行业名列前茅。

2016年，雅兰联合“创基金”共同研发了A-Design软床品牌。A-Design品牌是雅兰集团携手“创基金”积极投身慈善事业的一大项目。未来，雅兰将携手“创基金”开展更多的公益活动，包括资助央美开展的“大运河2050”研究计划、西北民居保护再生项目、创想学堂等。雅兰打造的睡眠王国，不是床垫、床品、家纺等的简单组合，而是多品牌、跨品牌的融合。雅兰床垫可以和其他床上用品的衍生品品牌合作，联合其他品牌的优势和资源，进行集中整合，这是时代和行业的趋势，也是雅兰正在打造的“大家居”时代。

4. 深圳七彩人生家具集团

深圳七彩人生家具集团涵盖实木家具、板木家具、板式家具、软体家具四大类儿童家具，旗下拥有9条国际最先进的色彩家具生产线及亚洲最大的青少年儿童家具研发中心、展示体验中心。作为唯一一家参与起草《儿童家具通用技术条件》的儿童家具企业，七彩人生集团是国内首家达到E1家具环保标准，并获得欧洲TUV环保认证的家具企业，率先采用目前最环保的不含天那水的水性漆涂装工艺。

5. 香港兴利集团

香港兴利家具集团成立于20世纪末，是国内较早从事家具设计、生产、销售一体化经营的家具公司集团。经过多年的持续发展，已成长为中国最大的民用家具供应者之一。兴利（香港）控股有限公司在2009年6月22日成功于香港联合交易所主板上市。

2016年，兴利家具在深圳国际家具展上推出“住宅精装定制馆”整合推广概念。兴利家具也一直在做供应链的整合，从供应商、经销商到物流平台，甚至包括依托兴利家具上市公司优势联合金融机构介入供应链金融领域，还有集成家装，兴利家具成立新渠道拓展部专门负责传统渠道以外的拓展，这一系列的举动都有力推动了品牌知名度的提升与渠道的升级。同时，兴利家具的定制将采用集团整体推广策略，多品牌整体运营。而针对住宅精装这一市场趋势，兴利家具已经对接地产公司，同时与软装等领域跨界合作，充分发挥资源整合优势。

6. 深圳市柏森家居用品有限公司

2005年，柏森家居创立于深圳，致力于现代高端实木家居产品研发，现代家居文化的创新与推广。2016年，米兰设计周上，柏森担当起为中国设计“站出来”的光荣使命，台湾设计大师、柏森家居董事总裁兼设计总监林富源与广州室内设计界奠基人、创基金理事长林学明大师携手设计“明”系列与空-竹”系列。2016年，柏森还首次举办了“最美导购”评选活动，大获成功，最终50强评选取得35万点击量和82万投票数，引起强烈反响。

7. 深圳松堡王国家居有限公司

深圳市森堡家俬旗下品牌之一，专业青少年

儿童松木家具。被业界称为“儿童松木家具第一品牌”。2016 年 3 月份深圳国际家具展的主题叫做“智胜未来”，推出智能儿童房，在原来儿童房的基础上嫁接了一些智能的元素，用互联网的方式加上一些智能道具，让儿童生活空间更加童趣化、娱乐化。松堡王国也是中国绿色家具优品首批获证企业，在“首批绿色供应链试点企业”中荣获“四星级评价要求”，也是获此殊荣唯一的儿童家具品牌。

8. 深圳天诚家具有限公司

深圳天诚家具有限公司，1981 年创立于香港，是一家以“红苹果”为核心品牌，主要经营高档板式家具、沙发、床垫、床品及定制家具等系列产品，集研发、生产、营销、服务于一体的现代化家具制造企业。公司位于深圳市龙华新区鹊山工业园，占地面积约 20 万平方米，注册资金 25 300 万港币。公司于 1987 年在深圳设立生产基地。红苹果家具公司自成立以来，坚持技术引进与设备革新，先后斥资从德国、意大利、美国、瑞士引进全套板式家具和床褥生产设备，实现了生产的精准、高效、智能化。作为深圳家具领军企业，红苹果家具也已成为中国绿色家具优品第三批准入企业之一。

四川省

一、行业概况

2016年，是四川家具产业发展史上至关重要的一年。历经了近三十年高速发展，四川家具积累了在全国二三四线市场巨大的渠道优势，拥有全国板式家具“前三甲”品牌以及庞大的行业设备资源、劳动力资源等。然而，在近几年宏观经济发展步入“新常态”，“供给侧改革”日益深入等严峻的市场环境下，四川家具正面临着前所未有的挑战，固有的优势正在逐渐削弱，新的优势还需要时间来建立，实现产业“转型升级”已经迫在眉睫。

总体来看，2016年四川家具工业总产值1 018.63亿元，同比增幅5.9%，四川家具产业突破千亿大关。全省家具生产企业4 050家，规模以上企业总产值740.56亿元，出口值2.71亿元，比上一年度有所增长。

二、行业发展现状

2016年，四川家具企业面临的“转型升级”的要求更加迫切，加之城市发展与区域规划的调整与实施，环评要求的越发严格，整个行业呈现出更明显的两极分化趋势，优质品牌和企业得到进一步的发展壮大，一些不适应市场发展要求的企业在逐渐衰落直至完全退出家具行业，整个产业转型升级的步调在加快。

1. 产业转型升级的要求更加迫切

作为一个家具生产和流通大省，四川家具产业在过去三十余年的快速发展过程中，也在不断地实现自我调整。但总的来说，这种调整和转变是相对较慢的，而当前形势下，企业则必须强化转型升级的意识，尽快投入并适应市场转型升级的迫切要求。

2. 城市发展和区域规划，环评要求提升倒逼产业转型升级

近几年来，四川城市发展节奏加快，各区域政府机构对城市规划的调整和产业升级的重视也在促使家具产业的调整转型。同时越来越严厉的环评要求也在迫使一部分不达标企业实现整改或直接退出家具行业。

3. 规模型企业领航整个产业发展

长期以来，四川家具企业数量众多，一些作坊式、微型企业或“证照不齐”的企业与规范型、规

2012—2016年四川省家具行业发展情况汇总表

主要指标	2016年	2015年	2014年	2013年	2012年
企业数量（个）	4 050	4 110	4 320	4 550	4 600
工业总产值（亿元）	1 018.63	961.88	904.87	838.38	762.16
规模以上企业工业总产值（亿元）	740.56	701.05	620.40	544.85	457.29
出口值（亿美元）	2.71	2.32	2.28	2.46	2.52

数据来源：四川省家具行业商会

模型企业同时存在。随着产业转型升级步伐的逐渐加快，优质的品牌和企业得到了更好更快的发展，也是这一部分企业为整个行业的发展贡献了绝大部分的市场份额，同时缺乏竞争力的企业也在加速消亡中。

4. 全屋定制逐渐走俏，电商经济持续发展

伴随着定制家具的快速发展，越来越多的企业加入了定制服务的阵营。全屋定制成为家具消费新时尚，电商经济与线下经济有机融合，继续发挥推动产业发展的重要作用。

5. 家具展会服务平稳发展

成都家具展继续发挥“内贸第一展”的强大作用，由四川省家具行业商会主办的“四川家具春季订货会”“夏季订货会”也相继在成都八益家具城召开，已经成为成都家具展之外的常态化展销会。它们共同为展销四川家具品牌形象，推动四川家具产业发展发挥着重要作用。

三、品牌发展与重点企业情况

1. 成都八益家具集团

2016 年，成都八益家具集团稳步发展。成都八益家具城持续发挥“西南最具影响力家具批发市场”的优势地位；2015 年年末开业的八益国际家居博览城一期项目，致力于为消费者提供整体家居全套解决方案。与此同时，八益集团响应国家“一带一路”发展经济的号召，在柬埔寨和老挝的国际项目也如火如荼地进行中。

2. 全友家私有限公司

2016 年是全友家居成立 30 周年。从自建速生林基地到联合全球顶尖设计师推出绿色新品；从汇聚国际先进生产设备群到国际水平的绿色人性化卖场设计，全友家居用国际标准铸就每一件产品的绿色品质，引领家居行业的“绿色”趋势。从行业内率先开通全国服务热线 400-8800-315 到推出全国联保卡服务；从建立“幸福服务 365”服务品牌到推进免费家具保养活动“服务进万家”，全友家居用服务推动中国家具行业服务的创新与变革。在品牌打造上，全友家居利用品牌产品、品牌形象、品牌视频、传播渠道输出品牌态度，通过官网、微博、微信及天猫旗舰店等多种线上运营渠道，加深与消费者的互动沟通，全方位提升全友品牌影响力。

3. 明珠家具股份有限公司

2016 年，掌上明珠家居持续保持稳步发展，销售额超 20 亿人民币。继 2015 年公司提出以消费者为核心的战略转型以来，2016 年公司持续推进消费者战略，并梳理出渠道发展、消费者品牌建设、供应链交付、送装一体化、生活方式研究、组织变革等落地执行战略。在制造能力提升方面，公司继续开展与世界一流家具制造商的合作，持续引进德国豪迈、意大利赛福来家具生产线，以确保产品品质稳定和生产效率提升。在市场业务方面，公司加快全屋定制业务发展，同步开展厨卫业务、办公家具业务，努力将掌上明珠家居打造为消费者心目中的“全屋家居整体解决方案服务商”。

4. 成都南方家俱有限公司

成都南方家俱有限公司是集沙发、家具生产、研发、销售于一体的现代化的大型民营生产企业，是四川家具行业骨干企业，目前是双流县最大的家具企业。公司始建于 1988 年，从事沙发、家具至今已有 20 多年历史。公司技术力量雄厚，从德国、意大利等引进了先进的技术工艺设备，现有三大生产基地（湖北罗田、河南清丰、四川彭山）、三个跨省大型直销商场、全国有 700 多家南方家私专卖店、旗舰店，销售网络遍及全国各地。2016 年生产板式家具约 20.42 万件，软体家具约 5.8 万件，实现销售收入约 2.34 亿元，缴纳税收 1 101.74 万元。在广告投入方面，在京沪高铁、京广、京哈线、沪昆高铁等共计 1 500 余车次高铁上投放“品牌广告”数量达到 12 万屏。

5. 成都好风景实业有限公司

成都好风景实业有限公司创建于 20 世纪 80 年代末期，是一家集研发、制造、销售、服务于一体，专业生产高、中档民用家居的大型现代化家居企业。2016 年好风景家居新系列——北欧之家全实木家具，隆重推出；4 月 13 日，公司投入数百万元的

雅生活体验馆——软体展厅，在公司操场破土动工，至 6 月下旬修建装修装饰布场全部完成，展厅面积达 2 800 平方米；10 月 1 日，公司投巨资新建的现代化定制工厂正式投产，是好风景家居从常规到全屋定制的大转变。

6. 四川省永亨实业有限责任公司

2016 年，永亨内外修为，不仅扩展了产品研发团队，更是在经济发达地区招募了业内优秀的技术人才。这一年，钢品厂在车间标准化管理上初显成效，有条不紊，不仅在密集架技术革新上有了新的突破，在枪弹柜技术的引进和改良上，都有了永亨自己的印记；为贯彻执行产品要市场化、模块化、系统化、环保化的市场客观需求，家具厂再次增进了数控机床和加强了环保管理措施，在满足办公家具市场的前提下，基本实现了指接实木家具和酒店家具系列化生产。2016 年，公司不仅与加拿大 Envisioneer 软件合作，以 3 倍以上的速度提升了效果图设计能力，还增拍了密集架和枪弹柜产品项目的专业视频，且以更加专业的表现形式改版了办公钢品和办公家具选购目录。这些软实力的增强，都将为继续推动公司向前发展贡献力量。

贵州省

一、行业概况

2016年是家具市场比较复杂的一年，原材料涨价、运输成本增加等因素制约了企业的发展，贵州省家具行业却逆势而上，全省家具行业取得了较好业绩。经过2016年贵州省家具协会走访全省9个地州市调查数据统计，全省1 180家家具生产企业中，规模以上生产企业实现工业总产值89.33亿元，其中贵阳市为39.1亿元，比去年同期增长21.01%，2016年全省家具行业工业总产值将达到115亿元以上，未来几年，贵州省家具行业还将持续以25%以上的速度增长。

二、行业发展现状

1. 企业规模化发展或转移

受全国家具行业发达地区经营模式以及贵州省家具企业自身发展的影响，全省家具行业企业呈现出规模化发展或转移的态势。以贵阳地区为例，贵阳从事家具生产制造的工厂散居各个郊区，望城坡、大营坡、中曹司等地，基本上没有形成较大规模的产业聚集地，这也是贵阳家具企业小零散、发展慢、成熟晚的原因之一。近年来，在国内发达地区形成了较多大规模的产业园区，进入园区的企业也都有较好的发展。在同期的贵州家具生产企业也受到了场地及配套设施的影响，限制了企业的发展脚步，为解决这一现状，贵州省家具协会牵头立项，配合贵州长田家具产业孵化园有限公司建设贵州长田国际家具产业城；同时在相关政府部门的协调下，建成了龙里北部工业园区、双龙航空经济区千家卡园区，形成了承接的三大转移基地。特别是长田国际家具产业城，打造“生产+配套+展示+销售+网络+社区”为一体的产业城，为贵州家具生产企业搭建了一个好的平台。同时，入驻园区的贵州科美瑞家居制品有限公司、贵州光辉家居有限公司、贵

2011—2016年贵州省家具行业发展情况汇总表

年份	2016年	2015年	2014年	2013年	2012年	2011年
企业数量（个）	1 180	1 160	1 130	1 110	1 060	1 020
工业总产值（亿元）	115	95	81	74	58	46
规模以上企业总产值（亿元）	89.33	73.83	65.92	56.83	45.11	36.09
家具产量（万件）	373	309	267	227	198	165

2011—2016年贵阳市家具行业发展情况汇总表

年份	2016年	2015年	2014年	2013年	2012年	2011年
企业数量（个）	430	410	400	390	380	360
工业总产值（亿元）	39.1	33.2	29.1	25	22	17
规模以上企业总产值（亿元）	29.5	25.8	23.7	19.8	17.2	12.6
家具产量（万件）	126	108	98.7	81.7	75.2	58

数据来源：贵州省家具协会

阳南明黎航床垫厂等企业都有了更好的发展，也是贵州家具生产企业规模化发展的标志。

2. 大型卖场逆势扩张

众所周知，大型卖场是家具专业市场和物流体系的重要支撑。截至2016年11月，红星美凯龙、居然之家两大国内知名家具连锁龙头企业，在贵阳、凯里、毕节、都匀、安顺、仁怀、铜仁等地开设了连锁卖场，并且布局全省各地州及经济发达的县市；贵州西南国际家居装饰博览城布局贵阳及六盘水两个超大专业市场；思南、仁怀、习水等很多县城均有集中市场出现；在各地，独立品牌店也是层出不穷。这些市场的出现，促进了贵州各地家具市场朝着集中化的专业市场转变，同时，为贵州本土生产企业提供了更好的展示空间和平台。

3. 多元销售模式创新

由于家具行业竞争激烈，除了产品设计和品质保证外，是否拥有优质、高效的销售渠道也成为家具企业能否在行业内立足的重要因素。因此，贵州长田国际家具产业城、贵州嘉和家装饰家俱发展有限公司、贵州大自然科技股份有限公司等积极做了尝试。贵州长田国际家具产业城依托阿里巴巴顺德产业带，成功打造“线上引流、线下体验”的线下体验卖场，同时斥资研发独立电商运营服务平台“百家”；贵州嘉和家装饰家俱发展有限公司则整合经销商及厂家资源，积极引导消费者体验消费；贵州大自然科技股份有限公司依托淘宝天猫为经销商拓展市场，都取得了比较可喜的成绩；安龙县福林沙发打造的“安龙网场”电子商务服务中心也盛装开业。这些都显示出贵州家具行业积极探索的精神，未来，电子商务将成为现实实体门店销售模式的有效补充，并具有较为广阔的市场空间。

4. 企业实体门店拓展数量扩大

实体门店是现今家具行业的主体销售模式。贵州大自然科技股份有限公司作为贵州家具行业的龙头企业，目前，在全国已有超过1 000家实体店；贵州奥尔登家居有限公司也在全省布局实体门店近40家；2016年8月12—14日，“首届贵州·贵阳国际家具博览会”盛装开幕，50余家贵州家具生产企业参与展示。贵州科美瑞家居制品有限公司现场达成开店意向经销商30余家，截至11月，正式签约12家，开业8家。贵州光辉家居有限公司的产品为全省数百家门店配套；贵州原品家具有限公司开始拓展直营店及加盟。这些企业紧跟时代潮流，坚持创新发展，大力开拓市场，使其成为企业新的增长点。

三、行业纪事

1. 摸底调查行业，促进产业发展

2016年1月7日起，贵州省家具协会启动全省各县市家具行业调查了解工作，奔赴贵州省三大片区9个地级市，通过对优势品牌、生产企业及路边店进行调查了解，深入市场一线与经销商共同探索市场需求趋势。4月1日起，协会日常走访工作继续进行，走进长田园区、千家卡园区、龙里园区及贵阳周边，走访鑫鸿枫家具、方朝伟业、大臣家居、原品家具有限公司、巧嘉木门、贵源办公、民豪衣柜、科美瑞衣柜、华丽军英板业等生产企业，走访佰利安、利达、远大等木工机械代表企业，走进西南国际家居城、红星美凯龙、居然之家等了解企业发展状况及存在的困难，并通过贵州省家具行业城市商业合作社解决部分企业资金困难问题。

遵义地区是贵州北部地区家具生产主要产地，其中星天地家具、黔王门业等是遵义地区生产企业的代表。4月19日，贵州省家具协会走访遵义星天地家具公司、新蒲新区北部工业园黔王门业等企业，同时走访播州至遵义市区遵南大道两侧的建材市场，使得贵州省家具协会对贵州北部家具行业有了更深入了解。6月26日，走访凯梦床垫有限公司及凯里居然之家、红星美凯龙、凯峰建材市场等市场。

通过走访高中低端卖场、大中小的生产企业及街边店调查，将一些生产企业的优秀管理模式，生产经营模式向贵州省家具协会的会员单位进行推荐。贵州家具行业的发展，需树立区域品牌，开展渠道深耕，优化物流通路，切实解决流通环节的实际问题，促进生产环节的转型升级，才能实现贵州家具品牌的销量倍增。

2. 举办首届家具博览会，打造新的渠道平台

8 月 12 日，“2016 贵州·贵阳国际家具博览会”举行，本次展览逾 3 万平方米，有来自全国各地及东南亚越南、老挝等国家的展商参与，参展企业数量 300 余家，贵州本土家具生产企业更是第一次集中亮相，让贵州的经销商及消费者清晰的认识到，贵州也有好产品，好品牌。

贵州家具品牌大汇聚 本届博览会堪称是贵州家具行业的“奥运会”，是首次贵州家具生产企业品牌大汇聚。床垫类参展企业有引领行业的大自然棕床垫、央视品牌栏目《奋斗》推荐品牌大臣家具、原生态自然大气的娄山山棕手工床垫、贵阳有影响力品牌黎航床垫、新兴品牌冰玉荷花等；定制家具类参展企业有非常“好色”的科美瑞衣柜、设计感极强的多奇曼衣柜、功能智能化的得瑞家具、原木定制的子洋家具、时尚大气的摩尔敦定制衣柜、注重服务的民豪家具、索来客衣柜、光辉家居等；板材类有以生产定向刨花欧松板的园方木业、质量上乘的华丽·军英板材、贵州知名企业天峰板业等；家具类有“秀出春天般的家”的秀春家具、鑫任家具、大臣家具、亿枫家具、欧洲之星等；木门类生产企业有家和木门、巧嘉木门、益万家木门等；还有家具生产配套企业，五棵杰松板业有限公司、贵阳江铭家具材料、埃舍尔家居、得瑞美佳等；展会期间，科美瑞衣柜收获了数十经销商、五棵杰松板业收获百万订单，均超出预期计划。贵州长田家具产业城携园区企业生产产品亮相博览会，让贵州消费者对贵州家具行业发展有了一个新的认识。

省外家具品牌大放异彩 本届博览会除了贵州本土生产企业参与外，还有广东、江西、成都等地的生产企业进驻。开普敦国际、巴山夜雨、胡桃沐歌、明日家具、金凤凰家具、楠青家具、泰国素万乳胶寝具、城市印象、斯帝罗兰、依派软床、柏顿家居、路易登堡实木、雷森娜家具、新之越家具、鸿标家具、顺泰户外家具等数十国内知名家具品牌，均在本届贵州贵阳家具博览会上大放异彩。

木工机械展区参展企业收获满满 在本届博览会同期举办木工机械展是贵州家具行业历史上的第一次，吸引了极东、KDT、精美、速霸、佰利安数控、济南速雕数控、远大机械、利达机械等十余品牌木工机械企业参展，取得了超乎预期的效果。

3. 博览会 + 产业园区 + 展示中心 + 互联平台的产业嫁接

首届博览会的举办，促进了全国其他地区家具行业及相关行业同贵州家具行业之间的有效交流及合作。5 月 17 日，贵州省家具协会带队赴广东参加阿里巴巴产业带广州站启动仪式，并同阿里巴巴·顺德产业带达成合作，借用阿里巴巴·顺德产业带将贵州家具产品推向全国。7 月 3 日，阿里巴巴·顺德产业带及佛山家具考察团到贵阳考察，并同长田园区企业代表进行座谈，深入沟通，这次沟通为阿里巴巴顺德产业带线下体验中心落户长田国际家具产业城奠定基础。

2016 年 8 月 15 日，“贵州·贵阳国际家具博览会”闭幕，部分参展产品直接移植到贵州长田国际家具产业城阿里巴巴·顺德产业带线下体验店，开业运营。至此，总面积达 57 000 平方米线下体验中心正式启动，成为首届贵州家具博览会举办的又一成绩。

4. 举办网络论坛，加强企业沟通

促进企业间有效的沟通交流和资源共享是促进行业发展的重要途径。4 月 28 日晚 10 点，“首期贵州家具行业网络论坛”召开，当期论坛邀请到贵州大自然床垫公司冉昌虎部长、江铭家具材料陈国江总经理、贵阳秀春家具夏世春总经理等嘉宾，畅所欲言，共同为贵州家具行业情况和出路进行探讨，建言献策。自此，贵州省家具行业网络论坛不定期开展，贵州省家具行业网络论坛群也成为贵州行业人士有效沟通的载体。

装修中的阿里巴巴·顺德产业带线下体验店

陕西省

一、行业概况

2016 年，陕西省轻工业略增长，1—11 月完成工业产值 763.66 亿元，同比增长 11.0%，较去年同期降低 8.3 个百分点。在子行业中，家具制造业增长迅速，增长率为 30.6%。家具制造业产销率 97.7%。全省规模以上家具企业的增长速度高于全省轻工业的增速，稳中有进。

二、行业纪事

1. 第十五届西安家具博览会成功召开

由陕西省人民政府批准，陕西省商务厅、陕西省工业和信息化厅支持，陕西省家具协会主办的“第十五届西安国际家具博览会”成功召开，展会历时四天，展出面积近 40 000 平方米，300 多家家具行业品牌携上千种最新的产品和技术亮相本届博览会。展会着力助推了家具行业全面发展，特设民用家具区、红木家具区、办公家具区、木工机械区、原辅材料区、家具特价竞买区共六大展区，山东宁津企业以近千平方米的展示面积抱团亮相，民用家具品牌企业、木工机械及原辅材料企业纷纷加盟，精品红木家具踊跃参展，展会共接待国内外买家 58 731 人次，其中经销商 15 000 多人次，现场达成意向成交额 1.2 亿元人民币。展会的成功召开为家具生产厂家、经销商、买家提供最全面的一站式采购平台，同时也为更多的品牌家具企业进军西部、投资西部搭建最佳的桥梁。

第十六届西安国际家具博览会将于 2017 年 10 月举行，展会规模近 6 万平方米，分为民用及办公家具展馆、定制家居展馆、木工机械及家具原辅材料展馆、红木家具展馆、“陕派”家具及家具团购区五大展馆，参展企业预计近 600 家，将全面地展示行业内上千种最新的产品和技术。

2. 陕派家具集体亮相

近年来，陕派家具已逐步在国内的各大展会占一席之地，依靠其家具的品质和良好的口碑参展均获得了成功，福乐、南洋迪克、中瑞等众多的陕派家具代表企业已由区域性品牌企业逐步成为了国内一线品牌。第十六届西安国际家具博览会特开设陕派家具专区，届时将会有数十家陕派家具代表企业悉数亮相。

3. 新丝路大契机

西安是丝绸之路的起点，随着“一带一路”经济战略构想的深度实施、西安国际港务区的建

2012—2016 年陕西省家具行业发展情况汇总表

主要指标	2016 年	2015 年	2014 年	2013 年	2012 年
规模以上企业家具产量（万件）	108.31	91.95	84.34	89.24	68.56
出口值（万美元）	951.18	2 056.16	7 560.16	12 152.59	16 014.03
进口值（万美元）	267.18	428.89	318.08	428.99	126.58

数据来源：中国轻工业信息中心

设和多条面向中亚地区的航线的开通，以西安为起点的“空中丝绸之路”也逐步形成，迅速使西安成为承接沿海港口内移的目的地。西安逐步成为带动西部、辐射华北、连接中部、影响华南的核心。以古都西安为核心的西部巨大的市场空间以及西安作为欧亚大陆桥中转站的交通核心地位，成为有远见家具生产制造企业在第二轮经济结构调整期的首选和必争之地。西安、陕西、西部蕴涵着巨大的商机和发展空间。

三、西北家具工业园发展情况

1. 园区基本情况

西北家具工业园是陕西省内唯一一家民营经济为主导的工业园区。园区位于蓝田县华胥镇，规划面积 7 平方公里，总投资 160 亿元，是由蓝田县人民政府、陕西省家具协会、新港西北家具工业园建设开发集团有限公司联合打造的一个集家具设计、制造、销售于一体的家具产业基地。建设时间为 2010—2025 年。园区的总体规划格局是“一体两翼”，即“以生产为中坚，材料供应和产品营销为两翼，形成相互协作、相互配套的全功能高端家具产业园区”。园区划为家具生产制造区、原材料供应区、产品展示区、总部经济平台、仓储物流区、生活配套区等六大功能版块区。同时设立产品研发中心、产品检验中心、教育培训中心，引领企业向高附加值、高端产品发展。

行政推动园区快速发展。政府支持和领导关怀是园区发展的坚实后盾。在县委、县政府工业强县的要求下，为确保西北家具工业园项目顺利实施，县政府成立了主管县长为组长，招商局、土地局、财政局等八部局为组员的领导小组，负责全面推进西北家具工业园项目综合协调，县委书记、县长随时到园区协调指导工作，解决园区建设发展中的问题，保证了园区工作的顺利开展。

成立了“陕西蓝田西北家具工业集中区管理委员会”管理机构。由华胥镇政府抽调精兵强将，镇党委书记担任园区管委会主任，统筹协调，督促落实工业园区的各项工作，全面提高建设和发展的工作成效，这也是园区建设取得快速发展的原因之一。

“政府搭台，企业化运作”是园区高速发展的优势所在。新港公司作为开发建设主体，政府及各级部门全力支持配合，这样的机制为园区的快速发展创造了有利的条件。在经营上、建设上、招商上，不走弯路，不浪费时间，低成本，高效率，有针对性的对园区基础建设进行投资建设，资金运作快，决策效率高，是园区高速发展的内因所在。

2. 园区建设情况

园区基础设施建设以“七通一平”（自来水、污水、中水、天然气、电信、电力、道路和土地平整）为起点，高起点建设，高标准配套。截至目前，已完成一期、二期道路、管网、水电等基础设施建设，三期配套基础设施基本完成；已建成华胥 110

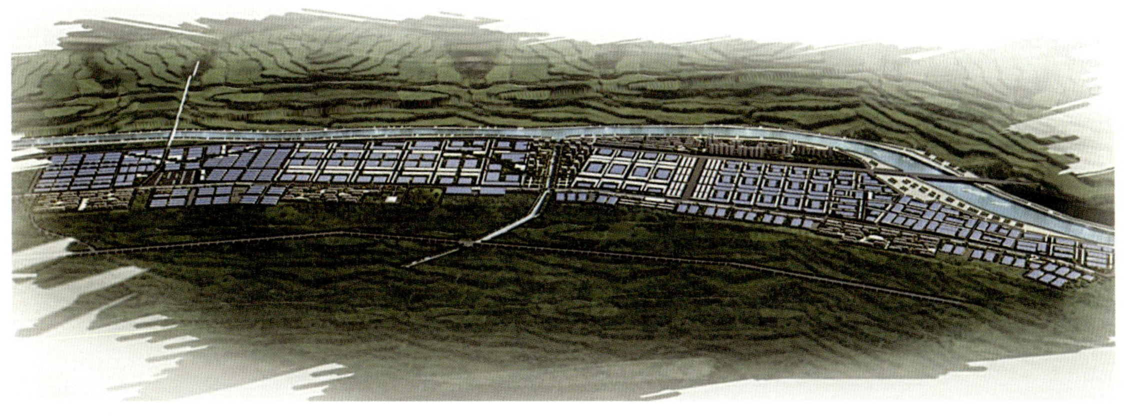

园区 7 平方公里规划鸟瞰图

千伏变电站、华胥镇污水处理厂、11 900 平方米仓储物流区、标准化厂房 64 栋、跨西蓝高速桥；天然气入园工程已实现全面供气；木材市场已交付使用；园区消防站建设目前正在积极筹备开建工作；同河北建设集团合力打造的生活配套区已开始建设；家具展销中心主体已完成，计划于 5 月 1 日正式运营。

3. 园区招商情况

截至 2016 年年底，园区累计完成固定投资 40.6 亿元，2017 年计划投资 7.5 亿元，入园企业 155 家，建成投产企业 96 家，在建企业 33 家，规上企业 13 家，涵盖实木家具、红木家具、软体家具、厨具等各类家具的品牌企业。

4. 园区规划发展三个阶段

第一阶段：2010—2012 年，为园区发展雏形阶段。已经实现了初具规模的目标。

第二阶段：2013—2018 年，为园区快速发展提升阶段。一期三千亩的园区规模建设完成，200 家以上的规模家具企业投产运营。形成年 60 亿元以上工业产值。园区六大功能板块初步形成，对地方工业经济起到较大的拉动作用。

第三阶段：2019—2025 年，为园区发展规模化阶段。7 平方公里的园区形成规模，成为西北最大的家具工业集中区，成为陕西轻纺工业结构调整的重要支撑和地方财政收入的重要来源，园区有 600 家企业，年产值 150 亿元以上，将提供 5 万～6 万个就业岗位，园区人口超过 7 万以上，形成对地方经济的引领作用。

四、品牌发展重点企业情况

1. 福乐家具有限公司

福乐家具有限公司是中国家具协会副理事长单位，中国软体家具主席团成员。是中国软体弹簧床

园区景色

变电站

污水处理厂

仓储物流区

木材市场

家具展销中心效果图

垫行业标准的制定单位之一。在中国西北地区家具行业，是规模最大的集科研、生产、经营于一体的综合性企业。2016 年 7 月，福乐现代化生产基地一期建设工程完成且投产。目前，福乐生产基地二期工程正在建设之中。预计 2017 年 8 月占地百亩的“福乐现代化生产基地”工程全面完工，基地的整体规划和厂房的设计达到较高的水平；节能、环保、消防、作业环境等严格执行国家标准。

2. 西安大明宫实业集团

西安大明宫实业集团创建于 1993 年，是一家以地产开发和商业运营为主的大型民营集团企业。集团已形成以西安为中心，以陕南、陕北为两翼，辐射陕西周边省市的连锁运营格局。截至目前，集团旗下运营的各类商场和市场总营业面积达 500 万平方米。集团在救灾、助学、助残、助医等社会公益慈善事业方面，继续践行社会责任，截至 2016 年年底，集团为社会各类公益慈善事业捐款累计已近 6 000 万元。

3. 陕西盛百世红木家具有限公司

陕西盛百世红木家具有限公司成立于 2006 年，位于陕西西咸新区空港新城红木产业园，是一家集红木家具开发、设计、生产、销售、服务、装饰于一体的古典中式红木家具企业。公司以中国楼派木雕工艺为根本，结合现代制造加工工艺，主要生产以小叶紫檀、老挝大红酸枝等材质为主的高档红木家具。公司下设红木雕刻艺术研究所、红木艺术博物馆两个单位，被陕西省质量监督检验局列为“陕西省红木材种标样合作实验室”，和高校合作成立“西北农林科技大学学生实习产业基地”。2016 年产值产量、利润留成实现了公司制定的预期目标，全年生产家具 410 套（件），生产总值 4 620 万元。

4. 陕西国伟家具有限公司

2016 年，公司销售收入 1.2 亿元，超额 30% 完成全年目标，实现了销售业绩的新突破。

西安市

一、行业概况

2016 年，西安家具企业和各大卖场采取了系列大力度促销活动，在节日经济带动下，销售呈现出稳中有增的态势，年销售总额约 30 多亿元，同比增长 6%。目前，西安家具市场上中低档家具品种繁多，出现供大于求的局面，质量差的低档产品逐渐退出市场，而中高档家具还有一定发展空间，特别是中高档实木家具的生产正在增长。

二、转型升级和技术创新情况

西安多数大中型家具企业近年来不断扩大规模，引进中国台湾、德国等地先进生产设备，硬件技术装备有了很大提升。在提高硬实力的同时，有些企业又把目光瞄上了软实力，运用信息化先进技术提升企业的生产、销售和系统管理效率。南洋迪克家具制造有限公司、陕西中瑞时代家具有限责任公司等企业成功引进了 ERP 管理软件，把所有可利用的资源都整合起来，最大限度地降低人工和物耗，提高生产效率，拓展生产智控平台和客户关系系统，实现销售传单、工厂订单受理、订单计料、采购管理、优化排程、生产计划、工序跟踪、包装及库存管理、发货管理、统计报表等一体化解决方案，取得了良好效果，为企业持续增长奠定了良好的信息化基础。

三、特色产业发展情况

西安家具流通业非常发达，大中型家居卖场不断扩张，目前已有 20 余家大型卖场遍布全市不同区域，涌现出了本土发展起来的大明宫、明珠、原点、中联、阿姆瑞特、三森等一批规模庞大的家具卖场，外埠进驻的红星美凯龙、居然之家、宜家、月星家居等知名品牌也纷纷在西安布局多个大型卖场，使西安日益成长为中国西北地区的家具集散地和商业中心。

2012—2016 年西安市家具行业发展情况汇总表

主要指标	2016 年	2015 年	2014 年	2013 年	2012 年
企业数量	710	710	710	705	708
主营业务收入（万元）	197 700	186 600	181 180	177 632	170 800
规模以上企业数量（个）	58	58	58	58	58
规模以上企业主营业务收入（万元）	130 800	121 200	117 760	115 460	110 200
出口值（万美元）	2 200	2 200	2 130	2 070	1 800
内销（万元）	184 500	173 300	168 300	165 000	160 000
家具产量（万件）	55	50	50	50	49

数据来源：西安市家具协会

四、品牌发展及重点企业情况

西安本土有实力的家具企业，越来越注重品牌的塑造，用原创设计产品去占领市场，孕育了南洋迪克、中瑞、金金博士、福乐、秦地华美、源木、香山红叶、东洋红光等一批知名家具品牌。

西安源木艺术家居有限公司历经 20 多年的岁月洗礼，形成了集设计、生产、销售全实木家具的高档品牌。其产品设计秉承了创新精神，将中国传统文化和西方简约理念完美结合，荣获“中国十八省市家具行业最畅销知名品牌”“质量诚信品牌企业”等荣誉称号。

陕西香山红叶家具有限公司是一家中高档民用实木家具制造企业，开发设计和生产的卧房、客厅、书房、餐厅四大系列百余种产品，其品牌“香山红叶”已被列为“陕西省著名商标”“西安市著名商标”。

07

产业集群

Industry Cluster

编者按：截至2016年年底，中国家具协会产业集群共计46个，其中，特色区域35个，新兴产业园区11个。2016年，中国家具产业集群建设深耕行业基础，着力提升产业集群的质量和效益。对江西南康、江西樟树两个产业集群进行复评，命名了一个新兴产业园：浙江宁海。

本篇收录了我国家具行业32个产业集群2016年的发展情况，每个产业集群从基本概况、经济运营情况、品牌发展及重点企业情况、2016年发展大事记、2016年活动汇总5个方面着手，对2016年当地的发展情况进行了全面总结。同时，所有产业集群分为七大类：传统家具产区、木制家具产区、金属家具产区、新兴家具产业园、贸易之都、出口基地及综合产区，通过归类比较，便于读者更好地掌握每类集群的发展情况，做出综合判断。

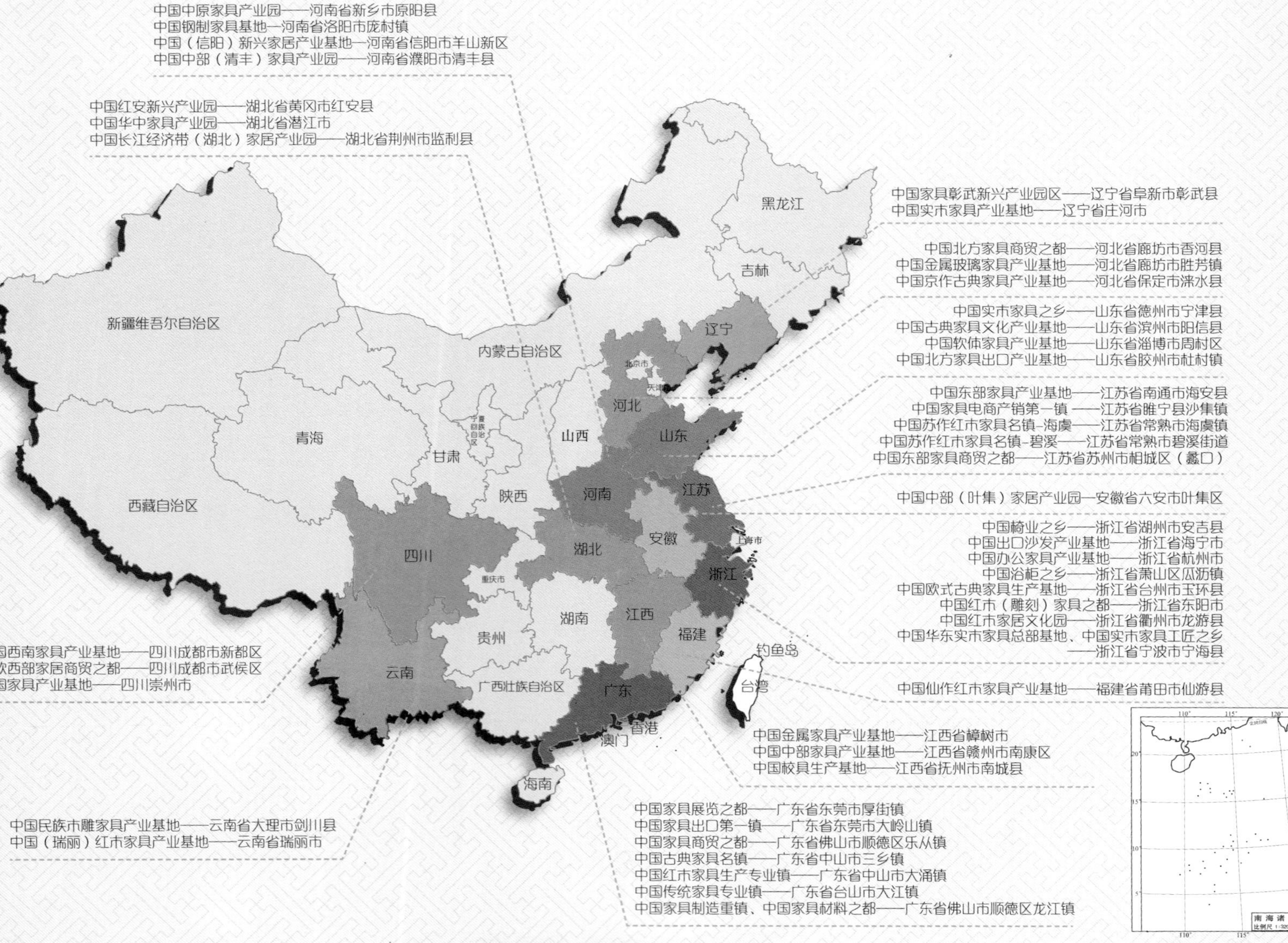

中国家具产业集群分布图

2016 中国家具行业产业集群发展分析

2016 年是我国“十三五”规划的开局之年，我国家具行业在中央提出的创新、协调、绿色、开放、共享五大发展理念的指引下，开展了供给侧结构性改革。根据国务院《关于开展消费品工业“三品”专项行动 营造良好市场环境的若干意见》，开展了“增品种、提品质、创品牌”的工作，在全国建成小康社会的进程中，中国家具产业集群顺应家具产业发展趋势，在产品结构、加工制造、创新服务等方面不断转型升级，提高质量、效益和竞争力，取得了长足的发展。

一、中国家具产业集群概况

1. 中国家具协会产业集群发展概况

2003 年以来，中国家具协会依据《中国家具行业特色区域荣誉称号的管理办法》及《中国家具新兴产业园区的管理办法》，培育、共建、命名了一批家具行业产业集群，使得各集群的发展取得了明显成果。

截至 2016 年年底，中国家具协会命名的家具产业集群共计 46 个，其中，特色区域 35 个，新兴产业园区 11 个。2015 年，新增 8 个产业集群，数量规模都实现了跨越式发展。2016 年，行业深耕基础，着力提升产业集群的质量效益，对中国中部家具产业基地——江西省南康市、中国金属家具产业基地——江西省樟树市进行复评，邀请专家把脉产业集群发展，对发展现状提出意见和建议。在此基础上，新命名了 1 个新兴产业园：中国华东实木家具总部基地、中国实木家具工匠之乡——浙江宁海。至此，中国家具产业集群进入规模扩张和提质增效的新阶段。

从类型上看，中国家具产业集群类型涵盖广泛，除 11 个新兴产业园区外，35 个特色区域中，传统家具产区 11 个，分别是大涌、大江、三乡、剑川、阳信、海虞、碧溪、瑞丽、仙游、东阳、涞水；木制家具产区 5 个，分别是宁津、庄河、玉环、崇州、南康；商贸基地 5 个，分别是乐从、武侯、香河、蠡口、厚街；出口基地 4 个，分别是安吉、大岭山、海宁、杜村；金属家具产区 3 个，分别是胜芳、樟树、庞村；此外，还有办公家具产区杭州、西南具产业基地新都、软体家具产区周村、校用家具产区南城、家具电商基地沙集、家具材料基地龙江、浴柜家具基地瓜沥。

从分布上看，这 46 个产业集群由南向北、自东向西分布在珠江三角洲（广东）、福建、长江三角洲（浙江、江苏）、环渤海（河北、山东）、东北（辽宁）、中部（河南、湖北、安徽、江西）、西部（四川、云南）地区，共计 13 个省份（图 1）。这些省份是中国家具制造业的大省，其中，广东省有 7 个产业集群，浙江省有 8 个，江苏省 5 个，是产业集群分布最集中的三个地区。

中国家具产业集群规模庞大，是国内家具的主要产区，集中了中国家具的主要力量。据不完全统计，有 60%～70% 的家具产品在产业集群区域产出，也是主要的产销批发市场。家具产业集群具有良好的集聚效应，能够有效推动区域产业和经济发展。

2. 其他家具产业集群发展概况

我国的家具产业集群除中国家具协会正式命名的 46 个地区以外，还有一些正在成长并已初具规模的家具产业集聚区，主要汇总如下：

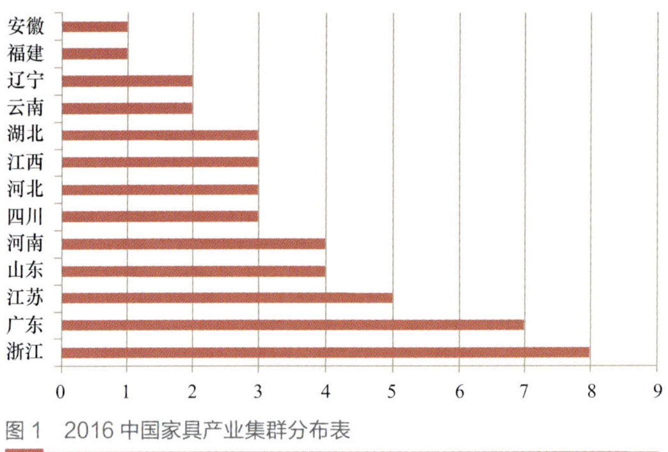

图 1　2016 中国家具产业集群分布表

广东省广州市石碁镇红木家具产业集聚区 石碁镇位于广州市番禺区东南部，依托当地红木家具产业集群，建设“番禺红木特色小镇”，面积 3 平方公里，年产值高达 10 亿元。为保证产业健康发展，石碁制定了红木家具联盟标准《红木家具标签标识及说明》，规范行业秩序。此外，建设市场监管体系、红盾服务维权工作站、申请注册集体商标等，推动产业健康有序发展。

江苏省邳州市木制品与木结构产业园区 木制品与木结构产业是邳州市的支柱产业，该市规模以上木制品企业有 218 家，占全市企业总数的 43.9%。邳州木制品与木结构产业园规划面积 23.63 平方公里。2015 年，园区完成生产总值 132.66 亿元，业务总收入 603 亿元。2012—2015 年，园区累计新建亿元以上工业项目 55 个，完成固定资产投资 88.2 亿元。该集聚区木制品及相关企业共计 2 166 家，其中生产型企业 1 581 家、配套企业 162 家、服务型企业 423 家。

河北武邑硬木雕刻产业园区 武邑县硬木雕刻家具生产、加工企业有 800 多家，从业人员 3 万多人，年产各种雕刻木器产品 200 多个品种上千万套（件）。主要产品有明清仿古雕刻家具、花台花架等。园区规划用地 3 000 多亩，规划区内设生产基地和展销基地，将形成以硬木雕刻产品生产、销售、展示、物流、旅游、观光休闲为一体的综合产业带。

吉林省辉南县抚民镇木椅产业集聚区 木制品加工业是抚民镇的支柱产业，具有很强的资源优势。抚民镇木艺制品产业有企业 100 余家，从业人员 1 830 多人，木（椅）制品年产量 145 万件，年创产值 6 000 万元，销售收入 4 000 万元，年利税 200 万元。

江苏省苏州市光福苏作红木产业集聚区 光福镇红木企业（作坊）有 200 余家，年产值约 30 亿元人民币。光福镇有“苏福红木”“名仕阁”等一批苏作红木品牌企业。光福苏作红木行业人才济济，其中获得初、中、高级职称的已有几十人。获得各类荣誉称号的有：苏州民间工艺家 9 人，苏州市工艺美术大师 10 人，江苏省工艺美术大师 3 人，江苏省工艺美术名人 5 人。光福镇积极参与“非遗”项目的建设，目前形成了“明式家具制作技艺项目”国家级、省级、市级传承人的人才梯队。

江苏省徐州市贾汪松木家具集聚区 贾汪区位于江苏省徐州市东北部。据统计，松木家具企业近 300 家，初具规模的（年产量千万以上的）大概有 130 家，行业年产值达 100 多亿元，从业人员 4 万余人。贾汪成立专业的培训团队，带动周围 20 家实木家具企业进驻电子商务平台，2016 年贾汪区家具行业线上销售超过 3.5 亿元。近年，贾汪区探索转型升级之路，已经形成松木家具、现代实木家具、专业青少年实木家具、北欧现代实木家具、美式家具、新中式家具等几大板块，已涌现出近 20 家过亿产值的企业。

河南省开封市尉氏县产业集聚区 尉氏县产业集聚区成立于 2006 年，总规划面积 26.7 平方公里，现已建成区面积 24.4 平方公里，占规划总面积的 91.4%。现代家居是尉氏县产业集聚区的一大主导产业。先后从浙江、广东等地引进了先进家居制造业为主的企业达 43 家，带动就业人数近 12 000 人，已形成板材、地板、家具、五金、包装、物流等完整家居产业链条。配套设施建设使产业集聚区的服务功能更加完备。投资建造产业集聚区服务中心、产业发展服务平台等，并为企业提供电子商务、人力资源、金融服务和行政服务等各项保障。

河南省新乡市中原家居产业园　中原家居产业园位于河南新乡获嘉县亢村产业集聚区，园区总占地面积 14 000 亩，首期规划用地 3 500 亩（建筑面积 400 万平方米）。以家具生产拉动研发和贸易，围绕标准化厂房、原辅材料区、物流仓储区、展示博览区、企业总部商务区、生活配套区等环节，将园区规划为六大功能分区。项目建成后将引进生产性企业上千家，配套企业上万家，创造就业岗位 10 万多个，企业进驻实现产值过百亿，税收超几十亿元。2015 年入驻园区企业 66 家，其中家居区 28 家，广告标识区 38 家。

陕西省西安市西北家具工业园　西北家具工业园位于蓝田县华胥镇，规划面积 7 平方公里，总投资 160 亿元，是一个集家具设计、制造、销售于一体的家具产业基地。建设年限 2010—2025 年。园区划为家具生产制造区、原材料供应区、产品展示区、总部经济平台、仓储物流区、生活配套区等六大功能版块区。同时设立产品研发中心、产品检验中心、教育培训中心，引领企业向高附加值、高端产品发展。

湖北省武汉市新港（阳逻）国际家居产业园　武汉新港（阳逻）国际家居产业园位于武汉阳逻经济开发区的核心地段，总占地面积 1 570 亩，规划建设面积达 200 万平方米，分为 7 期进行完善开发和建设。其中，一期已经于 2014 年 12 月全面展开，涵盖九栋生产厂房、八栋研发中心及展示厅、高层综合楼等设施。品类上囊括家居综合生产区、品牌家居生产定制区、家居辅料批发市场、产品研发中心、展示中心、生活配套区等，并打造 255 亩独立仓储配送中心。

河南省兰考县中部家居产业园　兰考家居产业集聚区占地面积 666.67 万平方米，总投资 100 亿元，首期投资超过 40 亿元。项目由恒大集团发起，初期确定七家入驻企业，分别是曲美、索菲亚、广东顶固集创、喜临门、联邦家私、仁豪家具、森堡儿童家具。兰考具有一定的区位优势和资源优势，加上当地政府政策推动，兰考具有很大的发展潜力。

以上介绍了非中国家具协会命名或即将由中国家具协会命名共建的产业集群，产业集群在各地呈现迅速发展之势。传统产业集群要在保持特色的基础上实现转型升级，新兴产业园要明确其长远定位，注重资源积累，实现可持续发展。

二、中国家具产业集群发展特点

1. 在发展中形成基地，实力在显现

中国家具产业集群特色区域，是由于当地自身的历史、文化、人才等因素，在发展中形成产业集聚，经过较长时间的积累，技术逐渐成熟，产业链日趋完善，当地某种类型的家具产业发展壮大，形成产业集群。

在 46 个家具产业集群中，发展中形成的特色区域有 35 个，可分为传统家具、木制家具、金属家具、家具贸易、出口基地等类型。经过多年发展，产业集群由自然集聚转向有效聚集，部分家具产业集群已经形成以较为成熟的大企业为龙头、中小企业配套加工的分工协作发展模式，集聚效应逐步显现。

家具产业集群的分布涵盖了全国家具主要生产和贸易区。家具产业集群的产生，使中国家具产业的生产分区更加专业化，对行业发展起到了巨大推动作用。

2. 新建产业园发展促进行业进步

我国家具产业转移具有鲜明的特点和规律，各地家具产业园招商引资，开发建设形成规模。我国家具新兴产业园是在国家政策的支持下发展起来的，具有一定的可持续发展基础和实力。

产业转移的规律和走势主要为沿海地区向内地，发达地区向发展中地区转移。产业转移的驱动力主要是各地政府有政策支持，可以获得土地的使用权，布局新的厂房，扩大生产力；同时可以降低成本，升级技术装备等。产业转移的趋势符合国家三纵两横的战略格局，有利于行业发展。

在各地政府的支持下，全国有 11 个家具产业

园完成了审核和命名工作，新兴家具产业园反映了当代中国家具工业水平，引领了家具行业的发展方向。由于有政府的支持，家具产业园发展势头较好。在现有产业园的基础上，还有一些产业园在申请命名，这些产业园规划合理、可持续发展性强，对行业的发展有巨大的推动作用。

三、国家相关政策

1. 深入实施《中国制造 2025》

李克强总理在 2017 年《政府工作报告》中提出要深入实施《中国制造 2025》，基本方针是创新驱动、质量为先、绿色发展、结构优化和人才为本。现阶段要加快大数据、云计算、物联网等技术在产品设计、生产制造、营销推广及销售中的应用，以新技术、新业态、新模式，推动传统产业设计、生产、管理和营销模式变革，发展智能制造。

2. 坚持“三品战略”

中国家具产业集群要做好“增品种、提品质、创品牌”的工作。通过提高设计水平，增加中高端家具产品的供给，发展智能家具实现增品种；通过加强质量精准化管理、推进质量检验检测和认证实现提品质；通过提高品牌竞争力、培育知名品牌、完善品牌服务体系、推进品牌国际化实现创品牌。

3. 坚持供给侧结构性改革

中国家具产业集群要从提高供给质量出发，扩大有效供给，提高劳动生产率，更好地满足消费者的需求。大力发展先进技术应用，改造提升传统行业，培育一批有核心竞争力的名牌企业，走提质增效的发展道路。

四、中国家具产业集群的发展规划与建议

1. 建设完善的产业链

家具行业产业集群整体水平提升，要在设计研发、生产制造、原辅材料供应、市场营销、人才培训、规划布局管理等方面加强工作，特别是要加强新建产区的环保工作。企业是产业集群的主体，是产业集群提升整体水平的主要力量，强化企业创新主体地位和主导地位，树立服务意识，提升管理水平，实行差异化战略，切实提升盈利水平和市场竞争力。

2. 推动产业集群转型升级

2016 年，中国家具协会有两个转型升级的试点单位，分别是安吉和大涌。经过几年的实践，取得了很好的经验，通过转型升级的工作，产业集群的建设，企业的实力，企业的营销，都有了很大的发展。产业集群的主管部门要以科学发展观为指导，以先进技术为主要手段，引导产业集群内企业向分工细化、协作紧密方向发展，加强家具企业与智能制造相结合，推进家具企业的技术改造，促进产业集群从高能耗向低能耗转变，从低附加值向高附加值升级，从粗放型向集约型过度，推进产业集群转型升级，加强与工业化和信息化的融合，提升产业集群的核心竞争力。

3. 加强区域品牌建设

以提升产品质量为前提，加强产业集群品牌建设工作。强化集群企业品牌意识，制定品牌管理体系，推广品牌评价准则，引导广大家具企业提升内在素质，夯实发展基础。产业集群内家具品牌与区域品牌具有高度的依存关系，推动产业集群作载体，通过产业集群的市场推广，采取多方面措施构建区域品牌，不断地扩大影响力，使区域品牌成为产业集群重要无形资产和一种可供使用的公共资源。

4. 推动集群企业坚持环保工作

家具行业及产业集群的长远发展要树立科学的生态理念，立足当下，着眼未来，坚定不移地推行绿色环保战略。要着力解决行业发展与生态环境的矛盾，推动建立绿色发展产业体系。鼓励集群企业的设备改造和技术更新，注重生产过程的节能减排，推广新型的环保材料和再循环材料的应用，释放节能环保设备和绿色家具产品的消费与投资需求，拉动行业绿色环保工作发展，促进行业生态文明建设与可持续发展。

5. 提升设计水平，强化知识产权保护

建立健全的设计人才培育机制，以各类设计比赛和展会展览为平台，加强设计交流，鼓励产业集群内培育家具设计工作室、家具设计研究中心等具有独立设计能力的机构，加强培养产业集群内的设计力量，提升产业集群整体设计水平。优化家具产业集群内知识产权保护体系，营造良好的设计氛围，抵制抄袭、剽窃等损害集群企业和设计师利益，危害行业健康发展的行为，引导集群企业加强产品创新，走差异化产品发展路线。

中国家具产业集群要在创新产品种类、提升产品质量以及实现品牌价值等方面发力，制造出高端、精致、领先的家具产品，实现产业集群在家具行业价值链位置的攀升，这也是获得新的发展动力和自我提升的重要途径。中国家具产业集群的建设取得了突出的成果，为家具行业的健康发展作出重要贡献，产业集群要紧跟中央的各项改革措施，在深化改革的过程中把产业集群工作做得更好。

中国家具协会产业集群一览表

序号	授予时间	集群名称	集群所在地
1	2003 年 3 月	中国红木家具生产专业镇	广东省中山市大涌镇
2	2003 年 8 月	中国椅业之乡	浙江省湖州市安吉县
3	2004 年 3 月	中国家具商贸之都	广东省佛山市顺德区乐从镇
4	2004 年 8 月	中国实木家具之乡	山东省德州市宁津县
5	2004 年 9 月	中国家具出口第一镇	广东省东莞市大岭山镇
6	2005 年 7 月	中国西部家具商贸之都	四川省成都市武侯区
7	2005 年 8 月	中国家具制造重镇、中国家具材料之都	广东省佛山市顺德区龙江镇
8	2005 年 9 月	中国金属玻璃家具产业基地	河北省廊坊市胜芳镇
9	2006 年 12 月	中国实木家具产业基地	辽宁省庄河市
10	2007 年 3 月	中国北方家具商贸之都	河北省廊坊市香河县
11	2007 年 5 月	中国欧式古典家具生产基地	浙江省台州市玉环县
12	2008 年 1 月	中国传统家具专业镇	广东省台山市大江镇
13	2008 年 5 月	中国古典家具名镇	广东省中山市三乡镇
14	2009 年 6 月	中国东部家具商贸之都	江苏省苏州市相城区（蠡口）
15	2009 年 12 月	中国民族木雕家具产业基地	云南省大理市剑川县
16	2010 年 4 月	中国板式家具产业基地	四川省崇州市
17	2011 年 4 月	中国出口沙发产业基地	浙江省海宁市
18	2011 年 6 月	中国中部家具产业基地	江西省赣州市南康区
19	2011 年 7 月	中国古典家具文化产业基地	山东省滨州市阳信县
20	2011 年 7 月	中国北方家具出口产业基地	山东省胶州市胶西镇
21	2011 年 7 月	中国华中家具产业园	湖北省潜江市
22	2011 年 7 月	中国家具彰武新兴产业园区	辽宁省阜新市彰武县
23	2012 年 4 月	中国金属家具产业基地	江西省樟树市
24	2012 年 4 月	中国办公家具产业基地	浙江省杭州市
25	2012 年 10 月	中国浴柜之乡	浙江省杭州市萧山区瓜沥镇
26	2012 年 11 月	中国苏作红木家具名镇 -海虞	江苏省常熟市海虞镇
27	2012 年 11 月	中国苏作红木家具名镇 -碧溪	江苏省常熟市碧溪街道
28	2012 年 12 月	中国家具红安新兴产业园	湖北省黄冈市红安县
29	2012 年 12 月	中国西南家具产业基地	四川省成都市新都区
30	2013 年 4 月	中国（瑞丽）红木家具产业基地	云南省瑞丽市
31	2013 年 4 月	中国仙作红木家具产业基地	福建省莆田市仙游县
32	2013 年 8 月	中国红木（雕刻）家具之都	浙江省东阳市
33	2013 年 8 月	中国东部家具产业基地	江苏省南通市海安县
34	2014 年 3 月	中国中原家具产业园	河南省新乡市原阳县
35	2014 年 9 月	中国京作古典家具产业基地、中国京作古典家具发祥地	河北省保定市涞水县
36	2014 年 11 月	中国钢制家具产业基地	河南省洛阳市庞村镇

（续表）

序号	授予时间	集群名称	集群所在地
37	2014 年 12 月	中国红木家居文化园	浙江省衢州市龙游县
38	2015 年 4 月	中国家具电商产销第一镇	江苏省睢宁县沙集镇
39	2015 年 5 月	中国长江经济带（湖北）家居产业园	湖北省锦州市监利县
40	2015 年 5 月	中国校具生产基地	江西省抚州市南城县
41	2015 年 5 月	中国中部（清丰）家具产业园	河南省濮阳市清丰县
42	2015 年 10 月	中国软体家具产业基地	山东省淄博市周村区
43	2015 年 11 月	中国（信阳）新兴家居产业基地	河南省信阳市羊山新区
44	2015 年 11 月	中国中部（叶集）家居产业园	安徽省六安市叶集实验区
45	2015 年 11 月	中国家具展览之都	广东省东莞市厚街镇
46	2016 年 7 月	中国华东实木家具总部基地、中国实木家具工匠之乡	浙江省宁波市宁海县

中国家具产业集群——传统家具产区

中国传统家具产业集群分布图

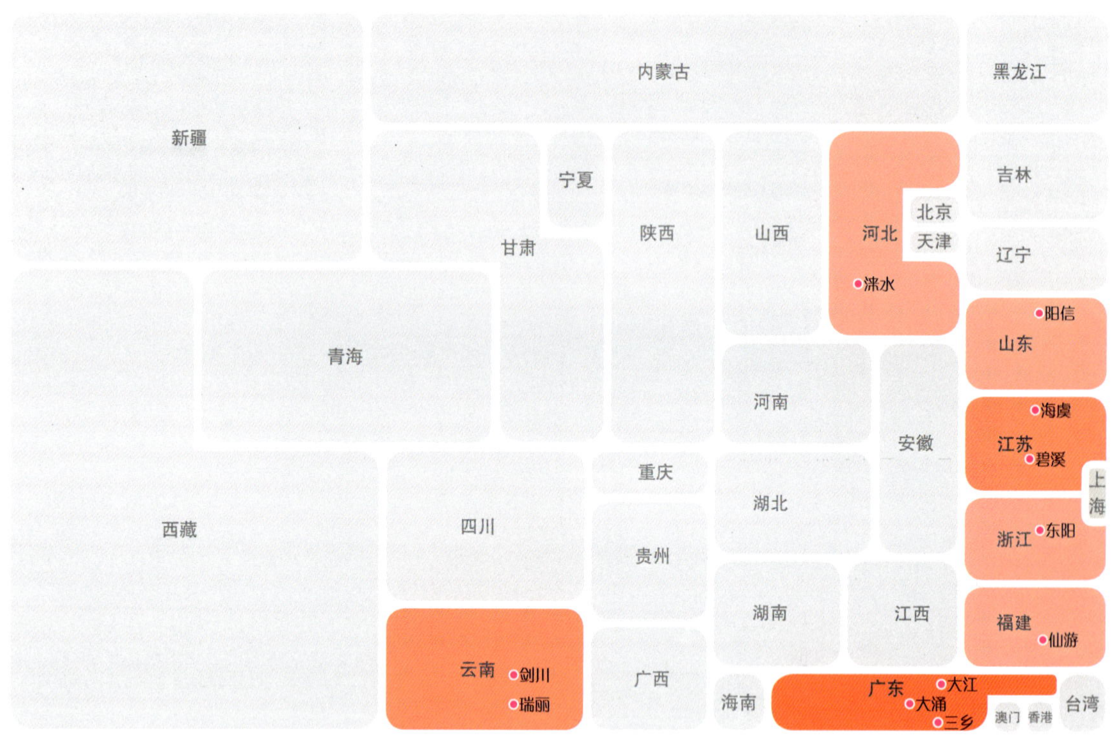

2016 年，继续受国家经济结构调整的影响，红木家具行业呈现出新的状况。行业已经走过快速发展阶段，正在步入一种新常态。主要表现在：①国际上，中国主要的红木材料进口国相继出台红木出口禁令，红木原材料资源日益稀缺。②消费市场更加成熟，消费者从盲目消费转向理性消费，单靠材料本身升值来获取高额利润的模式已经难以为继。③红木家具行业进入深度调整和细分的阶段。

中国轻工业信息中心数据显示，2016 年，红木家具出口有所回升，累计出口红木家具 9 048 件，同比增长 31.15%；出口额 616.3 万美元，同比增长 67.43%。红木家具进口与 2015 年相比，继续呈增长态势，2016 年全年，中国累计进口红木家具 244 801 万件，同比增长 37.02%，进口额 3 792.72 万美元，同比增长 31.75%。

从产出的产品风格上看，传统家具产区中，“京作”“广作”经过历史的传承，形成了三种重要的风格流派。在当代，随着红木家具产业的发展，产生了“仙作”“东作”“晋作”等风格，在行业和市场中表现活跃。

从地图上可以看出，我国传统家具产区主要集中在沿海省份，广东的 3 个产区最先命名，成立了产业专业镇；华东地区的“苏作”“仙作”“东作”家具紧随其上；云南的剑川和瑞丽则依靠自身得天独厚的民族手工艺优势及原材料进口优势，在传统家具产业有了一席之地。截至 2016 年年底，中国家具协会命名或共建的红木家具产业集群共计 11 个，成为我国家具产业集群最大的一个发展类别。

广东 大涌

大涌红木家具产业发展近 40 年，目前拥有红木家具生产企业及家具卖场超过 1 000 家，展厅面积 100 万平方米左右。大涌于 2014 年由中国家具协会确定为产业集群转型升级试点单位。

广东 三乡

三乡共有家具生产企业 550 个，2016 年家具工业总产值 16 亿元，出口值 5 亿元，形成了以古旧家具和明清仿古家具为主的三大中式古典家具市场。全镇有超过 30 万平方米的商铺、过千户商家，年销售总额超过 15 亿元，还有大中小型中式古典家具企业 300 多家。

云南 瑞丽

瑞丽是东南亚重要的红木类木材集散地，我国 80% 的奥氏黄檀、大果紫檀等高档红木的原材料都是从瑞丽口岸进口。瑞丽红木家具企业有 100 多家，提供就业近 1 万人。2016 年，瑞丽红木企业产值达到 50 亿元，建成第一期红木家具产业工业园，有 53 家红木加工企业入驻。

江苏 海虞

海虞以苏作红木家具闻名，现有红木家具生产企业 87 家，占全镇工业的 12%，规模以上企业 25 家，从业人员 6 000 多人，龙头企业有金蝙蝠、明艺等。2016 年，该镇红木产业工业总产值 15.73 亿元，主营业务收入 7.48 亿元，出口值 0.19 亿美元，内销 12.66 亿元，家具产量 31.79 万件。

福建 仙游

仙游县是仙作红木家具的主产地，2016 年全县仙作家具产业产值 368 亿元，占 GDP 的 13%，同比增长 5.7%，家具产量 132 万件，生产厂家 4 400 多家，规模以上企业达 185 家，从业人员达 21 万人。仙游有中国工艺美术大师 1 人、中国木雕工艺大师 4 人、中国传统工艺美术大师 9 人、省工艺美术大师 14 人、省雕刻工艺大师 21 人。

广东 大江

大江镇有传统家具生产企业 133 户，其中，规模以上企业 28 户，龙头企业有伍氏兴隆、国胜等。2016 年全年，全镇传统家具产业实现产值 43 亿元，主营业务收入 33 亿元，生产产品 27 万套，出口值 8.9 亿美元。

云南 剑川

剑川特色产业是木雕业。县内从事木雕产业人员 2 万余人，剑川有 1 500 多家个体经营户，80 多家木雕私营企业，木材专业市场 4 个。有良好的人才基础，联合国教科文组织授予的民间工艺美术师 2 人，国家级工艺美术大师 1 人，省级工艺美术大师 2 人。

江苏 碧溪

碧溪家具产业以苏作红木家具为主，是苏作红木家具的代表。多年来，碧溪苏作红木家具产业走精品化高端化路线，拥有名佳红木、东达红木等骨干龙头企业。

山东 阳信

阳信主要经营古典家具的收购和加工，现有家具加工企业 60 余家，从业人员 3 万余人，拥有仿古家具营销加工专业村 37 个，年销售额达 45 亿元。

浙江 东阳

东阳以“东作”家具为主，全市现有红木家具企业近 3 000 家，从业人员近 10 万人，年产值 200 多亿元。东阳具有亚太手工艺大师 3 位、中国工艺美术大师 9 位、省级工艺美术大师 36 位。经济开发区木雕红木小镇产业园规划 1 100 多亩，目前已经开工建设，有 29 家省内外知名企业入驻。

河北 涞水

涞水红木家具产业以“京作”为主，目前涞水京作红木家具制销企业 420 余家，规模以上企业 8 家，熟练技师近千人，从业人员上万人。2016 年家具产量 3 万件，产值达 16 亿元，销售收入达 20 亿元。

中国红木家具生产专业镇——大涌

一、基本概况

1. 地区基本情况

大涌镇地处中山市西南部，总面积 40.5 平方公里，全镇常住人口 6.9 万多人，旅外乡亲 3 万多人，是中山著名的侨乡和历史文化之乡。大涌是全国首个中国红木家具生产专业镇，也是中国红木雕刻艺术之乡、中国红木产业之都。2016 年，全镇地区生产总值 49.05 亿元，同比增长 8%；工业总产值 122.6 亿元；固定资产投资 12.31 亿元；三次产业结构从 4：55：41 优化调整为 4：49：47。

2. 产业发展情况

2013 年，大涌镇成为中山市首个产业转型升级试点镇，并成为《广东省城镇化发展"十二五"规划》重点建设的广东省三个文化旅游小镇之一。采用多方面措施，推动产业转型升级：一是以生产力促进中心为核心，开展产学研合作，打造产业发展公共技术服务平台。二是引导、支持企业进行技术改造，技术创新，争创国家、省级名牌。

大涌镇家具产业转型升级初见成效，主要表现为：举办国家级红木家具产业发展研讨会，理清方向，明确目标；承办国家级红木家具文化博览会，打造产业区域品牌；主导修订了《深色名贵硬木家具》行业标准、制定了《红木家具通用技术条件》国家标准，确立"大涌红木家具"在行业内的领先地位。

二、发展措施

1. 新形势下"红木＋"理念引领，探索产城融合转型升级路

近几年来，大涌镇积极探索产业转型升级之路，推动全镇从"中国红木家具生产专业镇"向"中国红木文化旅游名镇"迈进，加快推进产业集聚、业态创新和产城相融合。

红木＋文化　"文化是水、产业是船，水有多深、船走多远"，产业要提升，要实现可持续发展，必须通过文化引领。早在 2003 年，国家文化部就将大涌镇命名为"中国红木雕刻艺术之乡"，为大涌红木产业文化升级奠定良好基础。总投资 48 亿元的"中国（大涌）红木文化博览城"就是大涌新一轮发展的省、市、镇重点项目。红博城集中华建筑艺术之大成，汇中华传统文化之精品，搭优秀文化展示之窗口，建艺术成果产业化之平台。自试运营以来，已经举办了近百场大大小小的文化活动，包括大型会展、论坛、艺术交流、鉴赏沙龙、歌舞大赛、曲艺和诗书画展演、讲座等，惠及了数十万群众，实现多方共赢，让传统文化有了新阵地、群众休闲娱乐有了好去处、商家也旺了人气促进销售。

红木＋旅游　大涌镇的旅游资源十分丰富，有不可多得的"两江"（西江和岐江）、"一山"（卓旗山）和"一岛"（陆泉沙岛）等自然资源，东临岐江，西靠西江，全镇随卓旗山起伏错落之势环拥而建。安堂古村入选"广东省古村落"，现存 14 家古祠堂、以及多座明清时期的古建筑和多条古老的石

板街。红博城是中山市首个入选《全国优选旅游项目名录》的项目，目前已经建成全国首家红木文化主题邮局、家居生活示范馆、“国之瑰宝”收藏馆、岭南匠艺廊、鲁班梦工场、琴棋书画园等特色主题馆，正在规划建设体现传统饮食文化特色的“隆都里”美食街，建设红木文化主题酒店，以文化充实旅游内涵、带动旅游发展，又以旅游促进文化交流、培育新的消费热点。红博城自对外开放以来，已经接待游客逾 92 万人次，全国知名红木家具品牌纷纷签约入驻。

红木＋新业态　以红博城为依托，大涌镇正在探索出一条“以文引商、以商养文、古今融汇、多业互促”的跨界融合发展之路。从红木家具的单一销售展示，到涵盖设计、金融、电子商务、文化、收藏、拍卖、木工机械、智能设备、网上商城、文化休闲娱乐、主题酒店、特色旅游等多元业态融合，初步凸显“文商旅”融合发展成效。2016 年 3 月，举办超过 15 年的中国（中山）红木家具文化博览会，实现华丽转身，从业界盛会发展成为面向普罗大众的文化嘉年华。红博城在功能布局上突破了单一卖场的旧有模式，汇聚与红木文化相关的传统工艺精品，比如，字画、古玩、沉香、陶瓷、刺绣、茶具、玉石等，让中国古典艺术文化与红木文化相互交融、相得益彰、互促发展。红博城还积极打造名师艺术园，引入嵇锡贵等全国顶尖工艺大师进驻，与全国十多位国家级工艺美术大师、上百位省级工艺美术大师达成合作关系，为大师提供艺术创作、艺术交流、展示交易、艺术教育等平台，将中华文化发扬光大。

2. 全力打造中国首个红木文化旅游特色小镇

目前，大涌正以红博城为核心，加快全镇文化和旅游资源的整合，通过文商旅互促、产城相融合，打造文化旅游特色小镇。在已经颁布实施的《中山市大涌镇国民经济和社会发展第十三个五年规划纲要》、正在修编的《大涌镇总体规划 2004—2020》、正在制定的《中山市大涌镇红木文化旅游发展规划》，均是围绕打造中国红木文化旅游名镇这一目标，统筹推进各项工作。

大涌将通过加快交通基础设施的建设，提升产业综合承载能力；通过突出节能减排和环境治理，推动绿色发展迈上新台阶；通过镇容镇貌改造工程，凸显红木文化旅游特色小镇形象；通过加大区域品牌宣传推广力度，提升红木文化旅游小镇的知名度；通过建好红博城这座文化航母，积极发展会展经济；通过完善相关旅游配套，大力发展文化旅游产业；通过建设家具图书馆、中国传统文化和家具博物馆群落、红木科普中心、亲水观光剧院、红木文化艺术酒店、金融家俱乐部、红木文化顶级展示拍卖中心、红木主题园林、红木鉴定标准研究会所等项目，努力打造一个“山有红木林、水有红木舟、镇有红木街、街有红博城”的红木文化旅游特色镇。

中国传统家具专业镇——大江

一、基本情况

1. 地区基本情况

大江镇位于“中国第一侨乡”“中国电能源产业基地”——广东省台山市最北部，全镇总面积69.8平方公里，现辖21个村（居）委会，常住人口5万多人，旅居世界各地的乡亲8万多人。自2008年1月8日，中国家具协会等六家单位参与共建“中国传统家具专业镇”以来，大江镇迅速出台了一系列政策，推动了传统家具产业的迅猛发展。现已形成了以集群发展为特点、坚持“型艺材韵”标准、坚持“高尖端”路线、家具制造与家具材料相配套、生产与研发相促进的产业格局，形成了集原材料供应、家具生产加工、产业配套、展销的完整产业链。

2. 公共平台建设情况

大江镇通过“大江传统家具人才引育计划”，旨在引进和培养一批传统家具业内高层次人才、技术骨干（优秀技师教员）、销售人才和实用新型人才。为实现目标，大江镇政府通过一系列的方案和保障措施来支持公共平台的建设。其中，引导骨干企业建立5间“创意工作室”，工作室将为技术骨干开展技术研修、技术攻关、技术技能创新和带徒传技等创造条件，推动技术骨干实践经验及技术技能创新成果加速传承和推广。其中以伍氏兴隆家具有限公司为首，已经建立了一个传统家具国家级技能大师工作室和人才培训中心。剩余的4个工作室预计2017年12月建成。

除此之外，以中国台山文旅展贸城为平台，建立7个传统家具展销中心，中心将吸引全国最优秀、最顶级的传统家具产品汇聚大江，打造京作、苏作、广作文化交流平台。预计2017年12月完成建设。

同时，通过举办传统家具行业高峰论坛和定期邀请伍炳亮大师等业内领军人物举办讲座双管齐下，提升大江家具行业人才综合素养，引领大江传统家具行业创造出更多有思想、有文化、高附价值的优秀作品。

2014—2016年大江镇家具行业发展情况汇总

主要指标	2016年	2015年	2014年
企业数量（个）	131	131	129
规模以上企业数量（个）	32	23	23
工业总产值（万元）	436 617	436 254	438 156
主营业务收入（万元）	332 745	325 871	342 467
出口值（万美元）	88 458.56	89 654.95	93 412.98
内销（万元）	345 447.03	346 599.05	344 743.02
家具产量（万套）	27	28	29

二、经济运营情况

截至目前，全镇拥有传统家具生产企业 131 户，其中年销售 2 000 万以上企业 32 户，培育出了伍氏兴隆、国胜、俊辉、金裕、孖指、永隆、会龙、华艺、恒升等一批传统家具精英企业，产品畅销国内外。2016 年，全镇传统家具业实现产值 43 亿元，年生产主导产品 27 万套。预计 2017 年，全镇传统家具业实现产值将达 46 亿元，年生产主导产品将达 36 万套。

三、发展措施

六年来，台山市、大江镇两级党委、政府对大江传统家具业的发展倾力支持，出台各项措施促进行业的健康快速发展。主要如下：

一是加强媒体宣传。2008 年 2 月，邀请中央电视台到大江镇拍摄《入木三分看红木》节目，并在该台经济频道播出；同年 10 月邀请中央电视台在大江镇举办“仿古家具电视超人赛”，大江镇国胜木厂获得冠军，比赛实况于该台国际频道播放，闻名国内外，进一步宣传了台山、宣传了大江。

二是加强推广推介。积极组织企业到北京、重庆、深圳、江门等地参加各类展销活动，进一步提高了我镇传统家具的知名度。

三是加强规划和包装。近年来，为进一步促进传统家具行业的发展，市、镇两级提出了打造“传统家具一条街，促进中国传统家具专业镇建设”的构想，通过统一规划门店建设，加强宣传包装，引导企业走品牌发展之路。期间，多次组织企业到浙江东阳、四川成都、福建仙游、中山大涌、江门新会等地区参观学习，提高企业的认识，调动其自觉参与整改的积极性。

四是加强基础设施建设。积极争取有关部门的支持，对省道旧高铜线大江段进行路面维修工程，并重新建设排水系统，营造良好交通环境；同时，聘请专业公司对省道旧高铜线大江段两旁进行卫生保洁，营造良好卫生环境。

五是加强载体建设。为促进行业发展，我镇积极争取江门市、台山市两级政府的支持，将新高铜线两旁的土地规划调整为传统家具产业集中区，为行业发展提供良好载体。

2014 年大江招商引进了总投资近 2 亿元的黄花梨博物馆和总投资超 4.5 亿元的红木艺术展览城。其中黄花梨博物馆占地面积 55 亩，集中展示伍炳亮大师从业以来的 1 000 多件黄花梨精品，形成了北有“紫檀宫”、南有“黄花梨博物馆”的新格局。红木艺术展览城占地面积近 100 亩，定位为“亚洲最具价值鉴藏级传统家具展销中心”，还将配套有仓储物流城和木材交易市场、高标准酒店等项目，与“黄花梨博物馆”相得益彰，共同构成最具地域特色的传统家具产业高端展示及销售中心。

四、品牌发展及重点企业情况

伍氏兴隆家具有限公司，是大江镇 32 家规上企业中一家极具特色的明式红木家具企业。伍氏兴隆家具有限公司成立于 1987 年，以生产高仿明清紫檀、黄花梨等珍贵高端的红木家具为主。董事长伍炳亮先生以其对中国古典家具的深入研究、独到理解，在传承、借鉴明清古典家具之精华的基础上，发展创新，改良设计出具有伍氏兴隆风格的宫廷式家具作品，确立了以“型、艺、材”作为审美标准与生产制作的发展方向。

伍炳亮先生获奖作品数不胜数，作品以“型精韵深、材艺双美”的艺术特点深受国内传统家具资深专家学者、收藏家的肯定与推崇，多件精致作品先后被中南海、北京故宫博物院、中国国家博物馆、恭王府等各大博物馆争相收藏，并在深圳文化博览会、全国工艺美术精品展览会、全国红木家具精品品鉴会等各类展会中屡获殊荣。其中 2016 年的作品“明式海南黄花梨大号月洞门架子床”从参评的千余件作品中脱颖而出，斩获最高奖项——“中国工艺美术文化创意奖特别金奖”，这也是伍炳亮自 2007 年参加文博会以来，连续十次蝉联这一奖项的最高荣誉，创下“十连冠”的记录。

五、2016 年发展大事记

2016 年 8 月 22 日，中共台山市委组织部正式发文《台山市“大江传统家具人才引育计划”实施方案》和《台山市实施“大江传统家具人才引育计划”项目专项经费使用管理方案》，明确工作任务、落实操作步骤、保障措施规范，为大江保障人才的持续输出提供有力的政策扶持。

2016 年年底，大江镇成功引导创作能力较强的骨干企业建立 5 个创意工作室。工作室将为技术骨干开展技术研修、技术攻关、技术技能创新和带徒传技等创造条件，推动技术骨干实践经验及技术技能创新成果加速传承和推广。同时，为培养更多的技术骨干人才，台山市大江古典家具商会与台山市敬修职业技术学校签订《校企合作（专项班）协议书》，联合成立明清式家具设计专项班，鼓励企业参与培养学生，接受学生阶段性专业实习和顶岗实习，并负责优先安排按要求完成学习任务、取得毕业证书的学生在其单位就业。

2016 年 11 月 3 日，大江镇联合中国家具协会举办了“2016 年中国台山传统家具文化节”系列活动，主要包括首届中国传统家具明式圈椅制作工匠大赛、中国传统家具产业集群转型升级高峰论坛、厂商对接会、大江镇传统家具企业参观活动、中国传统家具传承与发展研讨会等。

“首届圈椅制作大赛”是本次文化节的一个重头戏，2016 年 10 月 16 日，大赛专家组按照评审标准，从全国报名的百余套作品中选出入围总决赛作品 70 余套，入围作品涵盖了中国传统家具行业的主要产区，代表了国内传统家具行业明式圈椅的一流制作水平。当天，在总决赛现场，经过激烈的角逐，6 件参赛作品在总决赛中脱颖而出，分别获得金、银、铜奖。本次文化节活动共有来自全国各地的产业领军人物、龙头企业代表、流通企业代表、媒体传媒等超 450 人参加。文化节进一步推广大江、宣传台山，吸引更多的高尖端人才和大量的信息流、资金流汇集大江，促进大江特色产业向着越来越好的方向发展。

2016 年中国台山传统家具文化节开幕

首届圈椅制作大赛金奖颁奖

中国古典家具名镇——三乡

一、基本概况

三乡镇北靠五桂山脉，南邻珠海澳门，105国道、广珠公路贯穿镇内，珠三角城际轻轨、京珠、太澳、西部沿海等高速公路方便畅达，离广珠澳大桥20余公里，周边机场、港口环绕，区位优势明显。

三乡是中山市外商投资重镇，全镇港澳台商企业数量位居全市前列，历年累计吸收港澳台等外商投资20多亿美元，累计投资额位居全市第二。

三乡四面青山环绕，形似“聚宝盆”。拥有天然温泉资源，经济繁荣，城市化程度高，先后获得国家卫生镇、全国环境优美镇、中国古典家具名镇、全国特色景观旅游名镇、广东生态示范镇、广东旅游特色镇等荣誉称号，旅游、居住、创业俱相宜。

二、行业概况

1. 西式古典彩绘家具生产、销售重镇

改革开放以来，政府良好的投资政策，吸引到了来自香港、澳门等地区的家具商人来到三乡投资办厂，这些商人引进人才和技术，加上自身的出口资源优势，经过多年的生产运作，三乡逐渐占据了西式古典彩绘家具的高端市场，批量生产欧美风格的仿古家具，大量出口到欧美等地，形成了年产值20亿元的西式古典家具企业集群，拥有几十家大中型古典彩绘家具生产厂家，实力强劲。2000年，西式家具企业开始涉猎国内家具市场，通过转型升级自创品牌，现拥有几十个自有品牌以及自主知识产权、多项外观专利和技术专利，并开始在国内开设门店，积极参加针对国内客户的家具展览，以中山齐家家具有限公司、中山恒富家具有限公司、中山市华福工艺家具有限公司、中山市美图家具有限公司、中山宝艺家具有限公司等为代表，在继续保持出口家具的同时，积极拓展国内家具市场，并积极参加国内家具设计竞赛，获得过知名的家具奖项——“金斧奖”的金、银、铜全系列大奖。

2. 古典家具文化市场容量大

在中国家具市场中，三乡以“中国最大的明清古旧家具集散地”享誉世界，大规模的专业古典家具文化市场有巨龙国际古玩城、华财古玩城和三联明清古典家具市场等，年销售总额超过15亿元，

2014—2016年三乡镇家具行业发展情况汇总

主要指标	2016年	2015年	2014年
家具生产企业数（个）	550	485	451
家具工业总产值（亿元）	16	15.6	14.5
家具出口（亿元）	5	4.6	4.3
家具商场总面积（万平方米）	30	23	21
入驻企业（家）	1 000	8 500	900
家具销售值（亿元）	16	13	14

据不完全统计，三乡镇古典家具文化市场有超过 30 万平方米的商铺、过千户商家、数万个品种的商品，还有大中小型中式古典家具企业 300 多家。

三、第四届中国（三乡）古典家具文化节

为了使“三乡镇古典家具文化节”形成品牌，对三乡古典家具产业和三乡经济社会发展产生持续推动作用，进而带动三乡旅游产业迈上新的台阶，逐步把三乡镇的古典家具市场打造成“有市场氛围、有销售业绩、有文化底蕴、有行业影响力”的销售平台，2015 年 12 月 25 至 2016 年 1 月 3 日为期 9 天的第四届中国（三乡）古典家具文化节暨“品质生活、品味经典”艺术展圆满举行，得到镇内、外各界人士好评，实现经济效益和社会效益双丰收，达到预期的效果。

四、发展措施

1. 以“文化节”为平台，全力打造中国古典家具名镇

2008 年，三乡镇政府因势利导，聚集优势，引导产业上台阶，促进产业跨越式发展，成立了中山市三乡古典家具行业协会，与中国家具协会等 11 个单位签署协议，共建“中国古典家具名镇”，于 2009—2016 年间 4 次成功举办了中国（三乡）古典家具文化节暨招商洽谈会，吸引了数十万名国内外业界精英和游客，充分展示了三乡古典家具产业的实力和古典家具文化的魅力，逐步创建了三乡古典家具产业的科研创新、人才培训、宣传推广、营销渠道、品牌建设等一系列产业发展的公共平台。

第四届中国（三乡）古典家具文化节

2. “中华古典家具网”是中心的重要载体

2010 年，三乡镇成立了中山市三乡古典家具产业集群信息服务中心，该中心重点工作是推动古典家具行业发展，着力强化技术、培训、品牌、销售、流通、融资、市场调研、策划推广、价格走势以及供求信息等产业配套服务。主要由行业信息平台和企业、政府、协会网站集群两大层面构成，网站在未来将着重建设在线信息服务与在线交易，提供一套便捷易用的自助建站服务。

3. 重点打造古典家具科技平台

调动三乡镇中式古典家具和西式古典家具大型骨干企业力量，提升机构的综合实力，加强和高校、专业机构的合作，启动电子商务、3D 导购和展示等项目，使三乡古典家具公共平台更具专业性和实操性。未来，三乡镇古典家具产业的发展将继续走整合资源的道路，充分发挥巨龙国际古玩城、华财古玩城和三联明清古典家具市场三大市场的增长极作用，强化明清古旧家具集散地功能，进一步发展西式古典彩绘家具企业群，壮大中式古典家具企业，从而促进古典家具产业与文化产业、旅游产业的协调互动发展，使三乡古典家具产业实现新的飞跃。

中国苏作红木家具名镇——海虞

一、基本情况

1. 地区基本情况

海虞镇地处长江之滨，1999 年由原王市、福山、周行镇和福山农场合并而成，全镇总面积 109.97 平方公里，户籍人口 8.92 万人，公安登记外来人口 5.68 万人。近年来被授予全国重点镇、国家卫生镇、全国环境优美镇、中国休闲服装名镇、全国小城镇建设示范镇、中国人居环境范例奖、全国发展改革试点小城镇、全国首批试点示范绿色低碳重点小城镇、中国苏作红木家具名镇、中国苏作红木产业转型升级重点镇等荣誉称号。

2. 行业发展情况

海虞镇精耕“苏作红木”区域名片，培育特色产业集群，深挖文化内涵。现有红木家具生产企业 87 家，占全镇工业企业的 12%，其中较具规模的有 25 家企业，从业人员 6 000 多人。自 20 世纪 60 年代中期海虞镇建立红木家具工厂以来，坚持走精品生产的道路，在工艺制作上坚守苏作优秀传统，产品上不断努力创新；以丰富多样的造型款式，齐全完备的各色品种，精益求精的品质打造，实现了地区产业发展的快速提升。海虞拥有一支设计精英队伍和一批擅于精雕细刻的能工巧匠，具有工艺美术名人和高级工艺师、工艺美术师等 20 多名的设计团队。多年来孕育出金蝙蝠、明艺、汇生、欣佳、顾巷、龙博、远东、永泰、金诺等多个在省内乃至全国驰名的红木品牌，远东、金蝙蝠等还远销海外，业务遍及世界各地。

3. 公共平台建设情况

海虞苏作红木家具商会 商会现有会员单位 35 家，从业人员 2 000 多人，拥有先进的木材干燥设备及先进的木工机械设备 1 000 多台套，生产品种达 1 200 多种，生产规模在国内红木家具行业中名列前茅。为了把红木技艺更好的传承与发展下去，商会不定期地组织企业参加雕刻、木工等职业技能赛；组织企业参展全国各地的精品博鉴会、品鉴会；不定期地组织企业外出参展，考察各大产区，进行学习交流，开拓眼界，增加产品创新发展的信念，引导会员提高新产品研发能力和工艺水平，携手发展海虞苏作红木产业。

中国红木家具文化研究院 研究院成立之后，加强了国内外红木家具行业的信息交流，为扩大对外交流建立了平台。先后组织金蝙蝠、明艺、耀晨、永泰、耀龙等企业走出国门远赴美国洛杉矶，亮相世界级艺术博览会，在国际文化交流活动中取得了重要收获；以集体亮相的方式组团海虞红木参展北京第三届、第四届中国红木家具精品品鉴会，取得了广泛的认可和骄人的业绩。研究院挖掘红木文化内涵，深化“苏作”的木作、漆作等优秀传统手工技艺，开发红木现代加工、制造技术，带动海虞苏作红木家具产业的不断壮大发展。

二、2016 年营运情况

2014 年，海虞红木行业无论是工业总产值、利税、还是出口额，都有约 10% 的增长；在经济形势及市场不景气的情况下，2015 年的产值出口额

2014—2016 年海虞镇苏作红木家具行业发展情况汇总表

主要指标	2016 年	2015 年	2014 年
企业数量（个）	87	86	86
规模以上企业数量（个）	25	20	20
工业总产值（万元）	157 300	157 200	157 400
主营业务收入（万元）	74 800	74 700	74 900
出口值（万美元）	1 935	1 934	1 934
内销（万元）	126 620	126 520	126 720
家具产量（万件）	31.79	30.69	32.69

等达到了持平。2016 年，海虞镇在同业竞争激烈，市场变化莫测的情况下，完成工业总产值 157 300 万元，完成出口额 1 935 万美元，比上一年有了小幅的增长。

三、品牌发展及重点企业情况

没有品牌就没有竞争力。海虞红木家具生产在注重产品工艺质量和档次的同时，坚持“工艺质量求生存，争创名优求发展”的理念，走精品发展之路，先后有一批明星企业脱颖而出。

常熟市金蝙蝠工艺家具有限公司　公司创建于 1966 年，生产的“金蝙蝠”家具荣获江苏省著名商标、江苏省名牌产品称号及江苏省工艺美术百花奖；“金蝙蝠”牌红木家具 1998 年进入北京中南海紫光阁，1999 年进入钓鱼台国宾馆。

江苏汇生红木家具有限公司　公司生产的红木家具在 20 世纪 80 年代就远销美国、日本、中国香港、新加坡等国家和地区。与美国的林氏公司保持着年销售 80 万美元左右的合作关系。在首届中国传统家具明式圈椅制作木工技能大赛中，获得铜奖。

常熟市明艺红木家具有限公司　公司成立于 1992 年，有多项产品的设计获得了专利。产品于 2015 洛杉矶艺术博览会中国国家展展出。获首届中国精品红木坐具设计创新奖等多个奖项。

常熟市永泰红木家具厂　公司创建于 1992 年，生产的红木家具于 2016 洛杉矶艺术博览会中国国家展展出。获第三届“金斧奖”中国传统家具设计制作大赛神品奖。

常熟市海虞镇耀晨红木家具厂　公司为唐寅故居遗址家具进行制作与修复。“迎晨阁”品牌获得中国红木苏作流派领袖的称号。获第三届“金斧奖”中国传统家具设计制作大赛逸品奖等多个奖项。

四、2016 年发展大事记

在红木家具行业普遍不景气的大背景下。企业发展的模式也循着市场走，更加注重设计、技术、管理、人才、品牌、文化等综合素质的整体提升。海虞红木企业的服务意识增强，产品质量有了全面的提高，以集体亮相的方式参展国内外大型的展会，打响了区域性的品牌，海虞红木成了苏作的代表，吸引了全国各地的专家来海虞参观、交流、学习。

创新设计方面，不少企业做出了勇敢的尝试，有的淘汰陈旧的设备，以一部分新型的机器代替纯手工，既节约了时间又降低了成本。有的运用自己的信誉与口碑吸引客户取得订单；有的把书画与红木家具相结合，开拓了艺术方面的潜在客户；有的运用自己独特的销售模式等，打开了一片市场。

为了把优秀传统文化的海虞红木发扬光大，海虞镇政府搭建“创意、创样”平台。一方面与南京林业大学签定了“产学研”合作发展机制，助力设计创新、工艺创新、产品创新；另一方面为企业搭建了海虞红木精品展示中心这一“精品展示、互动交流”的平台，并以展示中心作为基础，规划打造海虞苏作红木文化生活园，建设科普馆、精品馆及生活馆等载体，大力普及苏作红木文化。出台了具体的规划方案，致力于打造弘扬海虞红木文化和对外展示的旗舰平台，并通过辐射带动效用，提升海虞乃至整个苏作红木行业的“精、特、优”形象。

五、2016 年活动汇总

2016 年 1 月，经研究院选定后推荐的永泰红木家具厂和耀龙红木家具厂的 17 件（套）苏作红木产品，亮相于美国洛杉矶博览会的“中国国家展”。这是苏作红木家具再次亮相世界级艺术博览会展览中，通过中西文化交流等活动，对苏作红木文化的宣传、苏作家具海外市场的进一步考察，都起到了重大的作用。扩大了“海虞红木”这一特色产区的影响力。

2016 年 7 月，研究院与海虞镇政府共同组织金蝙蝠工艺家具、明艺红木、汇生、永泰和幸达等 5 家企业参展“第四届中国红木家具精品品鉴会”。展品为厅堂、书房、卧室等 50 多件（套）细木作手工艺精品，进一步推进“海虞红木家具”品牌建设与市场发展。

2016 年 9 月，海虞红木商会组织 13 家红木企业参加“常熟第二届红木精品博览会”，展出的红木精品与新品获得了业内人士的一致好评与肯定，多家企业获得组委会颁发的各种奖项。

2016 年 11 月由中国家具协会主办，海虞镇承办的“匠心苏韵，经典传承——2016 海虞苏作红木文化艺术节”大获成功，海虞镇获得“中国苏作红木产业转型升级重点镇”的殊荣。文化节中的“精品坐具展暨品鉴会”与“苏作木工技能赛”，汇集了苏作家具与传统技艺的精华所在，尽显苏作家具的传统与现代的合二为一，获得了业内人士的一致好评。

常熟苏作红木精品博览会启动仪式

2016 北京第四届中国红木家具精品品鉴会现场

2016 海虞苏作红木文化艺术节开幕式

中国（瑞丽）红木家具产业基地——瑞丽

一、基本概况

1. 地区基本情况

瑞丽市地处云南省西南部，隶属于德宏傣族景颇族自治州，总面积 1 020 平方公里。陆路距州府芒市 99 公里，距省会昆明 890 公里，是起于上海的 320 国道的终点，是昆瑞公路与史迪威公路的交汇处。瑞丽江蜿蜒于中缅两国之间，南北两岸互有领土。瑞丽是祖国大西南沿边开放的重要城市，拥有瑞丽、畹町两个国家级口岸；是东南亚重要的珠宝集散中心，中国四大珠宝市场之一，是国内各大珠宝市场的主要商品提供地，是走向东南亚、南亚的桥头堡。有 169.8 公里的国境线，界碑 60 多座，渡口 28 个，陆上自然通道无数，与缅甸木姐市、南坎县山水相连，田畴交错，村寨相依。

瑞丽市全景

2. 行业发展情况

德宏州瑞丽红木家具行业协会基本情况 瑞丽现从事红木家具行业的企业有 100 多家，其中加工红木家具的企业有 48 家，不完全统计，整个瑞丽红木加工园区现占地 84 万平方米，从事红木家具产业管理及务工人员有近 1 万人。从事红木加工企业的加工厂集中在姐勒工业园区、弄岛工业园区。产区建设规范，安排合理，大部分企业的企业文化都很有特色。整个瑞丽的红木产业经营规模在不断扩大，经营模式均为各厂商自行加工销售。

瑞丽红木产业的创新 自 2012 年以来在云南省、德宏州和瑞丽市三级政府的支持下，在中国古典红木家具理事会、云南省家具协会的帮助下，瑞丽市已连续举办了五届中国·德宏瑞丽红木文化节。红木文化节的成功举办，既反映了瑞丽红木产业发展到较高阶段的成果，也使瑞丽红木在全国红木行业取得了声誉和品牌影响力。

瑞丽红木家具产业发展历经几十年的历程，从无到有，从小到大，现已彰显效益，初具规模。随着瑞丽作为西部开放开发大通道、国家重点开发开放实验区的建设，发展红木产业，开发高档红木家具前景广阔、市场空间极大。

规范管理机制 坚持市场准入标准，执行《红木国家标准》。商品质量控制，要求红木企业坚持诚信经营，严格执行《云南省家具行业市场经营行为规范公约》《云南省家具产品实施售后“三包”条例》，签订了《诚信经营公开承诺书》和《诚信经营企业承诺书》。正因为严把质量关，注重诚信经营，在历届的昆交会和泛亚家具展览会上，瑞丽的保真红木家具都深受消费者的信任和喜爱。

瑞丽红木产业的优势显著 瑞丽地处云南西部，三面与缅甸联邦接壤，已成为东南亚重要的红木类木材集散地。目前，已由木材“中转站”向红木家具“制造基地”转型。产业园建设初具规模，产业链基本健全，并已涌现出一批在国内红木家具市场行业中有一定影响的生产加工企业和综合性市场。凭借原材料和劳动力成本优势，红木家具产业具有可持续发展的潜力。优势主要表现在：口岸优势，我国 80% 的奥氏黄檀、大果紫檀等高档红木的原材料都是从瑞丽口岸进口，有很明显的区域口岸优势；资源优势，由于瑞丽紧靠缅甸等东南亚、南亚红木原材料出产国家，在资源上占有就近取材的优势；劳动力资源优势，瑞丽劳动力资源丰富，再加上大量的缅籍务工人员，据有人力资源的优势。

3. 公共平台建设情况

为完善公共宣传服务平台，瑞丽充分利用电视、报刊等宣传工具，加大了红木家具产业的宣传力度。2016 年为更好地宣传瑞丽红木，通过中国

木材集散地

红木古典家具杂志、金星特刊、瑞丽电视台、德宏州电视台等媒体推行大量的信息，为塑造瑞丽红木形象发挥了积极的作用。第五届中国瑞丽红木文化节期间，瑞丽通过电视、媒体、报刊等对外宣传，在活动结束后制作了获奖作品画册。

瑞丽正逐步探索微电商发展之路，积累网络营销经验，利用信息通信技术以及互联网平台，以瑞丽红木诚信品牌为依托，力促瑞丽红木产业优质发展，提升瑞丽红木品牌形象和声誉。

二、经济运营情况

2016 年红木家具产业既是一个低迷期，同时也是一个调整期。红木市场竞争激烈，很多实力厂家在现在形势下积极调整产业结构和技术水平，一方面加强产品的质量和设计创新；另一方面在原材料产地积极开拓市场，既降低成本，又为企业的进一步发展奠定基础。在如此竞争条件下，弱小企业为了生存，只得通过降价迅速回笼资金，以维持今后的运营。在销售过程中发现，红木爱好者的年龄层次集中在 60 后到 80 后，逐渐向年轻人过渡。红木家具的设计制作，也紧跟着新时代的步伐，更符合当代家居和年轻人的品位。

2014—2016 年德宏州瑞丽红木家具行业协会家具行业发展情况汇总

主要指标	2016 年	2015 年	2014 年
企业数量（个）	60	60	60
规模以上企业数量（个）	23	23	23
工业总产值或主营业务收入（万元）	60	60	60
规模以上企业工业总产值（或主营业务收入）（万元）	30	30	30
家具产量（万件）	18	20	20

三、2016 年发展大事记

1. 中国·瑞丽第五届红木文化节

2016 年 9 月 27 日—10 月 3 日，在云南省德宏州瑞丽市金星南亚红木城举办了“中国·瑞丽第五届红木文化节‘神工奖’红木家具设计大赛”及获奖作品展。为使“神工奖”红木家具的评选具有权威性，2016 年，大赛邀请中华文化促进会木作工作委员会的韦兰香常务副秘书长，故宫博物院修复大师、故宫研究院郭文通副主任，云南省工艺美术大师马如意等资深人士参加评审。2016 年参加第五届红木文化节“神工奖”评选的共有 19 家企业，79 件作品。最终评选出特等奖——瑞丽彩云南集团木业有限公司，作品为《千工拔步床》，同时评出金奖 10 个，银奖 20 个，铜奖 30 个，优秀奖若干。

2016 年红木文化节现场

2. 政府政策倾斜

2013 年 4 月 10 日，瑞丽区域成为了“中国（瑞丽）红木家具产业基地”，瑞丽红木产业初步形成了原料进口、设计创意、生产加工、展览销售为一体的完整产业链。瑞丽红木家具产业在发展战略与中长期规划、品牌建设、新技术应用、市场建设、公共技术平台和信息化建设中，市委、市政府已把红木家具产业作为瑞丽工业的特色产业和文化产业，为红木家具产业的发展提供了积极的政策支持。为把瑞丽的红木产业做大做强，政府决定将红木产业移居到第二期轻工业园区（环山工业园区，也叫瑞丽市进出口加工制造基地），占地共 20.87 平方公里，给予一定的政策倾斜，为瑞丽红木产业的发展搭建了一个非常好的平台。

四、未来发展规划

随着中国面向西南开发开放试验区及桥头堡黄金口岸战略的推进，全国各地的企业蜂拥而至，瑞丽政府对瑞丽的“两头”文化更是着力精心打造，现已建成第一期红木家具产业工业园，有 53 家红木加工企业已入驻园区，预计今后的两年内将建设第二期红木家具产业工业园。瑞丽的“石头、木头”两头文化产业的优势，已成为云南乃至全国的一张响亮名片。瑞丽“两头”产业的发展，必将有力地推动地方经济及社会效益的持续发展。

中国仙作红木家具产业基地——仙游

一、基本概况

1. 地区基本情况

仙游县地处福建东南沿海中部，位于福州市和泉州市之间，县域总面积 1 835 平方公里，总人口 113 万人。置县 1316 年，素有“文献名邦”“海滨邹鲁”之美誉。仙游县先后荣获“中国古典工艺家具之都”“中国仙作红木家具产业基地”“中国古典家具收藏文化名城”“全国红木古典家具产业知名品牌创建示范区”“国际木文化研究与示范基地”“世界中式古典家具之都”，仙作古典家具制作技艺（简称“仙作”）更是于 2014 年入选国家级非物质文化遗产保护名录。近年来，仙作臻品先后在北京 APEC、意大利米兰世博会、G20 峰会等国际场合上精彩亮相，多次被选作国礼助力外交，受到国内外的广泛关注。

2. 行业发展情况

改革开放以来，仙作产业集群人才辈出，行业迅速发展，特别是 2006 年荣膺“中国古典工艺家具之都”称号后，以“仙作”红木家具产业为主导的工艺美术产业发展随即驶入了“快车道”，工艺企业数量、规模快速增加，质量、效益同步提升，2016 年全县仙作产业产值 368 亿元，占 GDP 的 13%，同比增长 5.7%，生产厂家 4 400 多家，规模以上企业达 185 家，从业人员达 21 万人。2016 年 9 月被世界手工艺理事会正式授予“世界中式古典家具之都”荣誉称号。截至 2016 年底，仙作产业集群共有中国工艺美术大师 1 人、中国木雕工艺大师 4 人、中国传统工艺美术大师 9 人、省工艺美术大师 14 人、省雕刻工艺大师 21 人、高级技师 10 人、中级工艺美术师 455 人、工艺设计人员 608 人。

“仙作”红木家具产业的快速发展，不仅促进了就业、增加了收入，而且带动了房地产、餐饮、娱乐、交通、运输等相关产业的发展，已经成为推动县域经济发展的支柱产业和富民产业。如今，仙游已成为全国最重要的红木集散地之一，古典家具高档产品占国内市场份额七成以上，是引领我国红木家具市场重要的风向标和晴雨表。

3. 公共平台建设情况

集聚平台有效构建 仙游县仙作产业集群逐步形成榜头坝下古典工艺家具、度尾艺雕、大济根雕等产业集聚区，主要分布在全县 8 个镇、街（榜头镇、鲤城街道、大济镇、度尾镇、鲤南镇、盖尾镇、赖店镇、郊尾镇），形成“一街四走廊、两园六个城”的发展平台。“一街四走廊”即中国古典工艺家具第一长街，城关至榜头、榜头至连天红、城关至度尾、城关至郊尾四条工艺走廊；“两园六个城”即工艺产业园、仙作物流园，中国古典工艺博览城、国际油画城、中国石艺城、海峡艺雕旅游城、环球工艺城、古玩城。目前，全县已建立省级企业技术中心 2 家、市级 5 家，拥有创新产品外观设计知识产权保护 1 000 多项。

行业平台逐步规范 为了更好地服务仙作产业集群，福建省古典工艺家具协会、福建省油画行业协会、福建省红木产业电子商务协会、福建省古玩工艺协会、福建省红木工艺品协会等入驻仙游。这些行业协会重点致力于产业宣传推介、品牌打造、品质提升、市场拓展等，加强对会员企业的管理、引导和服务，努力促进仙作产业集群的提速提升。特别是福建省古典工艺家具协会被福建省经信委、财政厅授予福建省中小企业公共服务示范平台和福建省古典工艺家具产业集群窗口服务平台。

营销平台敢于创新　2016 年仙作产业集群电商销售额约 35 亿元。仙游县大学生创业中心、仙游县电子商务公共服务中心、众创中心相继成立，将重点发展仙作产业与互联网＋大学生及青年创业相结合的创业、创新型经济，结合本土特有的仙作文化产业及产品资源，加快大学生人才智力转化为实际生产力。

2014—2016 年仙游县家具行业发展情况汇总

主要指标	2016 年	2015 年	2014 年
企业数量（个）	4 460	4 400	4 300
规模以上企业数量（个）	185	150	140
工业总产值（亿元）	368	348	300
内销（亿元）	368	348	300
家具产量（万件）	132	128	113

二、品牌发展及重点企业情况

成功举办了三届中国（仙游）红木古典家具精品博览会和 2014 世界木材日暨首届国际木文化节，“仙作中国行——顶级红木艺术家具巡回展”成都站、北京站、深圳站、重庆站等巡展活动成效显著，有效提升了“仙作”品牌知名度和影响力。扶持培育了一批知名企业品牌，目前全县共有中国驰名商标 5 个、省著名商标 56 个、省知名字号企业 7 家、省名牌产品 57 个、莆田市知名商标企业 100 家。

仙游县仙作产业集群现有登记的生产厂家、经营性企业 4 400 多家，其中规模以上企业 185 家，产值约占总体的 36%，税收占总体的 32%。其中，三福、大家之家、鲁艺、凯丰里、贡品轩、怀古、坝下明珠等重点企业在转型升级过程中走在前列，并找到了适宜自身企业发展的契合点，取得了初步成效。有的企业走传统工艺路子，加大创新设计和工艺制作上的投入，以文化和品质提升产品价值，做成百年企业；有的企业定位大众化市场走现代工艺路线，转型开发中低端木材，生产面向大众、适销对路的新中式新古典家居产品，做成百强企业；还有的企业改变过去作坊式的生产，建设规范化的产房，加大技改投入，引进新技术、新设备，在不影响工艺质量的前提下，鼓励“机器换人”，提高生产工效，缩短生产周期，降低生产成本。

三、2016 年发展大事记

1. 品牌创建

大力宣传培育区域品牌，全力创建“世界中式古典家具之都”，2016 年 4 月通过了世界手工艺理事会组织专家组的终评，9 月被世界手工艺理事会正式授予“世界中式古典家具之都”荣誉称号。申报注册“仙作”集体商标，加强“仙作”品牌的管理与运作。

2. 质量监管

成立了《仙作古典家具规范》修订工作领导小组，建立了专家库，组织科研院所、检验机构、社会团体、企业及行业专家等进行多次论证，目前已形成了《仙作古典家具规范（草案）》。

3. 营销模式

目前已在北京奥北之家设立了“仙作家具展销基地”。加强同全国各地莆仙商会的合作，拓宽销售渠道。与中国网库签订了“仙作古典工艺家具产业电子商务基地项目”战略合作协议；仙游县商务局、福建省红木工艺品协会与阿里巴巴集团签订了三方战略合作协议，以“闲鱼拍卖”平台为依托，以产业源头直供概念为核心，打造真实可靠的红木产业直供销售平台，打造“文化＋

电商＋金融＋仓储＋物流”新模式。大力发展电子商务。世界中式古典家具之都授牌仪式暨2016中国（仙游）红木艺雕精品博览会于10月18—23日成功举办。特别是首开行业先河，与阿里巴巴深度合作，在“闲鱼拍卖”平台上举行6场的全天候拍卖、9场的限时拍卖，活动期间“闲鱼拍卖”在线拍卖平台访问人数突破450万人，关注人数超31万人，成交率达68%，单件最高成交额109.7万元。2016年行业还组织了70多家企业分别参加了北京、深圳、大连、太原、莆田等地的大型展销会，有效拓展了市场，提升了仙作知名度和影响力。

中国红木（雕刻）家具之都——东阳

一、基本概况

1. 地区概况

东阳地处浙江省中部，总人口 83 万人，地域面积 1 747 平方公里，迄今已有 1 800 多年的历史。自明朝以来，东阳就有“百工之乡”的美誉，并以东阳木雕扬名于世，很多传统工艺也得以传承，由此发展形成了东作红木家具风格。如今，东阳木雕红木家具产业已发展成为一个产业链完整、产品系列丰富、技术配套齐全、拥有自主品牌和创新设计能力的专业型产业集群，曾先后被命名为“中国木雕之都”“中国红木（雕刻）家具之都”“世界木雕之都”等。

2. 产业概况

近年来，随着东阳木雕红木家具集实用性、欣赏性、收藏性于一体，受到消费者的广泛青睐，给东阳木雕红木家具行业带来了巨大的发展商机。截至目前，全市现有红木家具企业近 3 000 家，从业人员近 10 万人，供、产、销体系日趋完善，形成了东阳中国木雕城、东阳红木家具市场、南马花园红木家具城、东阳中国古典工艺城等四大交易市场和东阳经济开发区、横店镇、南马镇三大产业基地。同时，由东阳市政府联手一批优秀浙商团队投资建设的中国木雕文化博览城项目中的中国木雕博物馆、国际会展中心等已建成并投入使用。经济开发区木雕红木小镇产业园一、二期 1 100 多亩产业基地已经建设，目前已有 29 家省内外知名企业、省级工艺美术大师以上企业入驻，建成后将成为集生产、展示、旅游为一体的现代工业旅游观光园。

东阳市是著名的工艺美术之乡，人才类别之多、数量之多、技艺之高在全国首屈一指。现有亚太地区手工艺大师 3 人、国家级工艺美术大师 9 人、省级工艺美术大师 36 人。除此之外，东阳市政府和行业协会每年举办多期各种形式的木雕工、精细木工、家具设计师等专业人才培训和比赛项目，现已培养出两千多名中高级技工、技师及设计师，这庞大的专业人才队伍将成为行业持续发展的中坚力量。

2016 年，为适应和把握新常态下红木家具行业面临的新形势，努力推进东阳红木家具行业转型发展，东阳市委市政府提出新的产业发展要求，要用“更好的工艺、更优的设计、更多的选择、更实惠的性价比”，努力打造“买红木到东阳”的区域品牌优势。为进一步规范红木家具市场，提高红木家具产品质量，要极力推行行业标准《东阳市木雕·红木家具企业联盟标准》，开展行业整治，并大力推行行业诚信公约等，维护公平、有序、健康的行业发展环境。同时，修改并完善各项政策文件，并在人才、土地、财税方面加以保障；积极实施“名品、名企、名家”战略，提升自主创新能力扶持，鼓励企业设立技术研发中心、大师创作设计室等；引导企业综合运用技术、标准、品牌、专利等手段，积极开发新产品、新技术、新工艺；积极搭建招商引资、电子营销、质量检测等平台。在做足内功的基础上通过特色展会、招商引资、电视媒体等形式面向全国宣传，走出一条独具特色的“东作”红木家具行业发展道路，做强中国红木（雕刻）家具之都。

2014—2016 年东阳市红木家具行业发展情况汇总表

主要指标	2016 年	2015 年	2014 年
企业数量（个）	2 756	2 756	3 267
规模以上企业数量（个）	123	123	123
工业总产值（亿元）	157	153	142
商场销售总面积（万平方米）	200	112.9	106.9

二、品牌发展及重点企业情况

东阳木雕·红木家具龙头骨干企业发展态势良好。2016 年，新增东阳名牌以上的企业有 13 家（其中浙江省级名牌 1 个，金华市级名牌 5 个，东阳市级名牌 7 个），累计达 60 多家；获得中国驰名商标的企业 10 家，新增浙江省著名商标的企业 3 家，金华市著名商标的企业 3 家，东阳市知名商标的企业 6 家。

东阳市明堂红木家具有限公司　作为东阳市木雕·红木家具龙头企业，明堂红木积极转型升级，精细生产；立足传统，推陈出新；以人为本，注重培养；创新营销，明星代言；引进设备，环保车间。近年来，明堂积极组建产品设计开发团队，与国内外优秀的设计机构和家具设计师合作，产品出新率达到 15%。2015 年更是登上国际舞台，被选定为 G20 主会场会议厅家具的指定供应商，承接主会议厅超大会议桌以及所有座椅的设计制作，获得广泛赞誉。

东阳市东艺工艺品有限公司　作为东阳市木雕·红木家具龙头企业，其创建的“施德泉”品牌，在行业内享有盛誉，主要产品除红木古典艺术家具外，还包括古建雕饰营造工程、木雕佛像佛具、木雕工艺品等。在继承与发扬中国传统文化、传统木工工艺、东阳木雕技艺精髓过程中，博采众长、传承创新，拥有一百多项专利。历年来获东阳市市长质量奖、浙江名牌产品、省著名商标、省林业龙头企业、省专利示范企业等荣誉。

东阳市中信红木家具有限公司　中信红木是东阳市规模最大的红木家具生产企业之一，也是东阳木雕·红木家具龙头企业。中信红木设计生产的家具产品曾两次被选入北京人民大会堂，2016 年也承接了杭州 G20 峰会重要场所的家具制作。中信红木是东阳第一家引进流水线生产红木家具的企业，实现以机代人，标准化生产，操作安全，吸尘效果较好，生产效率高。2016 年中信红木在全国两千余对高铁列车上投放为期一年的电视广告。

浙江大清翰林古典艺术家具有限公司　大清翰林作为东阳市木雕·红木家具骨干企业，以传统家具设计为代表，在各类专业展会上大放异彩，曾多次获得中国红木家具“东作”奖特别金奖、“金斧奖”中国传统家具设计制作大赛神品奖。董事长吴腾飞还荣获了中国家具设计金点奖，是首位获此殊荣的红木家具设计者，他也是继亚太手工艺大师陆光正后，第二位做客介绍中国当代各个行业领军人物的央视《流行无限》节目的东阳匠人。

东阳市盛世九龙堂红木家具有限公司　公司是东阳市知名的主营高档东非黑黄檀（紫光檀）明清红木家具的企业，引进业内先进的生产设备，烘干技艺为行业领先水平；拥有经验丰富的生产团队，设计上立足传统，推陈出新；工艺上以榫卯为主，精工细琢，将“东作”红木家具特别金奖、“金斧奖”中国传统家具设计制作大赛成套系列金奖、东阳市木雕·红木家具十大精品等各类奖项收入囊中。

东阳市明清居红木有限公司　公司成立于 2000 年，是一家专业从事红木家具设计、研发、生产、销售的跨国企业，构建起从东南亚红木原料采购加工，总部中心匠心制作，连锁加盟营销发展的完整产业链。目前在职员工 800 多人，厂房建筑面积 20 万平方米，年销售额 2 亿元。2016 年新创办了“明清工匠”子品牌。现已申请国家级专利 100 多项，被评为东阳市木雕红木家具骨干企业，获政府特别奖等多项荣誉和诸多奖项。

三、2016 年发展大事记

1. 成立行业管理办公室，开展行业“百日整治”

5 月 20 日，东阳市人民政府组织召开市红木家具行业“百日整治”行动动员大会，会上正式宣布成立东阳市木雕红木产业管理办公室（简称“红木办”），将进行全市木雕红木家具产业发展指导、管理和协调工作。整治期间，联合各部门依据《东阳市木雕·红木家具企业联盟标准》对企业生产经营行为、专卖市场管理、检验检测机构进行指导和规范，经过一系列整顿行动，东阳市红木家具企业产品质量有大幅提升。

2. 筹建中国东阳家具研究院

为提升东阳市家具设计理念和研发水平，加快行业转型升级，东阳市木雕红木产业管理办公室与东阳市红木家具行业协会积极组织筹建家具设计研发平台，后经中国家具协会批复，批准成立“中国东阳家具研究院”。

3. 承担杭州 G20 峰会木雕红木家具作品制作

2016 年 9 月杭州举办 G20 峰会期间，东阳木雕红木家具大放异彩，承担了主会场会议厅、萧山机场专用候机楼贵宾休息厅和杭州楼外楼饭店三个重要场所的项目，亚太手工艺大师陆光正亲自设计并带领团队制作《锦绣中华》等木雕作品；东阳市明堂红木家具有限公司承接了 G20 主会场会议厅超大会议桌以及所有座椅的设计制作。东阳木雕和红木家具再次跃上国际舞台，展现了东作红木家具的文化魅力。

四、2016 年活动汇总

1. 第二届中国（东阳）木雕·红木家具交易博览会

4 月 23—30 日，“第二届中国（东阳）木雕·红木家具交易博览会”在东阳中国木雕城国际会展中心举行，来自全国包括东阳的 100 多个品牌企业的精品红木家具汇聚一堂。同期举办了中国红木家具东阳发展高峰论坛，邀请到中国家具协会传统家具专业委员会主席团主席邓雪松、中国美术学院设计艺术学院院长吴海燕做主题演讲，他们分别从行业发展和创新设计等方面为与会者指点迷津。

2. 中国传统家具设计创新论坛

6 月 28 日，举办“中国传统家具设计创新论坛”，邀请中国红木家居文化研究院院长濮安国、南京林业大学家居与工业设计学院院长吴智慧、东阳市红木家具行业协会设计专业委员会主任吴腾飞分别就家具传承与创新分别做了主题演讲。

3. 开展行业培训工作

2016 年举办多期行业培训，分别有家具设计师创新创业培训、精细木工中高级、技师培训及技能比赛，共计有 400 多位专业技术人员参与，300 多位学员获得职业资格证书。

4. 2016 年度中国红木家具“东作”设计创意比赛

9 月，举办“2016 年度中国红木家具‘东作’设计创意比赛”，这将进一步提升东阳市红木家具行业从业人员的设计创新能力，促进行业创新发展做好人才储备。

5. 中国·东阳红木家具展览会

9 月 10—12 日，“中国·东阳红木家具展览会”“2016 中国红木家具大会暨第八届全国红木家具经销商大会”（简称“一展两会”）在浙江东阳隆重开幕。本次大会主题“巨变时代，变革当先，新常态新作为”，旨在探寻新常态经济形势下中国红木家具行业发展的新道路。

6. 第十一届中国（东阳）木雕竹编工艺美术博览会

11 月 10—13 日，“第十一届中国（东阳）木雕竹编工艺美术博览会”在东阳中国木雕城隆重开幕，这是一次木雕、竹编、红木家具等传统工艺美术行业与现代商业会展相融合的文化盛会。

第二届中国（东阳）木雕红木家具交易博览会开幕

中国京作古典家具产业基地——涞水

一、基本概况

1. 地区基本情况

涞水古典红木家具已有300多年的历史，是中国家具协会评定的“中国京作古典家具发祥地”，同时又是中国家具协会与涞水县人民政府共建的“中国京作古典家具产业基地”。

2. 行业发展情况

近年来，涞水红木行业年销售收入以30%的增速增长，产品在京津冀及蒙、晋、鲁等地市场份额不断增加。目前，涞水京作红木家具制销企业420余家，熟练技师近千人，从业人员上万人。2016年产值达16亿元，销售收入达20亿元，被河北省工信厅确定为特色产业集群。是北京周边的主要家具产区之一。涞水与其他产区相比，虽然规模还较小，但独有的区位优势、京作红木传统文化优势及享有的京津冀协同发展战略优势，使涞水红木产业发展潜力巨大，后发优势明显，正成为承接北京产业转移的首选地。

3. 公共平台建设情况

2016年，为深入贯彻落实习近平总书记、李克强总理关于特色小镇建设的重要指示和国务院深入推进城镇化建设有关精神。根据中共河北省委、河北省人民政府《关于建设特色小镇的指导意见》，为有效再现和保护京作古典家具的历史文化，充分挖掘京作古典家具的深刻内涵和文化价值，做大做强古典家具产业，带动城乡统筹发展、改善县城北部生态环境及城镇化进程，河北尚霖文化产业园投资有限公司牵头、协会配合，在县城北部规划了“中国京作古典家具艺术小镇”。

小镇着力打造中国京作古典家具文化产业高地、环北京医疗养生度假目的地、国家4A级精品旅游区，建设京作古典家具产业园区、京作古典家具创意展示区、京作古典家具文化体验区、京作古典家具产业综合配套区、国际乡村营地公园、拒马河生态文化公园六大功能板块。

项目建成后，将成为全国北方最具特色的古典家具、艺术品、工艺品展示、销售市场，京郊传统文化创意基地、儿童科普教育基地、京郊新兴特色

2014—2016年涞水县家具行业发展情况汇总表

主要指标	2016年	2015年	2014年
企业数量（个）	420	420	350
规模以上企业数量（个）	8	8	4
工业总产值（万元）	159 800	163 000	160 000
规模以上企业工业总产值（万元）	13 900	14 100	8 000
内销（万元）	198 000	210 000	200 000
家具产量（万件）	3	3.1	2.46

旅游目标地以及北方最具特色的古典家具文化旅游目的地。

目前，小镇被中国城镇化促进会列入全国首批 103 个特色小镇培育名单；被河北省人民政府评定入围“河北省首批特色小镇”30 个创建类小镇名单；小镇概念性规划已编制完成。正在进行小镇项目所在地（东租村）征地拆迁及样板区（170 亩）、回迁区（235 亩）的科研、立项及详规编制工作，2017 年力争完成小镇样板区和回迁区建设。

4. 中国国际金属玻璃家具及小件家具博览会

2016 年 4 月 8 日，“第十五届中国国际金属玻璃家具及小件家具博览会暨第二届胜芳国际家具原辅材料展”盛大召开，展会覆盖 120 多个国家和地区，参展企业超过 2 000 余家，来自世界各地的采购商 10.6 万人。2016 年 8 月 26 日，“第十六届中国（胜芳）特色家具国际博览会暨第三届胜芳国际家具原辅材料展”盛大开幕，本届展会延续了之前“一期两展”的展出模式，将家具成品展和家具辅料展同期举办，展出总面积达 40 万平方米，吸引了 2 500 余家商户。

二、品牌发展及重点企业情况

目前，涞水已先后推出隆德轩、森元宏、永蕊缘、万铭森、乾和祥、艺联、易联升、艺宝、精佳、华清�、古艺坊、琨鑫、庆贤堂、珍木堂等多个品牌。河北古艺坊家具制造股份有限公司成功挂牌石家庄股权交易所，是河北省高新技术企业。隆德轩、森元宏、万铭森、永蕊缘、艺友、艺联在石家庄股权交易所孵化版挂牌。

涞水县隆德轩红木家具有限公司 成立于 2008 年，厂房占地面积 20 亩，总资产 1.2 亿元，注册资本 3 000 万元。年生产能力 3 000（件、套）古典红木家具。2014 年 12 月公司被保定市文广新局授予“保定市第二批文化产业示范基地”。2015 年被河北省科技厅命名为“河北省科技型中小企业”。2016 年销售收入达 1 亿元，产值达 7 500 万元。

涞水县万铭森家具制造有限公司 创立于 2014 年，注册资金 500 万元，年生产红木家具 3 000 件，是一家专业从事古典红木家具的研发、设计、生产、销售、服务于一体的大型综合性企业，建筑面积 1 万余平方米，占地 20 亩，有职工 54 人，其中专业技术人员 37 人，公司主要生产大果紫檀及老挝红酸枝红木家具，包括客厅、餐厅、书房、卧房、休闲、中堂等六大精品系列明式风格京作古典家具，品种达百余款。2016 年销售收入达 0.8 亿元，产值达 5 000 万元。

河北古艺坊家具制造股份有限公司 始创于 1996 年，原名“涞水县古艺坊硬木家具厂”，2005 年成立古艺坊家居文化创作室，于 2010 年 10 月成立保定古艺坊家具制造有限公司，经股份制改革，2013 年 11 月组建河北古艺坊家具制造股份有限公司，于 2014 年 2 月在石家庄股交所成功挂牌，股权代码：630002，2014 年被国家认定为高新技术企业。经 17 年的发展、探索，已经成为一家初具规模的集研发、制造、销售于一体的现代中式家具企业。公司占地 43 亩，有中式家具专业技术人员 270 名，省内外拥有独立家具专卖机构 27 家，已在北京、石家庄、保定设立市场拓展部，年生产销售现代中式家具 25 000 件，公司注册资本金 1 500 万元，总资产 5 000 多万元。2016 年销售收入达 1.5 亿元，产值达 8 000 万元。

涞水县永蕊家具坊 公司是一家专业制作、修复各式明清硬木家具的手工企业。2010 年 7 月 2 日首届中国中式家具精品展，永蕊家具坊的参展作品《梅花画案》获评审专家一致好评。张德祥、杨家驹、王秀林、赵夫瀛等知名专家对该作品的评价是纯朴纯正，用料大器，做工严谨，雕工细致，在参展作品中独一无二。该作品在展会上被中国工艺美术学会授予工艺特色奖。2016 年销售收入达 0.5 亿元，产值达 2 500 万元。

涞水县森源仿古家具厂 创建于 1997 年，占地 15 亩，职工 30 人，设计人员 5 人。生产书房、客厅、卧室系列红木家具及各种工艺品。家具制作材料以红酸枝为主，以明式、清式家具设计风格为主，重结构、少装饰。家具一直保持传统的优秀工艺技术，特别是榫卯结构与打蜡工艺。2016 年销售收入 0.5 亿元，产值 3 000 万元。

三、2016 年发展大事记

6 月聘请北京酷雅建筑设计咨询有限公司完成中国京作古典家具艺术小镇概念性规划设计；2016 年 7 月 22 日中国京作古典家具艺术小镇被中国城镇化促进会列入全国首批 103 个特色小镇培育名单；2016 年 8 月 19 日在“第三届中国·涞水京作红木家具文化节暨第二届中国文玩核桃博览会”上与青旅国际旅游投资（北京）公司签署中国京作古典家具艺术小镇战略合作开发协议；2017 年 2 月 15 日中国京作古典家具艺术小镇入围“河北省首批特色小镇”30 个创建类小镇名单。

四、2016 年活动汇总

1. 涞水县首届“工匠杯”制作技艺大赛

8 月 8 日，由涞水县总工会、涞水县东文山乡人民政府、涞水县工信局主办，涞水县文玩核桃协会、涞水县古典艺术家具协会承办的“2016 年涞水县首届‘工匠杯’家具制作、木雕及景泰蓝、核雕、铜雕等工艺美术类制作技艺大赛”成功举办。

2. 河北省“京作古典家具杯”硬木雕刻及京作古典家具制作技艺大赛

8 月 16 日，由河北省轻工行业协会、河北省家具协会、河北省红木古典艺术家具协会、涞水县古典艺术家具协会、遵化市红木文化企业协会、沧州市红木古典家具协会、武邑县硬木雕刻文化产业协会首次共同举办的“2016 河北省‘京作古典家具杯’硬木雕刻及京作古典家具制作技艺大赛”在涞水拉开帷幕，来自大城、青县、遵化、武邑等地近百名能工巧匠齐聚涞水一展风采，赛事盛况空前。

3. 第三届中国·涞水京作红木家具文化节

8 月 19 日，“第三届中国·涞水京作红木家具文化节暨第二届中国文玩核桃博览会”在涞水县召开。此次文化节暨博览会旨在通过河北京作红木家具精品、麻核桃展示，红木古典家具制作工艺演示，大力宣传“弘扬工匠精神，打造涞水品牌”主题，进一步做大做强涞水县京作古典家具及麻核桃产业，打响涞水品牌，促进业界交流。

4. 组织参加“首届河北省旅游产业发展大会”

9 月 23 日，组织参加“首届河北省旅游产业发展大会”相关活动，精心布置的展厅“涞水京作红木文化驿站”“涞水京作红木文化展馆”“涞水京作古典家具精品馆”以其浓厚的文化氛围赢得了领导的好评。

“京作古典家具杯”大赛现场

第三届中国·涞水京作红木家具文化节开幕式

中国家具产业集群——木制家具产区

中国木制家具产业集群分布图

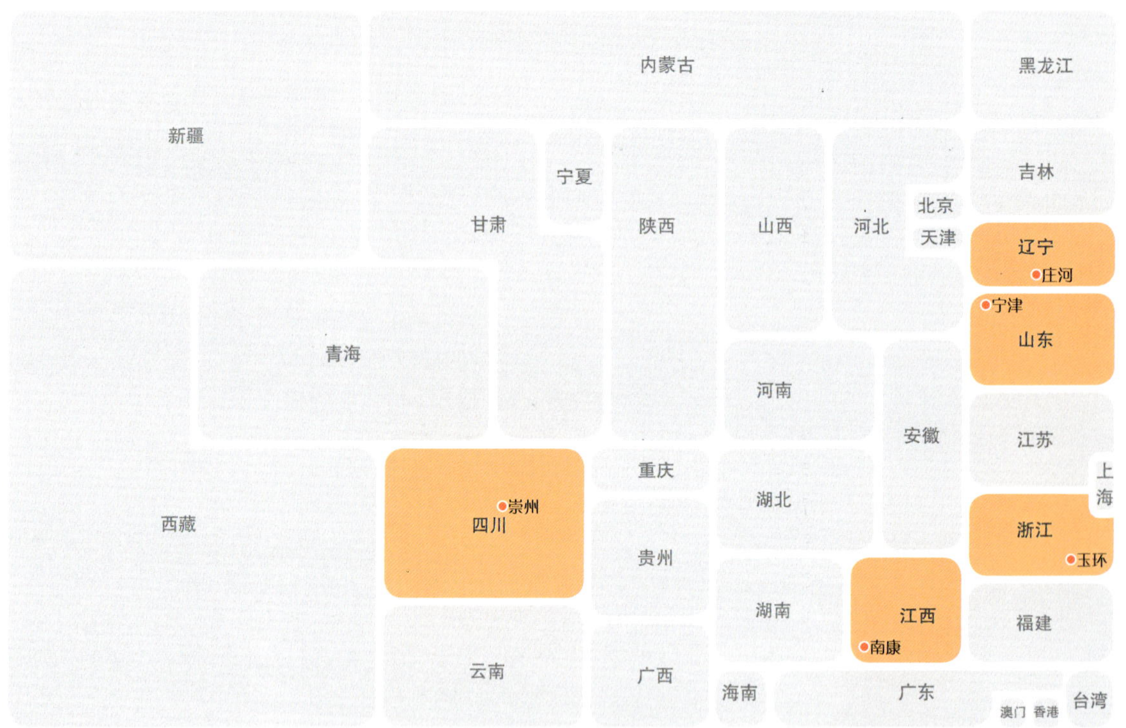

木制产品是家具制造业的主要组成部分，仅统计规模以上企业，木制家具制造业主营业务收入占到全行业的64.04%，在全行业中占据极大一块市场份额。

从技术装备水平上看，木制家具产业已经从传统手工业，发展成为机械化生产为主、技术含量不断提高的产业，尤其是板式家具行业，已经实现大规模定制化生产，利用柔性生产系统，极大地提高了生产效率。2016 年，是定制家具行业爆发的一年，原有的大型定制家具企业纷纷上市，其他木制家具企业也涉足定制家具，启动定制家具生产线。

中国轻工业信息中心数据显示，2016 年全年，木制家具制造业规模以上企业主营业务收入 5 481.3 亿元，同比去年增长 9.02%；完成出口交货值 865.34 亿元，占总量的 48.01%，同比去年增长 0.13%。从数据上看，中国木制家具制造业整体保持增长态势，但增速有所下降，行业保持健康发展。

我国的木制家具产区总体发展时期较早，成立时间均在 2011 年以前，截至目前，中国家具协会命名或共建的木制家具产业集群共计 5 个，从地图上可以看出，主要分布在我国东北、华东、西南地区，华东总量最大，以四川为代表的西南地区具有后发优势，成就一批“川派企业”。除四川崇州为板式家具生产基地外，其余 4 个都为实木家具产区，产业发展各具特色。

山东 宁津

宁津以生产实木家具为主，全县共有家具生产加工企业 3 078 家，其中规模以上企业 58 家，从业人员达到 4.7 万人。2016 年，家具行业实现销售收入 118.72 亿元，增长 4.26%；利税 15.99 亿元，增长 3.8%。实木家具产品远销国内 20 多个省市并出口 10 多个国家和地区。2016 年完成出口创汇 2 879 万美元，同比增长 13.66%。同年，新上华日高档家具产业园项目，总投资额 19.5 亿元。宁津着力进行环保改进，整合取缔部分不达标企业，建立集中喷漆中心，安装中央集尘设施，家具产业向环保方向发展。

辽宁 庄河

庄河家具起步于 20 世纪 50 年代，主要生产经营实木家具。全市有家具生产企业 1 600 余户，规模以上企业 10 余户，从业人员近 2 万人，有厂房约 230 万平方米，形成华丰、华夏等一批龙头企业。庄河建设家具产业园，推动家具产业集群形成一个集生产加工、包装、产业配套、物流配送的完整家具产业链。

浙江 玉环

玉环县有家具相关企业近 300 家，规模以上企业 36 个，其中有自营出口权企业 60 家。2016 年，玉环家具行业总产值达 49.05 亿元，出口值 2.05 亿元，从业人员近 3 万人。生产欧式、新古典、法式等风格家具，产品销往俄罗斯、澳大利亚、东南亚、中东等 80 多个国家和地区。玉环与行业专家及院校合作建立设计工作站，工作站专家发明专利授权 4 项，实用新型专利授权 6 项，参与国家标准制修订 2 项，参与行业标准制修订 3 项，企业获家具产品外观设计专利 32 项。

四川 崇州

崇州 2016 年有家具企业 350 个，规模以上企业 31 个，家具及相关行业从业人员 6 万余人，工业总产值 75.8 亿元，主营业务收入 73.3 亿元。崇州的龙头企业有全友、明珠等，多数规模企业运营已经采用 ERP 系统。2016 年，崇州各家具企业生产线技术改造和环保改进累计投入资金达到 7 亿元以上。

江西 南康

2016 年南康家具产业集群产值突破千亿元，达 1 010 亿元，同比增长 22.9%。2016 年，南康家具出口额超 1.8 亿美元，赣州港吞吐量增长 300%。2016 年，该区家 具电商交易额达 107.1 亿元。目前，南康有家具企业 7 500 多家，从业人员 40 多万，规模以上企业 83 家，中国驰名商标 5 个，省著名商标 88 个，江西名牌 32 个，专业家具市场面积 180 万平方米。

中国实木家具之乡——宁津

一、基本概况

在宁津，家具产业已呈遍地开花之势，全县共有家具生产加工企业 3 078 处（户），其中规模以上企业 58 家，从业人员达到 4.7 万人。2016 年全县家具产业实现销售收入 186 亿元，新上华日高档家具产业园项目，总投资额 19.5 亿元。

2016 年，全产业实现销售收入 118.72 亿元，增长 4.26%；利税 15.99 亿元，增长 3.8%。实木家具产品远销国内 20 多个省市并出口 10 多个国家和地区。2016 年，完成出口创汇 2 879 万美元，同比增长 13.66%。

二、2016 年发展大事记

为德克家具企业开展了知识产权质押融资业务，开启了宁津县知识产权质押融资的先河；申报建立家具企业知识产权运营平台项目，预计两年建成，平台建成后将实现专家、企业、服务机构三方线上互动，完成宁津家具产业专利数据库和专利池建设；成功引进华日高档家具产业园项目，是宁津县融入京津冀协同发展的重要成果之一，不仅为宁津县家具产业的发展带来巨大的鲶鱼效应，也会让宁津中国实木家具之乡的品牌更加响亮。

针对国家的环保政策，宁津县家具产业也进行了大规模的整改。整合或取缔规模较小（年销售收入不足 50 万元、年纳税不足 2 万元）、达不到办理相关证照条件的家具企业；建立集中喷漆中心或园区，并推广使用水性漆；安装中央集尘设施或水帘吸尘设备等，尽量减少有机挥发物及粉尘的排放。

三、存在问题及解决办法

近年来，宁津家具产业取得了长足的发展，但与先进地区相比，宁津家具产业链条不够完善。家具产业链条上下延伸不足，在木材板材、五金配件、油漆、胶等环节存在短板，本地配套率较低，没有形成完整的生产链和供应链，龙头企业带动力不足。宁津县缺乏大的品牌，且龙头核心企业规模不大，主导产品优势不明显，辐射力和带动力有限，尚未形成较强的集聚效应和整体竞争力；技术创新能力不强。技术创新问题是目前整个家具行业存在的突出问题，产品模仿现象突出，同质化严重，技术创新能力不强，新产品、新技术研发能力不足；土地成发展制约因素，很多家具企业因为拿不到土地指标而没有办法扩大生产规模，部分外资项目无法落地。

针对以上问题，宁津县在以下几方面推动家具企业发展：增强低碳环保意识，油漆喷涂、粉尘处理以及废水、废料处理等方面运用先进技术，不断优化生产环境；推动完善电子商务平台，引导个体户和中小微企业开设网上商铺，开展网上营销；搭建高端展销平台，打造宁津高端家具主阵地，吸引全国更多的消费者；完善协会职能，发挥好行业协会的作用。

中国欧式古典家具生产基地——玉环

一、基本情况

1. 玉环基本情况

玉环县位于浙江省东南沿海黄金海岸线中段，是全国13个海岛县之一。县域由玉环本岛、楚门半岛和135个外围岛屿构成，总面积2 300平方公里，其中陆域378平方公里。近年来，玉环贯彻落实创新、协调、绿色、开放、共享的发展理念，形成了汽摩配、水暖阀门、家具、金属制品、眼镜配件、药械包装、机床等特色产业集群，成为全省重要的制造业基地。玉环连续跻身“中国综合实力百强县”行列，2016年名列“中国综合实力百强县”第32位。2016年全县工业产值1 458.03亿元，同比增长2.17%，财政总收入74.34亿元。

2. 产业发展情况

家具是玉环工业的特色产业，起步于20世纪80年代，经过30年玉环家具人的艰苦创业和县政府的大力扶持，已形成品种繁多、配套齐全、产业链条完整的集群发展模式。全县有家具制造及配套企业近300家，其中有自营出口权企业60家，从业人员近3万人。集中发展以传统雕刻工艺见长的套房系列，生产的家具风格有欧式、新古典、法式等，产品销往俄罗斯、澳大利亚、东南亚、中东等80多个国家和地区。

3. 公共平台建设情况

发挥院士专家工作站智力支撑 引进中国工程院院士张齐生和南京林业大学家居与工业设计学院专家团队12名教授，为企业提供从战略设计、产品设计到终端形象设计的全方位设计研发服务，工作站专家发明专利授权4项，实用新型专利授权6项；参与国家标准制修订2项，参与行业标准制修订3项；企业获家具产品外观设计专利32项。

创建国家级家具产品质量提升示范区 已有80%规上家具企业通过了ISO9000等先进质量管理体系认证，通过加强质量精准化管理，推进质量检验检测和认证实现提品质。经过一年多的努力，玉环创建国家级家具产品质量提升示范区项目获得国家质检总局批准通过，并召开创建国家级家具产品质量提升示范区动员会。诺贝等4家企业已导入卓越绩效管理模式；天源、诺贝、国森3家企业获浙江省家具行业质量与标准重视奖三星企业。

加快建设玉环国际精品家具城 玉环国际精品家具城占地100亩，总建筑面积10多万平方米，该工程由21家企业合建，总投资4.2亿元。时尚新颖的建筑造型、多变的材料组合、雅致的色彩搭配，打造有特色、有品位、国内一流的精品、时尚家具展示中心。建成后，将汇集玉环高档家具、品牌家具、知名企业的精品家具，既为广大经销商和消费者提供一站式的交易平台，又为家具企业提供一个向市场展示的窗口，也为玉环家具拓展一个更加广阔的市场渠道，推动产业转型升级，提升市场竞争力。

二、经济运行情况

2016年，玉环家具受全球经济形势、卢布贬值、家具产业向低成本的东南亚地区转移等多重因数的影响，出口下滑。为摆脱出口困境，迎合刚需，引导企业着力开拓国内市场，内销略有增长。

2014—2016 年玉环县家具行业发展情况汇总表

主要指标	2016 年	2015 年	2014 年
企业数量（个）	292	283	268
规模以上企业数量（个）	36	35	37
家具总产值（万元）	490 500	487 600	495 800
出口值（万美元）	20 500	20 830	25 020
内销（万元）	363 400	356 600	340 600

三、品牌发展及重点企业情况

政府牵头突出打造好、保护好、宣传好区域品牌，发挥现有“国”字区域品牌带动效应，提高产业竞争力。

一是打造品牌群体。出台发展品牌和规模经济政策，加大对玉环县家具品牌和规模企业的培植，引导企业通过工艺创新、技术创新、设计创新研发高质量产品，提升产品档次和品质，涌现出“宫廷壹号”“大风范”“国森”“欧宜风”“天源”“千代”“港源”等在全国具有较高知名度的家具品牌。

二是发挥品牌效应。在发挥“中国欧式古典家具生产基地”区域品牌效应的同时，鼓励企业申报各级名牌、商标，不断提升玉环家具品牌的核心竞争力和市场占有率。目前，全县家具行业拥有中国驰名商标 3 个、浙江省名牌产品 6 个、省著名商标 4 个、省知名商号 2 个、省出口名牌 1 个、台州市名牌产品 20 个、市著名商标 10 个。

三是加大区域品牌宣传。每年投入 60 多万元，在上海、苏州等动车站进行广告宣传玉环家具的区域品牌；借助广州、东莞、上海家具展的平台，利用宣传车、各类媒体宣传“玉环——中国欧式古典家具生产基地”的特色品牌，吸引更多的国内外客商关注、订购玉环家具。

四是支持重点企业加快发展。重点支持一批具有较大规模、品牌和技术优势的企业发展，使之成为玉环家具产业的龙头，带动产业规模的扩张、技术的提升和市场影响力的扩大。浙江诺贝家具有限公司等 7 家企业评为玉环县“三龙”企业。

四、2016 年发展大事记

1. 致力创新，促进行业转型升级

一是创新开发新产品，引导企业以市场为导向，以消费者为中心，根据市场、消费者的需求设计产品，在做好、做精欧式家具的同时，开发新古典、简欧、法式、小美式、新中式、智能沙发等不同档次、不同风格的新品。二是内外并举拓市场，3 月和 9 月组团参展，借助家具展会平台推介产品，建立新客户，获得意向订单。现在，在全国各大城市的家具卖场几乎都可看到玉环家具的影子。三是组建联合销售体，创建国内品牌营销体系，发挥玉环区域品牌的带动效应，提高玉环家具产业在国内市场的竞争力。四是推动产业融合发展。加强玉环家具与玉环水暖阀门的融合，开发厨房和浴室使用的整体橱柜、整体浴室产品，作为传统套房家具产品的补充。

2. 出台政策，支持行业稳步发展

一是在深入调研和多次讨论的基础上，制订了玉环县家具行业“十三五”发展规划。二是出台了《关于工业经济转型升级有关政策的补充意见》。为促进玉环县经济结构调整和产业优化升级，不断提升区域综合竞争力，根据（浙政发〔2015〕18 号）的精神，对（玉政发〔2012〕42 号）等有关政策进行调整和补充。玉环美林格家具有限公司凭借对行业十几年的坚守和创新，入围中央电视台发现之旅《工匠精神》的选题拍摄。

五、2016 活动汇总

1. 举办专题培训

2016 年举办了产业转型期重构品牌营销模式、家居行业招商养商系统、家具行业发展解析及创新转型之道、家具产业传统经销通路与互联网＋解密 4 次培训，共有 286 家次企业、362 人次参加听课。通过培训帮助企业家了解行业发展趋势，搭建交流的平台，共同探究有效应对新常态下各种挑战。

2. 举办创新论坛

请中国工程院院士张齐生作精彩报告，张齐生院士结合自身研究领域，提出了家具企业在发展中如何加快创新驱动、坚持特色化和差异化发展的建议；院士专家工作站南京林业大学徐伟博士则针对互联网新时代带来的挑战与机遇，讲授了以家具产业先进制造技术集成与转型升级路径为主题的讲座。张齐生、徐伟现场解答家具企业技术骨干提出的问题，解决企业生产技术、制造工艺实际难题。

3. 共谋产业发展

组织召开“振兴玉环家具 创百年品牌”研讨会，分析玉环家具的优势和劣势，政府、机关、企业代表就“振兴玉环家具 创百年品牌”的主题展开探讨，通过研讨达成共识。

4. 举办联谊活动

邀请中国家具销售商联合会、中国家居诚信联盟、居然之家来玉环，共同探讨、寻找玉环欧美家具发展新思路，启动年度战略合作，整合行业新力量，发挥家具企业、家具卖场、经销商三方的最大经济效应。

中国板式家具产业基地——崇州

一、基本概况

崇州市位于四川省成都市西部25公里处，位于成都市半小时都市圈内，是成都市“大城西战略”的重要组成部分。家具产业是崇州市的传统优势产业，也是崇州市大力发展的重点产业之一。中国家具协会在2009年9月将崇州命名为“中国板式家具产业基地”。2010年，家具产业作为成都市十大重点产业之一，根据《成都市家具产业集群发展规划》设定，崇州被确认为成都市家具产业集群发展基地。崇州市工业大部分集中于省级开发区——成都崇州经济开发区。园区2014年成功创建“四川省知识产权试点园区”和“四川省家居产业知名品牌示范区”，2016年启动了申报创建“国家级产品质量提升示范区（家具类）”和“新型工业化产业示范基地”工作。

现阶段，崇州市已拥有包括全国最大的板式家具生产龙头企业全友家私，以及业内领军企业之一的明珠家具等各类家具企业350家以上，相关从业人员6万余人，主要从事现代板式家具、藤编家具、艺雕仿古家具、部分实木、钢木家具的研发、生产及销售。

崇州家具规模以上企业也主要集中在崇州经济开发区。近年来，在市委、市政府“工业强市”战略的大力推动下，崇州经济开发区全面建设取得了长足进步，对全市经济发展的核心支撑作用日益凸显，在对外开放、创新创业和产城融合发展等方面走在了全市前列。2016年园区家具及相关配套产业规模企业达到31家，工业总产值75.8亿元，同比增长14.7%，行业占比32.6%；主营业务收入73.3亿元，同比增长11.3%，行业占比32.1%；利润总额2.6亿元，同比增长14.7%，行业占比17.8%；规上从业人员1.9万人，同比增长15.3%，行业占比40.9%；税收3.6亿元，同比增长6.5%，行业占比37%。总体上，崇州家具产业保持了逐年增长的良好运行态势。

2014—2016年崇州家具行业发展情况汇总表

主要指标	2016年	2015年	2014年
企业数量（个）	350	345	354
规模以上企业数量（个）	31	30	27
工业总产值（万元）	758 000	685 000	613 100
主营业务收入（万元）	733 000	679 400	614 000
内销（万元）	733 000	6 709 400	614 000

二、产业发展特征

1. 龙头带动，促进产业集群发展

贯彻大企业、大集团的发展思路，着力加强带动作用大、示范效应强、发展前景好的龙头企业的培育。目前，形成全友、明珠为龙头，大量规上企业为骨干的产业集群，涵盖板式家具、实木家具、软体家具、客厅家具、办公家具、户外休闲家具等门类，基本形成了集群发展的态势。

2. 配套发展完善，产业链条齐备

按照沿链引进、配套发展的要求，大力加强家具产业上下游配套企业的引进建设。园区家具产业园现有包括奥普集团、华立股份、前锋橱柜、帝龙新材、美涂士涂料、喜临门家具、飞扬集团、美中美涂料、东信铝业、联友泡沫等为代表的上下游企业，产业融合度逐步提高，基本可以完成主要生产资料的采集本地化，是西南地区家具产业配套条件最完善的区域之一。

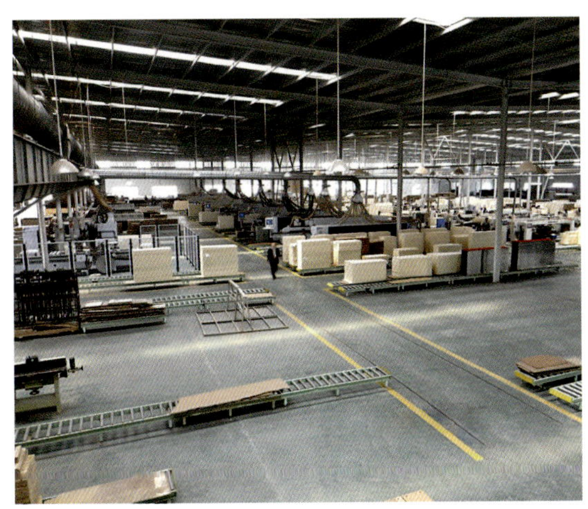

园区企业车间实景

3. 创新驱动，注重产业发展内生动力

全友家私和明珠家具等企业管理具备国内一流水平，多数规上企业运营已经采用 ERP 企业资源计划系统信息化管理。全友、明珠、华立、柯美、索菲亚等公司产品生产线全部采用意大利和德国制造的世界一流生产设备，基本实现全程数控化生产。并且，全友、明珠还建立了国家级企业技术中心。近年来，各家具企业生产线技术改造累计投入资金达到 7 亿元以上。在国家质量监督检验检疫总局指导下，投资 1 亿元兴建的全国第三所，西部唯一一所国家家具产品质量监督检验中心可以就近服务企业。

4. 坚持品牌打造，提升产品市场竞争力

充分发挥“西部板式家具产业基地”的影响作用，鼓励扶持企业大力实施品牌营销战略，紧紧抓住国家推进“一带一路”和成都跨境贸易电子商务公共服务平台及成都自贸区战略的机遇，积极参加各类展销活动，抓好市场推广，提升产品市场占有率，扩大“崇州造”区域品牌在国内外的影响力。

5. 开拓新的市场极，电商换市效果明显

全友、明珠通过自建电商平台、进入天猫平台等方式，充分利用“假日经济”、打折促销、团购优惠等契机，开展线上线下互动，拓展销售渠道。全年园区企业网销量约占总销量的 5%，同比增长 2 个百分点，其中全友、明珠网销量同比提高 4 个百分点，达到 11% 左右。君客、蓝邦、天天木业等企业已经启动或筹备实施电商网销，抢占网络市场。政府在青年（大学生）创业园建立了电商大厦，引进专业电商创业项目 13 个，部分与园区企业建立了合作关系，帮助企业拓展电商销售渠道。

中国家具产业集群——金属家具产区

中国金属家具产业集群分布图

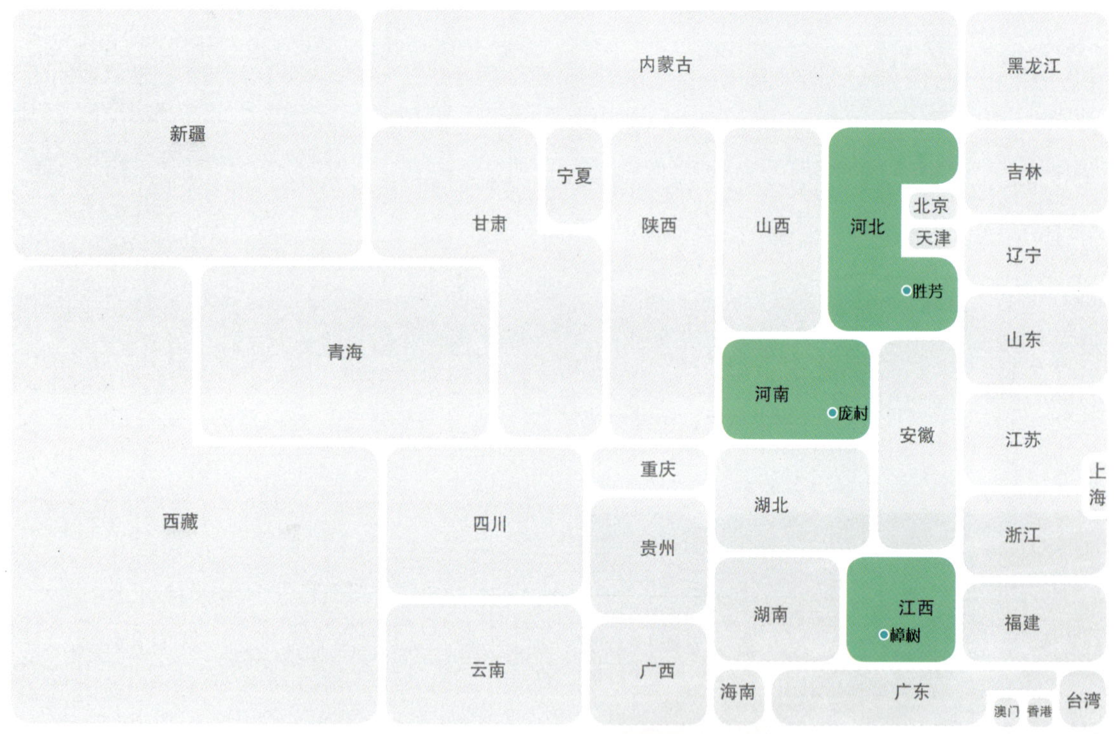

金属家具产业是家具行业的重要产业之一，所占的市场份额仅次于木制家具产业。当前，中国金属家具产业正在向科技型、环保型、创新型转变，金属家具产业集群仍需要在发展方向、行业标准、项目研发、产品检测、人才培育等方面进行转型升级。

中国轻工业信息中心数据显示，2016 年，我国金属家具制造业规模以上企业主营业务收入 1 545.69 亿元，占全国家具制造业的 18%，同比去年增长 6.28%；完成出口交货值 499.56 亿元，占全国家具行业出口交货值的 27.72%，同比增长 7.08%。

截至 2016 年年底，中国家具协会共建或命名的金属家具产区有 3 个。从地图上可以看出，我国金属家具产业主要集中在华北、华中地区的内陆地区，胜芳、庞村、樟树自北向南连成一线，区域分布特点明显。

河北 胜芳

胜芳家具行业是当地的支柱产业。2016 年，胜芳有家具企业 2 690 个，工业总产值 509 亿元，主营业务收入 400.63 亿元，出口 31.6 亿美元，家具产量 4.37 亿件。商场面积 40 万平方米，商场数量 6 个。胜芳每年举办两届中国（胜芳）特色家具国际博览会，是金属玻璃家具行业内规模较大的专业型展会，已连续举办 16 届。目前，胜芳国际家具博览城二期续建项目“胜芳国际商业中心”正式启动，胜芳国际家具材料城 A10 馆也已正式开业。

江西 樟树

樟树现有金属家具生产及配套企业 110 余家，从业人员 2 万余人，主要生产金属家具、档案装具、图书设备、校具设备、医疗器械、智能系统等 10 大系列 500 多个品种，产品销售覆盖全国 31 个省（市、自治区），部分产品已销售港、澳地区和东南亚等国家。目前，樟树市金属家具生产企业有中国名牌产品 1 个，中国驰名商标 5 个，江西名牌产品 13 个，江西省著名商标 16 个，江西省级企业技术中心 2 个。3 家企业为中央国家机关指定采购定点供应商； 9 家企业为高新技术企业，获批专利 397 个。

河南 庞村

庞村钢制家具产业是当地的支柱产业，现有家具生产企业 516 家，其中规模以上企业 91 家，从业人员 4 万余人。拥有 1 个中国名牌（花都）、4 个中国驰名商标（花都、莱特、星高、九都）、5 个河南省名牌和 38 个河南省著名商标。洛阳推动钢制家具转型升级，建立洛阳市钢制家具研究院，研发设计新产品，成立电商办公室，进行电子商务培训，7 个月时间，成立了 135 家淘宝店铺，实现 3 个月 2 000 万元的线上交易额。2016 年 3 月，庞村召开了淘宝大学·2016 钢制家具产业电商峰会；11 月，庞村镇掘山村成功评选为“中国淘宝村”，开启了钢制家具企业网络销售新时代。

玻璃家具、办公家具、户外·休闲家具、校具、酒店家具、实木家具、玻璃家具、小件家具、家具配件产品、原辅材料等。

三、2016年发展大事记

1. 胜芳国际商业中心

胜芳国际家具博览城二期续建项目“胜芳国际商业中心”正式启动，项目包含家具展馆C馆、综合楼（酒店式公寓、写字楼、商超、餐饮娱乐、休闲）、国际材料城三个板块。C馆于2016年成功封顶，计划将在2017年正式运营启动，其他板块也正在建造。胜芳家博城将成为集批发、零售（C馆、概念家具、产品定制、居家体验）、品牌展示于一体，更将成为胜芳的地标性建筑，成为胜芳新的商业中心，集购物、休闲、办公、旅游于一体，助推胜芳经济的发展。

2. 第十五届中国国际金属玻璃家具及小件家具博览会

4月8日，“第十五届中国国际金属玻璃家具及小件家具博览会暨第二届胜芳国际家具原辅材料展”盛大召开，展会覆盖120多个国家和地区，参展企业超过2 000余家，来自世界各地的采购商10.6万人。展会历时三天，现场成交金额超过130亿元，突破了历史最高纪录。这次展会的主题是“汇集产业特色家具缔造全球采购传奇”，它代表了胜芳家具的特色品牌和胜芳家具人对家具企业的未来展望，随着胜芳家具产品档次的不断提升，胜芳家具目前不仅是优质品牌的代名词，而且是时尚创新的代名词。

3. 第十六届中国（胜芳）特色家具国际博览会

8月26日，“第十六届中国（胜芳）特色家具国际博览会暨第三届胜芳国际家具原辅材料展”盛大开幕。本届展会延续了之前“一期两展”的展出模式，将家具成品展和家具辅料展同期举办，展出总面积达40万平方米，吸引了2 500余家商户。

4. 胜芳国际家具材料城A10馆

8月18日，胜芳国际家具材料城A10馆正式开业，胜芳国际家具材料城是集各种家具配件、半成品、辅料、消耗材料、皮革布艺、化工材料等于一体的全品类家具材料城。随着近几年胜芳家具产业的逐渐完善，胜芳家具不断上档升级，实力大大增强，已形成从原材料到家具成品的完整产业链。全镇家具生产的大部分原材料都能保证当地自给自足，形成原材料、加工、销售一条龙的产业运作模式。而胜芳国际家具材料城将材料企业聚集于此，实现一站式采购，无疑是胜芳家具产业的又一次跨越式发展。

第十五届中国国际金属玻璃家具及小件家具博览会

中国钢制家具基地——庞村

一、基本概况

1. 地区基本情况

庞村镇位于洛阳市伊滨区东部，距洛阳市中心15公里，东临310国道，南临郑西高铁，西临二广高速，北临连霍高速，洛偃快速通道穿境而过，东距郑州飞机场100公里，北距洛阳飞机场30公里，西距郑西高铁龙门站20公里，得天独厚的区位优势和极其便利的交通条件为庞村镇经济发展提供了先决条件。

2. 行业发展情况

钢制家具产业是庞村镇的支柱产业，现有生产企业和原材料供应、锁具、包装等配套企业共516家，从业人员达4万余人。拥有1个中国名牌（花都）、4个中国驰名商标（花都、莱特、星高、九都）、5个河南省名牌和38个河南省著名商标，拥有100余项国家发明、外观设计和实用新型专利。产品包括办公家具、民用家具、文件柜、保险柜、金融设备、图书设备、校用设备、防盗防火门及军用床柜等九大类1 000多个品种，遍布全国的销售网点6 800余个，专业销售队伍1.2万人，销售份额占全国市场的50%以上，办公家具占全国同类产品市场的80%以上，产品出口中东、欧美、非洲、澳大利亚等50多个国家和地区。

3. 公共平台建设情况

2012年以来，在产业集聚区建设和搭建平台方面，规划8 000亩的产业集聚区，聘请知名规划设计单位和专家对集聚区进行高起点规划，按照生产厂房、产品展销、贸易中心、研发中心和仓储物流等功能进行分区；规划建设专业市场：利用区位优势，在产业集聚区内规划建设钢制家具大型交易市场，吸引全国家具厂家及经销商入驻，打造中西部地区最大、全国有影响力的家具展销集散地；完善650亩首批启动区的基础设施建设：优先进行基础设施配套，搭建好平台，为企业入驻创造条件。水、电、路、气、污水处理等全部满足企业发展需要；加强项目施工监管，保证质量，精益求精；搭建各种平台：产品研发中心、市场展销中心、质量检测中心已开始筹备建设，资源共享的信息服务平台和面向企业的电子商务平台，都必将为镇内企业和新入驻企业提供更丰富的信息资源和更广阔的交易空间。

2014年4月，庞村镇成功召开了“全国首届钢制家具产业发展论坛”，来自全国钢制家具行业以及国内外知名专家、学者，各地客商共计400余人参加。论坛举办后，区镇领导多次到广东顺德职业技术学院和广州欧林家具有限公司考察洽谈，筹建专业的钢制家具产品研发中心——洛阳市钢制家具研究院。研究院运营以来，设计的30余款新产品，在外观和实用性上均有较大突破。庞村成立电商办公室，与闪讯电子商务有限公司合作，定期进行电子商务系列培训，历时7个月，打造135家淘宝店铺，实现3个月2 000万元的线上交易额，通过了阿里巴巴官方认证，成功评选为2016年度中国淘宝村，实现了洛阳市淘宝村的零突破，开启了钢制家具企业网络销售新时代，下一步将着力打造河南省首家淘宝镇。邀请洛阳市商务局、商检局、工信局、工商局为出口企业负责人、工作人

2014—2016 年庞村钢制家具产业发展情况汇总表

主要指标	2016 年	2015 年	2014 年
企业数量（个）	516	392	318
规模以上企业数量（个）	91	89	86
工业总产值（万元）	2 200 000	2 000 000	1 860 000
主营业务收入（万元）	2 180 000	1 980 000	1 830 000
出口值（万美元）	11 000	9 900	9 500
内销（万元）	2 110 000	1 920 000	1 770 000
家具产量（万件）	3 660	3 300	3 050

员进行外贸出口方面的业务培训；积极联系金融部门为企业提供资金扶持，召开银企见面会 20 余次，帮助 30 余家企业融资 3 个多亿，切实破解了企业发展难题。

二、品牌发展及重点企业情况

2016 年，先导公司荣获“国家级守合同重信用”称号，莱特公司、花都公司、花城公司等 13 家企业荣获“省级守合同重信用”称号，三威公司、鑫辉公司、星原公司获评“省级质量诚信工业企业”，龙立公司、艾基锘公司等 9 家企业荣获“河南省家具行业十佳办公家具品牌”称号，高星公司获批“河南省科技型中小企业”，花都公司获批“河南省科技小巨人企业”等，这些不仅提升了基地影响力，而且也将为庞村镇带来更大的经济效益。

三、2016 年发展大事记

- 3 月召开淘宝大学 · 2016 钢制家具产业电商峰会。
- 7 月河南电视台到庞村镇采访钢制家具产业。
- 8 月庞村镇花都公司的家具走俏巴西里约奥运会。

中国钢制家具产业基地

- 9 月 G20 峰会接待用上庞村镇美立公司的更衣柜。
- 11 月庞村镇掘山村成功评选为“中国淘宝村”。

2016 年，庞村企业参加春、秋季广交会，现场成交额达 300 多万美元，意向订单 750 多万美元；倾力打造产品品牌、提升基地影响力，把企业品牌与产业链竞争品牌有机结合起来，重点是通过制定行业规范、严格产品抽检，确保产业生产能力稳步提升和产品质量绝对过硬。

淘宝大学·2016 钢制家具产业电商峰会

中国家具产业集群——新兴产业园

中国家具新兴产业园分布图

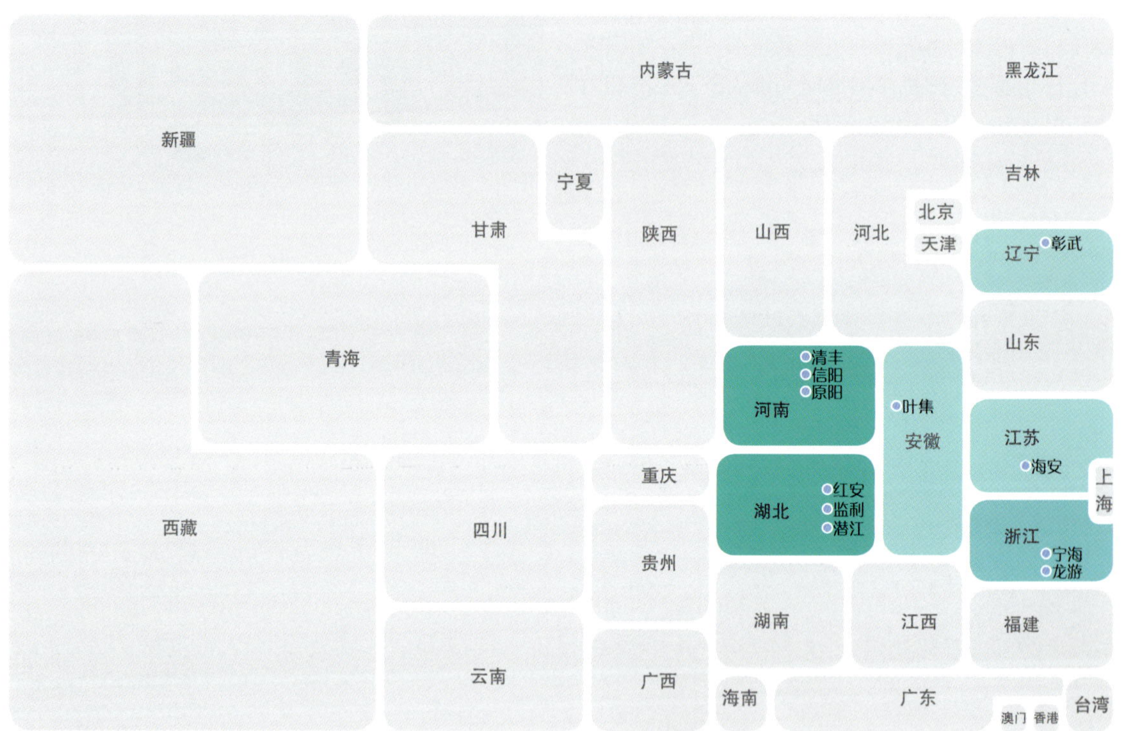

我国新兴家具产业园是在当地政府主导下建造的家具研发、生产、销售基地。近几年，新兴家具产业园发展迅速，数量和规模都呈现出快速发展的状态，吸纳了一批产业转移、扩大生产规模的大型企业。与特色区域相比，新兴家具产业园是人工兴建的，园内企业的生产手段和装备更加先进、环保水平也进行升级，符合国家的发展政策和趋势。园区内产业链更加完善、公共平台建设更加全面。为保证产业园可持续发展，要做好园区的长远定位，注重资源积累和能力建设。

2011 年 7 月，中国华中家具产业园和中国家具彰武新兴产业园正式成立，这标志着“首批中国家具行业新兴产业园”自此诞生，中国家具产业集群发展迎来了崭新的发展机遇。经过不到 5 年时间，截至 2016 年年底，中国家具协会命名的家具新兴产业园已激增到了 11 个，其增长速度在 2015 年达到了最大值。从 2016 年起，产业园结束了疯狂生长模式，各园区分别找准园区定位，基础设施日渐完善，招商引资工作逐步规范。

从地图上可以看出，除彰武外，新兴产业园都集中在我国中部内陆地区及华东沿海省份，其中，湖北、河南两省各有 3 个，占据了全国产业园的“半壁江山”，充分体现了家具产业从沿海发达地区向中部内陆转移的大发展趋势，中部家具产业崛起指日可待。

湖北 潜江

潜江家具产业园由湖北华伽投资管理有限公司投资建设，规划面积 2 000 公顷，计划总投资 500 亿元，分三期建成，其中一期工程占地 666.7 公顷，总投资 160 亿元。已引进全友、好迪等知名企业 70 余家，有效地带动了当地经济发展和就业。

湖北 监利

监利产业园是由香港家私协会与湖北福茂香港国际家居产业园有限公司合作创建。产业园分为家具、家电、家装、家纺四大业务板块，基地总规划面积 3 万亩，总投资 300 亿元，分三期建设。首期规划家具 6 000 亩、家纺 3 000 亩、家电 2 000 亩、家装 4 000 亩、五金配套 1 000 亩，目前已有 58 家规模以上企业入园征地近 8 000 亩，20 多家企业开工建设。

河南 清丰

清丰县有家具企业近 500 家，其中超亿元企业 100 余家。年产各类家具 185 万件（套），产值近 100 亿元。清丰家具产业园规划面积 7.36 万平方米。2016 年，清丰家具产业园积极承接京津冀家具产业发展，本年签约入驻家居企业 96 家，其中，28 个项目开工建设，30 个项目正在入驻标准化厂房。

浙江 龙游

龙游中国红木家居文化园是一个综合性文化旅游开发园区，规划用地 3.5 平方公里，预计投资 80 亿元，按照国家级 5A 旅游景区标准建设。该园区以红木制造为产业支撑，构建红木制造、文化旅游、休闲娱乐、家居体验、电子商务五大平台。

辽宁 彰武

彰武县产业园总体规划面积 18 平方公里，投产面积 5.2 平方公里，目前建成标准厂房 90 万平方米，已入驻生产经营型企业 63 户（家具生产企业 20 个，配套企业 43 个）。2016 年基地企业实现产值 9.3 亿元，主营业务收入 9.1 亿元，出口 700 万美元，家具产量 12 万件。

安徽 叶集

叶集区共有各类家具及上下游企业 2 000 多家，其中，规模企业 88 家。截至 2016 年底，园区已建成面积 7.5 平方公里，共入驻各类家居类项目 76 家，规模以上企业 63 家，完成工业项目投资 42 亿元。2016 年，产业园实现工业总产值 115 亿元。

湖北 红安

红安总规划面积 13.3 平方公里，约 20 000 余亩，共分四期建设，总投资 200 亿元人民币，由香港融园控股集团投资建设。规划分为家具制造基地区、家具原辅材料交易区、家具配套产品加工区、仓储物流集中管理区以及生活配套区共 5 大功能版块和 1 个家具品牌孵化基地。

河南 原阳

原阳产业园规划占地 7 000 亩，计划投资 169 亿元，该项目由工业园和物流园构成，工业园规划总占地面积 5 000 亩，总投资 120 亿元，年利润 23 亿元；物流园规划面积 2 000 亩，总投资 49 亿元，年利润 20 亿元。目前，产业园已有 80 家企业签约入驻，开工建设 2 000 余亩，建成投产的企业有 45 家。

河南 信阳

中国（信阳）新兴家居产业基地，总规划面积 1 516 万平方米，已投产 80 万平方米，已完成投资 80 亿元。到 2016 年底，小镇签约项目 63 个，落地开工项目 30 个，已有 13 家生产企业投产，2 家商贸企业启动招商。2016 年，工业总产值 5 亿元，主营业务收入 20 亿元，实现利税 3 000 万元，出口 100 万美元，家具产量 9.8 万件。

浙江 宁海

宁海县宁海人在全国开办的家具企业近 3 000 多家，宁海籍从业人员超过 10 万人，年销售额高达 700 亿左右，其中国家级品牌 10 多个，省部级品牌 36 个。宁海先期投资 8 亿元成立家具产业总部，打造宁海实木家具集散地，项目占地面积 63 亩，总建筑面积 21 万平方米。

江苏 海安

海安园区规划面积 1300 万平方米，已投产面积 83 万平方米，总投资近 300 亿元，签约入驻的规模以上企业有 300 多家，已建成投产的有 216 家。2016 年，产业园实现工业总产值 33 亿元，家具产量 88 万件。

中国家具彰武新兴产业园区——彰武

一、行业发展情况

辽宁省委省政府给予基地极大的政策扶持，在机构设置上，基地为市政府派出机构，规格正县级，与彰武县政府合署办公，党组织实行属地化管理。在规划目标上，总体规划面积 18 平方公里（起步区面积 8.07 平方公里，核心起步区 2.04 平方公里），在巩固林产品产业的基础上，重点发展装备制造配套、建筑装饰材料、大数据中心“三个业态”。在基础设施上，截至目前，“六通一平”配套面积达到 5.2 平方公里，投入建设资金 9.3 亿元，完成了水、电、路等基础设施建设，建成标准厂房 90 万平方米，修筑“三横三纵”公路骨干路网 17.8 公里，铺设给排水管线 41.7 公里。在项目建设上，截至目前，已入驻生产经营型企业 63 户，其中规上企业 17 户，打造出名牌产品 11 个。在产业配套上，目前，引进豪德商贸城、红星美凯龙、华北商城等大型综合性商贸企业 5 家；成立板材家具研发中心一个；成立旋切基地 1 个。同时，分布在 24 个乡镇为林产品基地配套的旋切点，带锯加工点还有 111 个。直接或间接从业人员达 5 000 人。在企业产品上，已涵盖板式家具、实木家具、木门、板材、地板、胶漆等 20 余类，千余品种，产品远销全国和日本、韩国、美国等国家。在行业影响上，目前，辽宁省中小微企业创业基地是东北地区板材家具行业企业比较集中，产业链比较完整的产业集群。

二、经济运营情况

2016 年，赛斯木业与土巴兔、大自然地板已达成合作；阜新华荣木业、沈达板业销售情况向好；阜新森化集团新上贴面板等项目正在做生产准备工作；金源化工与沈阳化工大学密切合作，研发新产品。2016 年基地企业实现全口径产值 9.3 亿元。

2014—2016 年彰武家具行业发展情况汇总

主要指标	2016 年	2015 年	2014 年
园区规划面积（平方千米）	18	18	18
已投产面积（平方千米）	5.2	5.2	5.2
入驻企业数量（个）	63	83	92
家具生产企业数量（个）	20	30	35
配套生产企业数量（个）	43	53	47
工业总产值（万元）	93 000	550 000	720 000
主营业务收入（万元）	91 000	520 000	730 000
出口值（万美元）	700	1 000	1 077
内销（万元）	86 000	512 060	713 000
家具产量（万件）	12	70	90

三、重点项目

1. 工业地产项目

项目占地 1 000 亩，建筑面积 25 万平方米，建设 32 栋标准化厂房。包括，三层框架结构厂房 14 栋，单层钢结构厂房 16 栋，办公生活楼 2 栋。单层框架钢结构厂房两侧各建有一栋二层楼，供办公生活使用。所有厂房均可按企业所需面积进行分割处理，适合各类中小微型企业及各种科技产业集群入驻。该项目自 2013 年 10 月开始建设，截至 2016 年末，建筑面积 24.95 万平方米的 32 座厂房，土建、绿化、硬覆盖等工程已全部完工，已具备入驻条件。

2. 环保真空石项目

该项目由彰武安美利特环保材料科技有限公司投资建设，项目于 2016 年 12 月签约入驻基地，占地面积 200 亩，总投资 8 亿元。项目计划分三期建设，总建设期为 4 年，共建真空石板材生产线 5 条。一期工程计划于 2017 年 4 月开工建设，2017 年 7 月竣工投产，达产后单线可日产真空石板材 500 张，年产值 1.5 亿元。2020 年 11 月三期工程全部竣工，五条线全部达产后预计可实现产值 8 亿元。

3. 桁架楼和聚氨酯复合板项目

该项目由重庆东冶建设有限公司投资建设，项目于 2014 年 5 月签约入驻基地，占地 180 亩，总投资 3.5 亿元。计划于 2017 年 5 月竣工投产。项目全部达产后可年产模块化房屋 10 万平方米，年加工制造钢骨及钢构件 5 万吨，年产聚氨酯复合板 50 万平方米，年产自承式钢筋钢模桁架楼承板 20 万平方米。预计可实现年销售收入 7 亿元。

目前，基地企业产品涵盖板式家具、实木家具、木门、板材、地板、胶漆等 20 余类、千余品种，产品远销全国和日本、韩国、美国等国家。以板材加工、家具制造、地板生产、包装配套、商贸物流等产业为一体的板材家居产业集群已初步形成。

四、2016 年发展大事记

2016 年 1 月 7 日，基地内企业阜新森化木业有限公司、彰武兴宇木业有限公司、彰武沈达板业有限公司获批省级林业产业化龙头企业；阜新奥腾木业有限公司、阜新恒福木业有限公司、阜新美亚胶合板有限公司、阜新华荣木业有限公司、辽宁赛斯木业有限公司、阜新森化木业有限公司、彰武兴宇木业有限公司、辽宁耐森木业有限公司获批市级农业产业化龙头企业。

五、未来发展规划

按照省政府、市政府对基地发展的总体部署及基地整体规划要求，辽宁省中小微企业创业基地不断转变经济发展方式，调整产业结构，吸纳高新技术产业和新兴产业入驻基地。重点发展装备制造配套、建筑装饰材料、大数据中心三大主导产业，构筑完善的产业链条，力争将基地打造成为服务东北面向全国的装备制造配套产业中心、东北建筑装饰材料产业中心、三大运营商及国内外知名互联网云计算企业入驻专业服务于互联网云计算行业的大数据产业中心。

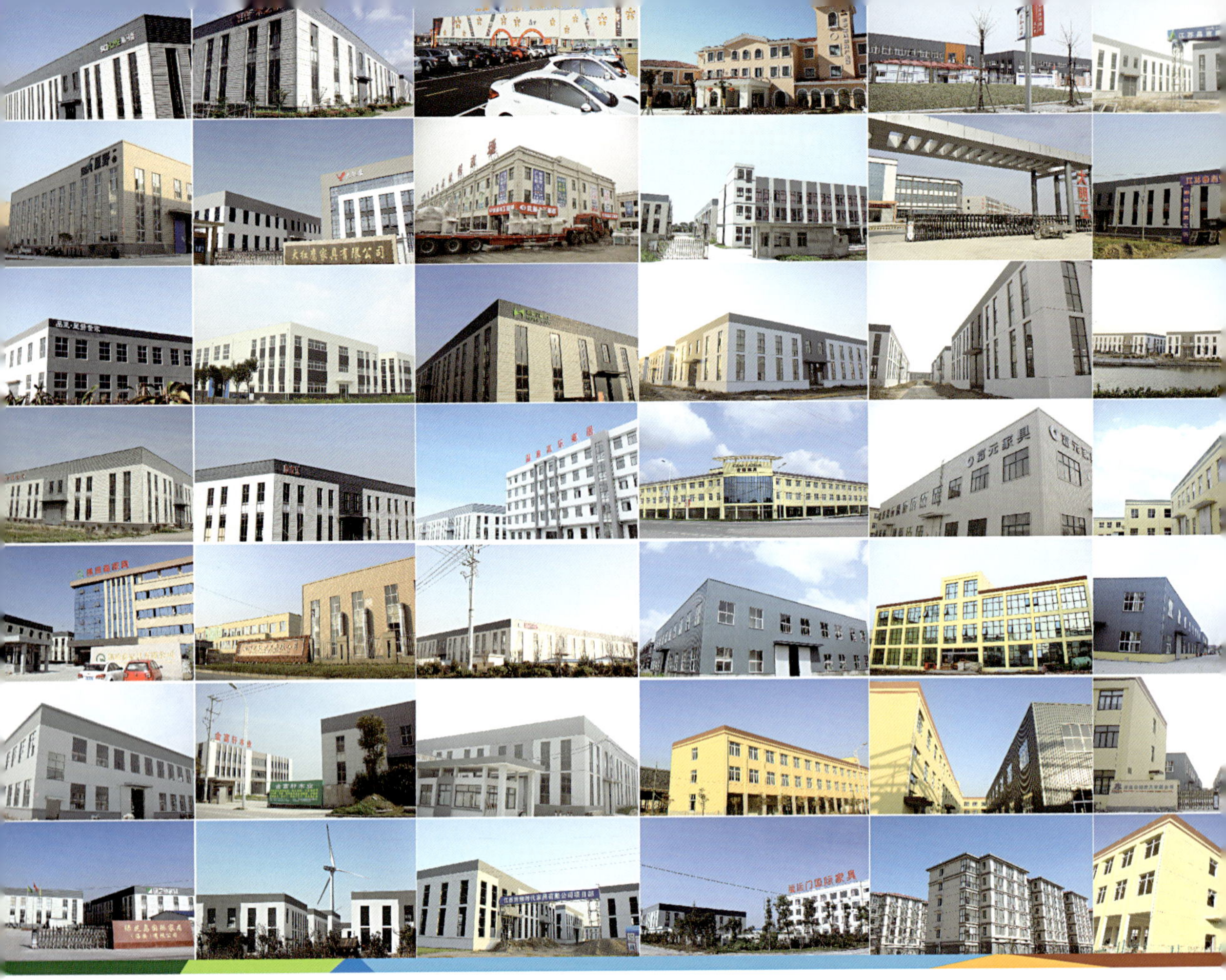

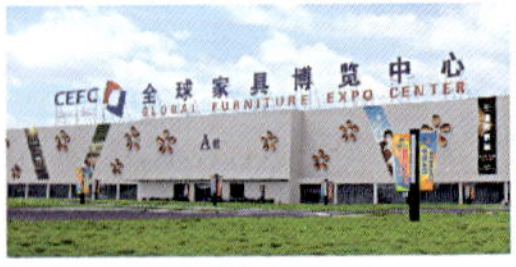

全球家具博览中心实景图

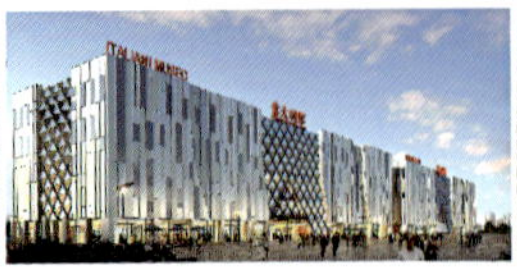
意大利品牌馆效果图

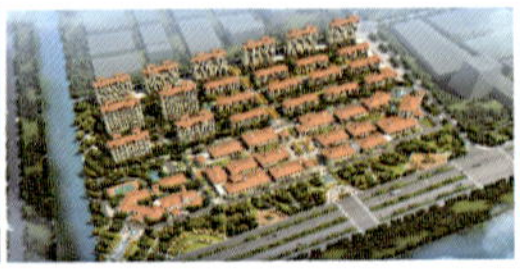
滨海金港广场效果图

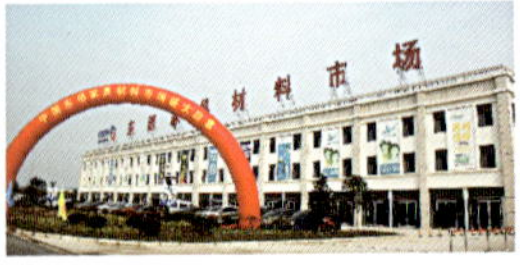
东部家具材料市场实景图

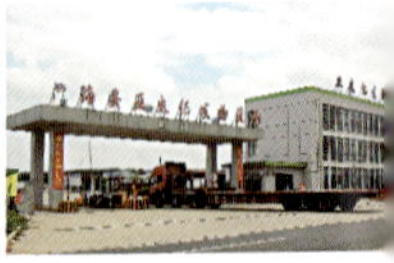
东部家具物流园实景

中国东部家具产业基地——海安

一、基本概况

海安隶属江苏省南通市，东临黄海，南望长江，是上海一小时经济圈的北大门。海安是南通市的经济强县，2016年实现地区生产总值748亿元，增长9.9%；固定资产投资584.5亿元，增长14.6%；实现工业开票销售1 133亿元，增长13.2%；规模工业企业874家，亿元企业203家；服务业应税销售752亿元；一般公共预算收入57.6亿元；全国中小城市综合实力百强榜、最具投资潜力中小城市百强榜排名继续前移，分列第30位、第9位，在全国县域经济最具创新力50强排名中列第5位。

中国东部家具产业基地在海安有"一区两翼"，在国家级海安经济技术开发区有规划13平方公里的"东部家具基地核心区"，在省级滨海新区划出1.5万亩，打造高起点、高水平的"东部家具产业园"，在全国重点镇——曲塘镇专门设立了"东部实木家具工业园"。海安县委、政府高度重视，三任书记一张蓝图绘到底，一任接着一任干，把家具产业作为海安的支柱产业来培育，把打造"家具全产业链"作为海安的重要战略，使海安的家具产业发展得热火朝天、蓬勃兴旺。2016年12月，"第六届全国家具产业集群工作会议"在海安召开，海安的现场和经验得到与会领导和代表的充分肯定。

二、经济运营情况

三年来，签约入驻规模以上家具生产型企业300多家，总投资近300亿元，规划总建筑面积超过500万平方米。目前，已建成投产的216家，其中，2016年新签约入驻生产型工业项目58个，总投资50亿元；新开业批发市场和原辅材料市场11万平方米；新建成家具工业园邻里中心8万平方米，工人开始入住；新建成投产家具工业项目52个；新建设并已全部出租标准厂房12平方米；意大利家具精品馆6万平方米已建成封顶，已与意大利家具厂商联盟签订合作协议；与南京林业大学签署全面合作协议，在创意设计、人员培训、招引项目上紧密联手；新成立了东部家具产业协会，首批会员企业达到210多家；新建成了家具园专业消防站，由政府、消防、企业共同投资管理；组织编写完成了《海安县家具产业十三五发展规划》，明确了后5年的发展目标，发展重点和战略措施，成功举办了首届"中国东部家具博览会"，三天时间，8万多消费者前来观展。

三、2016年发展大事记

- 2016年，基地组织去北京、上海、广东、浙江等地招商180多批次，举行招商推介会30多场，新签入驻基地规模生产型项目58个，总投资50亿元，规划新建厂房80万平方米。
- 7月16日，全球家具博览中心精品馆隆重开业；9月8日，东部家具原辅材料市场成功揭幕；10月1日意大利家具精品馆封顶进入装修；10月8日全球家具博览中心二号馆开始打桩，一批龙头市场的启动带动了家具产业的发展。

2014—2016 年江苏海安家具行业发展情况汇总表

主要指标	2016 年	2015 年	2014 年
园区规划面积（万平方米）	1 300	1 000	1 000
已投产面积（万平方米）	83	61	56
入驻企业数量（个）	216	158	105
新增规模以上生产企业数量（个）	58	55	60
新增配套产业企业数量（个）	158	93	45
工业总产值（万元）	330 000	210 000	105 000
主营业务收入（万元）	420 000	280 000	170 000
家具产量（万件）	88	61	29

上海招商推介会

2016 首届中国东部家具博览会

海安全球家具博览中心

- 11月21—25日，“首届中国东部家具博览会”在海安成功举行，22万平方米的展厅，800多个展位，分区为东部家具品牌展、户外家具展、原辅材料展、建材品牌联盟展、家装设计展，邀请外地客户9 000多人，先后有8万人参观展览、采购家具，轰动一座县城。
- 12月21日，“海安县东部家具行业协会”“海安县东部家具全产业链商会”举行成立大会，216家会员企业，22个政府部门顾问单位参加会议，王传威当选为首届协会会长。
- 12月20日，“第六届全国家具产业集群工作会议”在海安召开，全国46家产业集群的政府、园区、企业代表，中家协、中国轻工业联合会、环保部的领导，汇聚海安，共商发展大计。
- 2016年，位于黄海之滨的“东部家具滨海工业园”全面铺开，占地15 000亩，统一规划，一次招满，已有60多家家品牌家具企业落户，工厂区与生产区分开，专门建有8万平方米邻里中心工人村，建有10万平方米的标准厂房区。

中国家具协会朱长岭理事长等领导为东部家具行业协会揭牌

第六届全国家具产业集群工作会议在海安召开

中国中原家具产业园——原阳

一、基本概况

原阳县南临黄河，位于新乡市南端。全县辖6镇11个乡，人口71.4万人，区域面积1 329平方公里。地处中原城市群核心腹地，毗邻新欧亚大陆桥郑州站，是以郑东新区为核心的“半小时经济圈”的重要组成部分和郑新融合发展的重要支点，与郑州一河之隔、四桥相连，京广澳高速、107国道纵贯南北，郑焦晋高速、310、311省道横穿东西，自县城3分钟车程进入全国交通主干网，25分钟车程抵达郑东新区，40分钟车程抵达新郑国际机场，属于郑新融合发展中心区、新乡沿黄经济带核心区和中原最具魅力都市生态农业发展生态区。

在一带一路国际战略布局中，确定了长江中游城市群，中原城市群等五大城市群作为发展重点区域，推动区域互动合作和产业集群发展。其中在中原城市群战略中，周边原阳县由于地缘优势可以高水平承接郑州市产业转移，列入重点发展范围。《中原城市群发展规划》已获国务院批准，中原城市群的空间分布格局“一核四轴四区”，“一核”是郑州大都市区，原阳被列为“一核”八大新兴增长中心之一，明确原阳在大都市建设中与郑州加强协作互动，承接郑州外溢产业，实现城市群一体化发展。中国制造2025河南行动纲要把现代家居打造具有核心竞争力的千亿级产业集群重点领域。如今，大批创新意识强和发展潜力大的成长型企业正在逐步融入原阳县的产业链条中。郑州市的产业调整转型升级，产业溢出及郑新融合发展战略，为原阳家居等主导产业提供发展新机遇。

二、产业概况

1. 总体概况

原阳金祥家居产业园项目，由河南省川渝金祥家具有限公司与原阳县人民政府签订独家招商运作，集群式、以商招商、连动式招商项目。项目位于郑州北大门、新乡南大门，京港澳高速与连霍高速交汇处，距京港澳高速入口仅300米，交通便捷，四通八达。该项目是原阳县与河南川渝金祥家具有限公司共同打造的大型配套产业园区。

项目规划总占地面积7 000亩，总投资169亿元。可实现年产值450亿元，年利润43亿元，税金12亿元。预计园区将引进大中型家具及家具配套企业达150余家，建成投入运营后可直接解决约7万人的就业岗位。该项目由工业园和物流园两大主体构成。工业园区规划总占地面积5 000亩，总投资120亿元，年利润23亿元，税金5.9亿元；物流园区规划总占地面积2 000亩，总投资49亿元，年利润20亿元，税金6.1亿元。

2. 园区功能

园区家居产业为龙头带动多项产业发展，以家居“产业集群”园区为基础，打造中原地区集研发、生产、检测、销售、培训、居住、电子商务、行业会展、现代物流、原材料配套、管理、服务于一体的完整产业链。以搭建完善的“家居”基础设施平台、互动交流平台、增值服务平台，以全新的行业模式，服务于家居行业，创造中国家居品牌基地。

原阳金祥家居工业园基础上进行提升规整建

园区规划图

设原阳家居特色小镇。根据产业生态链规划，家居小镇建设需要的八个功能组团，在用地布局上形成了一核一脉两轴六个功能分区：以家居展示、体验、商贸交易区为核心，以“国家家居文化博览与鲁班文化广场艺术休闲区”为文脉，以园区纵横路网为两轴，以“高端订制加工制造区”“仓储物流配送”“电子商务区”“创业创新孵化区（众创空间艺术区）与公共科技服务区”“住宅生活配套区”（智慧社区）“金融、学校、医院、跨境关贸检测等公共服务保障区”六个功能组团有机合理分布。

3. 目前进展

目前，园区已有大信、大自然、顶好、威派等 80 家知名企业正式签约入驻，已开工建设 2 000 余亩。一二期项目已建成投产的有大自然、顶好威派、名昊木业等 45 家企业，完成固定资产投资 36 亿元。工业园二期二批项目已进入全面施工阶段。物流园区的各项建设工作已全面启动。

中国长江经济带（湖北）家居产业园——监利

一、基本概况

1. 地区基本情况

监利地处湖北省中南部、江汉平原腹地，与湖南岳阳隔江相望。全县国土面积 3 460 平方公里，总人口 156 万人，常年在外务工人员约 60 万人。监利具有良好的区位优势：南连湘、粤、赣，北接豫、陕、甘，东进沪、浙、皖，西向云、贵、川；人口众多、劳动力充裕，特别适合发展家居大工业、大物流、大商业，监利正处于“胡焕庸线”（我国 94% 的人口居住在东部 43% 的国土上，我国 96% 以上的经济总量在这条线以东）东部区域的大十字交叉点上，是大宗消费品生产基地与市场空间布局最佳落位选择。

监利交通优势突出：境内长江岸线总长 147 公里，是未来发展难得的天赋资源；监利具有良好的公路交通资源和铁路交通资源，往东 90 公里武监高速连接武汉，已经分段开工建设的衢州至丽江铁路（监利作为此铁路跨江连接点，正筹备建设第二座长江大桥），是我国横贯东西通向印度洋口岸的陆上大动脉，它将使我国内陆通向非洲和欧洲的海上运距缩减 85%，将极大地降低家具企业从非洲引进原木材料和向欧洲出口产品的运输成本。

监利发展家居产业资源优势明显，一是土地资源丰富。监利 3 460 平方公里国土面积，红线内耕地仅为 220 万亩（占 42.38%），与发达地区以及周边县市相比，可供开发用地相对较多，而且地势平坦，特别是通过土地整理，为产业园争取了更多用地计划，为项目的引进创造了用地条件；二是劳动力资源丰富。监利全县常年在外务工人员 60 余万人，并且大多是熟练工人，他们中多数人想回家乡就业。近年来，县委、县政府通过大力发展职业教育，开展“就业创业工程”，也为企业招工提供了良好的用工保障；三是林木资源丰富。监利是湖北省速生丰产林基地，速生

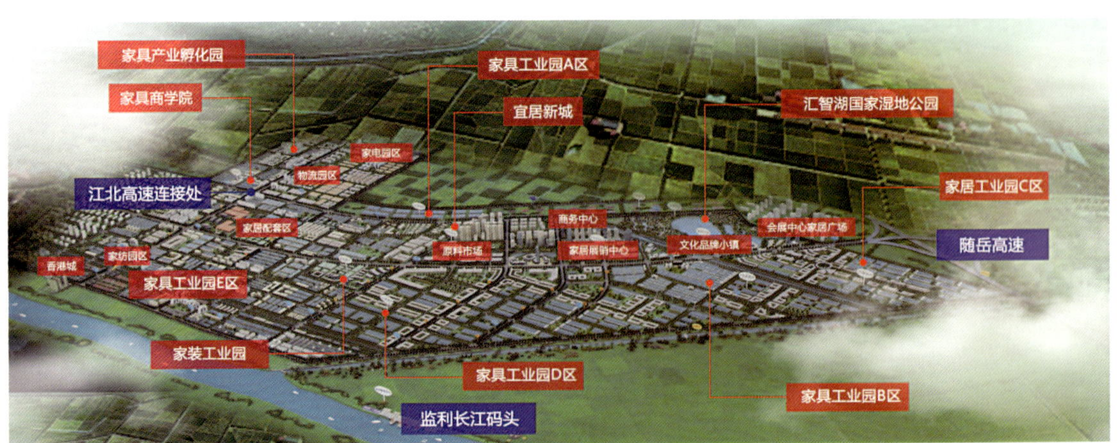

产业园规划图

丰产林目前已超过110万亩，为家具板材提供了丰富的原料。

2. 政策支持

香港家私协会在中部建香港国际家居产业基地，考察了4年，走访了6省50多个县市区，全面考察项目预选区域的经济地理、交通区位、发展后劲、政策背景、战略纵深、地方政府支持能力等诸多项目成败关键因素，最终于2013年底选择在湖北监利县落户。协会对于企业入园给予了全力的宣传引导，推动会员企业入园发展；广东省家协、湖北省家协也都给予了大力帮扶。

监利县委、县政府对“香港家居产业基地”项目建设高度重视，提供了少有的政策环境和基础设施配套支持。其中，投资环境保障作为政府亲商、护商、扶商的硬措施，确保企业放心投资、顺利入园、正常生产。

一是到经济开发区投资的各类企业均享受县政府行政服务中心提供的“一站式”服务，由经济开发区管委会负责全程代办，行政服务中心的各部门在相关材料齐备的情况下，在规定工作日内办完相关部门（土地部门除外）的审批手续。

二是依法保护投资客商的人身和财产权利，实行企业生产安宁日制度，公安机关实行挂牌保护，确保无干扰生产。经济开发区管委会每季度召开一次企业家座谈会、每周走访一次企业，听取企业意见，认真解决问题，并及时反馈。

三是对固定资产投资额3 000万元以上或年缴税500万元以上的投资者，由县招商局向县政府申报“荣誉市民”称号。

2014—2016年（监利）家具行业发展情况汇总表（产业园）

主要指标	2016年	2015年	2014年
园区规划面积（万平方米）	345	275	210
已投产面积（万平方米）	62	42	18
入驻企业数量（个）	58	42	25
家具生产企业数量（个）	48	36	22
配套产业企业数量（个）	10	6	3
工业总产值（万元）	264 600	147 800	105 900
主营业务收入（万元）	243 800	134 700	97 600
利税（万元）	7 130	3 820	2 315
出口值（万美元）	3 820	2 540	840
内销（万元）	217 060	116 920	91 720
家具产量（万件）	102	64	47

2014—2016年（监利）家具行业发展情况汇总表（生产型）

主要指标	2016年	2015年	2014年
企业数量（个）	27	18	12
规模以上企业数量（个）	11	7	4
工业总产值（万元）	204 300	132 000	94 500
主营业务收入（万元）	183 500	120 500	86 200
出口值（万美元）	2 820	1 780	530
内销（万元）	163 760	108 040	82 500
家具产量（万件）	87	58	41

二、经济运营情况

香港国际家居产业基地，是以“香港家私协会＋平台运作公司”的运行模式，监利县政府只是在政策引导、基础设施建设、相关政策条件提供等方面做工作。一年的时间已经有58家规模以上企业入园征地近8 000亩，20多家企业开工建设，预计将在5年左右的时间完成2万亩的工业招商和建设，产业配套及其生活配套也将在2017年全面启动。不久的将来，一个兴旺蓬勃、功能齐全的现代化产业集群将屹立在长江经济带上。

香港国际家居产业基地，分为家具、家电、家装、家纺四大业务版块，以低碳家居生产基地、创业孵化基地、家居产业研发基地、物流配送基地等四大基地建设为重点，产品展销中心、商业服务中心、原辅料供应中心、人力资源中心等四大中心服务于基地内外企业，立足于全产业链构建，发展方向始终是以附加值关联的供应链纵向与横向的发展，纵向力求垂直一体化，横向力争协作与有序互补，整个基地集群体内合作与竞争共存。基地建成后可实现销售收入1 000亿元，可解决10万～15万人就业，利税达200亿元。必将为监利未来城乡建设、社会进步、城镇化、工业化的建设提供强大的推动力量，造福于150多万监利人民。

中国中部（清丰）家具产业基地——清丰

一、基本概况

1. 地区概况

清丰县位于河南省东北部，总面积 828 平方公里，辖 17 个乡镇，71 万人。成功创建为国家卫生县城、国家园林县城、全国文明城市提名城市。

2. 行业发展情况

清丰县素有“木工之乡”的美称，现有家具企业 400 余家，从业人员 3 万余人，年产家具 185 万件（套），产值近 100 亿元。清丰县家具产业集群是全国 50 个接续替代产业集群之一，是河南省确定的家居产业战略布点城市。2016 年以来，集中入驻家居企业 110 家，已成为京津冀产业转移的首选地。

近年来，县委县政府坚定不移地把家居作为清丰主导产业，坚持招大引强和扶优培强并重。南方家居、全友家居、双虎家私、好风景家居等知名企业抱团入驻，龙乡金冠、优迪等本地家具企业迅速壮大。特别是 2016 年 5 月承接京津冀产业转移以来，累计签约并缴纳保证金家居项目达 96 家，已有 28 个项目开工建设，30 个项目正在入驻标准化厂房，其余项目正在办理前期手续。项目落地多、推进快，产业集群集聚效应更加明显。清丰家具产业跻身国家级产业集群序列，是河南省家居产业重要

家居产业园全景

布点城市。

3. 公共平台建设情况

累计投资28亿元，完善基础设施，实现了产业园区“九通一平”。投资3.7亿元，建成河南省家具质量监督检验中心、企业服务中心、人才培训中心等服务平台；投资2 000万元，建设集科技楼、职工公寓、商务中心等于一体的生活服务中心。规划建设10个家具小区，新建标准化厂房15万平方米；110千伏孟德输变电站投用；80万平方米的申新泰富家居展销中心、35 000平方米的家居展览馆正在建设；成立南京林业大学清丰实验基地、清丰家具技工学校、濮阳市家具协会，产业服务的日益优化，为家居产业快速健康发展奠定了坚实基础。

二、经济运营情况

清丰县立足发展基础好、原材料充足、人力资源丰富等优势，结合周边300公里范围内没有大型家居产业基地的实际情况，优先发展家居产业，提出了打造“中国中部家居之都”的目标。2016年底，全县共有家具企业近500家，其中超亿元企业100余家，完成固定资产投资145亿元，年产值近100亿元，占到了全县工业总产值的一半以上；从业人员3万余人，家具产业几乎占据了清丰经济发展的“半壁江山”。

2014—2016年清丰县家具行业发展情况汇总表

主要指标	2016年	2015年	2014年
园区规划面积（万平方米）	7.36	7.36	7.36
入驻企业数量（个）	500	398	356
家具生产企业数量（个）	450	356	342
配套产业企业数量（个）	50	42	14
工业总产值（亿元）	98	85	66
家具产量（万件）	185	170	154

三、品牌发展及重点企业情况

清丰县不断加大家居品牌培育力度，对获得国家家具名牌的驰名商标、知名商标的企业，分别给予奖励，激发企业争创名优品牌的积极性。设立技术创新基金，鼓励企业研发创新，改造生产工艺，引进先进技术设备，构建节能环保的现代产业体系。在清丰县委县政府长期的鼓励支持下，河南新南方家居成功竞标为2017年天津全运会家具指定供应商。

通过举办“中国中部家居之都·清丰家博会”“濮阳清丰中国中部家具之都乒乓球世界冠军挑战赛”等活动，多渠道加大宣传力度，营造“好家居、清丰造”的浓厚氛围，扩大“清丰家居”区域品牌的社会影响力，形成区域整体品牌和家居企业品牌相互协调的发展格局。

清丰重点企业有：河南新南方家居有限公司、双虎家居中部产业园项目、全友家私中部产业基地项目、河南好风景家居有限公司、濮阳市美松爱家家具有限公司、河南鑫优迪家具有限公司、濮阳一品龙腾家具有限公司、濮阳皇甫世佳家具有限公司、清丰亚达金鹰家具有限公司、清丰世纪嘉美家具有限公司、清丰谊木印橡家具有限公司、清丰千家万家家具有限公司。

河南新南方家居有限公司　是一家集沙发、家具研发、设计、制造和销售于一体的大型现代化民营企业，年生产能力为20万件/套家具，采用国内成熟生产工艺与欧洲先进生产工艺相结合，引进欧洲先进的管理模式，引进三维自动油漆喷涂生产线、UV油漆辊涂生产线，公司走国外技术引进、消化、吸收和自主创新相结合的道路，成功竞标为2017年天津全运会家具指定供应商。

全友家私中部产业基地　项目由四川全友家私有限公司投资兴建。总投资12亿元，厂房建筑总面积约21万平方米，从德国、意大利引进国际一流的生产线，主要生产板式套房家具、实木家具、沙发、餐桌椅、床垫等 30 多个系列、2 000 多个款式的产品。

河南好风景家居有限公司　公司由成都好风景实业有限公司投资，是一家集研发、制造、销售于一体的大型现代化家居企业。项目总投资 5 亿元，年产家具 20 万套，主营收入 10 亿元。

濮阳市美松爱家家具有限公司　公司是北京美松爱家集团公司下属企业，年销售额 4 100 万元。以“品质保证、服务专业、顾客满意”为经营宗旨，开拓进取，务实创新，在做好家具经营的基础上，打造地方特色品牌。

四、2016 年发展大事记

濮阳市委市政府把家居产业列入“十三五”发展规划，作为“3+2”战略的重点扶持产业，由市县注资 4 000 万元，成立清丰家居产业发展基金。同时，市委书记带队开展家居产业招商活动，并明确常务副市长专门负责，清丰家居产业上升为全市的发展战略。

2016 年承接京津冀家居产业转移以来，该县拜访家居企业 680 余家，160 批次 800 余家企业来清考察。累计签约落地 96 家，其中 28 个项目已经开工建设，30 个项目正在入驻标准化厂房，其余项目正在办理前期手续。

规划 10 个家居专业园区，在已报批 5 750 亩土地的基础上，新报批土地 8 000 亩。目前，新报批土地正在做前期手续办理工作。

五、2016 年活动汇总

- 4 月 6 日，清丰县召开“北京周边地区家居产业招商春季集中行动”动员会，围绕承接北京家居产业，开展为期两个月的北京地区家居产业驻地招商。活动期间，清丰县参加了 2016 年北京通州区产业转移对接会。
- 6 月 6 日，在北京举行县情推介会暨项目签约仪式，分别与北京亚达金鹰等 36 家家具企业签订了投资意向书，同廊坊浙江商会、香河安徽商会达成集群入驻合作意向。
- 6 月 26 日，在濮阳市迎宾馆 5 号会议室举行清丰县河北家具产业园项目入驻签约仪式，共签约世纪嘉美、谊木印橡等北京及河北地区亿元以上家具项目 18 个。
- 8 月 1 日，河南省首家省级家具质量监督检验中心检验大楼建成投用。
- 9 月 10 日，首批京津冀家居转移企业亚达金鹰、一品龙腾、语木皇家、谊木印橡等项目取得不动产证（土地部分）并开工建设。
- 10 月 18 日，清丰县隆重举行承接京津冀家居转移企业集中开工仪式。集中开工的 12 家企业占地总面积 410 亩，总投资 18 亿元，单体项目平均投资规模 1.5 亿元。
- 12 月 2 日，中国中部家居之都清丰家博会盛大开幕。

承接京津冀产业转移集中开工仪式

在北京举行县情推介暨签约仪式

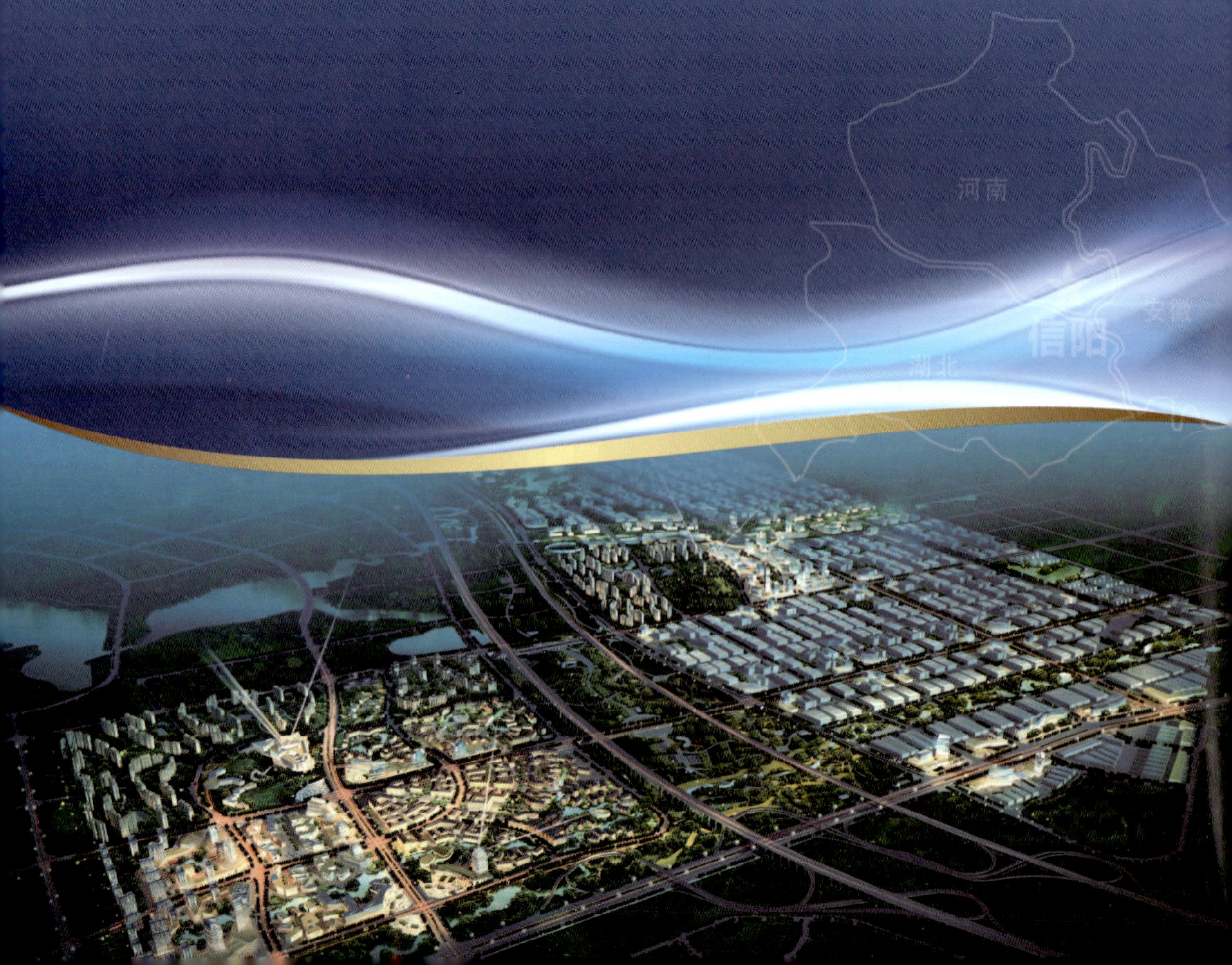

中国（信阳）新兴家居产业基地——信阳

一、基本概况

建设信阳国际家居产业小镇是信阳市根据河南省产业集聚区发展要求，在认真分析国内外产业转移趋势、我国家居产业发展现状和信阳自身优势，进行充分论证的基础上做出的战略决定。小镇项目得到了省委省政府的大力支持，河南省已将家具制造列为全省战略性支撑产业和高成长性制造业给予财政性支持。

小镇位于信阳市主城区东北部，224 省道以西，沪陕高速两侧，距离市行政中心区约为 10 公里，总规划面积 15.16 平方公里，总概算投资约 358 亿元，预计全部建成达产后，年可创产值近 1 000 亿元，实现税收约 51 亿元，提供就业岗位约 15 万个。自 2012 年 12 月奠基以来，已完成投资近 80 亿元，基本完成了 6 平方公里区域的征收搬迁，建成道路 30 公里、管网 120 公里、安置房 36.6 万平方米、绿化 6 万平方米，扎实推进供水加压站、污水处理厂和九大公共服务平台建设；已签约项目 63 个，开工 30 个，建成标准化厂房 50 万平方米、配套商业 16 万平方米，已有 11 家生产企业投产、2 家商贸企业开业运营。2015 年 12 月 14 日，在中国家具协会第六次会员代表大会上，信阳国际家居产业小镇被授予“中国（信阳）新兴家居产业基地”称号。

二、经济运营情况

2016 年，小镇积极顺应经济发展新常态，沉着应对各种困难和挑战，着力产业集聚，不断推进小镇建设发展，建成投产企业完成工业总产值 5 亿元，实现主营业务收入 20 亿元，生产企业实现出口 100 万美元。

2014—2016 年信阳家具行业发展情况汇总表（产业园）

主要指标	2016 年	2015 年	2014 年
园区规划面积（万平方米）	1 516	1 516	1 516
已投产面积（万平方米）	80	65	30
入驻企业数量（个）	63	57	30
家具生产企业数量（个）	50	46	25
配套产业企业数量（个）	13	11	5
工业总产值（万元）	50 000	40 000	21 000
主营业务收入（万元）	200 000	150 000	70 000
利税（万元）	3 000	2 300	1 100
出口值（万美元）	100	80	0
家具产量（万件）	9.8	7.7	4.2

1. 家居产业的实力增强

信阳家居项目投产增加，在已有10家生产企业投产的基础上，2016年新增1家生产项目投产、2家商业项目开业运营；又有4家企业进场展开建设。企业规模提升，2016年又有5家生产企业完成规上工业资料上报，小镇规上企业数量增加至7家。项目投资继续，莲池、天一木业、德克、颂德、中亚海绵等企业厂区道路、绿化、宿舍、食堂等配套日臻完善。

2. 招商引资的态势向好

继续坚持集团化体系化的思路，把长三角、珠三角、京津冀及成都等家居产业发达地区作为招商重点区域，按照产业链条图谱，实施招大引强。一是开展展会招商。参加了第35届国际名家具展、第二届中国郑州国际家具展览会、阿拉木图中国商品展销会、第三十八届国际家具上海展、成都家具展、西安家具展、中部装修建材家居电子商务峰会及第六届中国家具产业集群工作会议，持续扩大小镇知名度和影响力。二是开展定点招商。与不锈钢橱柜领头羊的浪登公司、国内家居电商排名第一的齐家网、万华生态板业、杭萧钢构等知名企业多次洽谈，齐家网已成功入驻信阳。

3. 要素保障的水平提升

加大基础设施及公共配套建设，2016年又有2条11.2公里道路全线建成通车，2条道路完成招标工作，已建成道路达到路灯亮灯、绿化完善。力保土地供应，积极争取，先后获批土地11 222亩，完成供地2 592亩，让所有在建项目都拿到了土地使用证。创新融资渠道，筹划设立产业基金，力争早日为家居小镇企业提供市场化、规范化、持久性的融资服务；根据企业实际，发挥政府作用，加强与金融部门对接，积极争取银行资金支持，2016年先后有建设银行、工商银行、中原银行、兴业银行等为小镇企业提供贷款1.37亿元；注册成立了新区资产管理公司，为入驻企业提供担保、转贷等金融服务；为有正式订单而流动资金缺乏的生产企业提供短期融资或借款支持800万元。强化用工保障，利用“三市一库”（人力资源网上超市、劳动力市场招聘集市、基层就业服务门市、人力资源库）为企业招工搭建平台；积极组织企业参加招工大集和院校毕业生招聘会20多次，满足了开工企业的用工需求；集中各类培训资金，为企业职工培训提供支持。致力平台建设，积极推进已启动实施的九大公共服务平台（中心）建设。目前，融资、用工、喷涂和烘干平台运行正常；技术服务平台方面，市人社局已批复筹建信阳家居职业培训学校；物流和商务服务平台已开始前期工作，省级木质家具检测中心装修方案和施工图及设备购置清单已出；信息中心正在编制方案。

4. 创业发展的环境进一步优化

一是创优服务机制。严格落实“一企一人”跟踪服务措施，及时主动为入驻企业做好公司注册、用地保障、融资招工、产销对接等相关服务工作。二是打造诚信小镇。及时足额兑现各项政策承诺，2016年以来，已兑现利息补贴117万元、运费补贴66万元、参展场地租金补贴108万元，解决了入驻企业员工子女就近入学问题。三是夯实创业创新基础。根据国务院通知精神及国家发展和改革委员会等六部委《关于开展全国开发区审核公告目录修订工作的通知》要求，按照市统一部署，信阳市产业集聚区的申报工作目前已通过省级审核并上报国家。经省政府批准，整个小镇区域已纳入全市城镇建设规划。

5. 宣传推介的力度进一步加大

一是继续利用报纸、电视台、广播电台等媒体对小镇公共品牌和企业进行宣传；二是利用小镇官网等新媒体定期发布小镇相关信息；三是在市区人流量大的地方，展开了户外广告宣传；四是与策划公司合作推出小镇整体宣传方案。

中国中部（叶集）家居产业园——叶集

一、基本概况

中国中部（叶集）家居产业园位于安徽省六安市叶集区，总规划面积为 13.3 平方公里。规划家具生产区、商业配套区、辅料加工区、仓储物流区、生活办公区、生态休闲区等六大功能区，着力打造创新型、人文型、生态型的现代化家居产业基地。

1. 园区基本情况

截至 2016 年底，中国中部（叶集）家居产业园已完成建成面积 7.5 平方公里，共入驻各类家居类项目 76 家，完成工业项目投资 42 亿元，实现工业总产值 34 亿元。总建筑面积 5 000 平方米的中国中部家居产业园展示中心已建成并投入使用，20 万平方米的小微企业孵化园已完成 10 万平方米的建设，有 10 家小微家具及配套项目已签约入驻。家具产业配套化工集中区已经六安市人民政府批准设立，15 万平方米家居博览中心项目已开工建设。已入驻投资亿元以上项目有：中至信家居、丽人木业、合和人造板、森美源家具、美之然木地板、佳成工艺品、欣佳门业、恒泰木地板等，主要生产欧式家具、定制家具、仿古家具、工艺家具、钢木家具、精品木门、中纤板、刨花板、多层板、实木地板、强化地板、生态板、多层地板等家居生活产品。

2. 发展优势

区位优势　三条高速公路（G40 沪陕高速、G42 沪蓉高速、G35 济广高速）、两条国道（312 国道、105 国道）、三条铁路（宁西铁路、合武高铁、阜六铁路）在叶集周边形成了一个东进西出、南下北上的快速通道。产业园紧依沪陕高速公路叶集出入口，距宁西铁路叶集站 4 公里，合武高铁金寨站 28 公里，距合肥新桥国际机场 1 小时车程，武汉、南京 2.5 小时车程。

产业集聚优势　叶集木竹加工产业集聚，特色鲜明，形成了以板材加工、家具制造、地板生产、木制工艺品及木材资源综合利用为主导的产业发展体系，5 000 名经纪人常年活跃在大江南北，将各地的木材源源不断地运到叶集，2016 年，全行业实现产值 153 亿元。

总面积 2 000 亩的中部林产品交易大市场、500 亩的现代物流园、500 亩的电商产业园已开工建设，叶集正逐步成为鄂豫皖边际地区的商贸物流中心。

叶集聘请华中科技大学城市规划设计院高起点、高标准规划了 13.3 平方公里叶集·中国中部家居产业园，按照“产城融合，宜业宜居”的理念规划设计，布局了家具生产、商业配套、辅料生产与交易、仓储物流、生活配套、生态休闲六大板块。

二、经济运营情况

到 2016 年底，全区共有各类木材加工经营企业 2 000 多家，其中规模企业 88 家，占规模企业总数的 65.6%；从业人员 4 万余人；木材吞吐量 550 万立方米，其中人造板产量 350 万立方米；实现产值 153 亿元，占工业总产值的 77.8%。

叶集·中国中部家居产业园总体规划（2013—2030）

YEJI·CENTRAL CHINA HOME FURNISHING INDUSTRY PAPK MASTER PLAN (2013—2030)

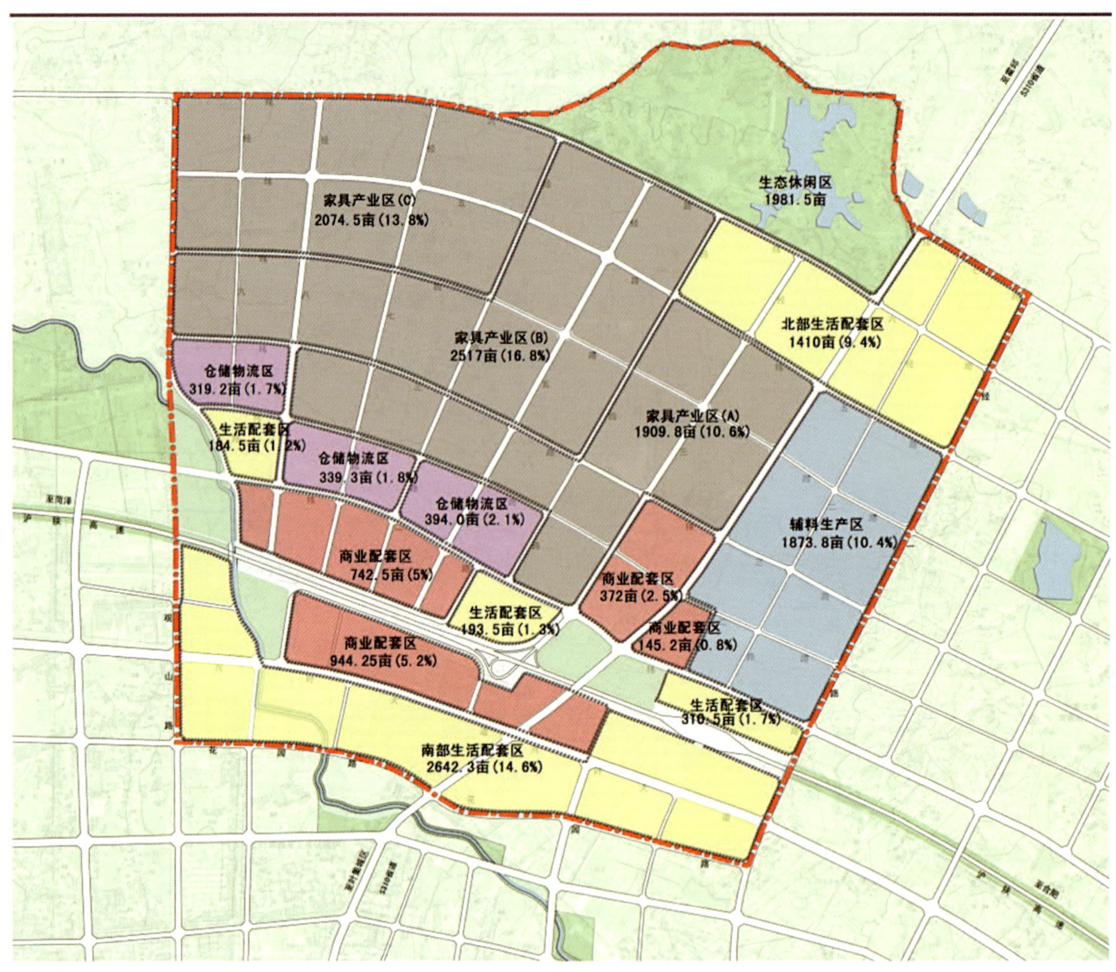

2014—2016 年叶集区家居产业园发展情况汇总表

主要指标	2016 年	2015 年	2014 年
园区规划面积（平方公里）	13.3	13.3	13.3
已投产面积（平方公里）	7.5	6.8	6
家具生产企业数量（个）	15	11	8
企业数量（个）	76	63	50
规模以上企业数量（个）	63	52	40
工业总产值（万元）	1 150 680	982 168	766 350
主营业务收入（万元）	1 426 210	1 295 829	1 203 865
利税（万元）	21 185	19 497	17 540
出口值（万美元）	2 485	2 347	2 165

三、重点企业情况

1. 安徽中至信家具有限公司

安徽中至信家具有限公司是由中至信家具公司投资兴建的家具生产基地，总投资10亿元，占地546亩。建成达产后可年产欧式家具20 000套，古典家具5 000套；创造就业岗位2 000个；年吞吐木材料约5万立方米，年均实现销售收入9.36亿元，利润总额1.74亿元，缴纳增值税所得税0.94亿元。

该公司目前拥有一支凝聚力强的工程技术、设计、营销及生产员工团队，并全线引进意大利及德国等世界先进自动化生产设备和产品品质检验设备，公司现已成为专业化、规模化、系列化生产欧美高端家具的大型企业。

2. 叶集丽人木业有限公司

叶集丽人木业有限公司由浙江丽人木业集团投资兴建，公司占地280亩，总投资3.8亿元，总建筑面积30 000平方米。可年产30万立方米环保型刨花板，实现产值3.5亿元，年可利用枝丫材和木材加工废弃物35万立方米。

该公司从德国引进世界上最先进的DIEFF-ENBACHER（迪芬巴赫）刨花制备和连续平压热压生产线，全程实现PLC编程控制自动化生产，该公司通过了FSC森林认证，ISO9001质量认证和ISO14001环境认证，中国环境标志产品认证，美国CARB认证，通过自主研发生产了超E0级环保产品。公司是目前中国第二大刨花板生产企业，也是安徽省最大一家木材加工企业。该公司能够实现本地木材加工剩余物的综合利用，生产的刨花板又为家具产业的发展奠定了良好的产业基础，对叶集木材产业转型发展起到了良好的带动作用。

3. 金亚圣木业有限公司

金亚圣木业有限公司现有两个兄弟型子公司即亚圣木业公司、中亚木业公司。总占地100亩，总投资16 000万元，公司拥有车间和仓库等4.4万平方米，综合楼、研发中心等办公及辅助用房6 000平方米；拥有半自动建筑模板、木工板、装饰板等生产线45条，年产人造板1 000万张，总产值可达5.1亿元，年加工木材量近50万立方米，解决就业人数800人。

4. 安徽管仲木业有限公司

安徽管仲木业有限公司是一家专业生产各种高中档实木复合地板、生态板、建筑模板三大类板材为主的民营股份制企业。公司成立于2007年9月，注册资金1 000万元，占地面积6万平方米。公司现有员工200多人，年产各类人造板10万立方米。

在2009年，公司申请注册的“管仲”牌商标被评为安徽省著名商标，2012年“管仲”牌人造板被评为安徽省名牌产品。2012年，在中国义乌森林产品博览会上，“管仲”牌人造板被评为金奖。目前，公司产品行销全国31个省（自治区、直辖市），并出口到法国、阿曼、阿尔及利亚、缅甸等10多个国家和地区，成为安徽首家出口创汇人造板企业。

四、2016年发展大事记

2016年4月，工业和信息化部授予叶集区全国产业集群区域品牌建设“木竹加工业试点地区”；2016年10月中至信家居工业园落成庆典，这标志着叶集区在建成全国重要的家居生产基地方面迈出了重要的一步。

中国华东实木家具总部基地、中国实木家具工匠之乡——宁海

一、基本概况

1. 地区基本情况

宁海县隶属于宁波市，位于浙江省东部沿海象山港和三门湾之间，县域总面积 1 843 平方公里，海岸线长 176 公里，总人口 60 万人，下设四个街道，下辖 14 个镇乡，369 个行政村，是国家级生态示范区、全国综合实力百强县。2015 年，全县实现地区生产总值 434.1 亿元，同比增长 8.4%，人均生产总值达到 11 113 美元；财政总收入突破 70 亿元，同比增长 8.1%，一般公共财政预算收入 39.3 亿元，同比增长 8.9%；城镇居民人均可支配收入、农民人均纯收入分别增长 9% 和 9.5%。

宁海是国务院批准的第一批沿海对外开放地区之一。5.19 中国旅游日是宁海县委县政府提出，2011 年经国务院批准后确定下来的，“中国旅游，宁海开游”。宁海县的特色经济发展势头良好，形成了以文具、模具、灯具、光伏产品、五金工具、汽车配件、电子电器为主打的特色块状经济，宁海在中国 500 强县市中排名中综合竞争力位列第 62 位。宁海县已先后获得“中国模具之乡”“中国文具之乡”“中国压铸产业基地”“中国汽车橡胶零部件产业基地”等称号和美誉。宁海的模具、文具产业在全国都有影响力。

2. 行业发展情况

目前宁海人在全国开办的具有相当规模的家具企业近 2 000 多家，年销售额高达 700 亿左右，其中国家级品牌 10 多个，省部级品牌 36 个，在家具领域具有非常高的知名度，特别是宁海籍家具企业生产的实木家具在全国所占比例很大，占全国实木家具 GDP 的 70%。

中国・宁海家具产业总部是一个新型商业综合体，地处宁海县交通枢纽中心，紧邻实木家具集散中心，由宁波盛甬祥投资发展有限公司投资建设，是宁海籍企业家、郑州宁波商会会长、河南甬商家具产业园有限公司董事长陈焕苗斥资 8 亿元打造，目标是建成长三角最大的实木家具集散中心。项目毗邻宁海高铁站和客运中心黄金位置，占地 63 亩，总建筑面积 21 万多平方米，预计 2017 年底建成后可吸纳 150 多家总部企业入驻，400 多家商户入驻经营。

总部采取全新的 O2O 营销模式线上线下结合，线上促销宣传、线下展示体验。中国・宁海家具产业总部与数联中国进行合作，对商品进行实景扫描，消费者可以实现在线体验家具搭配。

宁海县家具产业经济总部总用地面积约 42 078 平方米，其中住宅用地面积 14 000 平方米，商业用地面积 28 078 平方米。设计总建筑面积约 206 799 平方米，地上建筑面积 167 373 平方米。具体建设

内容如下：

- 商业一：一至四楼品牌实木家具展示中心，五楼实木家具博物馆。
- 商业二：高端品牌家具企业展示中心。
- 办公一：商业总部办公、电子商务平台中心、人才研发中心、设计与研发中心，其他企业办公场所等。
- 办公二：酒店、SPA 美容会所、足浴、健身会所、单身公寓等。
- 住宅底商：分为金山七路沿街商铺、金山路及金山六路沿街商铺，主要配备银行、快餐、药房、干洗店、文化办公用品店、便民超市等住宅配套商业。

本项目主体工程目前已基本结顶，商业部分一楼 10 000 平方米部分已完成装修，15 家品牌家具企业已经入驻，临时展厅准备开业，办公与住宅部分预计 2017 年年底可竣工验收并投入使用。

宁海县家具产业联盟目前已与近 50 家在外地创业的家具企业签订了品牌入驻意向书，届时将真正带动宁海经济发展，走上合作发展之路，振兴宁海的家具产业。

宁海家具产业总部秉承宗旨，以打造华东地区最大的实木家具集散中心为目标，主动联系在外宁海籍家具企业老总，目前已有 290 家全国各地宁海籍家具企业成为了会员单位。同时，总部已与义乌购电子商务有限公司签约，旨在创建一流的电子商务平台，打造线上线下相结合的 O2O 模式的交易平台，拓展家具企业的销售渠道。

另外，总部先后与宁波大学潘天寿艺术学院和宁海县第一职业中学开展校企对接，致力于家具行业各技术领域的研究与教育，推动家具产业全面升级，每年将为家具行业培养和提供高素质导购员、拥有最新产业技术的技术工人以及理念更新的中高层管理人员，为家具企业做好人才储备及输出服务。

宁海家具产业总部在县委县政府的提议和支持下，为在外创业的宁海企业家搭建了良好的发展平台，不仅为企业提供了标准厂房，还与宁海县农村信用合作联社签订了额度为 5 亿元整的授信合同，优先为回归家乡的宁海籍企业家提供周转资金，保障其顺利运行。

3. 公共服务平台建设

目前铁路站前商贸区逐步建成，按照集中、集约、集群发展的要求，除了搞好总部布局规划、基础设施建设外，加快公共服务平台建设，以帮助企业不断发展壮大，形成特色鲜明，配套协作，具备核心竞争力的产业集群。

以家具经济总部为载体，创建以绿色循环经济为主的产业集群公共服务平台，按照开放性和资源共享性原则，为中小企业提供外形设计、检测检验、技术推广、设备共享、法规标准、管理咨询、信息服务、市场开拓、人员培训等服务，帮助企业降低产品生产和新产品开发的成本与风险，提高企业和社会资源的配置效率，引领和带动全县新型工业化的发展，并促进产业优化升级。

二、品牌发展及重点企业情况

宁海人的家具产业在全国家具行业有着举足轻重的地位。其中国家级品牌 10 多个，省部级品牌 36 个，在家具领域具有非常高的知名度，如南洋胡氏、南洋迪克、赖氏家具、光明家具、晓月蕾曼、假日森林、青岛一木、柚尊、基信家具、东方弘叶、格兰豪泰、珍荣、华亿、俞木匠、显赫世家、大红鹰、东升家具、华辉经典、步园、禾木世家等，还有宁海籍企业与光明、华丰等品牌企业的合作。

中国家具产业集群——贸易之都

中国家具贸易之都分布图

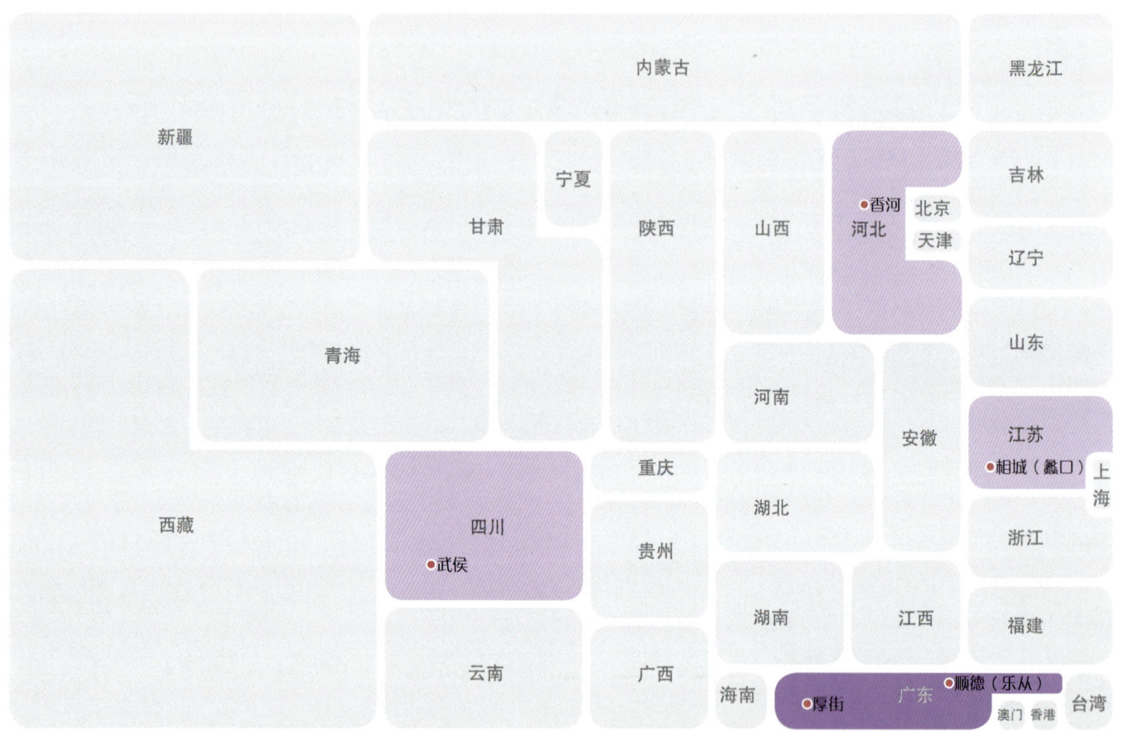

截至2016年年底，我国商贸型产业集群共计5个，分别位于中国北部、东部、南部和西部，相对分散的格局基本圈住了我国人口集聚区，成为一张四方大网，使我国形成了一个完善的家具物流商贸体系，有效带动了全国家具生产企业的发展。

其中，乐从、蠡口、香河、武侯的家具市场规模很大，总面积可达近千万平方米。近几年来，电子商务蓬勃发展，各产业集群纷纷出台各项措施，转型升级，来维持稳定发展的局面。通过建立电商平台、举办文化节、优化产业构成、强化市场管理等措施，取得了良好的成果。商贸型产业集群突破原有模式，多样化发展，中国家具协会与厚街镇共建的中国家具展览贸易之都，通过展会帮助企业开拓市场，丰富了贸易集群的形式。

广东 乐从

乐从是辐射中国南部的家具商贸中心。已发展成为以广东罗浮宫家居集团、广东东恒家具集团、顺联家具城等组成的 180 多座现代化的家具商城，商铺总面积达 400 多万平方米，拥有家具销售、安装、运输等从业人员 5 万多人，容纳了 4 000 多家家具经销商和 1 300 多家家具生产厂家，汇聚 4 万多种家具品种。2016 年，乐从家具销售总值 52.91 亿元，同比增长 5%。

广东 厚街

厚街已连续举办了 36 届国际名家具（东莞）展览会。厚街规模以上家具企业 170 多家，从业人员约 10 万人。建立全国家具快速维权中心、东莞名家具俱乐部等行业组织，与清华大学等 9 所院校开展产学研合作，与 30 多个国家和地区的家具行业组织结盟发展。厚街已建成 10 个总经营面积达 80 多万平方米的家具原材料交易市场，年营业额达 480 多亿元。建成名家居世博园等 8 个大型家具博览城，全长 5 公里的家具大道吸引了 192 家国内外品牌企业设立体验馆和专卖店。

四川 武侯

武侯是中西部家具的重要集散地。全区商场总面积超过 75 万平方米，入驻商家 3 000 余家，从业人员超过 5 万。截至 2012 年底，全区共有家具建材市场 9 个，市场总面积达 347.35 万平方米，年销售额达到 300 多亿元。八益家具城和成都太平园家私广场是武侯区家具市场龙头企业，市场面积已达 80 万平方米，聚集商家 4 000 余户，年销售额达到近百亿元。家具市场带动家具生产企业 500 余家，其中，大型企业 182 家，另有物流运输公司 160 家。

河北 香河

香河是辐射中国北部的家具商贸中心。香河家具城由红星美凯龙、金钥匙、经纬等 33 个单体展厅组成，总面积突破 330 万平方米，城内参展企业 7 500 多家，知名品牌 1 500 余个，年客流量 650 万人次，年销售额达 280 亿元。与中国家具协会、河北省家具协会连续共同主办了五届国际家居文化节，极大地提升了香河在家具行业的影响力和号召力。

江苏 蠡口

蠡口是辐射中国东部的家具商贸市场。现已形成 45 栋家具大厅和两条家具大道，总建筑面积 150 余万平方米，经营面积 80 余万平方米，仓储面积近 60 万平方米，有来自全国的近 4 000 家商户，从业人员 5 万余人。蠡口已经连续举办 8 届苏州家具展，有效带动了蠡口家具市场活力。2015 年，蠡口家具市场全年销售总额达 200 亿元，规模以上企业数增加 32%。

中国家具商贸之都——乐从

一、基本概况

1. 地区基本情况

乐从镇地处珠江三角洲腹地，位于广东省的南部，处于佛山市中心城区区域，乐从镇是广东省顺德区的商贸重镇，已形成世界规模最大的家具集散市场、中国最大的钢铁物流市场和华南地区最大的塑料交易市场。凭借悠久的商贸历史、优越的地理位置和多年的用心经营，“乐从家具”已形成相当的品牌效应，扬名中外。

近年来，乐从镇政府不断谋划新的发展，大力推进乐从家具品牌建设，通过现代信息技术与传统产业融合发展，加快推进企业信息化进程，促进家具行业跨越式发展，促进电子商务与实体经济尤其是家具市场的深度融合，使商贸经济发展后劲日益增强，有力地带动地方特色经济发展。

2. 行业发展情况

广东乐从家具城是国内最早的家具专业市场，历经三十多年发展，逐渐壮大，乐从家具城市场沿乐从家具大道呈“非”字型结构排列，外观宏伟，配套设施完善，经营品种齐全。目前，已发展成广东罗浮宫家居集团、广东东恒家具集团、顺联家具城、顺德皇朝家私、团亿家具城、乐从红星美凯龙、大新家具城、联富家具城、乐从国际会展中心、南华家具城、钜隆家具城等 180 多座现代化的家具商城，商铺总面积达 400 多万平方米。市场拥有家具销售、安装、运输等从业人员 5 万多人，容纳了海内外 4 000 多家家具经销商和 1 300 多家家具生产厂家，汇聚了国内外高、中档的家具品种 4 万多种，每天前来参观购物的顾客达 2 万人次以上，常驻乐从镇进行家具采购的外国客商接近 1 000 人，每年在酒店住宿作短暂逗留乐从采购的外国人士接近 5 万余人次。每天进出乐从运送家具的车辆超过 3 万台次，产品畅销世界 100 多个国家和地区。

乐从家具城是国内外最大的家具集散地。根据国家海关总署的统计数据，2016 年中国家具产品出口贸易额达到 3 152.1 亿元，其中广东省占 41.8%，达到 1 316.2 亿元。据行业内人士估算，广东省家具产品出口总额的 50% 通过乐从家具市场促成交易，乐从家具市场已成为广东省家具走向世界的一个重要窗口，是中国重要的家具出口基地。不仅国内家居品牌，乃至欧美、东南亚、韩、港澳台等国家和地区的高档家具品牌也前来经营。

3. 公共平台建设情况

区域品牌推广平台 乐从家具产业集群以“整合、提升、创新”为主线，以“乐从家具”为整体品牌，加强乐从家具品牌的宣传和营销，自 2009 年开始，以乐从家具市场的家具商城及个体业主为主体自愿组成的乐从家具城商会承接乐从家具城的品牌建设职能后，整合资源，平均每年投入约 2 000 万元为乐从家具产业集群作整体形象推广，有效提升了“乐从家具”在海内外市场的品牌知名度。

近年来，通过在广交会、上海国际家具展、广州家具展等国内知名展会，在高速等交通枢纽，在中东、意大利、印度、俄罗斯等国家和地区的知名家具专业杂志、电视媒体、在广州白云机场、深圳机场、上海机场等投放现场广告、在各主流家具媒体进行广告投放、公交车车身广告、楼宇电梯广告等等，宣传效果十分显著。

乐从家居诚信服务平台　乐从家具城商会以“诚信经营，提升家具行业整体发展水平”为目标，结合本地产业特色，与省级信用管理机构联手打造了适应乐从家具市场持续发展的“诚信体系建设方案”，进行乐从家具市场商务诚信管理综合平台的全面建设。

乐从家具城商会开展乐从家具行业诚信商圈平台的建设、运营工作。商会与乐从家具城各大发展商树立了明确的目标，全力打造一个多主体共赢互利的信用商贸生态圈。平台通过商户信用数据库的实时动态更新，绑定进场消费者，消除买家与卖家之间信用信息不对称的屏障，让每一个商户的信用状况、经营状况做到有迹可循，利用互联网的优势，第一时间处理消费者的举报、赔付申请，并对失信企业进行公示。诚信商圈平台是家具生态圈之间多个参与者的互动平台。

二、经济运营情况

近三年，乐从家具行业经济指标呈现出全面低速发展、规模企业中坚力量两大特点。全面低速发展表现在销售总值进入低速发展阶段，据不完全统计，2016 年乐从家具产业集群家具销售总值 529 095 万元，比上年同期 503 900 万元增加 5%，净增长 25 195 万元。规模企业主营业务收入占据半壁江山，贡献较大。据统计部门统计，2016 年乐从家具行业规模以上企业主营业务收入比同期增长 8%，占全行业总销售收入的 50.8%。

2014—2016 年乐从家具行业发展情况汇总表

主要指标	2016 年	2015 年	2014 年
商场销售总面积（万平方米）	380	360	350
商场数量（个）	184	182	180
销售额（万元）	529 095	503 900	385 000

三、品牌发展及重点企业情况

广东罗浮宫家居集团　罗浮宫，是中国首个以家居文化购物旅游为主题的国家 4A 景区。罗浮宫总建筑面积达 38 万平方米，吸引了 2 000 多个国内一线家具、饰品品牌以及上百个欧洲顶级进口家居品牌进驻，成为各大品牌新品首发平台。每年数以万计的家居设计新品、全球最新、最前沿的设计作品第一时间在这里展示。

一直以来，罗浮宫狠抓产品品质管理，每个品牌进驻，必须经过品牌资质和经营信用情况的审核。每件产品进入卖场前，必须要提供生产授权书，产品检测报告等证明。并设专人现场复核，同时抽取产品送检，不符合的必须撤场。围绕客户需求，首创行业先河，推出全国免费送货安装、成立商场售后服务中心、打造绿色环保家居卖场等创新举措。

罗浮宫注重产业与文化的融合，开创了家居文化旅游购物的商业模式。2012 年，罗浮宫获评为国家 4A 级旅游景区，成为中国商贸旅游典范。2016 年 11 月，罗浮宫代表广东省，成为首批国家工业旅游创新单位。

乐从红星美凯龙商场　乐从红星美凯龙自主创新升级，2016 年引入红星美凯龙家居特色小镇项目，致力于打造一个大型国际一站式、欧洲风情小镇建筑风格的品牌家具展示交易中心，将成为一个集家具展示交易、家居生活配套及旅游小镇文化于一体的文商旅综合体项目，推动乐从家具形成更具竞争力的产业集群。

该项目是红星美凯龙集团携手豪达发展有限公司共同开展，产品上率先在家具商业领域引入花园式欧洲小镇概念，以优雅的环境为全球家居品牌创造形象传播、产品体验的最佳平台，采用创新型的经营模式，一站式的家居购物、休闲、娱乐业态。

顺联家具城　顺联家具城始创于 1989 年，由佛山市顺联集团有限公司开发。作为乐从家具市场的始创者之一，现由顺联家具城（南区、北区）两大商城组成，总经营面积达 30 多万平方米，经过 20 余年的专注经营，以其专业、诚信、透明的市

罗浮宫国际家具博览中心中庭

罗浮宫星座广场

乐从红星美凯龙

顺联家具城

场品牌号召力吸引了近千家品牌商户驻场经营，每天吸引数以万计的国内外客商前来采购。顺联家具城北区由 13 座楼群组成，总经营面积近 20 万平方米，经过多年的市场培育，发展形成了以整体套房、办公家具、红木家具、户外家具及家居饰品五大系列的专业国际家具采购中心。顺联家具城南区由 9 座家私商城组成，已发展成为国内至大的国际沙发采购中心、酒店家具采购中心和软装饰品城。

顺联家具城扎根乐从近 20 年依然保持人流量、销售量稳中有升，出租率保持 90% 以上。顺联家具城规划配套升级，重点规划把整个四楼打造成花园式空中休闲体验区，容纳休闲餐饮、茶室、设计师工作室、家具文化和优秀设计作品展示区、线上商城互动区、儿童休闲娱乐区、外贸服务区及户外空中花园，与主打高端精品的一楼名品街、进口品牌馆、精品家居用品馆形成呼应。场内的立体交通、人流动线也将做出相应的重新规划。下一步，顺联计划全面实现线上商城与智

顺德皇朝家私

能导购系统的应用。线上商城实现售前、售后服务全对接。顾客在到达顺联家具城之前，可先通过线上平台预体验家具城的平面布局、产品信息、商户品牌、配套服务查询等。线下购物后，仍可通过线上平台查询售后物流过程，将来还可实现线上金融和支付等服务。智能导购系统在家具城内的主要人流节点设置终端服务台，提供平板电脑供顾客进行场内导航、产品查询，与服务提供商进行线上实时交流。

顺德皇朝家私　顺德皇朝家私旗下拥有皇家店、贵族店、摩登店、实惠店四大王牌商场，总经营面积达 5 万多平方米。成立顺德皇朝家私家居设计配套中心，开启一站式家居购物消费模式，首创家居购物消费从家装设计、家具、家饰、配套到送货上门、免费安装的一站式五星级服务的先河。

四、2016 年发展大事记

1. 在市场管理创新方面

乐从家具城商会致力于协调消费者与租户的关系，建立 10 个“乐从家具城消费维权服务站”，提前介入调解商业纠纷。同时，商会不断协调发展商与商户的关系，建立不诚信租户公示平台，对不诚信的租户在各发展商内部进行及时的公示。为统一市场形象，推动市场规范经营，商会向乐从家具城各经营户推行“亮照经营”，免费向租户配送接近 5 000 个标准框架。

2. 外国人管理服务中心工作

2014 年开始，乐从镇政府委托乐从家具城商会承接乐从家具产业集群的外国人管理和服务中心工作。服务范围包括：外国人才的交流、政策法规咨询、贸易纠纷调解、各行业资讯共享、协助招聘员工、开展文化交流活动、搭建商贸沟通平台，协助外国人解决问题，如来华申请、延期居留等。

以 2016 年为例，中心共举办 15 场行业活动，搭建商贸沟通平台，促进国际人才交流，如中东地区贸易促进分享会、南非贸易推介会、印度文化日、印度安德拉邦小叶紫檀路演等；20 多场丰富多彩的联谊交流活动；8 场中国法律讲座，内容涵盖劳动关系、对外贸易、合同法等；同时也通过付费招聘网站、招聘会等帮助外国人公司招聘合适员工的成功率达 75% 以上。

经过 6 年的时间，到 2016 年，乐从外国人管理服务中心会员人数超过 200 人，常驻乐从镇进行家具采购的外国客商有 1 000 多人，涉外贸易公司、办事处共 106 家。

五、2016 年所举办的活动介绍

1. 展会类活动

顺联国际沙发采购会　2016 年 3 月第二十二届、2016 年 9 月第二十三届“顺联国际沙发采购会”于乐从顺联家具城（南区）隆重举行。自此，乐从家具市场便有了属于自己的品牌展会。历届采购会，均吸引超过 20 万的海内外专业采购商前来参观选购，家具产品销往全球近 200 个国家及地区。本届展会总展览面积达 11 万平方米，顺联家具城・南区携手 700 多家优秀的家具企业

第二十三届顺联国际沙发采购会开幕式

第十一届中国（乐从）红木家具艺术博览会

共同参展，各参展商也精心设计挑选数万款家居新品。

中国（乐从）红木家具艺术博览会 2016年10月22至26日，“第十一届中国（乐从）红木家具艺术博览会”在顺联家具城北区·红木城隆重举行。展会汇聚来自全国各大红木生产基地的80家红木家具品牌的精品家具。本届展会总面积超过5万平方米，其中户外展区面积约3 000平方米，超过80家品牌红木家具亮相展会。展会期间还安排一系列精彩纷呈的文化活动。本届红木展有由佛山市美术家协会、顺德美术家协会、佛山市漆画艺术委员会联合举办的“漆情画艺”漆画艺术展。

乐从红星美凯龙实木家具展销会 2016年，乐从红星美凯龙商场举办了“乐从实木家具展销会暨乐从红星美凯龙品牌家具直销会”。乐从红星美凯龙商场品类调整，业态分布，配套设施日趋完善。为进一步巩固品牌与服务的核心竞争力，创造更多的竞争优势，实现差异化定位经营，更好地实施乐从市场分流、截流的营销战略，商场加大对实木类、欧美类家具的招商引进、品牌推广、经营扶持，突出全球最大实木家具馆概念。目前，商场实木经营面积达3万多平方米。

团亿家具城办公家具展 团亿国际家具城成立于2000年，是一家集全球产品运营、卖场渠道管理、家居品牌推广、创意研发于一体的多元化、综合型的家居集团公司。项目中心建筑面积近12万平方米，其中4万平方米作为团亿高级家具展览场地，8万平方米为团亿家具展览中心。城内经营60种类，万余种商品，其中包括多个大型沙发、办公、红木、酒店家具专场等和多个知名家具品牌经销商进驻。

团亿举办“乐从家具城首届办公家具展”，为期四天的团亿办公家具展圆满落幕，团亿国际家具城引领行业新潮流，提供办公家具一站式采购平台。

2. 其他活动

马蹄室内设计网8周年年会 2016年1月20日，广东罗浮宫家居集团联合马蹄优库举办“马蹄室内设计网8周年年会”。年会上，与会嘉宾就“抄袭与被抄袭时代如何创新与改变”及“互联网大数据下设计未来趋势”这两个议题展开了深入的讨论。

诺奖得主中国行 2016年9月26日，第七届“诺奖得主中国行”在广东罗浮宫盛大举行。诺奖得主安格斯·迪顿与知名经济学家张曙光、向松祚及知名企业家代表探讨消费升级带来的挑战和机遇，并从共享经济和房地产市场入手讨论了平等、财富与幸福等议题。而罗浮宫家居独特的消费体验成为解码消费4.0时代的一个绝佳样本。

本次活动是罗浮宫携手时代周报共同打造的一场经济文化盛宴。“诺奖得主中国行”已经举办第七届，活动将全球最优秀的经验成果引入中国、惠泽大众，并整合业界优质资源，提供一个政、商、学界等多方对话交流的平台。

印度独立70周年庆祝活动 乐从家具专业市

马蹄室内设计网 8 周年年会

第七届诺奖得主中国行

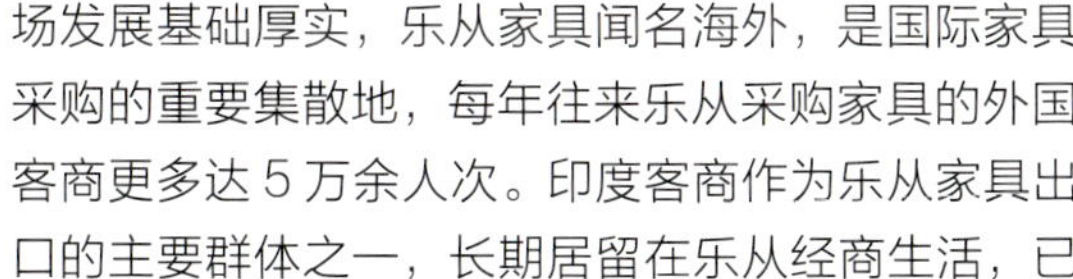
场发展基础厚实，乐从家具闻名海外，是国际家具采购的重要集散地，每年往来乐从采购家具的外国客商更多达 5 万余人次。印度客商作为乐从家具出口的主要群体之一，长期居留在乐从经商生活，已把乐从作为第二故乡。8 月 15 日是印度独立日，为纪念印度摆脱英国殖民统治成为主权国家而设立的节日。乐从家具城商会举行了“印度独立 70 周年庆祝晚会”。

中国北方家具商贸之都——香河

一、基本概况

香河国际家具城地处环渤海经济圈腹地，距北京市区 45 公里，距天津市区 70 公里，位于京津冀都市圈金点之区，拥有四通八达的交通网络。

香河国际家具城立足于香河家具市场，产业的业态分布、产业结构和地理位置对应中国北方二线、三线、四线市场（地区包括 13 个省区、446 个县市，近 15 万家具经销商）。香河家具产业集群包容着中国家具行业所有的业态，家具产品的多样化、高档化、个性化，达到了艺术性、装饰性和观赏性的完美结合，简洁与时尚、流行与复古、中西结合、繁简混搭的风格，满足了消费者在日常生活中对各种家居功能的需求。香河家具城通过努力完善消费者试用“一站式”的购物享受，完善部分配套设施、会员定制服务、方便退换货机制、定期的促销优惠等营销模式，吸引并聚拢消费者，为其积极创造拥有优质绿色环保健康的家居生活的购物体验。

二、经济运营情况

香河国际家具城以其发展速度快、整体规模大、品种品牌多、产品规格全、质量信誉好、市场覆盖面广、管理有特色、吞吐量大，被国内业界人士和新闻媒体誉为一种“香河现象香河模式”和“中国最具发展潜力和活力的家具市场”。近几年，香河国际家具城先后当选为河北省家具协会副理事长单位、流通委员会主任单位、中国家具协会副理事长单位。以香河国际家具城代表的香河家具业被河北省政府评为：全省十大特色产业，被省有关部门确认为全省中小企业产业集群；香河国际家具城先后荣获了河北省工业消费品十强市场、十大最具影响力市场、北京消费者信得过单位、天津人最喜爱的家具卖场、全国十大著名家具城之首、全国家居业“十佳流通商业品牌”等一系列荣誉称号，知名度、信誉度、美誉度不断提升。

三、品牌发展及重点企业情况

香河家具城产品除畅销北方十余个省市外，还远销东北亚、欧美、非洲等国家和地区。目前，香河家具城由红星美凯龙、金钥匙家居品牌 CBD、经纬家居城、鑫亿隆家具文化广场、顺隆家具展厅、香河好百年博览中心、北方广东家具展厅、居然之家香河好百年店、中意家具展厅、明泰来家具展厅、华汇家具展厅、中唐家具展厅、春城家具展厅、兴

2014—2016 年香河家具行业发展情况汇总表

主要指标	2016 年	2015 年	2014 年
商场销售总面积（万平方米）	300	300	300
商场数量（个）	33	33	33
入驻品牌数量（个）	1 500	1 500	1 500
销售额（万元）	2 800 000	2 800 000	3 000 000

华家具展厅、京达家具展厅、双鹤轩家具展厅、顺美家具展厅、新时代家具展厅、京华家具展厅、随缘家具展厅、美家源家具展厅等 33 个单体展厅组成，总面积突破 330 万平方米，城内参展企业 7 500 多家，知名品牌 1 500 余个，年客流量 650 万人次，年销售额达到 280 亿元。

作为优质品牌的超大型家具集散地区，香河家具城具有天然的家具 B2B 展会平台，根据这种平台优势，香河家具城将通过举办展会的形式改变目前香河的产业结构和产业形态，提高香河家具产品的质量，拉动地方经济发展，成为世界高端品牌中国北方营销总部，明确香河在中国家具产业的核心地位。

香河国际家具城历经了十八年的跨越式发展，尤其是近年来，在香河县委、县政府建设“中国家具之都”发展定位指引下，家具城管委会科学系统地制定了家具城“二次创业”实施方案，在精心组织行业动态研究、市场建设规划、销售服务追踪、上下游环节贯通等方面进行充分调查研究的基础上，投入专项资金有序启动了平安建设、物流建设、物流平台建设等项重点工程，创新了周边地区拓展、品牌发展论坛、从业人员高端培训等服务模式。与中国家具协会、河北省家具协会连续共同主办了五届国际家居文化节，极大地提升了在家具行业的影响力和号召力，香河国际家具城已经与中国家具协会签订了长期战略合作框架协议，为推进打造“中国家具之都”进程奠定了坚实的基础。

在未来发展中，香河国际家具城将按照“中国家具之都”的发展定位，通过寓购于游配套设施建设力争把香河打造成为集购物、观光、休闲、旅游为一体的专业化家居市场，力争尽快实现“造国际影响、创世界品牌”的宏伟目标。

中国家具产业集群——出口基地

中国家具出口基地分布图

2016年，我国家具出口贸易较去年有所下降。中国轻工业信息中心数据显示，2016年，全国家具行业完成累计出口额491.89亿美元，同比下降9.38%。我国家具行业规模以上企业完成出口交货值1 802.36亿元，同比增长3.33%。2016年，出口表现较好的省份有河南、河北、江苏、山东，呈现不同程度的增长。广东、浙江仍是我国的出口大省，广东出口占全国的44.66%，浙江占比21.10%。2016年，我国家具产品的主要出口国为美国、日本、英国、澳大利亚、德国等，其中，美国仍然是我国家具出口的第一大国，占出口总额的34.06%。

截至2016年底，中国家具协会参与共建的以出口为主的家具产业集群共有4个。从地图上可以看出，我国出口型家具产业集群全部分布在山东、浙江、广东三省，均为沿海地区，具有一定的区位和政策优势。从出口类别上看，安吉以出口椅类家具为主；海宁以出口沙发为主；大岭山和胶西则品类众多，除家具企业外，产业链配套企业较为完善。

浙江 安吉

安吉有椅业家具企业 700 家，其中，出口企业 304 家，规模以上企业 144 家，亿元以上企业 43 家。2016 年，安吉椅业销售收入达到 317 亿元，规上企业实现销售收入 183.5 亿元。目前椅业出口企业已经和全球 190 多个国家和地区建立贸易关系，全年椅业产品自营出口量达到 121.89 亿元。安吉是产业集群转型升级试点地区，技术成本投入不断增加，产品种类由单一的转椅向椅业系列化方向发展，已经形成七大系列近千个品种。研发投入以每年 30% 的速度递增，转型升级取得明显成效。

浙江 海宁

海宁沙发产业起步较晚，但发展速度迅猛。目前，海宁有家具企业 175 家，规模以上企业 43 家，主要产出皮革沙发、布艺沙发、功能沙发、户外沙发、床垫、躺椅、餐椅等多个系列产品。现在，海宁沙发产业的规模效应已辐射周边区域，目前已有 10 多家市外家具企业入驻海宁。2016 年，海宁市家具行业规模以上企业实现工业总产值 80.77 亿元人民币，同比增长 5.8%，利税 7.07 亿元，增长 3.7%，利润 3.69 亿元，增长 1.6%。2016 年海宁市家具行业累计出口额 50.79 亿人民币，同比增长 15.08%，预计 2017 年全年家具行业累计实现工业总产值约 115 亿元，增长 10%。

广东 大岭山

大岭山镇拥有家具及配套企业 530 多家，其中，上规模、上档次的家具企业有 350 多家，上市公司、投资超亿元企业 30 多家，家居从业人员 10 万多人。大岭山家具行业目前拥有 300 多个家具品牌，拥有国家高新技术企业 8 家、中国驰名商标 5 件、省名牌产品 13 件、省著名商标 6 件、广东省技术工程中心 2 个。2016 年，全镇家具生产总值 135.23 亿元，家具出口额 14.23 亿美元，利税 7.09 亿元；全镇全年家具内销总额达 47.97 亿元人民币。大岭山家具产业贯彻落实“机器换人”政策，家具智能自动化设备使用量达到 1 200 台。此外，电子商务、定制家具发展迅速。

山东 胶西

胶西已有实木、弯曲木家具和木材加工经营企业 102 家，配套的木工机械、塑料、五金等企业 69 家。2016 年，家具产业实现销售收入 54 亿元，同比增长 6.7%，进出口交易额达 12 000 万美元，同比增长 4.4%。以青岛一木金菱家具有限公司为代表的多家企业先后进行技术改造，通过引进国际先进水性漆生产线来优化产业技术。为提高基地的配套能力，胶西镇引进配套企业。2016 年，吸纳整合木材仓储物流企业 15 家，打造了木材仓储物流中心，2016 年该中心实现交易额 11 亿元，预计 2017 年将突破 16 亿元。

中国椅业之乡——安吉

一、基本概况

安吉是闻名中外的“中国椅业之乡”，是全国最大的办公椅生产基地。经过三十多年的发展，产品由原来的单一型发展到系列化生产，椅业已成为安吉县第一大支柱产业。安吉无论从椅业生产规模、市场占有率还是品牌影响力，在全省、全国乃至全球，都具有领先地位。

近年来，安吉椅业硕果累累。2010 年安吉荣获“浙江省块状经济向现代产业集群转型升级示范区”称号；2011—2016 年连年被中国家具协会授予“中国家具优秀产业集群奖”“中国家具先进产业集群奖”荣誉；2014 年被中国家具协会授予“中国家具重点产区转型升级试点县”；2016 年被国家工信部授予“全国产业集群区域品牌建设椅业产业试点地区”。

二、经济运营情况

总量规模不断扩大。2016 年，安吉椅业销售收入达到 317 亿元，规上企业实现销售收入 183.5 亿元，同比增长 5.0%，占全县规上企业销售收入总额的 36.1%，利税贡献值在全县主要行业中排名第一。2016 年，椅业企业总数达到 700 家，其中规上企业 144 家，亿元以上企业达到 43 家。

产品结构不断优化。椅业产品设计风格、外观造型的不断创新，技术成本投入的不断加大，产品由原来单一的转椅生产向椅业系列化方向发展，现已形成办公椅、按摩椅、休闲椅、餐椅、沙发、板式家具以及各类配件七大系列近千个品种，企业新产品开发力度继续加大。椅业企业研发总投入以每年 30% 的速度递增，新产品研发是安吉椅业行业健康发展和良好经济效益的一个重要因素。

全球市场不断拓展。产品出口呈现快速发展势头。2016 年椅业企业出口企业 304 家，全县椅业产品自营出口量达到 121.89 亿元，同比增长 10.1%，占全县出口总额的 67.1%。目前椅业出口企业已经和全球 190 多个国家和地区建立了贸易关系。龙头企业开拓国内市场，除了设立加盟连锁店、专业市场、特色街区等传统销售平台的建设，创新营销模式，例如：参与各级政府、

2014—2016 年安吉县椅业行业发展情况汇总表

主要指标	2016 年	2015 年	2014 年
企业数量（个）	700	700	695
规模以上企业数量（个）	144	146	137
工业总产值（亿元）	330.2	317.7	312.5
主营业务收入（亿元）	317	305	300
规模以上企业工业总产值（亿元）	183.5	169	167
出口值（亿美元）	20.3	18.8	18.5
家具产量（万件）	6 800	6 600	6 500

安吉椅产品进入 G20 杭州峰会

大型企业的采购招标；创建中国安吉椅业博物馆；进军电子商务领域，创建“安吉购”椅业分销平台，开建天猫、淘宝、京东、阿里巴巴旗舰店等。

三、转型升级措施

1. 紧抓历史机遇，倾情助力 G20

安吉抢抓 G20 峰会重大机遇、密切对接，经过一年多持续跟踪、协调组织，突出企业主体、政府主导，终于使安吉椅、竹精品在 G20 杭州峰会的主要活动场所实现全覆盖。会后收到了峰会组织方的感谢信和荣誉证书。安吉通过新品推介、参加设计周、借力媒体等手段持续扩大峰会后期效应。

2. 依托设计研发，提升创新能力

成功举行两届“安吉椅业杯”中国好座椅设计大奖赛。对于提升区域品牌价值、加强对外交流合作具有积极意义，同时也有利于促进企业提高自主创新能力、提升产品竞争力。恒林、永艺、嘉瑞福、利豪、富和、大康、和也 7 家企业申报成为省级制造企业设计中心，为企业吸引更多优秀的设计人才奠定了有利基础。

3. 保护知识产权，打击侵权行为

发经委牵头科技、市场监管等部门和省科协组织“提倡文明参展，打击仿冒侵权活动”，组织现场维权组赴上海展会现场督查取证。从而促进行业自律、维护企业合法权益、加强企业知识产权保护起到积极作用；并有效促进企业及时申报自主知识产权，提高企业研发创新的积极性。

4. 拓展宣传渠道，创新推广模式

编好“一本杂志” 连续多年与安吉新闻中心紧密合作，帮助指导省椅业协会出版了《浙江椅

“安吉椅业杯”中国座椅设计大奖赛

业》，展现安吉椅业发展历程，剖析安吉椅业发展中出现的问题，推广优强企业的创新做法。

拍好“一部宣传片” 2015 年 12 月 28 日，安吉椅业全新宣传片《椅子的一天》发布，摆脱了传统的介绍汇报模式，以一家人一天的活动，将安吉的座椅产品、产品设计生产过程、家庭生活场景、休闲娱乐体验贯穿其中，既注重产品细节展示又贴近日常生活。

推出“一组广告” 安吉椅业在高铁杭州东站、北京南站、湖州站，安吉境内的候车亭、道路指示牌，浙江日报、湖州报、浙江航空杂志等投放系列广告，进行区域品牌宣传。

用好“一个平台” 积极利用微信公众平台及时发布安吉椅业动态消息，并通过平台与全国各地粉丝积极互动，及时、生动发布信息。

搭建“一大展馆” 10 月 18 日，安吉椅业博物馆在安吉大康控股集团有限公司开馆揭牌，该馆从世界、中国以及安吉椅子的发展，以及现代绿色家居等方面，全面反映了椅子 5 000 年的发展史。

四、2016 年发展大事记

1. 举办安吉椅业杯家具设计大赛

3 月 28 日，安吉县联合中国家具协会、中国工业设计协会，共同举行“2016 年第二届‘安吉椅业杯’中国座椅设计大奖赛”启动新闻发布会，本次大赛主题“用设计坐标未来”。11 月 23 日，第二届“安吉椅业杯”中国座椅设计大奖赛初评工作顺利完成，从收到的 400 余件作品中分别选出专业组前 17 名和院校组前 18 名进入复赛。

2. 组织企业参加家具展、设计展等

3 月 28—31 日，安吉椅业组团参加第 37 届中国（广州）家博会，40 家企业参展，总参展面积达到 1.3 万平方米。此次是安吉绿色家居馆首次亮相广州展，首次采用全竹材料搭建，并在上海展上再次循环利用，传递低碳、环保的绿色家居理念。

9 月 7—10 日，安吉组团 60 家企业在虹桥、54 家企业在浦东参展。其中，虹桥展首次突破 1.2 万平米。同时，对接央视宣传，微信公众号推出后点击过万，点赞近 2 千。9 月 8 日，邀请百余位政府采购负责人赴上海展观展、体验，真正“坐下来”感受安吉椅，反响强烈。9 月 9 日，安吉椅业与中国对外贸易总公司签订“中国家博会（上海）合作协议”，对安吉县椅业企业参加广州家展、上海虹桥家展进行新一轮战略合作。9 月 27 日—10 月 7 日，安吉椅业应邀参加了由我国文化部与北京市政府共同主办的北京国际设计周，“为 G20 而设计”的主题吸引足了眼球，广获好评。

3. 亮相 G20 等国际峰会

4 月，G20 峰会订单进入决战阶段，相关企业为 G20 开通绿色通道。9 月 4—5 日，安吉椅业精品进入“杭州 G20 峰会”，实现重要活动场所全覆盖，共计近 50 款共 8 000 多件套，用于金砖五国和第四次协调人会议等重要会议用椅、主会场媒体区、会议桌椅、沙发、午宴椅、国宾馆餐椅等。6 月 17—19 日，安吉椅业精彩亮相“二十国集团智库会议（T20）”之“创新、新经济与结构改革”国际会议。

4. 创新营销 品牌推广

5 月 25—26 日，浙江卫视国际频道拍摄《遇见安吉》之《走向世界的安吉椅》，相关栏目于浙江卫视国际频道面向海外播出；9 月 12 日，央视财经频道（CCTV-2）以“小椅子转动大产业”为主题详细报道安吉椅业；11 月 22 日，央视财经频道（CCTV-2）以“人民币下行对出口企业的影响”为主题详细报道安吉椅业企业。10 月 18 日，中国安吉椅业博物馆正式开馆，展示椅子五千年发展史、安吉椅业发展史及现代绿色家居等，并设有 G20 杭州峰会安吉绿色家居展示专区。

5. 所获荣誉

- 8 月，2016 年度首批“浙江省出口名优特产品”目录公布，安吉恒林椅业、永艺家具、中源家居、国华家具、大东方家具、百之佳家具、盛信办公家具、伟誉家具 8 家椅业企业入选，占全市约三分之一。
- 9 月 23 日，安吉椅业被国家工信部授予“全国产业集群区域品牌建设——椅业产业试点地区”。
- 10 月 12 日，安吉为 G20 而设计的办公椅受邀参加由省经信委主办、省工业创意产业中心承办的 2016 浙江中高端消费新品推介会，并被列入《浙江中高端消费新品选录—G20 杭州峰会时尚 & 经典产业产品（作品）选》。
- 12 月 1 日，恒林椅业获得“2016 年度国家知识产权优势企业”称号，成为安吉第二家获得企业。
- 12 月 13 日，第十八届中国专利外观设计奖评审结果正式公布，永艺家具股份有限公司的“网椅（1）”、浙江德慕家具有限公司的“鸟巢吧椅”榜上有名，喜获优秀奖。这是安吉专利产品首次获得国家级奖励，实现了零的突破。
- 12 月 29 日，“2016 全国家具行业工作会议暨中国家具协会第六届三次理事会”上，中国椅业之乡 - 安吉荣获“中国家具行业先进产业集群”，作为产业集群代表交流发言。恒林荣获“中国家具行业卓越贡献单位”，永艺、中源荣获“中国家具行业科技创新先进单位”。

6. 椅业平台建设

7 月 6 日，浙江和也健康科技有限公司举行院士专家工作站揭牌仪式。7 月，安吉正式获批成立浙江省家具标准化技术委员会椅业分技术委员会，秘书处承担单位为安吉县质量技术监督检测中心。

中国家具出口第一镇——大岭山

一、基本概况

大岭山镇是新兴的工业镇区，产业布局相对一体化，具有五大支柱产业及四大特色产业，家具产业是大岭山镇特色产业。大岭山家具产业集群先后被评为“亚太地区最大家具生产基地”“中国家具出口第一镇”“中国家具出口重镇”“中国家具优秀产业集群”“广东省家具产业集群升级示范区”“广东省技术创新（家具工业）专业镇”“东莞市重点扶持发展产业集群”。

二、经济运营情况

家具企业群体情况　全镇拥有各类企业 1 600 多家，家具及配套企业 530 多家，其中上规模、上档次的家具企业有 350 多家，上市公司、投资超亿元企业 30 多家，家具从业人员 10 万多人，大大促进了就业，推动了经济快速发展。

家具外、内销情况　大岭山家具出口一直以来雄踞全国乡镇家具出口第一位。据统计，2016 年全镇家具生产总值 135.23 亿元人民币，其中家具出口总额 14.23 亿美元；全镇全年家具内销总额达 47.97 亿元人民币。

家具企业税收情况　根据税务部门的统计，2013 年税收 5.73 亿元，2014 年税收达到 6.48 亿元，2015 年税收 6.89 亿元，2016 年税收 7.09 亿元。

家具产业链配套情况　大岭山镇拥有板材加工厂、五金配件厂、皮具加工厂，还有一批上规模、高质量的化工、涂料、木材企业，包括世界 500 强企业——阿克苏诺贝尔涂料和丽利涂料，华南地区最大的木材供应市场——吉龙木材市场和最具规模的家具五金市场——大诚家具五金批发市场。

家具企业自动化设备应用情况　贯彻落实“机器换人”政策，家具智能自动化设备使用量由 2008 年底的 258 台上升到目前的 1 200 台。采用现代化生产技术，引进自动封边机、数码镂花机、激光切割机等一系列世界先进的家具生产机械，一件产品的整个生产过程可以在一条流水线上完成。部分企业装备欧洲全面引进计算机开料系统、紫外光固化生产流水线、UV 油漆、水性涂料流水生产线等先进设备。

家具电子商务发展迅速　大岭山镇家具行业电子商务逐渐兴起，一些大型企业开始采用电商销售模式，力求在消费观念逐渐变化的消费市场上占取先机。部分企业开始了线上与线下相结合的网络销售模式的探索。家具电商销售额快速增长，将线上销售与线下体验充分结合，实现了由消费者在网上下单采购家具快速增长的目标。A 家、雅居格、地中海等品牌在京东、天猫名列前茅。

定制家具逐渐成为新兴发展渠道　2016 年以来，大岭山家具行业新业态方兴未艾，随着大岭山镇房地产行业大幅度提升，定制家具将持续成为家具行业中的细分成长性子行业，大岭山镇部分家具企业开始向整装家居，全屋定制家具全面转型，加快市场占有率，抢先在定制家具市场打下基础。

2012—2016 年大岭山家具行业发展情况汇总表

主要指标	2016 年	2015 年	2014 年	2013 年	2012 年
企业数量（个）	530	530	549	540	522
规模以上企业数量（个）	300	350	330	321	303
工业总产值（万元）	1 352 287	1 312 900	1 258 000	1 185 000	1 118 000
主营业务收入（万元）	1 044 234	1 013 820	981 240	924 300	872 040
出口值（万美元）	142 346	138 200	135 500	131 800	130 000
内销（万元）	479 722	465 750	405 000	367 300	334 900
家具产量（万件）	1 689	1 640	1 580	1 490	1 420

三、品牌建设和技术创新情况

大岭山家具区域品牌影响力不断增强。自主自创家具品牌大幅增加，目前拥有 300 多个家具品牌，大岭山镇家具行业拥有国家高新技术企业 8 家、中国驰名商标 5 件、省名牌产品 13 件、省著名商标 6 件、广东省技术工程中心 2 个。2016 年，家具企业授权发明专利 9 件，实用新型专利 200 件，授权外观设计专利 550 件。2016 年，大岭山镇被中国家具协会评为中国家具行业优秀产业集群。富宝、元宗被评为 2016 中国家具行业产品创新单位，富运被评为 2016 中国家具行业环保达标先进单位。11 月，通过东莞指数评价工作，运时通家具集团获得绿色供应链东莞指数五星企业称号，元宗家具、富宝家居获得四星企业称号。区域品牌的建设推动了大岭山镇家具行业的发展，加强了政府、企业、协会等各方的沟通协调，促进了产业上下游的综合建设，提升了大岭山镇家具品牌的国际影响力和行业号召力。

四、平台建设情况

1. 广东省家具产学研创新联盟

大岭山镇组织了元宗、台升、富宝、运时通等家具龙头企业与高校进行产学研合作，共同组建“广东省家具产学研创新联盟”。为家具企业的技术创新提供长期、稳定的技术支持，研发新材料、新工艺、新产品，通过市场运作及时把科研成果转化成推动家具产业发展的动力，保障科技成果的推广和产业化，整体提升家具企业自主创新能力，实现可持续发展。

2. 中国家具行业职业技能培训基地

与此同时，国家级职业技能培训中心“中国家具行业职业技能培训基地”在 2010 年落户大岭山，培训基地下设 5 个企业实训点和东莞市职业技术学院、东莞市家具学校 2 个教学点，并成功召开两届家具导购员培训班、首届华南区家居产业后备人才交流会。培训基地的建成运作，开创了大岭山镇家具产业集群升级走向学校、企业联动的新路子，为家具企业培养专业化、职业化人才，提高工人的技能水平，从而提升企业生产效率和市场竞争力。

3. 完善中国家具图书馆功能规划

中国家具图书馆是大岭山镇提升家具产业竞争力，促进产业转型升级的重要保证。图书馆落成后，计划在图书馆内设中国家具文化创意中心，包括家具展示中心、家具研发中心、家具知识产权展示中心、中国家具行业职业技能培训基地。四大中心即四大公共服务功能：展示、研发、设计大赛、专业人才培训。形成全面、完整、扎实的家具文化保障体系和信息服务体系。

4. 东莞家具品牌创意园

为升华产业集群建设，大岭山镇计划创建“东莞家具品牌创意园”，联合镇家具协会起草规划方案，以大岭山镇的特色和优势为主轴，考虑未来经济形势的发展趋势，配合“三旧改造”“工改工”政策，结合现在企业的实际需求，规划家具创意园具备六大公共服务功能：家具质量和技术的检测中心；各级人才的培育基地；创建新材料研发平台；创建家具采购平台；创建电子商务交易中心；创建家具设计品牌推广中心。最终打造成为大岭山家具企业总部基地、中国家具品牌中心。

2017 年，大岭山镇将继续深化家具产业转型升级，充分发挥产业升级办、家具协会的扶持与服务作用，促进大岭山由“中国家具出口第一镇”向“中国家具品牌第一镇”转变。

中国家具图书馆效果图

东莞家具品牌创意园

东莞家具品牌创意园

中国出口沙发产业基地——海宁

一、基本概况

1. 地区基本情况

海宁市地处中国长江三角洲南翼、浙江省北部、杭嘉湖平原南端，是全国首批沿海对外开放县市之一、浙江省首批小康县市。东邻上海，西接杭州，南濒钱塘江，又有沪杭铁路、沪杭高铁、沪杭高速、杭浦高速等贯穿境内，距上海港、宁波港和乍浦港分别为 120 公里、200 公里、50 公里，地理位置十分优越，交通便捷。近几年先后荣获了中国特色魅力城市、中国大陆最佳商业城市、长三角最具投资价值县（市）、全国金融生态县（市）等称号。

2. 行业发展情况

海宁沙发产业起步较晚，但发展速度迅猛。在市委、市政府的正确领导下，在一批龙头企业的引领下，经过十多年的努力，海宁沙发生产企业数量和产量成倍增加，产品结构也由单一的皮沙发发展得更加多样化、系列化。目前，已形成了皮革沙发、布艺沙发、功能沙发、户外沙发、床垫、躺椅、餐椅等多个系列产品，产业配套完善，产品种类齐全，产业集群极具特色，沙发产业已发展成为海宁市继皮革、经编、家纺“三大产业”后的又一大特色产业。目前海宁是全国出口沙发最多的县级市，主要销往北美、澳洲、欧洲等地，出口的沙发量占整个浙江省沙发出口量的二分之一，被浙江省家具行业协会列为全省家具八大特色区域之一。

现在，海宁沙发产业的规模效应，已辐射周边区域，吸引了周边沙发企业纷纷迁址海宁，目前已有 10 多家市外家具企业入驻海宁，完善了沙发产业结构，丰富了产品品种。初步形成以沙发为主，以办公家具、酒店家具、民用家具、户外家具、实木家具等产品为辅，配套完善，种类齐全的沙发产业特色。同时也带动了木架、五金、弹簧、海绵、制革、经编、布艺、包装等一大批关联产业的聚集发展。

3. 公共平台建设情况

海宁市设立了多个公共检测、研发平台，在产品设计研发、质量和工艺水平、材料和新工艺应用、品牌建设、人才培养、行业咨询收集等方面为广大家具行业的健康快速发展提供了具体而有效的咨询服务，对促进海宁市家具行业发展具有重要的意义。

二、经济运营情况

根据海宁市统计局对 43 家行业内规上企业的统计资料显示：2016 年海宁市家具行业累计实现工业产值 80.77 亿元人民币，同比增长 5.8%，利税 7.07 亿元，增长 3.7%，利润 3.69 亿元，增长 1.6%。根据海宁市商务局对 136 家沙发出口企业的统计资料显示：2016 年海宁市家具行业累计出口额 50.79 亿人民币，同比增长 15.08%，占全市出口总额的 13.9%，出口总量全市第三。因统计口径关系，加上未统计在家具行业的一些集团企业的产值，预计年全年家具行业累计实现工业总产值约 115 亿元，增长 10%。是继 2012 年后连续第五年取得增长。行业内大多数企业实现了盈利，整体态势呈稳中有增趋势。

出口方面，根据海关统计数据，2016 年海宁市家具及制品累计出口 50.79 亿人民币，同比增长 15.08%，高于全市出口的增长水平。2012 年为 2.34%，2013 年增长 2.69%，2014 年增长 5.5%，2015 年增长 6.5%，2016 年增长 15.1%，2016 海宁市家具行业出口已取得五年持续增长。具体分

季度运营情况是:

截至一季度末，家具成品出口累计 10.83 亿人民币，同比增长 18.5%；截至二季度末，家具成品出口累计 24.37 亿人民币，同比增长 14.94%；截至三季度末，家具成品出口累计 36.13 亿人民币，同比增长 16.21%；截至四季度末，家具成品出口累计 50.79 亿人民币，同比增长 15.08%。

另外，2016 年海宁市成品沙发累计出口 45.13 亿人民币，同比增长 16.22%。其中，布沙发累计出口 25.44 亿元人民币，同比增长 12.44%；皮沙发累计出口 19.69 亿元人民币，同比增长 21.48%；布沙发套累计出口 6.27 亿元人民币，同比下降 4%；皮沙发套出口累计 3.37 亿元人民币，同比下降 15.74%。

2014—2016 年海宁市家具行业发展情况汇总表

主要指标	2016 年	2015 年	2014 年
企业数量（个）	175	160	150
规模以上企业数量（个）	43	35	31
工业总产值（万元）	80.77	69.14	63.34
主营业务收入（万元）	75.25	64.57	61.29
出口值（万美元）	77 027.4	71 055.4	61 229.9

三、品牌发展及重点企业情况

1. 品牌发展情况

推进品牌建设，提升产业影响力。积极组织沙发企业组团参加知名展会，提升海宁沙发产业的知名度。2016 年以来已连续四年抱团参加美国举办的 2 次拉斯维加斯家具展和 2 次高点家具展，累计参展企业 10 家，参展面积 118 平方米。此外，2016 年还先后组织参加了新加坡国际家具展、广州国际家具展、中国国际家具展、俄罗斯家居展和迪拜家具展。

积极推进企业创建个性化品牌。鼓励企业申报中国驰名商标、省市著名商标、名牌产品、出口名牌产品。2015 年创建“海宁市家具行业协会”微信服务平台并成功运行，宣传发布企业和产品信息，强化海宁沙发企业的知名度和影响力。

2. 重点企业情况——卡森集团

随着沙发产业的发展，一批优秀企业成长壮大。卡森集团是一家在海内外拥有多家控股、参股子公司的大型综合类跨国企业集团，家具制造是卡森集团的传统优势产业，集团从事软体家具制造已有近 20 年的历史，是国内软体家具的龙头企业，产品主要以出口欧美发达国家为主，生产的皮革沙发摆进了美国白宫。慕容控股有限公司是一家集设计、生产、销售沙发、沙发套、木制家具产品等于一体的集团公司，每年可生产约 89.2 万件沙发、161.3 万件沙发套，及 11 000 件其他家具产品，2017 年 1 月 12 日在香港联合交易所主板正式挂牌上市。

四、2016 年活动汇总

有效的信息和资讯，不仅是企业的生产力，也是企业发展的推动力。2016 年 3 月，浙江省家具行业协会与海宁市家具行业协会联合主办了一次浙江省软体家具精益生产技术的交流会，集中向企业传递了软体家具行业的业内信息。此次交流会还对软体家具的国内外市场进行了展望，剖析了消费者的心理以及需求，将精益生产的理念与产品的设计、开发、生产进行了有效的整合，对浙江省软体家具企业的发展有着积极的推动作用。

为进一步深化落实“走出去”战略，推动出口市场多元化，帮助企业积极主动开拓国际市场，2016 年 9 月海宁市家具行业协会组织了汉盛、舒友、振亿、川洋等 15 家家具和面料企业共计 20 位代表赴俄罗斯组团参展与实地考察。除了参加俄罗斯展会外，协会还组团实地考察了莫斯科当地高中低各个层次的家具市场，了解了家具零售价格和当地市场的款式，为企业今后在产品开发和市场拓展方面提供了实质经验。此外，海宁市家具行业协会还组织部分企业参加了 3 月的新加坡国际家具展和广州国际家具展，9 月的中国国际家具展，10 月的美国高点家具展和 11 月的迪拜家具展，有效地帮助企业拓展了外贸渠道。

中国北方家具出口基地——胶西

一、基本概况

中国北方家具出口基地——胶西镇，毗邻胶州市西侧，与城区紧密相连，处青岛半小时经济圈，是胶州市城市总体规划的组团镇之一，行政区域面积 176.7 平方公里，辖 114 个行政村庄，8.79 万人口，是胶州市人口数、村庄数第一、面积第二的乡镇，也是胶州市目前唯一一个城郊镇。先后获得了国家级环境优美城镇、中国现代农业示范镇、山东省一村一品示范镇、青岛市“一镇一业”示范镇、连续两年跻身于青岛市郊区经济二十强镇行列。

胶西镇工业园区基本按照路域带状发展，北至胶州路，沿西外环向南接朱诸路至赵家城献村，全长 13 公里，经过近十几年的打造提升，已形成钢结构生产、食品加工、木器家具生产、机械装备制造等四个产业，点状分布在以西外环、朱诸路为轴线的五个工业聚集区内。为规范和支持园区内家具产业的发展，胶西镇与青岛商检局联合成立了“山东省家具出口安全监管示范区”，并设立了木制品检测中心（实验室），与东北林业大学设立全国第一家“家具职业培训学院”，并于 2010 年获得“青岛名牌家具产业园”“山东家具（出口）产业基地”等称号。

2016 年，全镇全年共实现工业总产值 311 亿元，同比增长 13%；完成地方财政收入 3.5 亿元，同比增长 24%；完成固定资产投资 74.6 亿元，同比增长 14%。实际利用内资 30 亿元，同比增长 28%；完成外资到账 3 074 万美元，同比增长 12%。

二、经济运营情况

总体规模不断壮大 目前，胶西镇已落户实木、弯曲木家具和木材加工经营企业 102 家，木工机械、塑料、五金、海棉、包装等配套企业 69 家。2016 年，全年家具产业实现销售收入 54 亿元，同比增长 6.7%，进出口交易额达 1.2 亿美元，同比增长 4.4%。

产业技术不断优化 近年来，面对国家对生产型企业环保要求不断提高的形势，以青岛一木金菱家具有限公司为代表的多家企业先后进行技改，购进国际先进的水性漆生产线，实现了生产过程由劳动密集型向技术密集型的转变。采用水性漆喷涂，既优化了家具产品的质量，降低了对人体的危害性，又彻底改变了传统聚酯油漆的环保弊端，解决了木器产业的喷漆污染问题。

产业链条不断完善 为提高基地的配套能力，胶西镇在招引家具生产企业的基础上，同时注重木工机械、塑料、五金、海棉、包装等配套企业的引进，使整个产业链不断得到完善。2016 年，吸纳整合木材仓储物流企业 15 家，打造木材仓储物流中心，为基地内外的家具生产企业提供各类中高档白橡、红橡、白蜡等品种的板材及原木，2016 年该中心实现交易额 11 亿元，预计 2017 年将突破 16 亿元。

园区规划不断提升 随着产业园的进一步发展壮大及龙头企业带动作用的展现，在胶州市市委、市政府的扶持和指导下，胶西镇将进一步围绕木器产业优势，整合已建成的 20 余个木器家具互联网展销平台和青岛市木器家具“跨境电商平台”入驻，

2014—2016 年胶西镇家具行业发展情况汇总表

主要指标	2016 年	2015 年	2014 年
园区规划面积（万平方米）	1 999	1 800	1 800
已投产面积（万平方米）	1 429	1 355	1 281
入驻企业数量（个）	1 409	1 256	1 098
规模以上企业数量（个）	100	86	74
家具生产企业数量（个）	102	93	85
配套产业企业数量（个）	69	51	35
工业总产值（亿元）	311	296	260
主营业务收入（亿元）	306	291	254
利税（亿元）	63	58	51
出口值（万美元）	26 786	22 713	21 655
内销（亿元）	288	272	240
家具产量（万件）	995	904	834

配套建设家具质量检测中心、信息中心、综合商务中心、家居原辅料市场、物流中心等项目，规划建设木器家具博览馆，打造具备产业特色、文化特色、区域特色的家居小镇。

三、品牌发展及重点企业情况

目前，胶西镇共落户家具及配套企业 170 余家，其中规模以上生产企业 26 家，具有代表性的企业有青岛一木、亦家、润篷、星宇、绿可、鸿运星等。

青岛一木集团有限公司　公司始建于 1953 年，前身为青岛木器一厂，占地面积近 600 亩，建筑面积为 18 万平方米。旗下拥有金菱家具、青城木业等十余个全资和参股子公司，是集研发、生产中高端实木家具、传统红木家具、沙发床垫、及商业化发展等多种业务为一体的综合性木业公司。目前，该公司拥有熟练技工 3 000 余人，各类技术人员 300 余人，综合生产能力达 5 亿元，资产总额近 10 亿元。多年来，公司形成了“墨雅”“鼎尊”“汉源居”以及传统红木家具“国韵”等十大系列实木家具。2006 年，被国家商务部评为中国家具行业唯一的“中华老字号”企业，并先后获得全国十省市绿色产品企业和山东省、青岛市名牌产品、消费者最喜爱的实木家具产品等荣誉，是中国家具行业享誉多年的龙头企业、中国家具协会副理事长单位、青岛家具协会会长单位。

青岛亦家木业有限公司　公司成立于 2013 年，由青岛诺亚家具有限公司投资建设，占地面积约 3 万平方米，是一家集研发设计、加工生产和终端营销为一体的专业家具公司。近几年该公司规模不断发展壮大，现有职工 400 多人，年生产总值超 1 亿元。该公司引进欧美先进的木工设备及国际流行的生产工艺，产品品类达 300 多种，成品通过欧洲检测标准。旗下“诺亚亦家”品牌，不仅满足于中国市场的需求，服务客户也遍及欧洲、北美等地的星级酒店，涵盖了全球十几个国家和地区，遍布国内外 500 余家营销专卖网点。诺亚亦家品牌是诺亚转向国内市场的一项重要举措。自 2008 年以来在青岛、上海、郑州、福州、北京等 10 多个城市开设了品牌专卖店。

青岛润蓬木业有限公司　青岛润蓬木业有限公司始建于 2006 年，由河北双李家具股份有限公司投资建设，占地面积 80 亩，是一家专业从事厨房、餐厅，实木套房，实木椅子等实木类家具设计、制造与销售的企业，产品远销美国、英国、加拿大等国家及中东地区。公司不断推行技术创新，引进意大利先进的实木家具生产线，选用优质原材料，门店遍布全国 30 多个省份，年销售额过亿元。

青岛星宇木业有限公司 公司成立于2003年，占地面积为60亩，拥有职工200多人，是一家专业制作餐桌椅以及卧房家具等实木家具的企业，公司主打产品为柞木实木家具。该公司自成立以来，产品主要以外销为主，客户遍布全球30多个国家和地区，年出口交易额达1亿余元。近年来，随着电商营销浪潮的掀起，该公司积极顺应形势，组建了专门的电商营销队伍，开办了“盛世林源天猫旗舰店”，2016年，实现线上交易额1.2亿元。

四、2016年发展大事记

- 8月，青岛一木集团“青岛一木”商标申报成功，成为少数可冠省市名称的商标之一。
- 9月，青岛亦家木业有限公司“写字桌”被授予外观设计专利。
- 10月，青岛“一木金菱”商标获山东省品牌产品。
- 12月29日，2016全国家具行业工作会议暨中国家具协会第六届三次理事会上，青岛一木集团荣获中国家具行业环保达标先进单位。

中国家具产业集群——综合产区

中国家具综合产区分布图

我国家具产业集群类型涵盖广泛，除前述 6 类产业集群外，生产型的产业集群呈多样化发展现状。具体包括办公家具生产基地、浴室家具生产基地、校用家具生产基地、软体家具生产基地；有集家具生产和原材料供应为一体的综合型产业基地，也有集家具生产和电商销售为一体的新型产业基地。中国家具产业集群多样化发展，完善了我国家具产业结构，使我国家具产业集群形成行业细分、专业生产的发展模式。

浙江 杭州

杭州家具产业经过 20 多年的发展，已初步形成了以办公家具、户外家具和软体家具制造为主，家具原辅材料、五金和木工机械等相配套的产业链。2016 年 1—11 月，杭州市规模以上家具企业 88 家，完成工业总产值 141.27 亿元，同比增长 1.40%；工业利税总额 19.83 亿元；同比增长 -23.16%；工业利润总额 15.06 亿元；预计全市 900 多家企业全年将完成工业总产值近 260 亿元。1—11 月杭州市出口家具及其零部件 18.19 亿美元，同比增长 2.4%。

浙江 瓜沥

瓜沥主营浴柜家具生产。全镇有卫浴家具企业 300 余家。党山的装饰卫浴品牌在国内外市场上都具有一定的知名度。全镇拥有国内注册商标 959 个，国外注册商标 421 个，其中中国驰名商标 5 个，全国知名品牌 1 个，全国十大示范品牌 1 个。通过建立检测中心，推动建设电商网站来提高浴柜产品质量，拓展销售渠道。

广东 龙江

龙江镇有家具企业 3 000 多家，原辅材料制造企业与销售商户 3 000 多家，家具及相关行业的从业人员达 10 万多人，龙江镇家具制造和材料交易的上下游产业链总产值和交易额达 1 000 亿元。电子商务方面，龙江镇有 1 000 多家家具网店、商城及旗舰店。龙江家具行业发展良好，2016 年，该镇举办了第五届龙家具创意设计大赛。龙家具展期间，举办首届家居设计展，展会上发布《实木类家具通用技术条件》《软体家具 真皮沙发》《软体家具 布艺沙发》《软体家具 弹簧床垫》四项佛山市家具行业联盟标准。

四川 新都

新都目前有家具企业 600 余家，从业人员 20 余万人，产品涵盖酒店办公、民用卧房、软体沙发、别墅定制等家具以及上下游产品，培育出好风景、好迪、帝标等知名品牌。成都家具产业园已全部建成，占地 3 800 亩，总投资 5 亿元。产业园生产企业 75 家，其中规模以上企业 62 家，2016 年全年，园区工业总产值达到 210 亿元，出口值 500 万美元，商场销售面积 120 万平方米，入驻品牌数 1 700 个，全年销售额 23 亿元。

江苏 沙集

沙集自 2009 年起，在全县推广电子商务。全县 2 000 多家电商企业中有 1 500 多家是简约家具企业，年实现网销额约 30 亿元，占全县网销额的 70% 左右。从模仿到创新，全县家具企业注册商标达 300 多个，近 600 家拥有自主品牌。在淘宝销售渠道，沙集有双皇冠网店 28 个，皇冠网店 86 个、带钻网店 2 851 个。部分企业的产品已销往新加坡、韩国等国家和地区。

江西 南城

南城以生产校用家具为主，全县现有校具加工相关企业 160 家，主营业务收入上亿元企业 9 家，规模以上企业 20 家，目前，南城县生产的校具产品畅销全国 20 多个省（市、自治区），从业人员 3 万人，在全国 90% 的大中城市建有分公司（或销售部）。2016 年，全县校具企业生产各类校具 2 000 余万套，占全国同行业的 30% 以上，实现主营业务收入 42.6 亿元，同比增长 18.3%，利税 4 亿元，同比增长 23.5%，实现出口 500 万美元。

山东 周村

周村以软体家具生产为主，同时涵盖实木家具、家具原材料等 30 余类千余品种。周村区以沙发、床垫为主的软体家具经营户达到 1 500 余家，从业人员 2 万余人，年产值 60 亿元左右。周村区配套 19 个家具及家具原辅材料商场，商场销售面积 120 万平方米，2016 年销售额 203 亿元。电子商务平台建设上，周村从事家具电商的企业超过 150 家。2016 年，周村成功举办“福王杯”第二届周村家具采购节暨原辅材料展。

中国家具制造重镇、中国家具材料之都——龙江

一、基本概况

1. 行业发展情况

家具制造业是龙江最大的特色产业集群。经过30多年的发展，龙江家具业由产业起步期、成长壮大期进入了产业升级时期，已形成产品种类繁多、配套齐全、产业链完整的集聚群经济模式，打造以家具制造为龙头，集产品开发、材料交易、涂料生产、木工机械、五金配套、家具商贸和第三产业为一体的中国乃至全球最大、最为完善的产业链，赢得了"中国家具制造重镇""中国家具材料之都""中国塑料建材产业之都""中国家具电子商务之都"和"国家家具电子商务示范基地"等国家级产业盛誉；培育了前进、美化、志达、金宝马等一大批中国民营家具品牌；众多民营家具企业还通过了ISO 9000质量体系和ISO 14000环保体系等国际认证。

2. 平台建设情况

打造中国家具与材料O2O产业园　中国家具与材料O2O产业园通过互联网+家具产业O2O转型升级，打造"家具与材料在线平台、家具与材料展、家具与材料交易中心"，网、城、展联动，同时拥抱全国超20万买家资源，引领传统家具产业升级。届时将汇聚交易、电子商务、结算、研发、设计多项要素，打造成集O2O总部交易中心、O2O采购中心、家具产业供应链金融平台、家具产业物流服务平台、家具产业电商公园等于一体的产业新地标。

政企共建"材料在线"交易平台　材料在线是由亚洲国际、上市公司慧聪网、镇国资单位兆江科技强强联合，政企共建的家具与材料B2B交易服务平台。材料在线将结合传统的家具与材料交易市场，整合家具与材料全产业链，优化传统交易过程，通过权威资讯平台、集采集销、交易担保、全产业链服务等核心模式，打造基于全国最专业的家具与材料B2B领域的O2O电子商务交易平台，给传统家具与材料行业市场注入全新经营活力，以交易平台、互联网金融为基础，创造新的盈利增长点。未来五年预计创10万SKU、100万注册会员、200亿交易额。

二、经济运营情况

据不完全统计，截至2016年年底，扎根龙江镇的家具企业超3 000家，原辅材料制造企业与销售商户超3 000家，从事家具制造及相关行业的从业人员达10多万人，龙江镇家具制造和材料交易的上下游产业链总产值和交易额达1 000亿元。

此外，龙江家具电子商务产业发展迅猛。据龙江镇家具电子商务协会统计，龙江镇共聚集1 000多家家具成品类私人网店、商城及旗舰店，无论在全省乃至全国都占有绝对优势。在2016年天猫淘宝销售量排名居前200名的家具电商品牌中，龙江镇约有30个品牌上榜，占全国12%。

三、产业链建设情况

龙江在家具制造、家具材料、家具电商、家具设计、家具知识产权等方面都有了协会和第三方服务平台，构建了一个完整的家具上下游产业链的服务体系。

1. 原材料市场

拥有亚洲国际家具材料交易中心、龙山材料城、豪俊材料城、亚太木业城、龙城家具材料城、龙头家具材料城和东信石材市场七大专业市场，总经营面积达 400 多万平方米。如亚洲国际家具材料交易中心占地 1 000 亩，总建筑面积达 100 万平方米，经营材料范围涵盖皮革、布艺、五金、木材、油漆、半成品、辅料等，材料种类逾 80 000 种，规模位居全国同类项目之首。

2. 物流配送服务

伴随着龙江家具制造业的发展而兴起，目前家具电子商务的强势发展更是为物流业带来了新的增长点。如居家通智慧物流园占地面积达 3 万多平方米，是集物流信息、仓储装卸、货物运输等功能为一体的大型综合智慧物流园区，目前服务覆盖全国 625 个城市，终端网点达 900 多个，覆盖全国 95% 以上的一二线城市。

3. 会展服务

每年两届的“龙家展”和“亚洲国际材料展”，吸引数以万计海内外客商。如前进会展中心，2001 年开业运行，共有 4 万平方米、2 500 个标准展位，吸引镇内乃至国内参展商的积极参与。

4. 设计创新方面

以龙江镇家居设计师协会为交流发展平台，推动家居创意设计师、设计机构与家具企业进行深层次对接，将创意设计元素融合到家具制造业里面。以举办“‘龙’家具设计创意大赛”为抓手，带动设计理念深入行业，引导产业链向价值曲线高附加值的一端转移。组织一系列设计沙龙和交流会，并邀请设计界专家到龙江开讲，为龙江家具业的设计提升营造了良好的讨论氛围。从设计园区的规模来看，龙江目前已有多个创意设计园区，包括壹号家居创意园、龙城国际家具创意城、新基国际创意园等。

四、2016 年发展大事记

1. 举办第五届龙家具创意设计大赛

2016 年 1 月，由龙江镇人民政府主办，龙江镇家居设计师协会承办的第五届龙家具创意设计大赛正式启动。本届大赛以“互联网＋”原创家具设计为主题，首次与龙江镇家具电子商务协会启动合作，借助龙江众多电商企业的资源，推动设计作品“上线”，力推家具原创设计的产业化。

2. 举办亚洲家具联合会年会

2016 年 3 月，“第 31 届国际龙家具展览会”“第 21 届亚洲国际家具材料博览会”和“亚洲家具联合会第 19 届年会”在龙江举办，形成了龙江家具“两展一会”的新格局。作为亚洲家具联合会会长单位的中国家具协会与龙江镇人民政府就共同主办未来三年的亚洲家具联合会年会，签署了战略合作意向。与 CAFA 的合作，进一步提升了龙江家具在国内外的知名度。

3. 举办 2016“家居·家具电商·设计”企业对接会

活动吸引近 1 000 家厂家、企业前来参观洽谈。本次对接会通过家具电商与设计的联动，有效促进家居设计产业化的同时提升龙江家具电商的实力。通过电商企业与工厂、服务商的对接，帮助电商企业找到优质工厂资源，也帮助实体工厂开拓网络分销渠道，为家具电商提供了一个交流的大平台，更好地连接了产业上下游，推动产业的升级发展。

4. 举办首届家居设计展

在秋季龙家展与材料展开幕当天，顺德龙江首届家居设计展盛大召开。为期一个月的“首届家居设计展”由设计公司及美院设计作品展示、家具成品作品展示、讲座论坛等几部分构成，着力展现顺德家居设计实力，全面打造家居设计的多方交流对接平台。展会与龙江其他两大传统展会形成鲜明对比，同时又与其他两展相结合，打造从家居设计、家居材料到家居成品的一站式家居展览会，提升了龙江家居展览会在中国家居展会中的地位。

5. 四项家具行业联盟标准正式发布

《实木类家具通用技术条件》《软体家具真皮沙发》《软体家具布艺沙发》《软体家具弹簧床垫》四项佛山市家具行业联盟标准顺利在秋季龙家展开幕

期间发布。四项联盟标准在现有国标、行标基础上，进一步明确并具体给出了产品的材料要求、尺寸偏差、外观、理化性能、力学性能和安全要求。四项佛山市家具行业联盟标准的制定发布，一方面有利于提升产业整体质量水平，提高家具行业竞争力，推动产业转型升级；另一方面有利于家具行业的品牌建设和推广，扩大佛山家具的知名度和影响力，打造区域品牌。通过制定实施联盟标准破解当前家具产业集群发展瓶颈的策略，能够充分发挥先进标准对传统产业的升级引领作用，提升顺德家具品牌形象。

6. 召开龙江镇发展生态圈战略招商发布

2016年10月，龙江召开龙江镇发展生态圈战略招商发布，会上发布“全球招商合伙人”制度，并发布涵盖产业生态、城市生态、社会生态、文化生态四大类别等共118个招商项目。其中产业生态圈围绕家具产业加强服务平台构建，5个主题项目总投资超过156亿元。未来三年龙江将拓宽家具产业向泛家居产业集群发展，优化家具业，提升龙江家具行业的影响力。在龙江将构建的四大生态圈中，产业生态圈将围绕家具产业加强服务平台构建，推动家具制造向泛家居交付转变，国内销售向国际输出转变，引导产业链延伸扩展，尽快形成产业互补联动，形成相互促进共荣的产业链发展格局。

7. 龙江家具产业三年战略正式发布

在华南家具产业电商峰会暨龙江家具产业三年战略发布会上，龙江正式发布龙江家具产业三年战略。龙江镇将围绕2016品牌年、2017服务年、2018交易年构建龙江家具产业生态圈。其中2016年品牌年打造家具行业B2B、B2C两大平台，通过线上线下联动的方式推进龙江家具产业全面电商化，让互联网与线下市场结合，引导龙江家具品牌真正“走出去”。2017服务年，龙江家具全产业链模块将全面启动，并逐步形成属于自己的、完善的电商供应链体系，从而进一步促进家具产业上下游产业链的整合。到2018交易年，家具全产业链模式成型，各模块互为联动撮合买卖双方交易，最终推动龙江家具企业全面实现线上安全自主交易。三年战略的最终目标是实现家具产业总部经济回归龙江，完成龙江家具产业的成功转型升级。

中国办公家具产业基地——杭州

一、基本概况

杭州市是浙江省省会城市、全国副省级城市、长三角经济中心之一，是我国经济发展较快的城市之一。作为工业经济中的家具产业经过二十多年的发展，已初步形成了以办公家具、户外家具和软体家具制造为主，家具辅料材料、五金和木工机械等相配套的各类产品，尤其是办公家具，其产品无论是研发设计、工艺制作和品牌建设，在国内外同类产品中具有较高的行业知名度和市场占有率。

二、经济运营情况

据杭州市统计局和海关统计数据：2016 年 1—11 月，杭州市规模以上家具企业 88 家，完成工业总产值 141.27 亿元，同比增长 1.40%；工业利税总额 19.83 亿元；同比增长 -23.16%；工业利润总额 15.06 亿元；预计全市 900 多家企业全年将完成工业总产值近 260 亿元。1—11 月杭州市（含省级公司）出口家具及其零部件 18.19 亿美元，同比增长 2.4%。

2014—2016 年杭州市家具行业行业发展情况汇总表

主要指标	2016 年	2015 年	2014 年
企业数量（个）	900	1 000	1 000
规模以上企业数量（个）	88	90	91
工业总产值（亿元）	260	256	243
规模以上企业工业总产值（亿元）	154.11	152.28	149.28

三、品牌发展及重点企业情况

1. 优化产业结构

从 2016 年全年的数据统计分析和对部分家具企业调研情况来看，杭州市大部分家具企业销售额保持平稳增长。同时涌现了一些定位清晰、勇于改革、重视研发、科学管理和做专做精的优秀企业。杭州恒丰家具有限公司坚持在单品研发和品牌建设上做好文章，其研发新品“FLY”椅在世界盛会 G20 峰会大放光彩。浙江金鹭集团深化企业模式创新，坚持走股份制管理模式，真正做到让职业经理人参与到企业决策、财务管理和产品研发等传统决策者的管理领域，企业销售额逐年稳步增加。浙江华洲文仪家具有限公司看准国内养老产业的需求，成功开发了“华爱天颐”系列养老家具产品。浙江冠臣家具有限公司和浙江科尔卡诺家具有限公司两家“杭派”家具的典型代表企业，在产品研发方面，坚持“标准化”路线；在销售模式与渠道方面，坚持走“经销商”路线，彻底改变了办公家具传统的“定制”设计与销售模式，成绩显著。“机器换人”是推动传统制造业实现产业转型升级的一项重要举措之一。浙江荣华家具有限公司做好装备和生产技术改革工作，用机器人技术替代高水平技术工人，从技术、质量和工作效率方面彻底解决了传统制造业对技术工人的依赖。

2. 推动品牌建设

在广州、上海浦东和上海虹桥等主要家具展览会，顾家家居、圣奥、恒丰、冠臣、科尔卡诺、华洲文仪、德昌五金、麦辰、华正、中泰、华源实业、金城办公设备、力丹、鹏辉、鑫盛舞台等数十家杭州家具企业凭借精美的设计和稳定的质量吸引了大批海内外客商和同行前来参观与商务洽谈。“顾家家居”“圣奥”“春光名美”和“金鹭家私”在获得浙江名牌产品和著名商标后，先后被评为“中国驰名商标”。多年来，“顾家家居”和“圣奥”还均入选了“中国家具行业十大影响力品牌”之列。

“杭派”家具的新锐代表浙江冠臣家具有限公司和浙江科尔卡诺家具有限公司均以千余平方米的大规模展示面积，在广州家具展上独占鳌头。杭州恒丰家具有限公司除了红点奖产品“FLY”椅系列在广州展亮相之外，推出了“快卡展具系统”，打破了传统的产品陈列模式。杭州市家具商会首次以“中国办公家具产业基地”主题馆形式亮相上海虹桥家具展，让更多人了解“杭派”家具。

3. 坚持企业管理

为了提高企业生产效率，降低生产成本，杭州家具企业一方面加强了内部管理，采取改良生产布局，优化生产工艺等技术措施；另一方面引入“6S 现场管理”“流程化管理”和“精益生产管理”等先进的管理方式和模式进行企业生产现场管理，大大减少浪费，提高了管理效率，生产成本有了显著下降，单位面积产能也有了大幅度的提高。杭州恒丰家具有限公司通过聘请高水平的台湾管理咨询公司，全面推行和实施 6S 生产现场管理，取得了巨大的成效，管理效率提升 30% 以上。浙江圣奥家具有限公司采用日本松下电器公司“道场”培养新员工。“道场”模式不仅可以保证新员工合格的作业技能，而且安全生产和新员工工作熟练程度也得到了很好的保障，大大提高了企业全员工作效率。也为企业新员工培养提供了一个科学和行之有效的方法。浙江冠臣家具有限公司在产品核心工艺技术保障方面，采用关键工序或工艺制作工艺小样的方法，很好地保证了传统制造企业核心工艺技术的传承。

四、2016 年发展大事记

1. 组织企业参加国内外展会

展会是一种产品和品牌推广最为高效的营销方式之一。商会积极组织企业参加国内各大家具展览会，包括广州、上海浦东、上海虹桥和苏州家具展会，参展和观展企业众多。除了参加国内展会，杭州市家具商会还组织企业前往德国参观同行工厂和德国科隆家具展。在德期间，商会考察团参观了豪迈工厂 HOMGGmbH 和厨柜工厂 ReppWildberg 等欧洲本土企业，学习先进的管理方法、生产技术和生产工艺。

3 月 28—30 日，“第 37 届中国广州国际家具展览会”第二期的办公环境展隆重开幕。展会期间，杭州制作了 500 份商会宣传册及骨干企业牌子，宣传商会、宣传“中国办公家具产业基地”重点骨干企业。

4 月 28 日，第五届中国香河国际家居采购文化节在经纬家具城广场隆重召开，中国办公家具产业基地与香河家具城签订了家具产业集群入驻协议。

10 月 27 日，作为全球办公家具领域顶级贸易展览会的“2016 德国科隆办公家具展”盛大开幕。杭州组织企业管理及设计人员共 28 人前往德国参观科隆办公家具展并与国外办公家具设计师交流。考察团先后参观了德国豪迈工厂、奔驰博物馆、2016 德国科隆办公家具展以及生产封边机、橱柜机械等家具类生产机械的综合机械制造公司 HOMAG。

12 月 19 日，中国对外贸易广州展览总公司副总经理陈旺辉、展商营销部经理谭洁莹等领导来到杭州，走访了恒丰、冠臣、科尔卡诺、勒高等与广州展组委会有着长期友好合作关系的会员企业。此前，在 9 月的上海家博会期间，商会与广州展组委会签订了“双方友好合作意向书”表示双方将本着平等合作，互惠互利，共同促进发展的原则，推进双方合作，鼓励杭州家具商会会员企业积极参加广州和上海国际家具博览会，打响“杭派家具”在国内外市场的品牌影响力。

2. 其他行业大事

7月23日，由华洲家具股份有限公司主办，杭州市家具商会和杭州家具产业研究院协办的以“相聚同行”为主题的中国养老产业发展论坛在华洲家具股份有限公司举行。本次活动受邀前来的省市级领导、行业专家顾问、合作伙伴及媒体嘉宾多达200余人。杭州通过商会公众平台建设、2016《杭州家具》杂志、杭州家具网（www.hzsjjsh.com）网站宣传当地家具产业。

中国西南家具产业基地——新都

一、基本概况

新都是成都市的新型卫星城和北部交通门户，是四川省现代制造业和现代商贸业的重要承载地。新都也是成都传统的木作之乡，有着悠久的家具制造历史，新都家具企业已达600余家，从业人员20余万，产品涵盖酒店办公、民用卧房、软体沙发和别墅定制等家具门类，培育出好风景、好迪、帝标、浪度、阳光林森、喜洋洋、天骄等众多中国知名品牌，行业内有“西部家具在成都，成都家具半新都”的说法。

成都家具产业园是经成都市人民政府批准成立的家具产业集中发展区，位于新都区新繁镇，规划占地面积6平方公里，紧邻成彭高速（成绵高速复线）和北星干道，成彭公路贯穿全境。园区集家居研发、设计、生产、会展、商贸于一体，全面建成后将成为国内产业链最为完善、配套设施最为完备、达到国际前沿水准的家居生产和贸易中心，实现真正意义上的家具产业集中集约集群发展。

园区生产区于2008年开工建设，2010年初步建成投运，商贸区2010年开工建设，2012年基本建成100多万平米投运，其中家具生产制造区入驻企业105家，占地3 000余亩，总投资45亿元，目前已全部建成投产。家居商贸区占地3 800亩，已建成好迪、运开、吉宇、力美、德润5个材料市场，总投资5亿元；家居商贸区引进了香江、中润、家和家园、爱灯堡等项目。2016年，成都家具产业园通过国家质检总局验收，正式成为“全国板式家具产业知名品牌创建示范区”。

二、经济运营情况

截至2016年底，成都家具产业园园区生产型企业数量为75个，规模以上企业数量为62个，2016年全年工业总产值达到210亿元，出口值约500万美元；流通型商贸企业2016年商场销售总面积达120万平米，入住品牌数量约1 700个，全年销售额达23亿元。

2014—2016年成都家具产业园家具行业发展情况汇总表（生产型）

主要指标	2016年	2015年	2014年
企业数量（个）	75	70	70
规模以上企业数量（个）	62	62	57
工业总产值（万元）	2 100 000	1 830 000	1 620 000
主营业务收入（万元）	2 080 000	1 800 000	1 570 000
出口值（万美元）	500	500	0
内销（万元）	2 096 500	1 826 750	1 620 000
家具产量（万件）	634	610	540

2014—2016 年成都家具产业园家具行业发展情况汇总表（流通型）

主要指标	2016 年	2015 年	2014 年
商场销售总面积（万平方米）	120	120	80
商场数量（个）	4	4	4
入驻品牌数量（个）	1 700	1 600	1 500
销售额（万元）	230 000	210 000	130 000
家具销量（万件）	76	70	43

三、品牌发展及重点企业情况

成都家具产业园是成都市政府规划的家具产业集中、集约、集群发展区，现已形成家具制造、商贸展示和配套服务三个大板块。园区目前的企业分布可以看出，在家具品类方面，既有以实木套房为主的企业，也有以软体家具为主打的品牌，在商贸格局上更注重上下游链条的重建，既有全国连锁卖场，也有区域强势终端，还有下游的灯具，布艺，陶瓷等品类的专业卖场。专业原辅材料卖场更是进一步完善了园区的产业链。

成都家具产业园过去几年主要通过联合园区家居商贸项目、统筹品牌优势，不断强化区域品牌的影响力和知名度。在 2014—2016 年间，成都家具产业园相继参加了第十五届、十六届、十七届成都国际家具展，成为了成都家具展历史上首次以区域形象参展的园区，并在 2015 年成功亮相第二十一届中国国际家具展。通过几年的参展，成都家具产业园大幅度的提升了在业内人士和消费者中的影响力和知名度。同时，园区通过自主举办每年一届的家博会和加强营销宣传等工作，持续推广成都家具产业园“源头好货 产地直销”的品牌内涵。

园区主要制造企业有好迪、帝标、阳光林森、金虎、派尼尔等 70 多家优秀家具企业。商贸区已建成投运香江全球家居 CBD、家和家园国际家居商城、中润欧洲城、爱灯堡西部灯饰采购中心等专业家具、灯具商城。

成都好迪家私有限公司 始建于 1999 年，是一家集规划、开发、出产、销售于一体的综合性大型家私公司。经过近十五年的奋斗，总部基地现占地 700 余亩，已建成高标准的现代化家私工业园，完善的家具产业链，相对完备的家具样式是其最大的特征。

成都帝标家具制造有限公司 成立于 2003 年 3 月，目前拥有员工千余人，终端专卖店 1 000 多家，遍布全国 30 多个省份及自治区，产品涵盖沙发、软床、套房等 12 个产品系列、1 000 多种产品款式，连续多年畅销全国，并远销欧美、东南亚等二十多个国家和地区。2011 年 12 月 30 日，公司与中国当红影视明星黄晓明先生达成合作协议，正式签约其成为帝标家居的形象代言人。2013 年 3 月，帝标家居勾画“十年百亿战略”的宏伟蓝图，并联合中润集团斥巨资打造 1 万平方米“帝标梦想家居体验中心”，打造西南首家文化家居体验平台。

四川省成都市金虎家俱有限公司 始建于 1989 年，建筑面积达 51 万平方米，是一家集专业设计、制造、销售民用卧房家具产品、拥有自主知识产权和多项专利技术的现代化大型企业。金虎家具在业内率先引进了全套意大利、德国等世界一流水准的高端生产设备，拥有配套完善的物流渠道与市场销售网络。

香江全球家居 CBD 创建于 1990 年，占地 1 300 亩，产业包括家居流通、房地产开发，是由四川省成都市人民政府、新都区人民政府、全国家具装饰业商会、香江集团共同打造的家居批发交易集散。成都市政府授予本项目“成都市重大产业化项目”“广东家具外销转内销西南基地”“成都中调规划家具行业承接地”等殊荣。

四、2016 年发展大事记

园区于 2013 年申请了“全国知名品牌创建示范区”，通过三年的建设，2016 年 4 月 6—8 日，由省质监局和专家组成的验收组对成都家具产业园“全国知名品牌创建示范区”进行了现场验收，对园区的示范区建设工作充分肯定，对提出了下一步建设的意见和建议。2016 年 6 月 12 日，国家质量监督检验检疫总局印发了《关于公示霸州市金属玻璃家具产业园等 20 家园区为“全国知名品牌创建示范区”的公告》，认定成都家具产业园为全国板式家具产业知名品牌创建示范区。

2016 年 2 月，“成都家具（阿拉木图）展销中心”正式开业，目前已有三叶、双清、好风景、金虎、柏阁爵等十多家新都家具企业入驻展销中心。同时，为了外贸发展需要，新都家具协会组织三家企业成立了成都飞雕进出口贸易有限公司，为展销中心通过铁路和陆路运输品牌家具、卫浴等产品。从 2 月起，协会已通过飞雕进出口贸易有限公司向阿拉木图展销中心运输了 12 个集装箱，货物价值 480 万元。为了便于国外展销中心的经营和管理，已在阿拉木图市成立了中国成都经典有限公司。

2016 年 5 月，由成都市商务委牵头，在新都区商务和旅游局和成都家具产业园管委会的带领下，新都家具协会组织 15 家新都企业，参加了“第十四届哈萨克斯坦——中国商品展览会”，并成功举办了中国（成都新都）哈萨克斯坦（阿拉木图）经贸洽谈会暨成都新都特色优势产业推介会。此次展会新都参（观）展企业 15 家，展位 22 个，参（观）展人员 33 人。展会涉及家具、电子、物流、建材、食品、医药、消费品、医疗设备、贸易等行业。在 5 月 23 日上午的推介会上，成都市新都区与阿拉木图市阿拉套区签订了友好城市合作协议，同时，成都市新都家具协会与阿拉木图市经济与贸易商会签订了经贸合作备忘录，为四川企业开拓中亚市场，在项目投资和政策咨询方面提供便利条件。展会期间，新都企业发展了 5～6 个经销商，将成为部分品牌代理合作者。

7 月 3—6 日，成都家具产业园参加第十七届成都国际家具展，联合各项目单位共同展出品牌形象，以“一展两会”为核心，进行区域品牌营销推广，获得了行业人士的一致认可。

中国校具生产基地——南城

一、基本概况

1. 地区基本情况

南城县位于江西省东部，抚州市中部。县域面积 1 698 平方公里，其中城区面积 16.5 平方公里，总人口 35 万人。2016 年实现生产总值 115.9 亿元，同比增长 8.6%。财政总收入 14.78 亿元，增长 2.6%。工业门类较为齐全，形成了机械制造、食品加工、服装鞋帽、五金建材、医药化工五大支柱产业及近年来得以快速发展的校具加工产业。南城按照“以巩固传统产业为起点，以培育优势产业为手段，把工业园区打造成为经济发展的重要增长极”的工作思路，全力主攻工业。南城县已基本形成了食品加工、五金建材、医药化工、轻纺、机械电子以及以真诚校具、发华实业、海龙校具、世纪星校具、圣盛钢木、育佳校具等为龙头的校具加工产业群等六大产业集群。南城先后获得全省校具加工产业基地县、中国校具生产基地等荣誉称号。

2. 产业转型升级、技术创新及突出点

南城县有个人口现已达 4 万多人的株良镇，该镇由于人多田少，做手工艺尤其是木匠的特别多。大专院校的合并升级扩招，为南城县校具的销售带来了美好前景；南城县加大强攻工业力度，为这些企业注入强力的活力。株良镇新创建的校具加工小微企业创业园已落户校具企业 46 家，获江西省中小企业局授予的“省级小微企业创业园”称号；获得专利 22 个，省著名商标及名牌产品各 7 个；兴达校具、嘉好工贸等多家企业与江西省出口公司、或通过与其他企业合作，已成功将校具销往非洲等有关国家；株良镇校具产业的发展，同时带动了紧邻乡镇校具产业的发展，如新丰街镇也新建了小微企业创业园，目前已落户企业 10 家；而紧邻的里塔镇积极与株良镇产业配套，大量生产校具的零配件；产品的品种不断增多，校具企业根据大学、中学、小学学生特点，新开发了大学生宿舍用的组合柜、可高低调节的课桌、一桌多用的课桌、学生用的体育器材、无粉尘电光黑板等，生产过程中喷漆实现了全自动化，焊接工序引入机器人作业，整个生产过程实现了半自动化；南城县校具纳入江西省政府采购目录，得到了省有关部门的高度认可。

二、经济运营情况

近几年来，南城县校具产业迅猛发展，不断壮大，凸现集聚效应。校具品种由单一的纯木制品向钢木、钢塑结构转型。校具加工产业配套齐全，已有一大批校具面板压缩制作、五金加工、塑料加工等配套产业落户，形成了较完备的产业链。据统计，全县现有校具加工相关企业 160 家，主营业务收入上亿元企业 9 家，拥有自主品牌企业 33 家，其中上规模企业 20 家，省名牌产品企业 7 家，省著名商标企业 7 家。目前，南城县生产的校具产品畅销江苏、浙江、安徽、上海等 20 多个省（自治区、直辖市），拥有相关从业人员 30 000 人，有近 4 000 人的产品销售队伍，在全国 90% 的大中城市建有分公司（销售部）。在 2013 年校具加工企业产品出口实现突破，远销非洲国家的基础上，2016 年又实现出口 500 万美元。2016 年，全县校具企业生产各类校具 2 000 余万套，占全国同行业的 30% 以上，实现主营业务收入 42.6 亿元，同比增长 18.3%，利税 4 亿元，

2014—2016 年南城县校具行业发展情况汇总表

主要指标	2016 年	2015 年	2014 年
企业数量（个）	160	140	134
规模以上企业数量（个）	20	16	16
工业总产值（万元）	440 000	380 000	285 000
主营业务收入（万元）	426 000	360 000	275 000
出口值（万美元）	500	—	800
内销（万元）	420 000	360 000	270 000
校具产量（万套）	2 000	1 500	1 200

同比增长 23.5%。

三、品牌发展及重点企业情况

为使校具产品在国内提高知名度及竞争力，全县校具企业纷纷注册属于自己的商标，拥有自主品牌企业 33 家，其中上规模企业 20 家，拥有省名牌产品企业 7 家，省著名商标企业 7 家，拥有校具外观设计及实用新型专利 22 个。

江西真诚校具实业有限公司　创建于 1999 年，公司累计总投资 1.5 亿元，其中固定资产投资 9 000 万元，现有职工总数 500 余人，其中工程技术人员 80 人，是江西最大的校具加工企业、江西省级龙头企业，江西省名牌产品企业，是南城县校具产业省级加工基地的第一品牌企业，具有雄厚的研发基础。该公司是专业生产影院礼堂椅、会议室桌椅、实验室成套设备，中高档钢木课桌、椅、学生床、阶梯教室、多媒体、报告厅、连排座椅等集设计、销售为一体的稳步发展大中型企业。

经过多年来的发展，该公司已通过 ISO 9001 质量管理体系认证、ISO 14001 环境管理体系认证证书，现已形成年产 200 万套课桌凳椅、床、讲台等校具的能力。公司主厂区内设有 8 000 平方米的生产车间，其中木制品车间 2 个，板式车间 1 个、金属制品车间 4 个，先进的流水线静电喷塑间 4 间、烘房 4 间，酸洗、磷化、除锈车间 1 间、质量检测室 2 间。

2016 年实现总产值 1.88 亿元，创利润 1 200 余万元，实现税金 550 余万元。

江西发华实业有限公司　创建于 2004 年，注册资本 2 088 万元，公司总部位于江西省南城县株良镇工业园区，占地面积 30 余亩，在江苏省连云港市、徐州市、常州市均设有分厂。发华公司现有职工人数 208 人，其中专业技术人员 32 人，技工 156 人，是一家专业生产大 / 中 / 小学生、幼儿园、钢木制教学设备、实验室成套设备、中高档钢 / 木 / 塑课桌椅、学生床、阶梯教室、多媒体、报告厅、连排座椅等集设计、生产、销售为一体的大型企业。公司拥有全自动流水线静电喷塑、大型木材烘干、自动焊接机器人等各种现代化设备 30 多（台）套，是南城县第一家校具生产较现代化的企业。2016 年实现营业收入 1.1 亿元，创利润 600 万元，完成税收 400 万元。

江西海龙校具有限公司　总投资 8 000 余万元。公司拥有全自动流水线静电喷塑设备、大型木材烘干设备、全自动直线封边机、全自动电脑数控板材开料锯、全自动后成型包边机、多排多轴木工钻床、精密裁板锯、冷压机等各种现代化设备 148（台）套，年生产各类校具产品 100 余万套。专业生产钢制、木制课桌椅、学校实验室成套设备、学生公寓组合床、铁架床、餐桌椅、黑板等产品供应市场。2016 年实现主营业务收入 1.6 亿元，实现税金 475 万元，安排就业人员 258 人。

江西世纪星校具实业有限公司　始创于 2000 年，地处株良镇世厚村昌厦公司旁，注册资金 1 500 万元，现有职工 298 人。企业具有先进的生产设备和生产工艺，拥有教室、寝室、餐厅、会计室、图书馆、报告厅、体育馆（场）等十多个系列几十个品种的教学用具及配套设施的制作生产线。该企业已通过 ISO 9001：2000 质量管理体系认证，ISO 14001：2004 环境管理体系认证，GB/T

28001—2001 职业健康安全管理体系认证，并于 2011 年荣获江西省工商局颁发的“重合同守信用 AAA 企业”称号，2014 年 10 月获得国家工商总局颁发的“重合同守信用 AAAA 企业”、为江西省名牌产品、江西省著名商标及获国家 2 项专利的企业。2016 年实现产值 1.5 亿元，实现利润 1 000 万元，上交税金 430 万元。

江西圣盛钢木工艺制品有限公司　创始于 1999 年，注册资金 2 158 万元。公司地处江西省南城县新丰街镇麻昌亭，公司占地面积 27 600 平方米，实际建筑面积 9 600 平方米。公司拥有全自动流水线静电喷塑设备，新型木材烘干设备等各种新型先进设备，拥有完整钢木制品生产流水线、烤房和完善的质量检测体系。现年生产课桌椅产量可达到 150 万套以上，公寓橱柜 6 万套等校具装备。公司引进和改良生产专用设备，从下料到组装的流水作业，确保了高品质、大批量课桌的生产。2016 年，该公司实现主营业务收入 1.4 亿元，创利润 950 万元，完成税收 420 万元。

江西育佳工贸有限公司　位于课桌之乡江西省抚州市南城县株良镇工业园区。公司现占地面积 5 万余平方米，拥有全套的钢、木等校具生产线、喷塑流水线。生产的产品涵盖有办公、教室、餐厅、实验室、图书馆、体育馆、公寓、户外照明、会议室等系列一百多种产品。为江西省名牌产品、江西省著名商标及获国家 14 项专利的企业。2016 年实现主营业务收入 1.3 亿元，实现利税 1 200 万元，安排就业人员 200 人。

江西兴达校具有限公司　位于江西省南城县株良镇工业园区，注册资金 580 万元，占地面积 18 906 平方米。兴达公司技术力量雄厚，现有职工人数 228 人，其中专业技术人员 54 人，技工 156 人。公司拥有全自动流水线静电喷塑、大型木材烘干等各种现代化设备 30 多（台）套，是南城县第一家实现校具产品出口的企业。2016 年实现营业收入 9 200 万元，创利税 900 万元。

校具生产场景

08

行业展会

Industry Exhibition

编者按：我国家具行业展览会经过多年积累，办展水平不断提升，部分展会的展出规模及展出水平已经达到了国际水平，向米兰展、高点展和科隆展看齐。中国家具展览会每年接待的来自国外的参展商及专业买家数量逐年递增，同时，中国的家具企业走出国门，在国际展会参展的数量也在逐年递增。此数据也表明了中国家具行业这些年来取得的成果，在国际上有了更多的话语权。据初步统计，我国全年家具展展览面积超过 500 万平方米，是全球重要的第三方交易市场。许多家具展完善展览品类，以家具产品为主体，还包括原辅材料、软装饰品、木工机械等上下游企业产品。

本篇对国内外家具行业展会进行了梳理归纳，收录了 2016 年举办的 40 场国内重点家具展览会以及 49 场国际知名家具展会的基本信息，包括举办时间、地点、2016 年展会情况、官网等信息。另外，重点介绍了中国国际家具展、中国（广州 / 上海）国际家具博览会以及中国沈阳国际家具博览会三大展会在 2016 年的举办情况。

2016 国际家具行业展会汇总

2016 国内家具行业展会一览表

月份	举办时间	展览名称	地点	展会介绍
3月	3 月 13—20 日	中国（中山）红木家具文化博览会	中国（大涌）红木文化博览城	该展会每年一届，自 2001 年创办，规模、人数、参展商范围、展示内涵逐年突破。2016 年该展会核心定位为“引领产业新风向、挖掘展商新价值、营造客商新商机”。本届红博会展览面积 24 000 平方米，历时 13 天，吸引前来参观的各地客商和游客达 60 万人次，专业买家 10 000 多人，签定意向购销合同和现场销售金额合计 18.5 亿元，比去年增加 3.93%。 官方网址：http://www.zshmexpo.com/default.aspx#aLink_zhjs
	3 月 16—20 日	第 35 届国际名家具（东莞）展览会	广东现代国际展览中心	该展会每年两届，第 35 届名家具展规模 76 万平方米，来自中国近 20 个省、市、地区及意大利、美国、英国、新加坡、马来西亚、西班牙、越南等国的 1 287 家企业参加了本次展会。共接待来自全球 150 多个国家和地区的专业观众 125 922 人，其中，海外买家 11 529 人。本届展会也是 2016 年名家具展创新、变革，实施“三展联动，展贸联动”战略调整的起点，标志着东莞家具展由过去的一年两展变为一年三展的崭新开始。 官方网址：http://www.3f.net.cn
	3 月 17—20 日	第 21 届亚洲国际家具材料博览会（AIFME）	亚洲国际家具材料交易中心	该展会创办于 2006 年，每年两届，2016 年起，于每年 3 月和 8 月举行。本届展会共设有五大展馆、九大展区，集中展示新材料、新工艺、新产品。有参展企业 1 300 家，吸引 70 000 位专业客商参观，展览面积 40 万平方米。展览范围包括家具包覆材料、家具五金及配饰、家具基材、办公家具及配件、家具填充及包装材料、家具生产设备、家具材料及配件、家具专用化工材料、家具新材料等。 官方网址：http://www.aifm.com.cn
	3 月 17—20 日	第 31 届国际龙家具展览会暨 31 届国际龙家具材料展览会	佛山市前进汇展中心	该展会每年两届，第 31 届龙家具展览会分设民用展区、办公展区、材料展区、电商代工企业专区，共有参展企业 400 多家。本届展会加大了对“一路一带”沿线国家和新兴经济体国家的宣传投入，加大国内三、四线城市优质经销商的邀请，为参展企业对接和打开最具潜力的增长市场提供平台。
	3 月 18—21 日、3 月 28—31 日	第 37 届中国（广州）家博会	广交会展馆、保利世贸博览馆	该展会每年两届。分两期举办，该展首次启用保利展馆作为户外家居展区，展出规模 75 万平方米，国际展商参展面积达 9 万平方米，共计 8 天时间，有来自 30 多个国家和地区的参展企业 3 868 家，专业观众 168 881 人。 官方网址：http://www.ciff-gz.com
	3 月 19—22 日	第 31 届深圳国际家具展	深圳会展中心	该展会创始于 1996 年，每年一届，是以设计为导向的家具专业贸易平台，引领着国内家居流行趋势风向和生活方式。本次展会以“色彩深圳”为主题，该展会面积 16 万平方米，首次推出住宅设计优化及拎包入住体验展。 官方网址：http://www.sifechina.cn

（续表）

月份	举办时间	展览名称	地点	展会介绍
3月	3月21—24日	第九届中国（杭州）国际花园、户外家具及休闲用品展览会	杭州市和平国际会展中心	本届展会面积达2.6万平方米，吸引了200家企业参展，其中，国内企业190家，国外企业10家。展品范围涵盖户外家具、花园用品和露营用品类的所有产品。吸引了来自全球43个国家和地区11 057名专业观众，海外采购商占买家总数的9.27%，国内买家占全部买家数量的90.73%。 官方网址：http://www.outdoorhangzhou.com.cn
4月	4月8—10日	第12届东北（长春）国际家具展览会暨第五届红木家具与木雕工艺品展览会	长春国际会展中心	本届展会面积3万平方米，分现代家具展区、红木家具与木雕根艺展区、家具配件与原辅材料展区、木工机械及工具展区等。
	4月14—16日	2016北京智能家居智能建筑展	北京中国国际展览中心（老国展）	本届展会面积3万平方米，参展商数量326个，观众数量32 796位，主要展示智慧社区、智能家居、智能家电、智能单品等。 官方网址：http://www.china-ibuildExpo.com
	4月15—17日	第十三届哈尔滨国际家具暨木工机械展览会	哈尔滨国际会展中心	本届展会，除启用了哈尔滨国际会展中心的A、B、C及共享大厅全部展馆外，还在广场搭建了E1、E2、E3共1.2万平方米三个展馆，共形成七个馆，另设有卓邦家居批发城分会场，主、分会场面积近11.1万平方米。展会共有480多家来自国内外的家具厂商参展，同比增长9.3%。 官方网址：http://www.hrbjjz.com
	4月15—17日	第22届中国（济南）国际定制家居博览会	济南国际会展中心	本届展会面积3万平方米，共有6大展厅，设1 200个标准展位，吸引36 000名专业观众，设置定制家居、绿色建筑、供热采暖三大板块。
	4月15—18日	第十三届中国（北京）国际红木古典家具博览会	北京全国农业展览馆	该展会一年两次，展览面积2万平方米，展会旨在提升红木家具品牌影响力，提高消费者的签赏能力，促成展会的现场成交、达成购买意向。展会举办专题论坛、知识讲座、现场拍卖等活动。 官方网址：http://www.circfe.com
	4月22—25日	第二届武汉国际家具展览会	武汉国际博览中心	本届展会总面积7万平方米，共六个展馆，来自全国各地的家具企业及上下游产业的展商412家，吸引来自中部六省的专业买家近约5万人次。吸引来自徐州家具品牌联盟、南康实木家具展团、胜芳玻璃金属家具展团、宁津桌椅之乡展团、安吉椅业之乡展团、大连家具展团等外地产业集群。 官方网址：http://www.wh-ife.com
5月	5月7—9日	第六届中国郑州国际家具展览会	郑州国际会展中心	本届展会面积近10万平方米，展馆中心分上、下两层共12个展厅，本次郑州家具展外省参展企业达到200家。 官方网址：http://www.ciff-zz.com
	5月10—13日	第三届中国（天津）国际实木家具展览会	天津市梅江会展中心	本展会每年一届，展会面积14万平方米，吸引专业观众超过5.6万人次。90%的参展商达到了预期参展目标。 官方网址：http://www.tifexpo.com
	5月25—28日	第13届青岛国际家具展览会及第4届青岛家具木工机械及原辅材料展览会	青岛国际会展中心	本届展会展示面积12万平米，参展企业642家，参展产品继续涵盖了实木家具、软体家具、实木白茬、办公家具、木工机械、原辅材料配件以及客厅配套家具、设计公司等门类，吸引11.3万人次参观。 官方网址：http://www.qiff.net
	5月28—30日	中国（赣州）第三届家具产业博览会	赣州市南康区	该届展会以“中国实木家具，健康走向世界”为主题，展会主展馆面积约1.2万平方米，总展览面积超160万平方米，将集中展示全产业链、创新创造、核心产品、绿色环保、外贸出口等特色亮点。

（续表）

月份	举办时间	展览名称	地点	展会介绍
6月	6月1日—4日	第十六届国际木工机械及家具生产设备展览会 国际木工机械配料展览会	北京中国国际展览中心	该展会两年一届，2016年，展览面积55 000平方米，参展商数目430位，吸引来自60个国家和地区的22 838位买家。展品类别涵盖家具及木制品机械、雕刻机、刀具及机械配件、手动工具、涂层、干燥及制材机械、第一次木加工机、人造板机械、绿色环保设备、智能化及数控设备等。 官方网址：http://www.woodworkfair.com/pre_launch/index_sc.asp
	6月3—6日	第二十一届中国国际家具（大连）展览会	大连世界博览广场	本届展会共有来自国内外近200家企业参展。共有2.32万人次到会参观采购，其中海外买家约1 372人次。本届展会参展的家具企业137家，四天展会成效显著，近六成参展企业开展首日便实现签单。
	6月17—20日	第三届中国（湖南）家居博览会	湖南国际会展中心	本届展会面向湖南本土的经销商和消费者，以“城市定制品牌，品牌定制城市”为主题，组委会在对长沙、株洲、湘潭等湖南14个城市的家居消费市场进行深入调研后，精选百余家国内知名品牌，规划了：CFT中国家具品牌节品牌馆、品牌红木馆、家居建材体验馆等。
	6月23—26日	第八届苏州家具展览会	苏州国际博览中心	本届展会共8座展馆，共占地12万平方米，有700多家企业参展。 官方网址：http://www.szjjzlh.com
7月	7月1—4日	BIFF·2016北京国际家具展	中国国际展览中心新馆	本届展会展览面积达12万平方米，展品涵盖各种风格家具、家具原辅材料及木工机械。 官方网址：http://www.biffair.cn/
	7月3—6日/7月12—15日	第十七届成都国际家具工业展览会/第十七届成都国际家具生产设备及原辅材料展览会	成都世纪城新国际会展中心	该展每年一届，本届展会延续上届“一展两期”的展出模式，7月3日至7月6日，为一期成品家具展，7月12—15日为二期家具设备材料展，展出总面积达16万平方米，参展企业1 100余家。该展首次设立1万平方米的定制家居专馆。接待观众29.3万人次，其中专业观众达23.7万人次，现场成交达138.9亿元。 官方网址：http://www.iffcd.com
8月	8月5日—7日	第五届中国·沈阳国际家博会	沈阳国际展览中心	本届展会规模达到12万平方米，开放8个展馆，有700多家企业参展，10万专业买家参会，首次开辟定制家居展区达4万平方米，200多家定制家居企业，集中展示整屋定制、集成家居、智能家居和定制家具、橱柜、衣柜等。
	8月13—15日	第五届哈尔滨国际家具展览会	哈尔滨国际会展中心	本届展会分室内外两大展区，A、B、C、D、E、F共六个展馆，使用哈尔滨国际会展中心全部室内外展场，展出面积达6.2万平方米。 官方网址：http://www.ciff-harbin.com/2015/
	8月11—14日	第16届中国国际家具及木工机械（济南）博览会	济南国际展览中心	本届展会展出总面积超过7万平方米，参展企业700多家，展位突破3 000多个，专业采购商近8万人次，展期参观突破10万人次。 官方网址：http://www.jn-ff.com/jixie
	8月11—14日	第36届国际名家具（东莞）展览会	广东现代国际展览中心	该展会每年两届，第36届名家具展调回到8月举办，展会71万平方米，1 036家企业参展，在四天展期内，共接待专业观众64 525名。 官方网址：http://www.gde3f.com/
	8月12—15日	第22届亚洲国际家具材料博览会（AIFME）	亚洲国际家具材料交易中心	本届展会展览范围涉及3D打印家具、家具包覆材料、家具五金及配饰、办公家具及配件、家具填充及包装材料、家具基材、办公家具及配件、家具专用化工材料、家具工业4.0机械设备、家居VR体验。其中，包括3D打印家具、家具工业4.0机械设备和家居VR体验，都是首次亮相展会。 官方网址：http://www.aifm.com.cn
	8月12—15日	第32届国际龙家具展览会暨32届国际龙家具材料展览会	广东佛山市顺德区龙江镇前进汇展中心	该展会一年两届，本届展会分设民用展区、办公展区、材料展区、电商代工企业展区四大展区，共有参展企业400多家。

（续表）

月份	举办时间	展览名称	地点	展会介绍
9月	9月7—10日	第38届中国（上海）国际家具博览会	国家会展中心（上海）	本届展会展览面积达40万平方米，展商数量2 000家，参观人数84 696人，4天举办了48场设计展示、大咖观点、嘉宾对话等活动。 官方网址：http://www.ciff-sh.com/
	9月8—11日	第二十二届中国国际家具展览会	上海新国际博览中心、上海世博展览馆	本届展会展览面积35万平方米，吸引参展商3 500家（含设计周参与商户），参观人数达119 975人次，其中有来自158个国家和地区的15 077名海外买家。首次在世博展览馆亮相的摩登上海时尚家居展观众人次达24 376。同期举办家居饰品展、中国国际设计师作品展示交易会、中国好沙发展、中国国际家具配件及材料精品展览会、生活概念馆、新中式展区、上海家居设计周等。 官方网址：http://www.furniture-china.cn/zh-cn
	9月11—18日	第二届亚洲国际家居（南宁）展览会	南宁华南城好百年国际家居建材博览中心	本届展会展览面积4万平方米，共吸引了来自世界各地近300家家具与相关企业的参展。泰国馆、马来西亚馆、印度尼西亚馆、印度馆组成的亚洲馆成为展会的亮点之一。开幕式当天，共有来自亚洲20多个国家及中国各地数万名观众到展。
	9月22—25日	第九届中国上海红木艺术家具展览	上海展览中心	该展每年一届，本届展会展览规模3.5万平方米，吸引500多家参展商参加，集中展示红木家具、古典家具、艺术品、家居饰品、红木家具配件及原辅料等。
	9月23—26日	第六届石家庄木工机械及家具材料展览会/2016石家庄定制家居及门业橱柜展览会	石家庄新会展中心	本届展会吸引木工机械制造品牌携定制加工中心、板式家具生产设备、实木家具生产设备、木门生产设备、家具五金、家具原辅材料等参加。定制家居机械的展出，顺应了当今家居市场的发展趋势，极大地满足定制家居企业的需求，与同期举办的石家庄定制家居展览会两相辉映。
10月	10月21—24日	第十五届西安国际家具博览会	西安曲江国际会展中心	该展会每年一届，本届展会云集了来自全国各地的民用家具、红木家具、软体家具、办公家具品牌企业及木工机械、原辅材料等生产厂家。 官方网址：http://www.xajjzh.com
11月	11月4—7日	第十四届中国（北京）国际红木古典家具博览会	北京全国农业展览馆	该展会一年两次，展览面积2万平方米，展会旨在提升红木家具品牌影响力，提高消费者的签赏能力，促成展会的现场成交、达成购买意向。展会举办专题论坛、知识讲座、现场拍卖等活动。 官方网址：http://www.circfe.com
	11月9—12日	首届中国（广东）国际家具机械及材料展览会	广东现代国际展览中心	本届展会展览面积达到3万平方米，设有自动化及数控机械区、家具及木制品机械区、刀具及机械配件区、人造板材及机械区、五金配件及化工区、以及新材料及面料等展区。
	11月10—13日	第十一届中国（东阳）木雕竹编工艺美术博览会	东阳中国木雕城一二期市场、中国木雕城国际会展中心	本届展会展览面积45万平方米，设木雕、根雕、红木家具、竹编竹雕等1 200个标准展位，新增旅游文创产品展区、G20作品展、跨界艺术等展区，也是东阳木雕城木文化商旅文综合体的首次集中亮相。 官方网址：http://www.dycwc.com/ZYWood/online/dbh2016
	11月18—22日	第五届佛山红木家具博览会	陈村花卉世界展览中心	本届展会展览面积约1万平方米，200多家展商携上千款红木家具及各式工艺品供市民品鉴采购。
	11月19—21日	首届米兰国际家具（上海）展览会	上海展览中心	首届米兰国际家具（上海）展览会参观总人数达20 750人，本次展会有三大看点：全景式展示意大利生活方式和设计风格；设置大师班，讲解建筑领域和设计课题，涉及国际知名的意式建筑；设置以35岁以下新锐设计师为主的卫星展。 官方网址：http://www.salonemilano.cn
	11月25—28日	第六届中国（昆明）国际家居家具博览会	昆明国际会展中心	本届展会面积5万平方米，组织10多场配套活动，展会由20多家机构联手举办，展品范围涵盖红木家具、现代家居、智能家居、家装建材、家纺布艺、家居饰品等，展会主要面向中国西南地区和南亚、东南亚市场。 官方网址：http://www.kpfe.org

2016 国际家具行业展会一览表

月份	举办时间	展览名称	地点	展会简介
1月	1月12—15日	法兰克福国际家纺展	德国法兰克福展览中心	该展每年一届，是纺织品领域规模最大、国际性最强的展会之一，法兰克福展览中心占地面积 59.21 万平方米，有 10 个展厅，本次展会参展商 2 866 家，89% 的参展商来自国外，专业观众 69 000 人次，68% 的观众来自国外。 官方网址：http://heimtextil.messefrankfurt.com
	1月18—24日	德国科隆国际家具展	科隆国际展览中心	该展每年一届，始于 1949 年，2016 年改展吸引了来自 50 个国家的 1 185 家公司的参与，共接待了来自 128 个国家的约 8 万名专业观众，该展特别开辟智能家居展区。 官方网址：http://www.imm-cologne.cn
	1月22—26日	法国巴黎春季国际时尚家居用品装饰品展（MAISON&OBJET）	巴黎北郊维勒班展览中心	该展始于 1995 年，一年两届。通过该展会，能够全方位了解家居装饰（装饰、家具、设计、布局、桌上摆件艺术、家纺用品等）。2016 年，展会吸引了 59 个国家的 2 978 家参展商，其中有 700 位新参展企业。吸引 76 471 位观众，其中 48% 来自国外 143 个国家和地区。法国买家增加了 4%，同时，国际买家下降了 8%。同年 3 月 8—11 日，在新加坡举办时尚家居用品装饰品展，5 月 10—13 日在迈阿密举办，9 月 2—6 日在巴黎举办，9 月 3—10 日，举办巴黎设计周。
	1月24—28日	拉斯维加斯国际家具展（冬季）	拉斯维加斯市区的新世界市场中心	该展会每年两届，直接辐射西部和西南部地区的 7 个顶级卖场，大部分当地展商以长期展厅展出，只有约 10% 的外地展商以短期展厅展出，总展出面积 65 万平方米。2016 年冬季展整体出席人次创下历史新高，来自 77 个国家和 50 个州的买家参会，礼品买家增长 22%，室内装饰买家增加 5%。家具展厅几乎全部使用，床上用品行业的 95% 企业出席展会。 官方网址：http://www.lasvegasmarket.com
	1月24—27日	英国伯明翰国际家具及室内装潢用品展	英国伯明翰展览中心	该展自 1992 年举办，每年一届，是英国历史很长的家具博览会，是英国传统与现代家具最大型的贸易展。
	1月26—31日	土耳其伊斯坦布尔国际家具展	土耳其伊斯坦布尔会展中心	该展会每年一届，是土耳其规模最大、影响力最强的家具展会，是亚洲及欧美家具贸易公司进入中东市场的桥梁。展览面积 15 万平方米。
2月	2月1—4日	西班牙华伦西亚国际家具展览会 FIM	西班牙华伦西亚展览中心	该展会始于 1963 年，每年一届，展会面积 7 万平方米。与灯具展（HABITAT）及装饰装修用品展（DECO）同时同地举行，本届展会共有参展商 1 665 家，展览面积总计 1 803 万平方米。 官方网址：http://www.feriahabitatvalencia.com
	2月9—13日	2016 斯德哥尔摩国际家具展	斯德哥尔摩国际会展中心	该展自 1951 年成立以来，影响力逐渐扩大，每年参加该展的国家和展商均大幅度增加。本届展会有来自 60 多个国家超过 4 万人参观展览，有 750 个参展单位，可以从中看到北欧设计的发展方向。
	2月18—22日	日本东京国际餐饮酒店设备展	日本东京 Big Sight 东厅	该展会由日本酒店业展，日本酒店用品展和日本餐饮设备展合并而成，本届展会展出面积 2 万平方米，参展商 759 家，观众 5.5 万人。
	2月19—22日	墨西哥瓜达拉哈拉国际家具展（冬季）	墨西哥瓜达拉哈拉展览中心	该展会是墨西哥及拉丁美洲最专业、规模最大的家具展览会之一，举办至今已有 30 多年的历史。该展览会每年两届，分别于每年 2 月及 8 月举行，春季展规模较大。2016 年，展览面积增加 8%，44% 的参展商收益超出预期，43% 持平。 官方网址：http://www.expomuebleinvierno.com.mx

（续表）

月份	举办时间	展览名称	地点	展会简介
3月	3月1—5日	第二十一届马来西亚国际家具展（MIFF）	吉隆坡太子世界贸易中心（PWTC）、马来西亚外贸促进局会展中心（MECC）、吉隆坡会展中心（KLCC）	该展会创立于1995年，每年一届。2016年该展有来自15个国家和地区的500家企业参展，接待来自130个国家和地区的专业观众近2万人，国际观众数5 340位。展会期间，订单量增加5%，实现销售额9.08亿美元。 官方网址：http://www.miff.com.my
	3月5—8日	第十二届马来西亚国际出口家具展（EFE）	吉隆坡会展中心（KLCC）	该展每年一届，本届有257家参展商，吸引来自135个国家和地区的9 153位专业买家，一共实现出口销售额7.03亿美元。 官方网址：http://www.efe.my
	3月5—8日	美国芝加哥国际家庭用品博览会	芝加哥麦考密克展览中心	该展会每年一届，始办于1928年，是美国规模最大、效果最好的家庭用品展览会之一，2016年，该展会有来自47个国家和地区的2 224家企业参展，吸引来自100多个国家和地区的62 000位观众。 官方网址：http://www.housewares.org
	3月8—11日	2016波兰国际家具展	波兰波兹南国际展览中心	该展首办于1982年，每年一届。本届展会展出面积达4.2万平方米，共有258家企业参展，共吸引了来自立陶宛、捷克、斯洛伐克、俄罗斯、荷兰、白俄罗斯、比利时、法国、匈牙利和意大利等53个国家的20 000名专业观众前来参观，其中来自德国的家具采购商群体，占到了外国参观商的22%。
	3月9—12日	乌克兰基辅家具展	乌克兰基辅会展中心	该展会一年两届，分别在每年3月和10月举办，是乌克兰林业、木材和家具业最负盛名的国际贸易博览会，2016年，该展展出面积超20万平方米，有来自乌克兰及其他7个国家的300家企业参展，吸引来自乌克兰及周边国家的23 358名观众参观。 官方网址：http://www.mtkt.kiev.ua
	3月9—12日	美国睡眠展ISPA EXPO	佛罗里达州奥兰多国际会展中心	该展会两年一届，展览面积10万平方英尺，有超过200家参展商及3 000位专业观众。
	3月9—13日	泰国曼谷国际家具展览会（TIFF）	曼谷展览中心	该展每年一届，本次展会开放面积3万平方米，有200家展商，使用800个展位，3月9—11日面向贸易谈判，12—13日面向大众买家开放，展会吸引37 100名观众前来参观，同比去年增加17.65%，其中，国外买家1 252名，同比增加33.19%，依次来自日本、马来西亚、中国、印度、美国等。本次展会实现交易额3 108万美元。 官方网址：http://www.thailandfurniturefair.com
	3月10—13日	第33届新加坡国际家具展览会（IFFS）	新加坡展览中心	该展每年一届，本届展会开放6个展厅，有来自29个国家的423位展商，吸引来自92个国家的20 343位专业观众，有87个买家团，海外买家同比增长8%。 官方网址：http://www.iffs.com.sg
	3月12—15日	印尼国际家具和手工艺品展（IFFINA）	雅加达国际会展中心	该展是印尼乃至东南亚地区最大的家具、家居及手工艺品类的国际大型展览会。该展会由印尼家具和手工艺品协会（ASMINDO）主办，印尼PT.PNI展览公司承办。
4月	4月12—17日	第55届意大利米兰国际家具展览会	意大利米兰新国际展览中心	本届展览面积20.7万平方米，吸引来自全世界165个国家的372 151位观众，再创新高。展商共计2 407家，国际展商已占总参展企业的30%。据主办方官方数据显示，超过2.4万的专业观众来自中国。 官方网址：http://salonemilano.it/it-it/

（续表）

月份	举办时间	展览名称	地点	展会简介
4月	4月16—20日	美国高点家具展览会（HIGH POINT）	美国北卡罗来纳州海波因特高点镇IHFC展览中心	该展会每年两届，展会面积107万平方米，每一届都会吸引全球100多个国家和地区的超过75 000位观众到会，其中超过10%来自国外，展商超过2 000位。 官方网址：http://www.highpointmarket.org
5月	5月11—14日	俄罗斯国际家具及配件展览会（ZOW）	莫斯科全俄展览中心	该展从1995年开始在德国举办，随着世界家具工业的不断发展，该展后来又发展到意大利、西班牙、中国、俄罗斯、土耳其等国，每年一届。从2014年起，展会扩大展出面积，由原来11月份的EXPOCENTER移师至5月份的VVC展览中心，并与第7届国际家具展览会FIDEXPO共同举办。
	5月14—17日	第28届ICFF纽约国际当代家具展（ICFF）	纽约雅各布贾维茨会议中心	该展是北美最主要的当代设计展会，每年一届，本届展会面积1.65万平方英尺，净面积1.53万平方米，有来自60多个国家和地区的参展商750多家，专业观众35 000位，增加6%。 官方网址：http://www.icff.com
	5月17—19日	英国伦敦国际家具家居生活及设计展	英国伦敦excel会展中心	该展是英国具规模和影响力的家具及家居饰品设计展，尤其是对室内设计业的行家们而言，此项展事更为重要。参展商和买家在这个平台上可以得到极佳的机会来促成生意。本届展会展出面积7万平方米，吸引来自20多个国家共计28 500位观众。
	5月23—26日	中东迪拜家具暨室内装饰博览会（INDEX）	迪拜展览馆	该展每年一届，已成功举办25年，是当地最大的室内装饰和设计展，2016年该展共有来自50多个国家和地区的1 030位参展商，相比2015年增加350位，吸引专业观众超过2.7万人。 官方网址：http://www.indexexhibition.com
	5月28—30日	加拿大多伦多国际家具博览会（CHFA）	加拿大多伦多国际会展中心	该展是加拿大规模最大、影响力最高的家具专业展览会之一，每年一届。展览面积7万平方米。 官方网址：http://www.chfaweb.ca/i-tsfs.html
6月	6月1—3日	东京室内设计生活方式展（IFFT）	日本东京国际展览中心	该展启用1～4号馆及展览中心中庭，吸引参展商822位，其中日本当地展商627位，国外展商195位，访客30 168位。中庭的“设计潮流信息”是展会的一大亮点。 官方网址：http://www.ifft-interiorlifestyleliving.com
	6月13—15日	美国芝加哥室内设计及办公家具展	芝加哥Merchandise Mart	该展是全美最大型的办公家具及商用家具、装饰材料展览会，始创于1969年，迄今已成功举办了40届，该展面积10万平方米，每年吸引着来自美国及世界各地的700多家参展商和4万多位参观者。
7月	7月8—10日	澳大利亚国际家具展（FURNITEX）	澳大利亚布里斯班国际展览中心	布里斯班是澳大利亚发展最快的城市，吸引了来自世界各地的买家，开发商和投资者。2016年该展亮点有：12位设计师展示澳大利亚最好的家具和表面装饰；专门收集2 000位专业卖家的期望设计，并特邀展商响应需求等。 官方网址：http://www.furnitex.com.au
	7月21—23日	澳大利亚墨尔本家具展（AIFF）	墨尔本展览中心	该展会每年一届，2016年展会参展商有250多位，其中80%来自澳大利亚本土，20%来自国外。展会吸引超过1.1万名观众，同比增加5%。 官方网址：http://www.aiff.net.au
	7月29日—8月1日	2016年巴西圣保罗家具配件及木工机械展览会	巴西圣保罗安年比展览中心	该展是南美最好的展示家具配件、家具原材料、家具五金、家具木工及木工处理行业的专业性展会，每两年一届，展览面积8万平方米。

（续表）

月份	举办时间	展览名称	地点	展会简介
7月	7月31日至8月4日	美国拉斯维加斯消费品展（夏季）	拉斯维加斯市区的新世界市场中心	该展每年两届，主要展出家具、室内装饰品以及礼品。吸引来自73个国家和50个州的买家，数量比去年增长8%，礼品买家出席率增长28%。参展商首次突破3 100家，其中临时展商500位。该展会面积500万平方英尺，其中11.85万平方英尺是新扩建的展位，7万平方英尺的新增家具展位，2.15万平方英尺的新增室内装饰展位以及2.7万平方英尺的新增礼品展位。
8月	8月5—9日	第22届南非约翰内斯堡家具家居及室内装饰展（Decorex）	米德兰加拉格尔展览中心	该展是南非当地历史最悠久、规模最大的展会之一，是一个结合设计灵感与潮流生活方式的专业展览会。从1994开始作为在南非市场世界闻名的室内设计和装饰的盛会。
	8月18—21日	韩国国际家具及室内装饰展览会	韩国国际会展中心	该展会每年一届，是韩国最负盛名的家具展览会。展会面积达3.2万平方米，有3~5个展厅，1 200个展位。 官方网址：http://www.kofurn.or.kr
	8月24日—27日	2016美国亚特兰大国际家具配件及木工机械展（IWF）	亚特兰大国际会议中心	该展从1966年开始举办，每两年举办一届（逢双年举办），今年为第二十二届。号称西半球最大的木工行业展览会之一，展览面积8万平方米。
9月	9月2—6日	法国巴黎国际家居用品展（秋冬）	巴黎北郊维勒班展览中心	该展有来自64个国家3 000多个品牌参展，吸引64 591位专业人士参观，其中，法国本地观众33 819位，国际观众30 772位。本届展会提供了高端建筑室内解决方案展，同时，本次展览推出了数字化平台，可以全年访问，同期举办巴黎设计周。
	9月18—22日	欧洲家具订货博览会（M.O.W.）	德国巴特萨尔茨乌夫伦展览中心	该展会是专门面向德国和欧洲家具采购商的年度订货会，每年一届，已有20多年的历史。本届展会面积8万平方米，展商数量412家，同比增长2%，国外展商占比56%。有来自60多个国家和地区的专业观众，国外专业观众占比35%。 官方网址：http://www.mow.de
	9月19—22日	美国芝加哥户外家具展	芝加哥Merchandise Mart	该展是一个贸易型展会，主要为零售商提供一个能够寻找到各种休闲及户外家具家居用品的平台。展出面积35万平方英尺。
	9月28日—10月1日	乌克兰基辅家具展（MTKT）	乌克兰基辅会展中心	该展有220多家参展企业，展会期间举办了20多场行业活动。 官方网址：http://www.mtkt.kiev.ua
10月	10月5—6日	首届ICFF迈阿密展	迈阿密滩会议中心	该展每年一届，首届展览面积1 400平方英尺，参展观众达到5 600人。展会受飓风影响，只在10月5日展示。该展是ICFF展的延伸。 官方网址：http://pressroom.icff.com/
	10月13—16日	第28届印度孟买国际家具展（INDEX MUMBAI）	印度孟买国际会展中心	该展会每年一届，已成功举办28届。2007年开始，主办方Universal集团与德国科隆国际展览公司合作，带动提升该展的档次和人气。本届展会500多个品牌参展。
	10月20—23日	土耳其睡眠展	伊斯坦布尔展览中心	该展于2014年成立，展会在第一届和第二届分别有国内外参展商67家、101家。该展是土耳其首家也是唯一一家睡眠领域的展览，展示睡眠新科技和创新产品。展品范围涵盖床垫、器械以及相关配件。
	10月22—26日	美国高点国际家具展览会（HIGH POINT）	美国北卡罗来纳州海波因特高点镇IHFC展览中心	该展会始办于1913年，是全球最有影响力的三大展之一，每年两届。展会有180座展厅，面积达到107万平方米，每届展会有2 000多名参展商，吸引来自100多个国家的超过75 000位观众到会。 官方网址：http://www.highpointmarket.org/

（续表）

月份	举办时间	展览名称	地点	展会简介
10月	10月25—29日	德国科隆办公家具展（ORGATEC）	德国科隆国际展览中心	该展两年一届，本届展会共吸引了来自40个国家671家展商，其中德国展商182家，国外展商489家，海外展商总数占比73%，展厅总面积达到13万平方米。118个国家超过5.5万名观众，同比增长10%。展会向来自世界各地的观众展示了不同凡响的办公设施、亮点设计、精彩创意以及未来办公设施的整体解决方案。 http://www.orgatec.de/ORGATEC/index.php
11月	11月6—9日	比利时布鲁塞尔家具展	布鲁塞尔展览中心	该展会每年一届，展会面积11.5万平方米。本届展会共有268家参展商，占据7座展厅，参观观众共计18 259位，其中有61%的观众来自国外，国外展商主要来自荷兰、奥地利、瑞士、英国和挪威等地。 官方网址：http://www.furniturefairbrussels.be
	11月7—9日	2016日本东京国际家具展览会	日本东京国际展览中心	本届展会共有来自美国、巴西、英国、法国、德国、意大利、埃及、印度等14个国家和地区的450多家企业参展，其中国内参展商370家。展览占用东京国际展览中心东4、5、6厅，展厅面积增加9%。 http://www.ifft-interiorlifestyleliving.com
	11月12—15日	沙特家具及室内装饰展	沙特吉达国际展览中心	该展会每年一届，是沙特家装专业人士选择的目标活动，业内人士通过该项展览会寻找高端的室内外装饰材料以及住宅、商用楼、酒店和零售项目供应商。此展会吸引了来自意大利、法国、英国、西班牙、希腊、黎巴嫩、土耳其、埃及和阿联酋的参展商以及沙特当地的顶尖供应商和经销商。
	11月21—25日	俄罗斯家具、配件及室内装潢展览会（MEBEL）	莫斯科expocentr展览中心	该展已经成功举办28届，每年一届，是俄罗斯及东欧地区规模最大质量最高的家具展览会，是进军俄罗斯家具市场的重要平台。本届展会共有来自27个国家的694家参展企业出席了该盛会，展出面积高达8.5万平方米。 官方网址：http://www.meb-expo.com
	11月22—23日	英国伦敦国际睡眠展览会	英国伦敦BUSINESS DESIGN CENTER	该展是欧洲唯一一个以酒店领域的设计、建筑、睡眠系统发展潮流趋势为主题的专业性展览会。本届展会共有156家企业参展。 官方网址：http://www.thesleepevent.com/

2016 第二十二届中国国际家具展览会 & 摩登上海时尚家居展

一、展会概况

2016年9月8—11日，在上海浦东举办的中国国际家具展览会重磅推出全新主题，从家具行业横向拓展至大家居行业及生活方式展示，以“Maison Shanghai 摩登上海”之名覆盖新国际博览中心的饰品展区及上海世博展览馆，首展即超8万平方米；新国际博览中心室外馆面积比2015年扩大35%，规模上又增加到全所未有的高度，展商

第二十二届中国国际家具展览会展馆——上海新国际博览中心鸟瞰图

表1　2015—2016 中国国际家具展览会展后数据统计

主要指标	2016年	2015年	同比增长率
展会面积（万平方米）	35	35	0
展商数量（个）	3 500	2 380	17%
观众人次（人）	119 975	101 888	17.75%
海外观众人次（人）	15 077	19 225	-21.58%
观众国别数	158	163	3.2%

注：海外观众受G20影响入境签证较难办理，数据下滑，也与中国家具行业上半年出口处下行通道（上半年家具出口同比下降10.73%）相对应。

设计师之夜现场

设计师之夜颁奖典礼现场

数量也增加了 17%，总数近 3 500 家（表 1）。

二、观众分析

根据展会统计，第二十二届中国国际家具展及首届摩登上海时尚家居展四天共计接待了来自全球 158 个国家和地区的买家及观众 119 975 人次，较 2015 年增加 17.75 %。其中包含来自 158 个国家和地区的 15 077 人次海外买家。

观众具体属性分析如下：公司属性分析见表 2。职位分析见表 3。参观目的分析见表 4。

表 2　公司属性分析

公司属性	占比	公司属性	占比
批发 / 零售 / 分销商	32.94%	房地产商	1.90%
进出口商	22.10%	金融银行	0.31%
制造商	14.45%	餐饮 / 酒吧 / 高档娱乐场所	0.58%
代理商	7.30%	设计装潢公司	7.82%
家具商场	4.90%	集团采购商	2.57%
酒店 / 宾馆 / 会所	2.40%	其他	2.72%

表 3　职位分析

职位	占比
决策层	55.05%
销售部	11.86%
市场部	5.24%
采购部	12.67%
设计部	10.98%
工程部	2.60%
其他	1.60%

表 4　参观目的分析

参观目的	占比
收集市场信息	39.34%
受邀	4.78%
寻求合作	4.81%
采购	23.84%
考虑参展	1.22%
寻求新产品	25.03%
其他	0.99%

1. 国内观众

伴随着内外销并举的成功转型，2016 年展会的内销客户无论在数量还是质量上都有很大的增长和提升，共有来自 31 个省市的 104 898 人次的国内买家前来参观。访问人次最高的前 10 个省市分别为：上海、浙江、江苏、广东、北京、山东、福建、安徽、四川和辽宁（图 1）。

2. 海外观众

2016 年海外观众的人次首次有较大幅度的下降，为 15 077，较 2015 年减少 21.58%，这主要是受到了 G20 的影响，海外观众入境签证较难办理，另外，也与中国家具行业上半年出口处下行通道（上半年家具出口同比下降 10.73%）是相对应的。虽然如此，海外买家的质量依然受到了国内外参展商的一致认可。

海外买家来自全球 158 个国家和地区，其中 3.09% 来自非洲，12.08% 来自北美洲，4.86% 来自拉丁美洲，48.85% 来自亚洲，3.15% 来自中东地区，8.77% 来自大洋洲，19.2% 来自欧洲（图 2）。

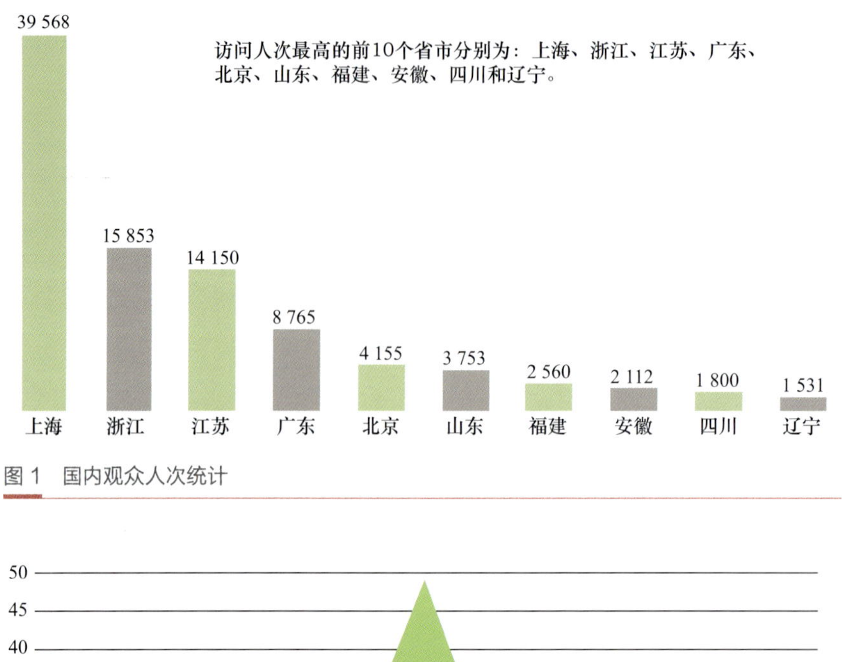

图 1　国内观众人次统计

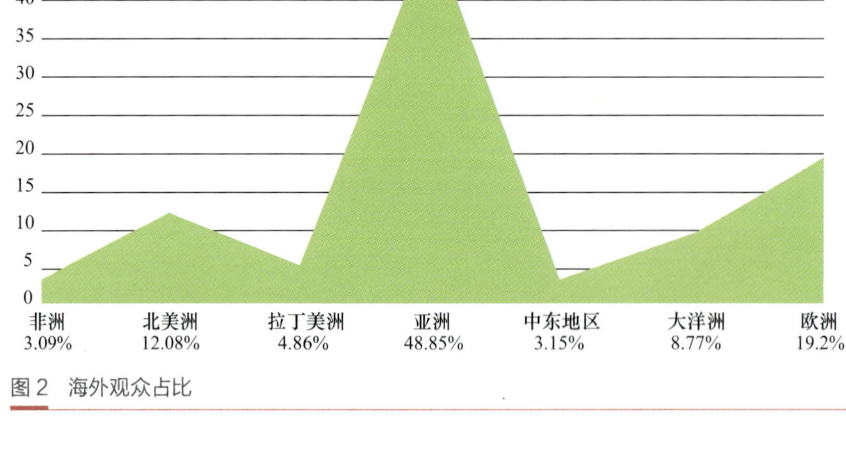

图 2　海外观众占比

访问人次最高的前 30 个国家和地区分别为：韩国、美国、澳大利亚、日本、中国台湾、印度、马来西亚、中国香港、英国、加拿大、泰国、新加坡、法国、菲律宾、新西兰、西班牙、德国、意大利、印度尼西亚、墨西哥、俄罗斯、南非、荷兰、越南、波兰、比利时、沙特阿拉伯、乌克兰、阿根廷和巴西（图 3）。

三、展会亮点

1. 家居饰品

行业一线大品牌最整齐的一次亮相，整体家居企业百花齐放，风格迥异，很有看点。单品类企业从产品设计到展品陈列的水准都有很大的提升，更注重空间感的表达。

2. 中国国际设计师作品展示交易会

2016 中国国际设计师作品展示交易会迎来了第五个年头。总面积达到 8 000 平方米的 E8A、E8B 两馆满满当当，有条不紊的布满了 167 个展位，其中包括独立设计品牌、独立设计师、产品设计工作室等；展品类别跨度之大，品类之多前所未有。522 家企业参加了联动的中国国际家居设计周、第六届上海国际室内设计节和展店联动等外围活动，

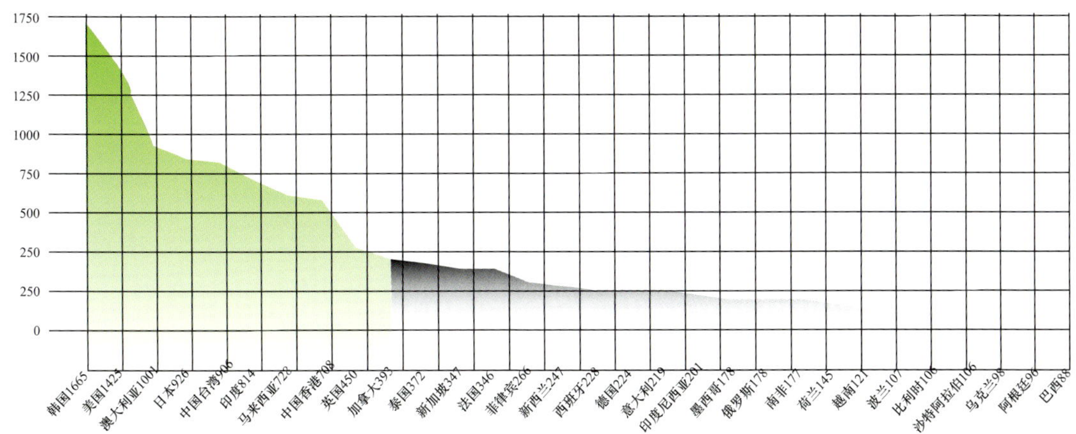

图 3　海外观众人次统计

表 5　展会活动安排

日期	活动	地点
9 月 8 日	开幕典礼	新国际博览中心 1 号入口大厅
	2016 商业新浪潮大赏之“商业进化论”高峰论坛	世博展览馆 1 号馆快闪店展示区
	走出东方——当代中国生活方式	世博展览馆 4 号馆新中式展示区
	空间的智汇	世博展览馆 2 号馆创客体验区
	DOD 设计论坛·“匠心赢心”	新国际博览中心 E8B 馆 C25
	室内设计师，家具设计师以及家居达人对设计、生活方式电商化的一场探讨	新国际博览中心 E8B 馆 C25
9 月 9 日	发现有温度的设计	新国际博览中心 E8B 馆 C25
	解读经典设计	新国际博览中心 E8B 馆 C25
	中国家居设计大会·金点开讲	世博展览馆 1 号会议室
	设计师之夜	世博展览馆 4 号馆外下沉式广场
	2016 商业新浪潮大赏之店主演讲马拉松：我开店的 BBT	世博展览馆 1 号馆快闪店展示区
	“中国风·新中式”——定义从这里开始	世博展览馆 4 号馆新中式展示区
	“互联网＋数字生产”：连接设计、制造与智能	世博展览馆 2 号馆创客体验区区
9 月 10 日	如何将您的软体家具创意高效、经济地转化为产品	新国际博览中心 E8B 馆 C25

从家具行业拓展到大家居领域。

3. 中国好沙发 中国好面料

“中国好沙发·中国好面料”活动已成功举办 3 届。2016 年的活动进行了全面升级，以“展示＋评选”的方式，激发全产业链的凝聚力和创新力。来自沙发企业、设计师品牌、面料企业和软体机械配件等 52 家企业的 93 张沙发参与评选并展示。由流通渠道、院校和第三方品牌的领导、专家组成评委会，连同大众评委，多角度多侧面地对参评沙发进行打分及投票，最终评出“十大好沙发”“十大好面料”“最佳创意奖”“性价比王”及“最受欢迎奖”。

4. 中国国际家具配件及材料精品展览会

中国国际家具配件及材料精品展览会旨在为全球家具智能制造提供优良的原材料，拥有高端展中展的独特定位。展区汇聚行业中的龙头品牌和高端展品，吸引了众多海内外顶尖展商的青睐，并有美国、加拿大、芬兰、韩国、法国、瑞典等多国国家展团助阵，2016 年更有 28 家美国当地的木材公司组团参展，相比 2015 年美国展团面积扩大了 15%。

5. 生活概念馆

这是一次完美的设计师集结，10 位国内顶级设计师用作品讲述各自对生活、对家的理解，因此 2016 年的主题叫做“HOME PLUS 设计师之家”。在 10 个空间里，用或张扬或温柔的色彩展示未来的家居趋势，使之成为本届展会期间备受瞩目的亮点之一。

6. 新中式

摩登上海时尚家具展的新中式展区可谓是中国家居设计行业最全、水准最高的一次新中式风格集体亮相。这是意义非凡的一次展览，完美阐释当代中式生活空间，营造属于中国人自己的以智慧、闲适、领悟和觉醒为主要特征的人生态度和生活方式。

7. 上海家居设计周

上海家居设计周是在现有的中国国际家具展上创建的一年一度的项目，每年 9 月与家具展同期举办，2016 年 9 月 8—14 日以全新形象绽放的设计周聚焦了新生活方式，以浦东为主要区域，辐射上海全城，包含展览、会议论坛、展店联动、设计之旅、工作坊等，设计类活动达 100 多场，联动店铺品牌达 1 300 多个，以及与红星美凯龙浦东沪南、金桥、浦江店强强联合推出的“红星美凯龙秋季新品展”等活动，吸引了近 3 万名设计师来到现场。

四、展会预告

2017 年 9 月 12—15 日，第 23 届中国国际家具展及摩登上海时尚家居展将分别在上海新国际博览中心和上海世博展览馆共同举行。展会仍然在浦东，其中世博展览馆将展出家居、软装、设计展。

1. 中国国际家具展：全新“铁三角”，聚焦高端制造

2016 年，中国国际家具展规模及展商数均创新高，位于上海浦东新国际博览中心已经不能满足国内外家具企业的参展需求。作为战略性调整，2017 年位于浦东新国际博览中心的中国国际家具展展馆跟随市场变化做了重新布局调整。

原辅材料展会（FMC）将在 N6，N8-N10 馆，以产业优势布局家具业，聚焦高端制造，为中国家具企业寻求新机遇；同时还在 N5 馆展出 FMP 材料精品展，以促进上下游产业联动；2016 年备受好评的“中国好沙发 · 中国好面料”活动将在 E8A、E8B 馆全面展示。

历届火热的汇集了国际家具名品及国内外原创设计品牌的 W 馆将转移至 E 馆，相对应的，W 馆则主要为软体家具馆，同时打造全新的睡眠 / 客厅概念馆，引领高端生活方式。而家居饰品馆及 DOD 设计联展及家居饰品馆将整体搬迁至世博展览馆。三角型的新国际博览中心展馆将形成“精品原辅材料 -现代民用家具 -创新生活概念”为主内容的“铁三角”格局。

2. 摩登上海时尚家居展：阵容强大，引领生活方式

2017 年，主办方继续发力，力图将摩登上海家居展打造成一场真正的精彩绝伦的大家居盛会。除了新中式展区的延续，中华手作年、快闪店、HOMEPLUS 还将全新亮相，给高速发展的魔都带来时尚慢生活，品味美好设计时光。

DOD 移师世博展览馆 值得关注的是，DOD（设计师作品交易会）移师世博展览馆 h3 馆展出。据悉，2017 年不仅有吱音、十竹九造、本来设计、木智工坊、本土创造等老朋友，更有一批设计新星登场。如来自福建的本兮将带来具有中国传统意味的茶器、香器、艺器；来自深圳的一花一草，将展示其垂直花园、植物壁画两项专利设计；来自杭州的 wir 将重现现代简约时尚的家具设

计……更有曾经在如恩工作的设计师李希米和方静峰的独立设计品牌 URBANCRAFT、Matters of Seeing，都将在 2017 年 9 月为我们展示他们的新锐设计。

家居饰品展助力大家居生活秀　家居饰品展也加入摩登上海时尚家居展的阵营，2017 年将达到 42 000 平方米，分别在 h1、h2 馆展出，聚集国内一线的整体家居、生活方式品牌，如 Global Views 环球视野、卡斯特兰、莱菲花艺、DSKY 迪斯凯、帷澜、铂晶、朗图、米兰印象、欧米亚、德德、立方、索顿等；更有以不少出色的由设计师发起的传达不同生活方式理念的品牌加入，如物本造、简末、那特、颜料块画廊、观荷灯饰、小鸡磕技等；另有花艺、灯饰、装饰画、地毯和布艺软装类的领军企业，如伶居丽布、香度香薰、中赛、Boytecks、JAVI HOME、无规则画廊、富立地毯、闲云、思联、新印象、加鼎、嘉值、奇居良品、米子家居、明尚灯饰等。

3. 上海家居设计周：全城设计派对

同时，为了打造一场给全球设计爱好者的全城派对，上海家居设计周秉承“城市即展场”的理念，结合上海城内的时尚前卫的设计小店、家居店、画廊、买手店、美术馆等，也会呈现有趣的设计。这场年度嘉年华，让散落在各个角落的展览、讲座、工作坊、派对、酒会等，烘托出上海这个城市的设计热度。

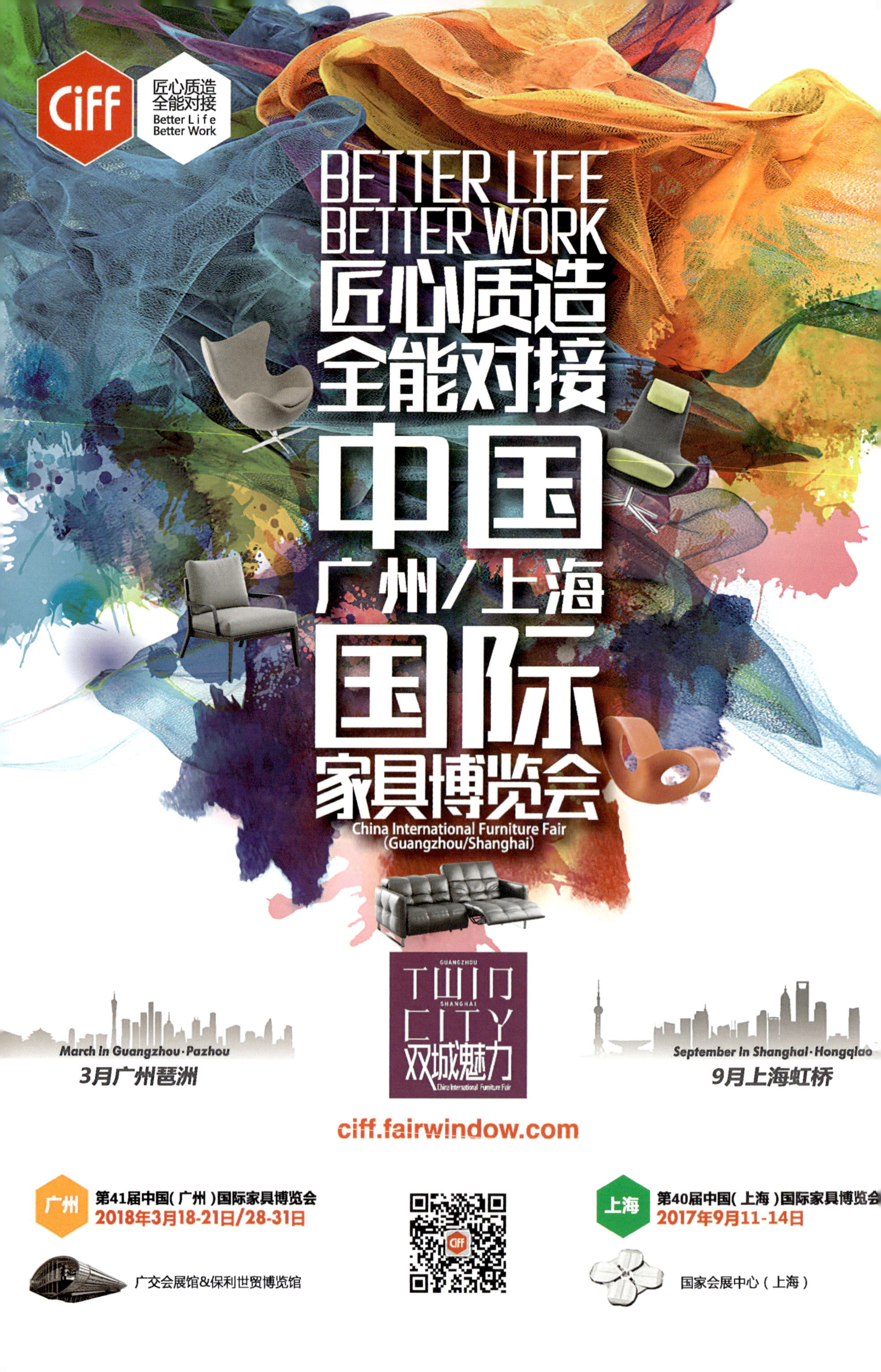
CiFF
匠心质造
全能对接
Better Life
Better Work
BETTER LIFE
BETTER WORK
匠心质造
全能对接
中国
广州/上海
国际
家具博览会
China International Furniture Fair
(Guangzhou/Shanghai)
GUANGZHOU
TWIN
SHANGHAI
CITY
双城魅力
China International Furniture Fair
March in Guangzhou·Pazhou
3月广州琶洲
September in Shanghai·Hongqiao
9月上海虹桥
ciff.fairwindow.com
广州
第41届中国(广州)国际家具博览会
2018年3月18-21日/28-31日
广交会展馆&保利世贸博览馆
上海
第40届中国(上海)国际家具博览会
2017年9月11-14日
国家会展中心(上海)

2016 中国（广州 / 上海）国际家具博览会

一、展会概况

中国（广州 / 上海）国际家具博览会（简称“中国家博会”）创办于 1998 年。从 2015 年 9 月起，每年 3 月和 9 月分别在广州琶洲和上海虹桥举办，有效辐射中国经济最有活力的珠三角与长三角地区。在产能与展能过剩的经济新常态下，2016 年中国家博会强展更强，逆势增长，围绕商贸终极目标，积极打造集时尚发布、渠道维护、行业交流、设计引领等四大功能于一体的全产业链展览平台，展览规模、展览品质等方面持续提升，为行业、企业共同点赞。

第 37 届中国（广州）国际家博会于 2016 年 3 月 18—21 日、28—31 日在广州琶洲·广交会展馆成功举办。首次启用保利展馆作为户外家居展区，展览总规模由 68 万平方米跃升至 75 万平方米，汇聚 3 868 家参展企业，接待有商业价值的海内外专业观众 168 881 人，同比增加 13 918 人。国内外顶尖品牌企业齐聚，157 个新品发布活动令人大饱眼福，同期举办多场重要论坛会议并发布重大消息。美国高点家具展与家博会建立全面战略合作关系，《中国家具行业“十三五”发展规划》全球首发，西班牙国宝级艺术家戈勃朗携作品“哥伦布之谜”亮相展会。45 场主题会议、论坛、展示等活动，从不同角度展现行业潮流趋势，共同探索中国家具行业发展之路。

第 38 届中国（上海）国际家博会于 2016 年 9 月 7—10 日在上海·虹桥国家会展中心顺利举办，规模达 40 万平方米。短短四天里，2 000 家参展企业精心准备，吸引到会有商业价值的海内外专业观众 84 696 人，同比增加了 9 574 人。本届展会聚焦精准配对，促进商贸交流切实有效，提高参展观展效率。现场共举办 48 场设计展示、大咖观点、嘉宾对话、时尚走秀等活动。意思设计展与世界共享东方最好设计；被誉为“美国家具设计界奥斯卡”的尖峰设计奖登陆中国；“供给侧改革与渠道创新大会”集行业精英同台探讨“中国智造 2025”等热议话题。展会以市场需求出发，跨界整合、产业联动，为行业创造价值、增加价值。

二、观众分析

2016 年两届展会共接待来自 200 个国家和地区的专业观众 253 577 人，包括来自中国、日本、韩国、印度、新加坡、瑞典、南非、澳大利亚、马来西亚、等国家和地区的专业观众团组到会。

2015—2016 中国国际家具展览会展后数据统计表

主要指标	2016 年	2015 年	同比增长率
展会面积（万 / 平方米）	115	108	6.48%
展商数量（个）	5 868	5 262	11.52%
观众人数（人）	253 577	230 085	10.21%

三、展会亮点

1. 品质提升，国际品牌齐聚

随着中国家博会国际影响力的日益提升，第37届广州家博会海外展区发展势头强劲，规模达9万平方米，其中仅民用现代题材的国际家具馆规模就达3万平方米。国际品牌进驻热情大增，美国爱室丽、新加坡华达利、香港敏华、意大利纳图兹、意大利夏图、新加坡高大等多国家具大牌纷纷带来最新、最全的系列产品，美国来思达等新面孔首次亮相带来更多惊喜；土耳其、马来西亚、泰国、韩国等多国展团联袂展出富有地域特色的家具精品，展会的国际化和专业化水平进一步提升。

2. 引领潮流，新品首秀平台

中国家博会引领行业潮流新趋势，国内外顶尖

第37届中国（广州）国际家具博览会现场活动列表（部分）

活动主题	主协办单位
现场活动	
第37届中国（广州）国际家具博览会开幕介绍会暨忠诚客户荣誉颁奖活动（一期）	中国对外贸易广州展览总公司
客厅文化白皮书暨定制家具研究趋势发布会	中国对外贸易广州展览总公司 搜狐家居
中国家具协会第六届二次理事会	中国家具协会中国对外贸易广州展览总公司
岭南传统家居文化精品展	中国对外贸易广州展览总公司 广州市家具协会 广州工艺美术行业协会
软装设计师采购对接会	中国对外贸易广州展览总公司 彩虹设计网
2016年中国户外家具高峰论坛	中国对外贸易广州展览总公司 新浪家居
“蜂智网”中国整体+智能家居产业高峰论坛	中国对外贸易广州展览总公司 中国整体家居产业联盟 中国室内装饰协会智能化装饰专业委员会 中国智能家居产业研究院
美国TB117法规，阻燃剂标签法案SB1019以及欧盟家具受限物质测试要求研讨会	深圳必维华法商品检定有限公司
设计师论坛：家装场景革命	中国对外贸易广州展览总公司 腾讯大粤网
安吉椅业馆开馆启动仪式	中国对外贸易广州展览总公司 安吉县人民政府
第37届中国（广州）国际家具博览会忠诚客户荣誉颁奖活动（二期）	中国对外贸易广州展览总公司
俄罗斯商业团发布会	佛山市顺德家居五金协会
论坛：智能家居环境下的五金应用	佛山市顺德家居五金协会
2016广州国际设计精品展暨第四届创意奖全球启动仪式—广州站	中国对外贸易广州展览总公司 中国国际室内设计网
论坛：家具表面材料的历史与潮流	科隆展览（中国）有限公司
全国办公家具工作会议	中国家具协会
第八届广州家居设计展活动	
第八届广州家居设计展	中国对外贸易广州展览总公司 广东省家具协会

（续表）

活动主题	主协办单位
院校设计沙龙《设计新势力的培养》	中国对外贸易广州展览总公司 广东省家具协会
2015 系列大赛颁奖典礼流行趋势发布会	中国对外贸易广州展览总公司 广东省家具协会
首届环球花园生活节活动	
环球花园生活节	中国对外贸易广州展览总公司 广东省户外家具行业协会
“相遇与合作”思想沙龙—再谈跨界合作	中国对外贸易广州展览总公司 广东省户外家具行业协会
“相遇与合作”思想沙龙—新型材料的研发与应用	中国对外贸易广州展览总公司 广东省户外家具行业协会
“相遇与合作”思想沙龙—屋顶花园的未来发展	中国对外贸易广州展览总公司 广东省户外家具行业协会
FASHION 家居生活秀场	
软装在家居生活中的应用	中国对外贸易广州展览总公司艺展中心 深圳市前海装点网络科技有限公司
SCO！——国际原创设计如何在中国市场启动	中国对外贸易广州展览总公司艺展中心 PV 私订生活
现代中式生活美学交流讲座	中国对外贸易广州展览总公司艺展中心 几道讲坛 居道生活美学促进中心
自由搭配软装方案与 3D 极速云渲染的魅力	中国对外贸易广州展览总公司 艺展中心 深圳积木易搭科技技术有限公司
办公环境主题馆论坛	
线上线下融合采购的新趋势	中国对外贸易广州展览总公司
西昊杯“中国好座椅”创意设计大赛颁奖典礼	中国对外贸易广州展览总公司
联合办公空间规划与投资要素	中国对外贸易广州展览总公司
第六届全球办公家具行业及展望暨“中外设计师交流”论坛	中国对外贸易广州展览总公司 意大利 Edimotion 公司

第 38 届中国（上海）国际家具博览会现场活动列表（部分）

活动主题	主协办单位
供给侧改革与渠道创新大会	中国家具行业协会流通委员会 中国对外贸易广州展览总公司 北京居然之家投资控股集团有限公司 中国家具销售商联合会 搜狐焦点家居
海外采购商与展商配对会	中国对外贸易广州展览总公司 欧美工商会
《家具经销商赢利大讲堂》——如何快速成为一名最赚钱的经销商！	中国对外贸易广州展览总公司 东部家具产业教育学院 深圳博天国际管理咨询有限公司

（续表）

活动主题	主协办单位
中国家具涂料涂装技术会议论坛	中国对外贸易广州展览总公司 顺德家具研究院
虚拟现实技术给家居业带来的变革	中国对外贸易广州展览总公司 上海东方网股份有限公司
“现代建筑与公共艺术的对话”国际论坛	中国对外贸易广州展览总公司 专业传媒公司 -绿色之春
2016 中国家居总裁论坛	全国工商联家具装饰业商会 中国对外贸易广州展览总公司 中国家居品牌联盟 广东省家具商会 北京中居联会展有限公司
第十届全国政府采购家具峰会	中国对外贸易广州展览总公司 政府采购信息报
2016 全球家具前景研讨会	中国对外贸易广州展览总公司 意大利米兰产业研究中心 CSIL
第 38 届中国（上海）国际家具博览会战略合作关系签约仪式暨忠诚客户荣誉颁奖	中国对外贸易广州展览总公司
中国木材市场简析	中国对外贸易广州展览总公司 上海木材行业协会
“拍家具，品美食，享生活”公众日主题活动	中国对外贸易广州展览总公司 腾讯大申网
美国家具设计师学会尖峰设计奖中国巡展	中国对外贸易广州展览总公司 美国高点家具博览会 美国家具设计师学会
（：意思：）设计展	中国对外贸易广州展览总公司
办公生活主题馆	中国对外贸易广州展览总公司
家具·港故事	中国对外贸易广州展览总公司 香港家私装饰厂商总会
戈勃朗艺术之家：西扎创作设计展	中国对外贸易广州展览总公司 专业传媒公司 -绿色之春
交流分享·求职招聘——家具牛人趴	中国对外贸易广州展览总公司 JJR 家具招聘网
中国家博会家居产品设计大赛（共 10 场）	中国对外贸易广州展览总公司 彩虹设计网
艺展家居生活秀	中国对外贸易广州展览总公司 艺展中心
办公环境生态馆	中国对外贸易广州展览总公司 广东省家协 /《办公家具》

品牌带来数不胜数的新产品、新理念、新观点、新模式以至新面孔。2016 年，智能、定制等新兴题材在家博会上大放异彩，虚拟现实（VR）、一体化网络视听智能客厅家具、自带阅读和无线充电功能的智能沙发、记录追踪睡眠状况的智能床垫、全屋定制等最新产品，令人大饱眼福、耳目一新！

3. 精准对接，促进商贸互动

中国家博会紧紧围绕展会的商贸目标，推动展商与专业观众共荣共享。第 38 届上海虹桥家博会创

时尚对接

海外采购商与展商配对会现场

环球花园生活节

美国尖峰设计奖中国巡展启幕仪式

新推出“展商共享买家数据大礼包”服务，以便展商做好展前沟通，对接市场需求；展会期间成功举办贸易配对会，为来自 20 多个国家的专业观众和超过 200 家实力展商搭桥牵线。其中，左右家私就获得了一笔来自印度的大单；来自南非的中小企业发展局副局长 Thulani 很兴奋能够在短短 3 个小时对接到非常合适的供应商，为南非中小学采购的学校家具订单很快敲定。

4. 活动多彩，优化行业交流

中国家博会不仅是商贸合作的好平台，更是行业交流的大平台，精彩活动不胜枚举。2016 首届环球花园生活节在第 37 届广州家博会户外家居展区圆满落幕。活动特别邀请西班牙国宝级设计师戈勃朗分享艺术哲学，传递花园生活新理念，为户外家具行业注入新鲜活力。

第 38 届上海家博会携手美国高点家具展和美国家具设计师学会，共同举办被誉为“美国家具设计界奥斯卡”的尖峰设计奖（Pinnacle Awards）中国巡展，期间展示了多件顶尖获奖作品，还邀来中美家居设计界的大咖呈献多场火花四溅的风云对话。

四、展会预告

第 40 届中国（上海）国际家具博览会将于 2017 年 9 月 11—14 日在上海虹桥国家会展中心举办，展览规模 40 万平方米，涵盖民用家具、户外家居、饰品家纺、办公商用及酒店家具、家具生产设备及配件辅料五大展区。展会立足上海，辐射长江三角洲乃至全国，预计将有超过 2 000 家的海内外参展企业齐聚上海虹桥，吸引超过 9 万名具有商业价值的专业观众到会。

第 41 届中国（广州）国际家具博览会将于 2018 年 3 月 18—21、28—31 日广州琶洲的广交会展馆和保利世贸博览馆举行。敬请关注！

2016 第五届中国沈阳国际家博会

一、展会概况

由中国家具协会、中国林产工业协会、辽宁省家具协会与上海博华展览有限公司联合主办的第五届中国沈阳国际家博会于 2016 年 8 月 5—7 日，在沈阳国际会展中心成功举办。本届展会的规模超过以往历届，参展企业 713 家，展出面积 12 万平方米，国展中心的 8 大展馆全部爆满，与会的业界买家和专业人士达 11 万人次，分别比上届增长 17%、9.1% 和 13.4%。展会为参展企业开辟了新的市场渠道，68% 的参展的企业，预订了明年的展位。成为继上海家具博览会、广东家具博览会后，中国北方规模最大、辐射东北亚国际市场的家具行业盛会。

展会设有精品实木家具、板式家具、软体家具、小件家具、定制家居、智能家居、门品地板、木工机械及原辅材料八大展区。引入定制家具、智能家居、绿色环保、互联网＋等新元素，整合家居产业资源，促进家居全产业链共同发展。

展会以不断创新的理念，精心培育和打造中国北方区域行业展会品牌，突出实木家具、定制家居及木门主题，推出上下游、高中低、全品类展品，满足不同采购需求，形成全产业一体化的展示服务平台。从原创设计、渠道营销、互联网、商业价值等多角度设置主题活动，面向国内外邀请参展商、经销商及专业嘉宾，营造最专业、最务实的行业互动交流环境。引进先进的新设计、新技术、新材料、新工艺，推动行业健康稳步发展。

二、观众分析

本次展会观展人数比 2015 年增加 1.3 万人次，而且专业经销商、采购商的比例大幅攀升，这得益于组委会坚持买家邀约与展会招展并重原则，开展“百城千店万商”邀约大行动。早在 2015 年 10 月，沈阳国际家博会的四个推广团队开始行动，历时十个月，足迹踏遍了辽宁、吉林、黑龙江、内蒙古、河北等地的 40 个地级市、州、盟，63 个县级市、县、旗；跑遍了这些区域的 986 家卖场，走访邀约 9 762 家，发放展会宣传资料 20 万份，宣传品 8 万份，开启了空前的邀约规模，全面实现了“百城千店万商”的邀约目标。

按观众从事行业分：经销商占比为 70%；生产企业及专业设计团队占比为 15%；集团终端客户占比为 10%；一般消费者占比为 5%。

按观众所在地区分：来自辽宁省内的观众占比为 30%；吉林省占比为 17%；黑龙江省占比为 18%；内蒙古占比为 12%；河北省占比为 11%；海外观众占比为 3%；其他占比为 9%。

2015—2016 中国沈阳国际家博会后数据统计表

主要指标	2016 年	2015 年	同比增长率
展会面积（万平方米）	12	11	9.1 %
展商数量（个）	713	609	17.0 %
观众人次（人）	110 000	97 000	13.4 %

通过展会观众分析，中国沈阳国际家博会具有专业性强、区域覆盖范围广、渠道展会等鲜明特征。

三、现场活动

2016 第五届中国沈阳国际家博会开幕式在沈阳隆重举行。中国家具协会理事长朱长岭、中国林产工业协会秘书长石峰、辽宁省家具协会会长祖树武出席开幕式并致辞。北京、天津、河北、吉林等省市家具协会负责人，山东宁津、周村，河北胜芳、香河，江西南康及辽宁的庄河、彰武等国内特色家具产业集群的领导、国际采购商及多家新闻媒体的代表 300 多人出席开幕式。

8 月 6 日，沈阳市政府潘国利市长专程到博览会现场考察，并会见了中国家具协会理事长朱长岭、中国林产工业协会副会长兼秘书长石峰，提出“以家博会为平台，加快推动沈阳家具制造产业发展”。中国家具协会理事长朱长岭将沈阳家博会评价为“后起之秀”，认为是与上海中国国际家具展、广州国际家具展共同打造了全国家具产业“和谐有序、互惠共赢的展览格局”。

展会期间，举办了“第二届现代家居产业（沈阳）国际论坛”等一系列行业交流活动，邀请来自意大利阿克雅建筑设计公司的首席设计师 Giordani 先生与国内家具界代表专题演讲和对话，对探讨中国家具业与国际市场对接及未来发展方向产生了巨大反响。大会举办了参展新品评选活动，表彰优秀设计产品和优秀设计师，使展会内涵品质得到提升。

四、展会特色

范围涵盖了家具全产业链　本届展会展示了 14 个国家（地区）及 16 个省（市）的各类实木、软体、板式、金属、酒店、办公、定制、木门、家居装饰材料等产品，还包括了家具制造的原辅材料、木工机械、布艺皮革、五金工具，以及室内装饰装修材料用品等，涵盖了家具制造上下游产业的全部内容。

定制家居规模空前，独占北方鳌头　定制家居独立成馆，200 多家定制家居企业将整屋定制、集成家居、定制家具品类展示达 4 万平方米，可最大程度适应当今生活个性化、社会多元化的北方消费潮流。同时举办全屋定制解决方案论坛，为定制家居指明方向，被誉为中国北方“定制家居第一展”。

融入智能家居元素，引领现代家居发展方向　本届展会上，一些体现智能化、数字化家居新品首次亮相，如机械折叠家具、电子遥控家具、智能电路铺设，不用钥匙的指纹锁、密码锁等，吸引了众多观众的目光，大大开启了未来家具制造的新思路、新方向。

创新设计呈现大会主流　本届家博会近 70% 的家具产品，是企业今年最新设计、首度投放市场的新产品。大会专门为家具创新设计者设置的专区，有来自鲁迅美术学院、沈阳大学师生们的创意设计作品，以及高校与企业联合开发的原创产品，为展会增加了浓烈的艺术气息，带给人耳目一新的感觉。将具有前瞻性特点及流行趋势的品类进行重点推广，

展会观众入场

第二届现代家居产业高峰论坛现场

引领行业发展。

促进了区域经济发展和企业效益的提升 行业对省内参展企业专项调查结果表明：2016 年工业总产值总体增长 8.3%，其中近 90% 的企业比上年均有不同程度的增长，在全省经济下行压力较大的形势下，逆势上扬，助推行业发展。还有近百家省内参展企业扩建了厂房，有 21 家外地企业在辽宁落户建厂，有 80 余家外地企业在辽宁设立了分公司或办事处。同时，展会也带动了省内餐饮、住宿、旅游、交通等相关产业的发展。

五、展会预告

展会名称：第六届中国沈阳国际家博会

展会时间：2017 年 8 月 5—7 日

展会地点：沈阳国际展览中心（沈阳市苏家屯区会展路 9 号）

主办单位：中国家具协会、中国林产工业协会、辽宁省家具协会、上海博华国际展览有限公司

展会规模：12 万平方米、700 多家参展企业、11 万买家。

覆盖范围：以沈阳为平台，辐射东北、内蒙古、华北和俄罗斯、蒙古、日本、韩国、朝鲜等东北亚国际市场。是中国北方发展最快、层次最高、最具影响力的区域性家具专业盛会。

展馆设置：精品实木家具馆、沙发床垫软体家具馆、板式家具馆、定制家居馆、居室门品馆、小件金属家具综合馆、室内装饰装修材料用品馆、木工机械原材料馆八大展馆。

展品范围：实木家具、红木家具、软体家具、板式家具、金属家具、办公家具、藤竹家具、小件家具、定制家具、衣柜橱柜、家居饰品、地板、居室门、原辅材料、木工机械、装修材料等。展会以设计创新为根本，70% 以上参展产品将是年度新品，成为引领北方家具行业创新发展的平台。

展会活动：

- 第三届中国现代家居产业（沈阳）国际论坛
- 第六届全国集成定制家居发展论坛
- 第六届中国沈阳国际家博会设计大赛
- DOD 家具设计展
- 日韩朝俄国际采购对接会
- 第六届东北办公家具集团采购对接会
- 北方高端家居渠道商联盟大会
- 2017 辽宁省家居流通领域“放心消费示范店”表彰大会

09

行业大赛

Industry Competition

编者按：近年来，我国家具行业规模不断壮大，同时，家具企业优胜劣汰的进程也在加速，全行业都在探索转型升级出路。各大企业也越发重视设计创新，设计成为企业转型升级的重要途径之一。各大高校、大型企业、政府、行业组织、社会媒体等纷纷举办家具设计大赛，提升家具行业的设计创新意识和设计水平，发掘家具行业的设计人才，选拔出优秀的设计作品。

中国家具协会高度重视家具行业的设计创新工作，举办了多次全国家具设计大赛，并开创性地提出实物评比的比赛模式。本篇收录了“华润杯”“安吉椅业杯”“名美杯”以及“观澜杯”4个行业大赛的获奖作品及大赛介绍，以供读者学习借鉴。

中国家具协会 CHINA NATIONAL FURNITURE ASSOCIATION | Huarun 华润涂料

第11届
"华润杯"家具涂装设计大赛

The 11th Huarun Cup Furniture Coating Design Contest

主办单位：中国家具协会、广东华润涂料有限公司

第 11 届华润杯家具涂装设计大赛

2016 年 6 月 23 日，由中国家具协会和广东华润涂料有限公司共同主办，主题为“水性漆，健康家”的第 11 届华润杯家具涂装设计大赛总决赛评奖会，在位于广东顺德的威士伯应用科学和技术中心成功举办。来自家具与涂料业界的协会领导、专家学者、企业家、资深专业人士、媒体代表等 60 多名嘉宾应邀参加了本次评奖活动并担任评委。大赛经过紧张激烈的评选，最终涂装工艺卓越奖和深度色彩表现奖等所有奖项顺利产生。

总决赛评奖会得到了业界的高度重视，华润杯大赛的 5 位资深专家评委叶汉慈先生、胡景初教授、黄伟业先生、彭亮教授、许柏鸣教授如约到场，中国家具协会副秘书长兼设计工作委员会秘书长吴国栋先生，中国流行色协会副秘书长招霞女士，广东省家具协会副会长李礼先生，深圳家具协会副秘书长刘丽娜女士，顺德职业技术学院设计学院院长姚美康先生、副院长孙亮先生、教授及博士刘晓红女士，应邀出席本次活动。

中国家具协会吴国栋副秘书长、威士伯工业木器漆亚洲区董事总经理于让波先生分别代表大赛的主办方进行了精彩致辞，分别就大赛主题表达了自身对水性漆应用领域的观点与自身的期待。

近年来，随着国家环保政策的推动，以及消费者需求的日益提升，水性漆得到各界的高度关注，

第 11 届华润杯家具涂装设计大赛评奖会现场布景

第 11 届华润杯总决赛评奖会现场

一方面极大的推动了水性漆的快速发展，同时，水性漆的具体应用问题也被逐渐引发，各界出现了百家争鸣式的声音：积极践行者有之，谨慎观望者有之。水性漆的推广使用，在媒体与行业的高度呼声中，同时面临着实际应用层面的技术难题困扰，形成了纷乱而繁杂的局面。在这种情况下，认清目前市场上水性漆的真实现状，切切实实的围绕水性漆的涂装应用进行理性的归纳与梳理，才有助于推动行业的良性发展。

基于此，本届大赛以水性漆为主题，目的就是通过大赛平台，集中行业的力量，倡导大家以理性和客观的态度，对水性漆的推广应用进行有益的探讨，从而帮助大家理性的认识和理解水性漆，正确地推广和应用水性漆。

大赛现场，涂料业界的知名专家，华润涂料的创始人之一叶汉慈先生率先发声，从专业的角度就水性家具漆的发展现状发表了个人的看法，郑重地提出了干燥、封闭以及色彩表现是水性漆推广应用过程中必须要正确认识和努力解决的三大关键要素，为今后正确推广应用水性漆指明了方向。

大赛的现场评奖环节，各个评委如实地体现了国内家具企业对水性漆的不同看法。无论是作品展示区还是在作品点评区，面对从全国各地近 1 000 件参赛作品中严格评估和筛选出来的 169 件总决赛入围作品，评委们在挑选出自己喜爱的作品之余，对作品及水性涂装的应用话题，毫无保留地各抒己见。既反映出了水性漆主题是当下业界最为关注的热点话题，又反映出了业界对水性漆的认识和判断仍然存在着较大的分歧，水性漆推广应用工作仍然任重而道远。

华润杯家具涂装设计大赛于 2000 年由华润涂料创办，16 年以来一共举办了 11 届大赛，始终保持一丝不苟，专业专注的大赛精神。而作为涂料领域的知名企业，威士伯和华润涂料对水性漆的研发和推广应用一直保持高度重视，并低调务实的从市场上践行、摸索水性漆的可行性和实际操作性。结合威士伯涂料 200 多年的行业经验，以及 20 多年以来对国内家具涂装业的专业理解，华润涂料通过与宜家家居、美克美家、曲美家居等国内外知名企业的合作，切实审慎地将水性漆的推广应用工作一步一个脚印地向前推进，同时也从家具涂料与涂装的专业角度，致力于帮助合作伙伴系统解决家具色彩、成本、环保以及消费者对涂装认知四个方面的诉求。本次主题为“水性漆，健康家”的第 11 届华润杯家具涂装设计大赛的举办，即是华润涂料专业专注、低调务实的企业精神的一个反映。

当下，正值工匠和品质成为一种追求的时代，华润涂料将继续以与时俱进的创新精神，引领行业持续健康地发展，运用科学的手段和方法，务实的工作态度，与众多家具企业共同寻求符合市场需求的、高效的涂装应用解决方案，从而为合作伙伴创造更多的价值。

评审会现场

大赛评审会现场

“水性漆，健康家”第 11 届华润杯家具涂装设计大赛总决赛获奖名单

参赛项目	组别	奖项	单位名称	作品编号
深度色彩表现奖	企业组	金奖	浙江梦天木业有限公司	SQ065
		银奖	成都林盛未来木业有限公司	SQ010
			宁波柯宝厨卫有限公司	SQ109
		铜奖	理想百程木业	SQ037
			北京皇家现代家具有限公司	SQ068
			温州市日高化工实业公司	SQ274
	个人组	金奖	福建 滚明辉	SG019
		银奖	广东 朱康明	SG122
		铜奖	广东 向丹于	SG066
			山东 刘运华	SG049
			北京 陈周礼	SG071
涂装工艺卓越奖	企业组	金奖	四川金都厨房设备制造有限公司	TQ016
		银奖	湖北柯尚木业有限公司	TQ072
			温州市益立艺术家居有限公司	TQ212
		铜奖	武汉卡佛顿木业有限公司	TQ071
			艺群家俱装饰有限公司	TQ128
			温州市日高化工实业公司	TQ239
	个人组	金奖	上海 时光松	TG085
		银奖	河南 胡长飞	TG077
			上海 曹亮宝	TG283
		铜奖	广东 王玲	TG036
			浙江 邵腊梅	TG208
			上海 李树清	TG270

华润杯
家具涂装设计大赛

Excellent Finishing System Award 个人组

涂装工艺卓越奖

▲ 涂装工艺卓越奖 - 个人组铜奖 TG270

▲ 涂装工艺卓越奖 - 个人组金奖 TG085

▲ 涂装工艺卓越奖 - 个人组铜奖 TG208

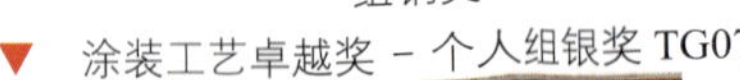

▼ 涂装工艺卓越奖 - 个人组银奖 TG07

▲ 涂装工艺卓越奖 - 个人组银奖 TG283

▲ 涂装工艺卓越奖 - 个人组铜奖 TG036

华润杯
家具涂装设计大赛

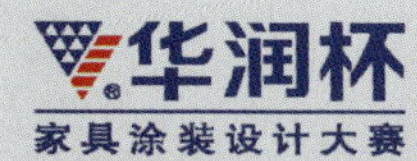

Excellent Finishing System Award

企业组

涂装工艺卓越奖

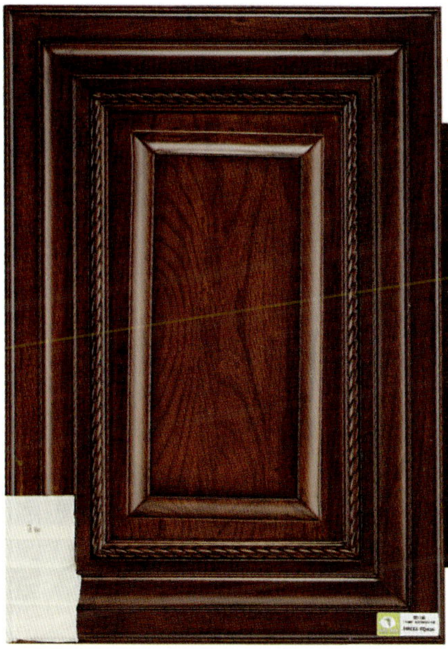

▲ 涂装工艺卓越奖 - 企业组金奖 TQ016

▼ 涂装工艺卓越奖 - 企业组铜奖 TQ128

▼ 涂装工艺卓越奖 - 企业组铜奖 TQ071

▲ 涂装工艺卓越奖 - 企业组铜奖 TQ239

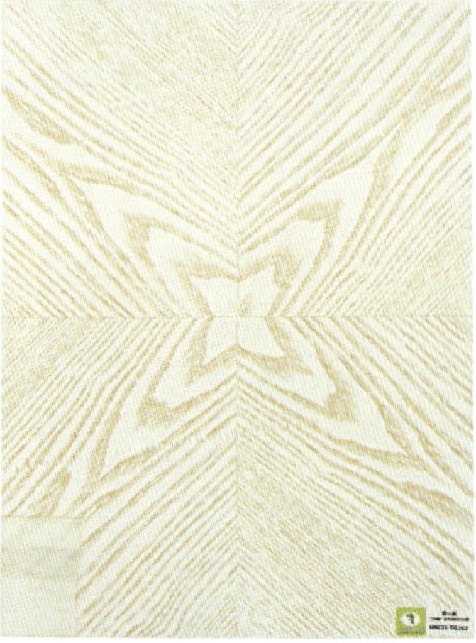

▲ 涂装工艺卓越奖 - 企业组金奖 TQ212

▼ 涂装工艺卓越奖 - 企业组银奖 TQ072

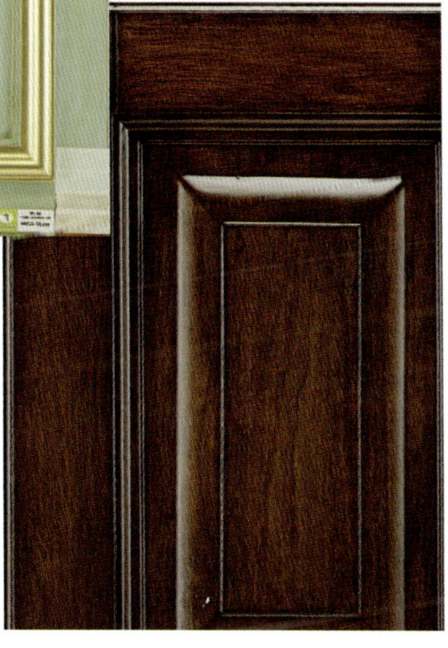

论从生产规模、市场占有率还是品牌影响力，在全省、全国乃至全球，都具有领先地位。2016 年被国家工信部授予“全国产业集群区域品牌建设椅业产业试点地区”。2016 年，椅业企业总数达到 700 家，安吉椅业销售收入达到 317 亿元，全县家具企业累计出口 129.97 亿元。2016 年，安吉椅业在 G20 峰会上大放异彩，椅、竹精品在峰会主要活动场所实现全覆盖，其中，会议用椅、餐椅、沙发、午宴椅、会议桌椅等，近 50 款共 8 000 多件套，获得了各方的肯定和好评。

自设计大赛于 2016 年 3 月广州家博会正式启动以来，主办方收到了来自全国各地设计爱好者及专业人士的作品，经过一年多初评、复评、终评等多轮 PK，终于于 2017 年 3 月 21 日角逐出院校组金奖 1 名、银奖 2 名、铜奖 4 名，专业组金奖 1 名、银奖 2 名、铜奖 3 名，办公椅创意奖各 1 名，优秀奖各 10 名。

自第一届大赛举办以来，就深受全国各地设计者及广大媒体的关注。第二届大赛无论在办赛水平还是参赛作品质量都有所提升，广获到场嘉宾和专业人士的好评。全新的平台进一步加快了我县椅业转型升级的步伐，特别是推动了当地企业在在产品创新上求突破、下工夫；同时也进一步提升了安吉椅业的知名度和美誉度。

决赛答辩现场

金奖颁奖现场

第二届“椅业杯”竞赛获奖名单（专业组）

奖项	姓名	作品	所在单位 / 院校
金奖	王玄	索菲塔斯科办公椅	永艺家具股份有限公司
银奖	何兴泉	“乙”竹椅	个人
	张磊	一种座面与靠背联动的人机工程工作座椅	天津津研机械设计有限公司
铜奖	刘苗	Health office chair	个人
	翟伟民	素圈椅	杭州大巧家居工作室
	田清	儿童沙发	浙江博泰家具有限公司
优秀奖	谢鹏翔	以柔克钢	个人
	陶冶	翻转座椅	浙江大学
	楚文宝	健康守护	BOXdesign

（续表）

奖项	姓名	作品	所在单位 / 院校
优秀奖	游宗意	毕沙罗	UE 团队
	赖浩塱	Snakes Subsonic	创物者团队
	刘秋生	马鞍椅	安吉富和家具有限公司（工程设计部）
	段勇星	宝宝的一家	个人
	黄坤	花篮椅	峥嵘
	贺小余	音乐椅	大康控股集团有限公司
	李楚君	极速赛车椅	浙江恒林椅业股份有限公司
办公椅创新奖	宗奇奇	钢琴椅	嘉瑞福（浙江）家具有限公司

第二届“椅业杯”竞赛获奖名单（院校组）

奖项	姓名	作品	所在单位 / 院校
金奖	张骋	便捷折叠椅	山东工艺美术学院
银奖	梁志强	共竹	广东轻工职业技术学院
	李欣怡	助力起坐椅	湖南大学
铜奖	戴佳红	削减与衍生	桂林理工大学
	沈彦君	一起摇摆	浙江师范大学
	布宇飞	“慢摇”双人摇椅	郑州轻工业学院
	王瑞	多功能环保新型座椅	兰州理工大学
优秀奖	施舜杰	竹律	浙江农林大学
	沈伟	X 形折叠椅	浙江农林大学
	许轩铭	旋律椅	湖南大学
	林泽涵	FIT-老年人辅助坐立助行椅	山东大学
	林俊宏	体	桂林理工大学
	张宁	太空元素摇椅	华东理工大学
	刘晨婧	穿针引线椅	华东理工大学
	刘紫毅	竹炭靠椅	陕西科技大学
	庄敏	健身运动家庭休闲椅	长沙理工大学
	彭德众	谦谦君子	广东工业大学
办公椅创新奖	朱谦	人体工学办公椅	四川大学

「安吉椅业杯」中国座椅设计大赛

院校组

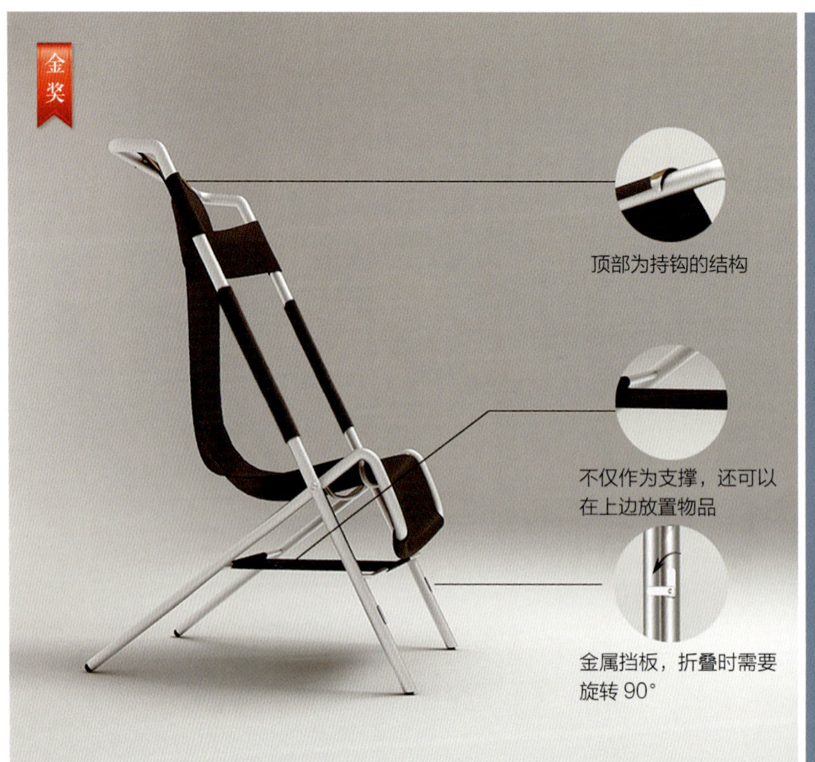

便捷折叠椅

该座椅折叠后可形成两种不同的形态，同时满足两种坐姿，折叠后需要靠墙坐。材料主要采用不锈钢管和皮革（或亚麻布），颜色也可以根据用户的喜好去选择。展开后还可形成放置物品的搁板，收起时直接将靠背处的挂钩取下即可。不锈钢的结构使得整体质量较轻，而且方便运输，造价低廉。

变形步骤①②③

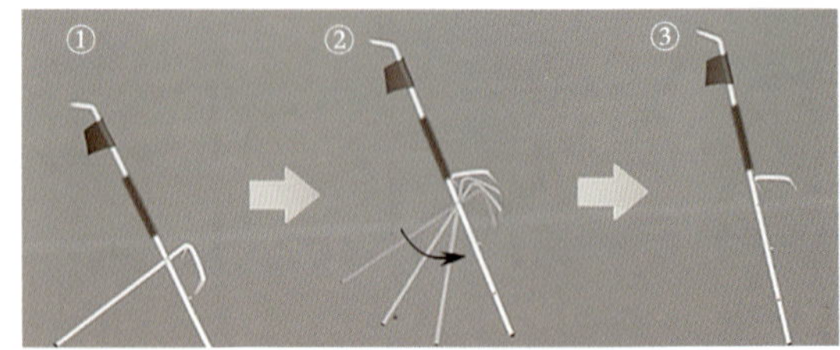

两种不同的坐姿 A/B

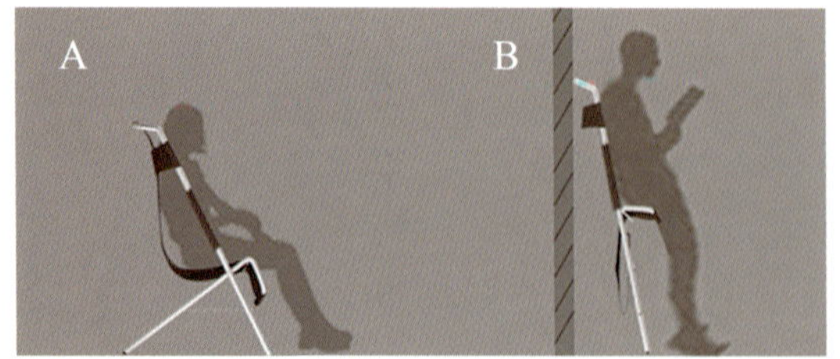

折叠后正视图 / 后 45°

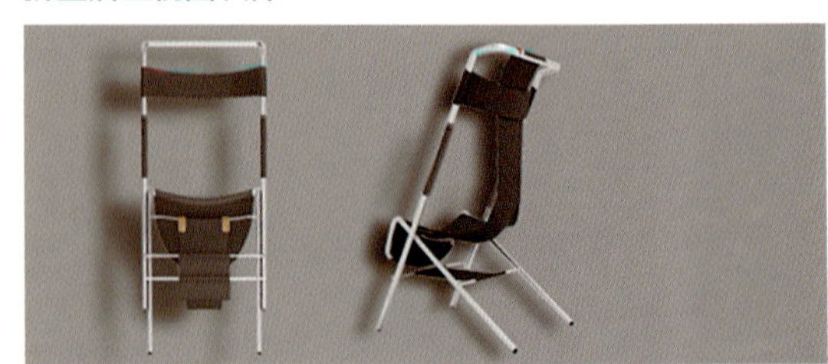

共·竹

This is a sympathetic stool

竹：彰显气节，虽不粗壮，坚韧挺拔。以竹片加热弯曲成型，加工一个单元体，即可组装成凳子。

“共竹”是一把凳脚共同交织的凳子，共同承载着重量。视觉的不对称，让人情感交织。

结构说明

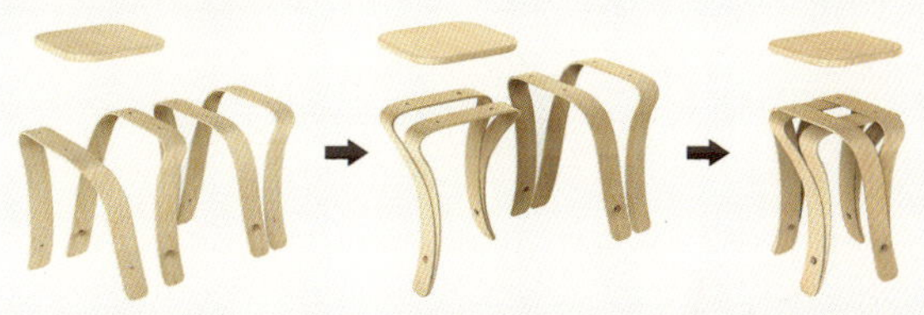

凳子的展开有凳面，支脚，五金固定钉制作工序简单，可自行组装。

当凳子的支脚交织在一起时，能快速展示出它的曲线美，突出竹

组装完，就能发现竹的韧性非常有力量地撑起

助力起座椅 SPRINGING

通过松紧旋钮可以进行高度调节，这是为了满足日常中的更多情景下的需要；如在打理花园时调低的座椅让您不必再为弯腰所累，在厨房烹饪时调高的座椅让您在靠坐的时候也不会影响操作。“SPRINGING”椅的设计以及材料的选取使其轻便结实，无论室内外或浴室都可使用。契合人体的椅面设计让椅子更舒适。

铜奖

削减与衍生

削减与衍生，概念来源于禅宗的虚无。这款组合家具分为两个部分，底部的茶几以及上部的座垫。底部削减与上部的衍生形成一个对比。座椅组合可以直接坐，也可以分开坐，底部也可以作为茶几使用。

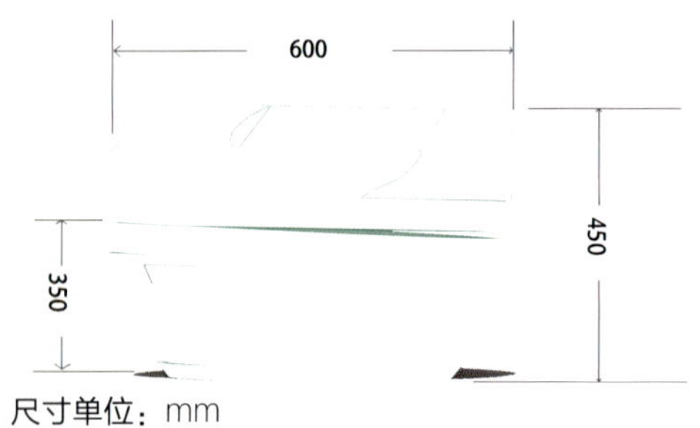

尺寸单位：mm

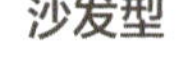

沙发型

材料：棉麻面料、高密度海绵、松木

实木型

材料：原木

为健康而摇摆

Swing together

铜奖

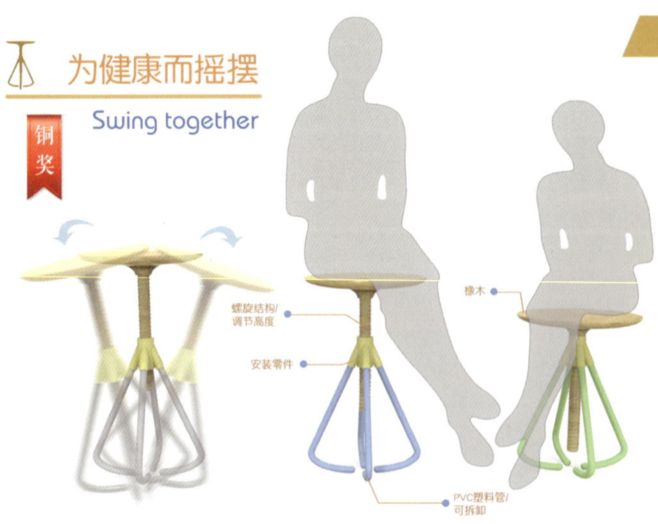

互联网时代下，简约、快捷成了我们生活中不可或缺的要素。在忙得不可开交的工作中，你是否忘记了按时放松？日积月累的久坐，对我们的健康产生巨大的危害。也许我们没有过多的时间休息，那就在工作的同时，让你的腰部、腿部进行适当的活动，时刻关注自身健康。

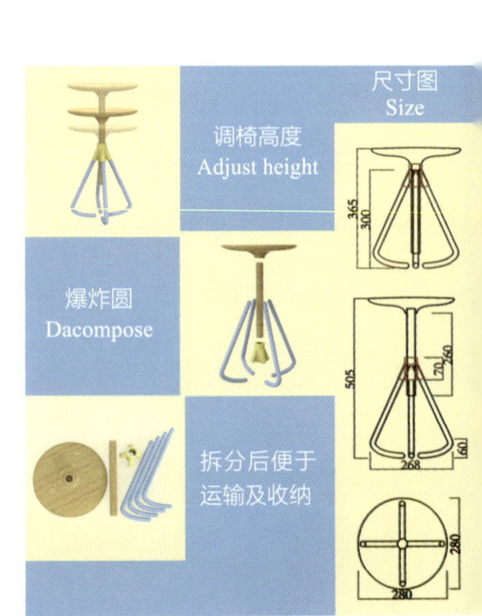

多功能环保新型公共座椅

铜奖

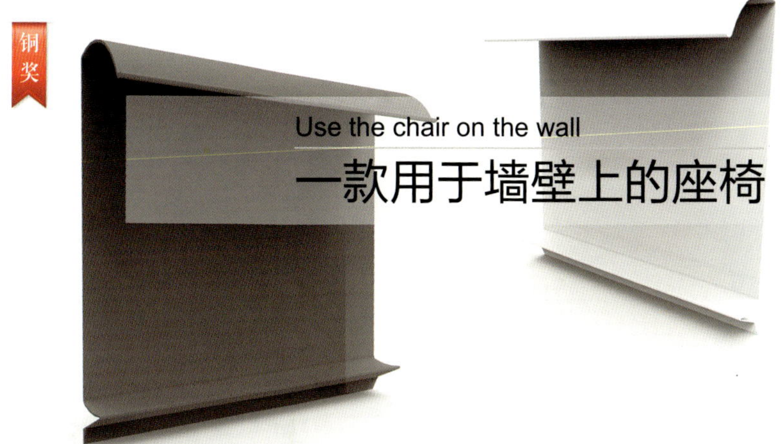

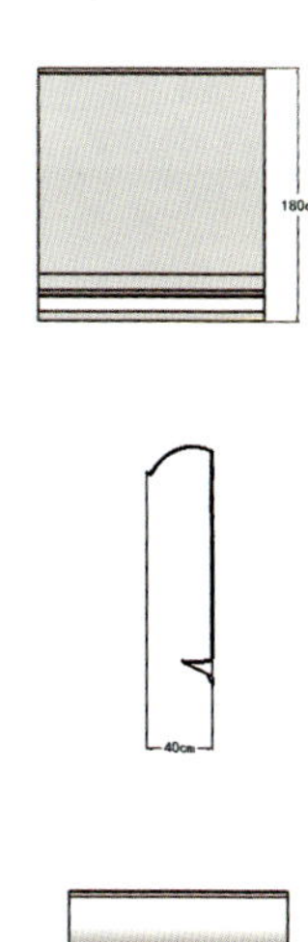

设计说明

这是一款固定在墙壁上的公共座椅，目前的公共座椅体积较大、功能较少、制作工艺繁多。而这款座椅集遮阳遮雨于一身，占地面积小，塑料材质一体成型工艺简单，应用范围广，如公园、商场、甚至是大街小巷以及室内，只要有墙壁的地方都适用于这款椅子。而且这款椅子较长，一个成年人完全可以躺在上面，遮风避雨遮阳等功能提供了一个临时休息的地方。

“慢摇”双人摇椅

铜奖

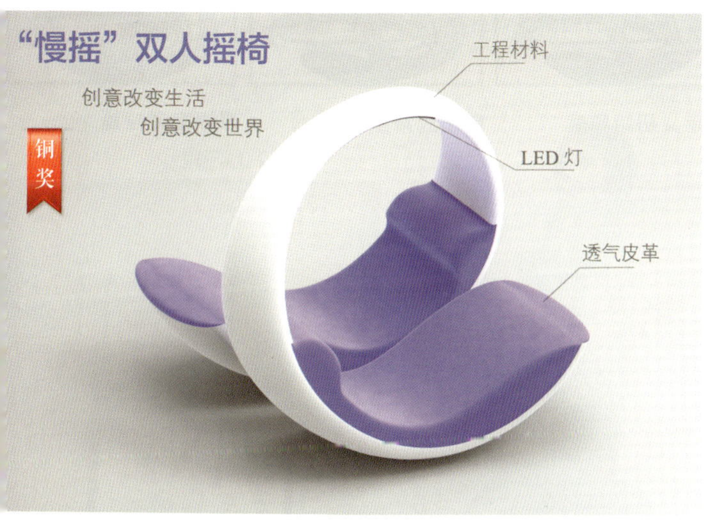

设计说明：

“慢摇”双人摇椅是以“沟通”为主题。运用曲线的造型，使用户在使用椅子时能够面对面，达到增进沟通的目的。摇椅顶端的两侧设有 LED 灯带，起到夜间照明和烘托气氛的作用。

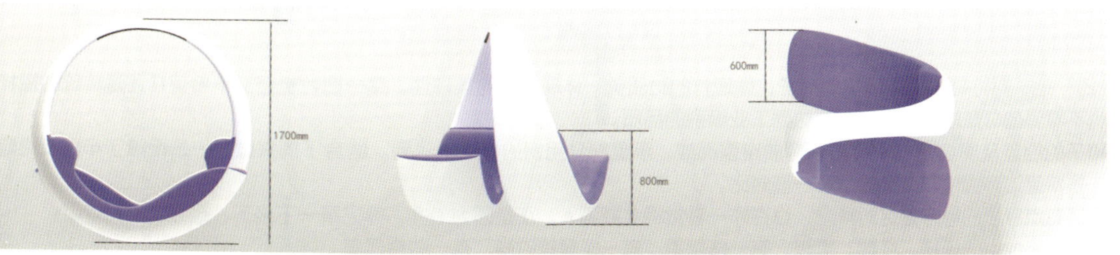

素·椅

当下文人家具

以竹为基材，采用了竹木结合工艺和竹编工艺，在设计中汲取了明式家具的简练，素雅的造物精髓，以素为美，营造一份安静朴实的居家氛围，竹材作为速生环保材料，竹材本身也是文人气质的体现，以竹造物，给当下一个文明的传承。

新中式竹家具

儿童沙发

Child Sofa

来自于童话元素，为儿童设计，在沙发上通过增加拆装组合的使用方式，为儿童沙发的多样化提供了可能；增加了储物空间和可收纳移动的配套小凳子，不但增加了相对私密的藏物空间，也鼓励儿童养成爱分享，爱收拾的良好习惯；充满童趣的色彩和材料搭配，也对孩子健康成长有积极的促进作用。

功能展示

提手

储物小凳子

酒店家居 现代经典

2016 “名美杯”第一届中国酒店家具与室内环境设计大赛

“MINGMEI” CUP HOTEL FURNITURE AND INTERIOR DESIGN AWARDS

一、大赛主题

赛主题：酒店家居，现代经典。

题说明：酒店是给宾客提供住宿、餐饮、休闲、娱乐以及会议、办公等的场所。酒店家具与室内环境相配套，营造的是舒适、高雅、洁净的生空间。根据酒店类型和规格要求的不同，其家具与室内环境的风格也不一样。本次设计大赛提交的酒店家具范畴可包括酒店客房家具、酒店客家具、 酒店餐厅家具、公共空间家具、会议家具、办公家具等。酒店家具设计作品应与酒店室内环境相配套，并需要直接考虑与室内的功能和境相融洽，并遵循科学性、系统性、创新性和人性化等原则，充分体现实用、舒适、方便、安全和绿色环保，使宾客在酒店的生活似有“宾至归”的家居之感。

二、大赛日程

作品征集：2015年11月22日至2016年8月30日。

作品初选：2016年9月初，评选出30名入围作品。

作品打样：2016年9至10月30日，对30名入围作品进行打样。

作品终审：2016年11月初，对30名将入围打样作品最终评选金、银、铜等奖及优秀奖等

三、奖项设置

奖（一等奖）（1名）：20000元+证书

奖（二等奖）（2名）：10000元+证书

奖（三等奖）（3名）：5000元+证书

秀奖（10名）：1000元+证书

围奖（14名）：500元+证书

秀教师奖（5名）：2000元+证书

秀组织奖（5名）：2000元+证书

四、组织机构

主办：中国家具协会
南京林业大学
名美国际集团

承办：南京林业大学家具与工业设计学院
浙江春光名美家具制造有限公司

协办：浙江省家具行业协会
浙江省建筑装饰行业协会
浙江省饭店业协会
浙江省家具与五金研究所
杭州市萧山区旅游协会
北京林业大学材料科学与技术学院
中南林业科技大学家具与艺术学院
浙江农林大学工程学院
浙江理工大学艺术与设计学院
福建农林大学艺术设计学院
顺德职业技术学院设计学院

五、作品提交

将《参赛报名表》及《设计文稿》的电子版压缩后发至本次设计大赛组委会的指定邮箱：Mingmeibei@qq.com（首字母M大写）

报名表下载和作品提交内容要求详见如下链接中的征集公告或扫右下方大赛官方微信公众号二维码：

http://jiaju.njfu.edu.cn/typenews.asp?id=1440

六、联系方式

联系电话：025-85427793、13675118877、13851562125

传　真：025-85427405

地　址：江苏省南京市龙蟠路159号

南京林业大学家具与工业设计学院

2016年“名美杯”中国酒店家具与室内环境设计大赛组委会

邮政编码：210037

组委会邮箱：Mingmeibei@qq.com（首字母M大写）

联 系 人：轩颖、周橙旻

名美杯酒店家具与室内设计大赛官方微信

“名美杯”中国酒店家具设计与室内环境设计大赛

2016年11月22日，“名美杯”中国酒店家具设计与室内环境设计大赛颁奖典礼在杭州隆重举行。大赛由中国家具协会、南京林业大学、名美国际集团联合主办，南京林业大学家具与工业设计学院、浙江春光名美家具制造有限公司承办，浙江省家具行业协会、浙江省建筑装饰行业协会、浙江省饭店业协会、浙江省家具与五金研究所、杭州市萧山区旅游协会、北京林业大学材料科学与技术学院、中南林业科技大学家具与艺术学院、浙江农林大学工程学院、浙江理工大学艺术与设计学院、福建农林大学艺术设计学院、顺德职业技术学院设计学院协办。

大赛自2015年11月22日启动，围绕“酒店家具，现代经典”这一主题，面向国内外企事业单位、高等院校、设计院所以及独立设计师征集原创作品，在江苏、上海、浙江、广东等地共收到700余件参赛作品。大赛组委会专家达11名。经历了长达一年的征集、初选、评审后，于2016年11月20日全面揭晓了获奖榜单，共评选出优秀作品30件。

作为国内高水准的专业设计大赛，本次“名美杯”中国酒店家具与室内环境设计大赛运用国际化视野和本土化思维来思考未来酒店生活空间，在互联网+的背景下进行酒店家具与室内环保的设计创新和突破，并致力于提升酒店领域民族产业的发展水平，为中国企业成就世界级家具品牌助力。促进酒店家具与室内环境设计水平与国际接轨、实现国际同步、国内领先，提升中国酒店家具设计与室内环境设计达到国际标准。

本次大赛的举办也是积极响应政府环保号召的产物，房地产自2020年开始必须精装修楼盘销售，不允许毛坯房销售政策，实现自房产建设、室内设计、装修设计施工、家居配套一体化服务，减少买房者单独装修成本，控制房产二次装修产生的噪声污染、油漆涂料污染、环境污染等，实现环保低碳理念。精装楼盘的销售大大减少了环境的污染，但也加大了室内设计的难度，几乎是一种设计，要让所有客源都觉得可以使用，这是社会大趋势，也是新的挑战！

颁奖仪式现场，名美国际集团董事长王建明代表主办方致辞，详细阐述了举办中国首届“名美杯”酒店家具与室内环境设计大奖赛的初衷，希望借此次大赛有效促进国内酒店家居设计水平与国际接轨，实现资源整合，衔接房地产与装修设计公司及家具公司的无缝对接。同时对此次大赛的获奖机构、设计师表示了祝贺，也表达了名美国际集团不断助力中国家居原创设计的信心和决心。

亚洲家具协会会长、中国家具协会理事长朱长岭亲临颁奖现场并发表致辞，高度肯定了本次“名美杯”中国首届酒店家具与室内环境设计大赛对中国家具行业持续发展起到的推动作用，呼吁整个家具行业联动携手，为中国家居行业的未来发展共同努力。

大赛聘请了中国和世界竹材加工利用研究领域的开拓者、中国工程院院士张齐生为本届大赛顾问，他亲临现场发表致辞，充分肯定了本次名美杯设计大赛举办得出的成果，呼吁国内设计师以低碳、环保为宗旨，鼓励原创作品。

南京林业大学家居与工业设计学院院长吴智慧、浙江省家具协会理事长蒋鸿源、浙江省建筑装饰行业协会会长恽稚荣、浙江省饭店业协会会长王建平、深圳市室内设计行业协会执行会长卢涛分别致辞。

从本次大赛提交的设计作品来看，包含了酒店

名美国际集团董事长王建明发表致辞

亚洲家具协会会长、中国家具协会理事长朱长岭发表致辞

中国工程院院士张齐生致辞

南京林业大学家居与工业设计学院院长吴智慧致辞

高峰论坛现场

朱长岭理事长为一等奖获得者颁奖

客房家具、酒店客厅家具、酒店餐厅家具、公共空间家具、会议家具、办公家具等内容，所有参赛作品具有独立知识产权，经过行业专家、高校教授、知名设计师等组成的评审团细致严格的评定后，最终由名美家具制造有限公司对 30 名入围作品进行打样。评审团再次对入围作品的打样实物进行终审，根据作品的“设计原创性”“结构功能性”“技术成熟度”“造型艺术性”“设计表现力”等多个维

10

名企点经

Enterprises Tips

编者按：2016 年，中国家具行业迎来了上市热潮，借助资本的力量，家具企业迅速抢占发展机遇、突破发展壁垒。家具企业上市热潮的来临为家具这个传统制造行业注入了新鲜血液，集团化、规模化的企业模式将成为未来中国家具制造业的发展主流。每个家具企业的上市都经历了重重评估和考核，因此，企业的上市也充分证明了企业的真实水平和综合实力。

名企点经篇是本书新增加的两个篇章之一。本篇的设立，就是为了将中国家具行业重点上市公司的发展经验与管理心得传授给更多的业内同仁，在行业内树立标杆，通过《中国家具年鉴》这本行业核心书刊，将成功经验广为传播，带动全行业的转型与进步。今年，是本篇开设的第一年，编者挑选了三家各有代表性的企业进行约稿，三家企业的成功经验、发展模式各不相同，具有一定的行业代表性。未来，本篇还将陆续放置更多代表企业的经营心得，供行业学习共勉。

案”的“方案库”。再加上全国 1 000 多间地面实体体验店以及佛山工厂的“大规模定制”系统无缝连接和全流程信息化，实现了真正的 C2B 和 O2O 商业模式。C2B 被称为当今电商的最高境界，尚品宅配走在 C2B 的最前沿，被多个商学院作为案例。这种模式也成就了公司在最近两年全行业增长停滞或下降的市场状态下依然保持高速增长。公司 2016 年 O2O 引流服务费收入 5 986 万元，同比增加 29.42%。根据公司招股说明书的测算，O2O 引流的客户已经占到加盟商总收入的近 20%，如果考虑到只有一部分加盟商开通 O2O 引流服务，这一比例将更高。

4. 积极学习快速反应，发力移动互联，站在行业发展趋势的风口

在 2014 年以前，尚品宅配旗下新居网已经发展成为 PC 互联领域的国内家具行业第一电商。进入 2014 年年初，移动互联网浪潮汹涌来袭。公司董事会及管理层审时度势，马上修正制定了 2014 年互联网营销推广的重点战略定位：像当初“拥抱互联网”一样“拥抱微信”——迅速成立集团移动互联营销中心，以微信为主，手机百度、京东、天猫淘宝移动端、360 等为辅，建立基于移动互联网的新营销渠道及模式，公司人力、开发、资金资源全面倾斜。经过将近 1 年的发展，公司在移动端的流量导入已经超越 PC 端，成功从 PC 互联网企业转型成为移动互联网企业，微信服务号从 2 万粉丝数猛增至目前超过 1 000 万粉丝数，长期占据每周企业微信榜榜首位置（全行业），国内新锐媒体《新媒体排行榜》在今年年初发布企业微信财富榜，维尚微信公众号以估值 53 亿元夺冠（亚军季军分别是招商银行及星巴克中国）。

5. 大幅增加研发投入，持续不断技改及流程再造，践行工业 4.0 思维及技术应用

工业 4.0 的其中两大核心特征是智能化和互联交互。进入到工业 4.0 之后，整个流程是这样：从客户下订单到企业获取订单、采购原材料以及在工厂组织生产变为产成品，然后通过智能物流运送到客户手中，客户使用这个产品涉及整体售后服务，全过程是智能化的。第二，互联交互。进入工业 4.0 之后，包括生产设备与生产设备之间、生产设备与产品之间、生产设备与车间之间、生产企业与客户之间等，都是互联的一个过程。通过这种互联使得整体能够达到智能化，同时也满足个性化定制和服务化。尚品宅配的整个商业运营及生产运营的各个流程，基本达到了以上两个特征所述，在工业 4.0 思维运用上，走在中国家具行业技术发展的最前沿。

未来 3 年，尚品宅配将继续保持 30%～50% 左右的高速增长，生产基地产能需要得到较大扩张，同比去年增幅至少达到 50% 以上。有鉴于此，公司在 2014 年初便开始做机器人的技术储备与开发，乃至到下半年后，技术开发已经进入尾声，几十台机器人设备上马生产副线，在 2016 年年初已经实现投产。

二、维尚智能工厂介绍

维尚家具第五分厂占地面积达 203 亩，建筑面积达到 19.7 万平方米，交通条件便捷，周边汇集了一汽大众，本田汽车，群创光电等国内外知名企业。工厂日产能超 30 万件，生产效率是传统工厂的 6～8 倍，材料利用率高达 93% 以上，出错率下降到 3% 以下。

1. 原材料储存及配送环节

在原材料储存及配送环节，通过与国内外知名企业合作，引进 18 米高的全自动立体仓库以及 6 轴机器人，将公司的批次调度系统与立体仓储管理系统有效结合，将原材料板材自动送进立体仓库进行储存管理，并通过大数据分析，机器人自动进行批次板材的分拣备料，颠覆了传统叉车作业模式，实现了原材料储存分拣的无人化操作，大大提高了作业效率及确保了分拣的准确性。

智能工厂可以准确规划 3 天以内所有批次使用的原材料，材料叫送及库存准备精确到小时级，并发挥自身后台大数据处理能力，运用先进的 RGV（承重 1.6 吨，速度达到了 130 米 / 分），并配合自动滚筒线、移栽机，把 100 多种不同的原材料自动输送到不同加工现场进行加工，有效提高原材料的

编者按：2016 年，中国家具行业迎来了上市热潮，借助资本的力量，家具企业迅速抢占发展机遇、突破发展壁垒。家具企业上市热潮的来临为家具这个传统制造行业注入了新鲜血液，集团化、规模化的企业模式将成为未来中国家具制造业的发展主流。每个家具企业的上市都经历了重重评估和考核，因此，企业的上市也充分证明了企业的真实水平和综合实力。

名企点经篇是本书新增加的两个篇章之一。本篇的设立，就是为了将中国家具行业重点上市公司的发展经验与管理心得传授给更多的业内同仁，在行业内树立标杆，通过《中国家具年鉴》这本行业核心书刊，将成功经验广为传播，带动全行业的转型与进步。今年，是本篇开设的第一年，编者挑选了三家各有代表性的企业进行约稿，三家企业的成功经验、发展模式各不相同，具有一定的行业代表性。未来，本篇还将陆续放置更多代表企业的经营心得，供行业学习共勉。

曲美家居集团股份有限公司

曲美家居集团股份有限公司（以下简称：曲美）经过多年稳健发展，已经成为了中国领先的集设计、生产、销售、服务于一体的大型、规范化家居集团。秉承“设计创造生活”的品牌理念，曲美汇集全球优秀的设计师团队和世界著名的设计所，用原创设计成就的品质感，绿色生产创造的信赖感，兑现着为国人打造更高生活品质的承诺。

2015 年 4 月 22 日曲美成功登陆上海证券交易所（股票代码：603818），这不仅成为了企业发展历程中值得被标记的一天，更为规范、透明、有续的企业发展注入了有力的动能。

一、公司基本情况概述

回首 20 多年前，曲美凭借先进的弯曲木技术名噪一时，成为了市场和行业的引领者。时至今日，曲美不仅打造了自有的规范化生产基地和标准的生产流程，并在经营过程中求新求变，建立起了一套行之有效的管理体系和组织运行模式，从而令公司各方面工作均有了非常大的提升和进步。

曲美主要从事中高档民用家具的设计、生产和销售。主要产品为木质家具，具体包括实木类家具、人造板类家具和综合类家具，涵盖了客厅、书房、卧室以及餐厅等家居生活所使用的主要家具类型。目前曲美在全国 300 多个城市开设了 700 余家专卖店，独特的空间展示思路，情境式营销带给消费者提供的不仅是空间解决方案，更是美学生活方式。目前全国的店面正在实行从 4.0 版本向 5.0 版本的改造升级。

1. 经营概况

业绩增长情况 2015 年，曲美提出了以新产品、新模式、新价值为核心的新曲美战略，在此基础上，2016 年曲美持续推进“新曲美”战略落地

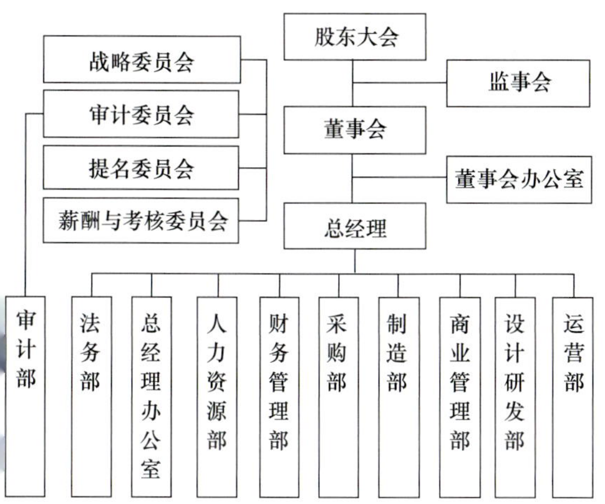

公司组织架构

升级产品和模式、深耕渠道，全方位打造品牌核心竞争力，实现公司稳步成长。2016年上半年，曲美实现营业收入6.8亿元，同比增长25.07%，归属于上市公司股东的净利润7 261.57万元，同比增长90.46%。

新品开发　2016年，曲美加强与知名设计师合作，不断丰富产品品类，与非常建筑主持建筑设计师张永和联合推出“我爱瑜伽”系列，并受邀于上海当代艺术中心进行展出，获得设计界、艺术界和家居界的广泛关注；与海尔定制平台进行跨界合作，推出场景化的“童话家”定制家居，将定制深入到家居的文化层面，创新开启定制合伙人的新模式；与意大利著名设计师Kai Stania签署合作协议，推出新自在空间系列产品，为高端客户提供更丰富、时尚的产品选择。

柔性化生产　2016年，曲美持续更新优化工业4.0蓝图的智能中枢——ERP管理系统，并将其与3D生产系统相结合，打造曲美柔性、个性、智能的家居设计生产体系。

2. 2016年项目开展概况

你＋生活馆　近年来，随着人们追求个性化的生活空间，单一产品的功能、尺寸定制，只能解决使用需求，已经无法满足家居环境的整体设计。因此，2016年曲美在新产品、新模式、新价值三大核心战略的支撑下，提出了兼顾产品设计、软装风格、生活饰品的空间定制解决方案——“你＋生活馆”。2016年8月26日，首个你＋生活馆在北京三元桥店盛大启幕，随后，全国各店面掀起了升级改造的热潮。

发布社会责任报告　2016年12月20日，曲美发布了上市后首份企业社会责任报告，在这份以“大美无边”为名的报告中，阐述了曲美自1993年创立以来，一步一脚印勇于承担责任的点点滴

你＋生活馆

滴，报告的内容涵盖了人与人、人与家、人与社会和人与自然，为企业的可持续发展建立了更为系统的规范。

二、经营管理心得分享

家居行业作为传统制造业，曲美作为家居行业的一员，在保持自身企业特色的同时，始终求新求变。一直以来，曲美坚持产品质量、设计创新、工艺创新、管理创新同步发展的经营思路，为企业的高速发展奠定了坚实的基础。

1. 加大设计投入

自创立以来，曲美便视设计为企业的核心竞争力，为了持续提升设计能力，2016 年曲美不仅继续加大了在设计方面的资金投入，同时还积极与国内外的优秀设计师如意大利著名设计师 Kai Stania、非常建筑主持建筑设计师张永和、设计大师梁志天、卢志荣等合作，寻求新的、多元化的设计灵感，并开发出了一系列新的家具产品。

除此之外，曲美还积极与国内众多高等院校开展多种形式的技术合作和技术交流，并针对优秀设计人员出台相关的教育资助和交流学习机会，创造各种机会进一步提升设计人员的专业技能和素养。

2. 整合资源和服务，提出个性化的空间定制解决方案

2016 年，曲美结合全品类产品、空间设计服务、美学生活方式，推出了个性化的空间定制解决方案——你 + 生活馆。你＋生活馆店内除了销售不同风格的家具产品之外，还有以家装户型为样板、搭配软装、生活饰品、还原家居空间生活面貌的户型样板间；生活家饰的展示空间；并可以为客户提供免费量房、空间定制、家具设计、软装设计的全方位空间定制解决方案的设计服务。

3. 新技术的开发与运用

升级 OAO 项目　2015 年，曲美家居全线推出 OAO(Online And Offline) 模式，由曲美官网、云设计平台、线下曲美生活馆、ERP 系统、CRM 系统五个模块交互作用，彼此链接，让消费者既可以在线上云设计平台实现家具挑选、搭配、室内设计布局，又可以在线下门店中接收设计师团队一对一量身设计服务，同时还可以通过线下扫描二维码获取全方位产品信息等，享受线上线下资源互通、信息互联、相互增值的一体化、便捷化服务，提升品牌差异化竞争力。

2016 年，曲美继续对 OAO 项目进行了再造升级。新 OAO 解决了用户信息的需求、设计的需求、交互的需求和购买的需求，并在这个过程中打造了大数据信息平台，强化了自动化、智能化的生产流程，有了这个智慧中枢，未来从用户的家居需求、设计、订单、生产到物流，在线上的平台就能够很好的整合。同时，曲美正着力规划“柔性生产”“离散制造”等行业先进生产模式，希望通过曲美线上线下的专业技术和资源的整合，为用户带来全新的卓越体验。

通过 OAO 平台，曲美把经销商、企业制造商、供应链的材料供应商整合在一起，同时链接了消费者、设计师、企业三方，形成打造生活方案的紧密联盟，这种线上线下相融合，让消费者深度体验了一场精彩纷呈的旅程。

VR 技术的运用　在体验式场景购物日益盛行的当今，曲美将 VR 技术应用到了室内设计领域。在曲美的你＋生活馆中，消费者可以体验多屏联动，云端定制，用手机控制选取家居场景搭配，将自己的定制空间分享到朋友圈的 VR 技术。

VR 技术的运用，不仅让效果图出图效率从之前的几个小时缩短至半个小时之内，并且图片的艺术效果丝毫不减；在 3D 全景模式中，设计师可以瞬间改变材质球颜色、质地，直至找到设计师心目中最适合的搭配，极大的缩短了设计师挑选材质的时间；客户能在设计师设计好的 VR 方案里，提前看到自己房屋设计全景图，避免出现工期结束后，业主不满意装修效果的情况；基于 VR 技术，消费者可以完全按照自己的构思去构建和自己一样的虚拟空间，并能够从多角度观察设计的效果，真正实现了让客户自己动手打造理想中的家。

其他新技术的运用　2016 年曲美继续加强企业信息化建设工作。目前，企业已经建立并不断完善信息化系统、研发设计管理系统、销售管理系统、生产管理系统、物资采购管理系统、库房管理系统、

人力资源管理系统、设备管理系统、质检管理系统等，这八大信息化模块有效地提高了企业的运作效率。

4. 引进新设备

为了贯彻绿色环保理念，实现绿色生产，曲美对生产线进行了环保升级改造，其中就包括增加水性漆全自动喷涂生产线及配套设施如中央除尘设施、锅炉的改造建设等。目前曲美的喷涂全部采用水性漆并以全自动的方式取代人工喷涂，不但提高劳动生产率，而且大大减少生产过程中油漆的损耗及 VOCs 的排放。在生产线上，曲美通过加装 VOCs 尾气处理装置，采用“预处理＋等离子＋活性炭吸附”联合处理工艺，使得 VOCs 在最终排放端的处理效率大大提升。新技术和新设备，以及创新研发的多项环保工艺，不仅减少了原材料的浪费，也减少了碳排量。

为了实现精益生产，曲美还与德国舒乐商务咨询公司合作，对公司生产制造流程、设备匹配、业务流程设计、产能平衡等方面进行梳理和优化，并新建了一条高度自动化、智能化的实木产品生产线，极大的提升了生产效率。

5. 采用新材料

引进同步木纹板材，该板材采用已浸渍三聚氰胺纸的板材上再压制同纸面木纹的真实木纹印迹（又被称之为‘真木纹技术’或‘同步木纹浮雕面’），以表现原木自然风采，该技术不仅使板材更趋于真实感，手感也更加理想。在视觉工艺上的突破主要是表面木纹处理工艺，这种技术把原有的平面印刷木纹表现方式，改为立体的木纹同步压制，增强了直观视觉真实的木纹效果。

6. 创新管理机制

生产流程控制标准升级 为了让生产过程更加的智能化，曲美运用计算机技术从产品设计到生产的全过程进行全方位的把控。公司产品设计采用 3DMAX、CAD 软件进行产品 3D 立体建模设计，通过 solidedge 软件绘制实体模型，以及结构工艺的搭建和优化，然后通过 PDM 实现产品数据管理，通过扫描即可根据设计图纸和工艺要求进行加工。进入生产过程中后，则通过 MES 生产管理系统与 ERP 的结合运用，实现从订单投产、排产、生产过程管理到产品包装入库的实时监控。这种智能化的生产控制，极大的提升了生产效率，加强了对风险管控的快速反应能力，提升了对产品状态信息跟踪与反馈能力。

员工管理机制升级 2016 年，曲美进一步完善了管理考核激励机制，能够极大提升人才的创新、开发热情。从人才聘用和考核、专业工作职务评选、聘任晋升和分配激励，给员工打通了上升通道，提供了发展的空间和平台，为合理选人、科学用人提供了良好的机制保障。当前，所有员工工资以个人业绩实行等级划分，实行月评月调，表现突出的员工当月就可以上调工资等级，每年一次综合考评，对成绩突出的员工再次予以重奖。每年都对公司在产品设计、工艺创新，专利申请等方面做出了突出贡献的团队和个人进行表彰和奖励，进一步调动了员工进行创新、保证质量的积极性、主动性。

其他管理制度升级 良好的管理机制，能够促进创新、激励创新、催发创新。在产品设计研发流程方面，曲美形成了一整套从新产品立项、新产品开发到新产品产业化的创新管理制度；在设计研发组织体系方面，相关部门一起确定下期新品设计研发方向，负责产品设计和研发的具体工作，保障了产品研发工作的中短期计划和长期计划兼容并蓄。

2015 年 4 月，曲美成功登陆上海证券交易所上市，这不仅为曲美的持续发展提供了资本市场的有力支持，使得公司资产结构得以进一步优化，也在很大程度上为公司的经营管理与治理结构的规范运作，以及公司的长远健康发展引入了良好的机制。但是上市不是终点，在竞争日益白热化的家具行业，如若没有明确的品牌战略计划，不去深入挖掘品牌的文化内涵、不去界定品牌的风格个性，甚至是对产品质量、服务、技术创新听之任之、放任不管，即便是上市亦不可能让企业走得更稳、更远。

永艺家具股份有限公司

永艺家具股份有限公司是一家专业研发、生产和销售健康坐具的国家高新技术企业，产品主要涉及办公椅、按摩椅、沙发及功能座椅配件，是目前国内最大的坐具提供商之一。公司产品市场遍及60多个国家和地区，并与全球多家专业知名采购商、零售商、品牌商建立长期战略合作关系。2015年1月23日，公司在上海证券交易所主板挂牌上市（股票简称“永艺股份”，股票代码为603600），是安吉县第一家上市公司，也是目前国内椅业行业唯一的上市企业。公司成立于2001年，坐落在“中国椅业之乡”——浙江省安吉县。通过十余年的快速稳健发展，公司注册资金达1亿元，拥有员工3 000余名和三大生产基地（占地面积近14万平方米，建筑面积17.8万平方米）。2016年实现营业收入14.02亿元，2016年被评为湖州市纳税大户。

永艺股份以当时相对冷门的按摩椅行业作为突破口进军家具产业，并取得了一定的成功。业务的快速增长也让永艺股份思考未来的发展之路，为此，公司结合行业发展趋势，拒绝了客户来样加工的订单，把自主研发创新作为企业发展的基石，每年用销售额的3%投入到研发创新，完成了从传统的OEM向ODM模式的过渡。

一、公司2016年发展情况概述

2016年，是永艺股份上市之后业务发展的关键时期，也是永艺股份战略梳理、二次创业的重要转折点。在充分认识并研究行业发展趋势的基础上，实现了营业收入和净利润的稳健增长。2016年公司实现营业收入140 192.25万元，同比增长23.44%；实现营业利润12 547.46万元，同比增长31.83%。截至2016年末，归属于母公司净资产62 260.98万元。

1. 在技术研发方面

公司以“永艺健康坐具研究院”及院士工作站、博士后工作站为平台，继续加大技术创新力度，

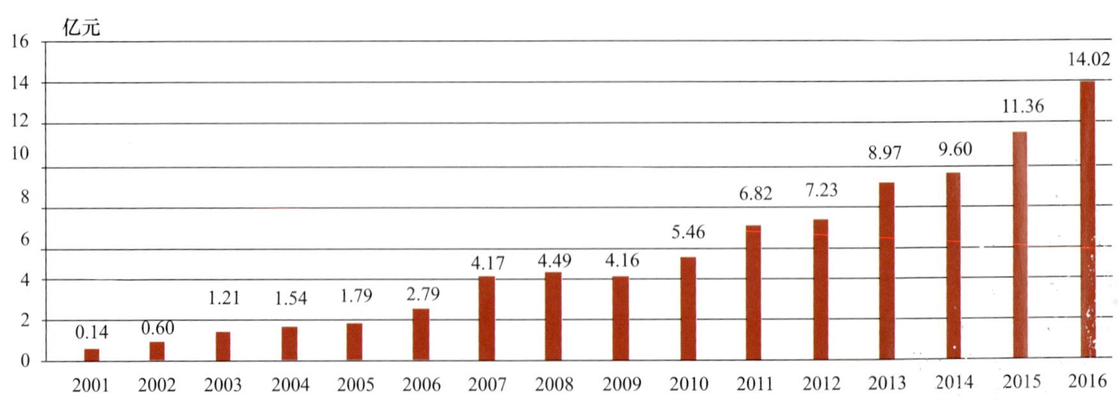

2001-2016年公司营业收入表

成功研制出我撑你 G20 座椅、自适应经典椅、午休椅等新产品，丰富了公司产品系列。截至 2016 年 12 月 31 日，公司拥有专利总数达 228 项，包含发明专利 21 项，实用新型专利 114 项，外观设计 93 项（其中美国外观设计专利 2 项）。其中，2016 年公司获得发明专利 9 项，实用新型专利 33 项，外观专利 25 项，在审发明专利 18 项，进一步确立了公司在椅业行业的优势地位。

2. 市场开拓方面

外销方面，在维护好原有客户的基础上，继续引进开拓新的客户，2016 年开拓的新客户为美国的 EMPRE、印度的 BP ERGO、泰国的 F ONE PLUS 等。同时，公司继续扩大在合约市场的份额，2016 年合约市场销售额为 10 500 万元，与上年同比增长了 30.19%。

内销方面，公司在国内事业部以及京东永艺家具旗舰店的基础上，于 2016 年 6 月成立了控股子公司永艺椅业科技（浙江）有限公司，线上增设了永艺天猫旗舰店、永艺淘宝企业店、京东永艺自营店。未来将由永艺科技全面负责永艺国内市场的经营，多渠道拓展内销市场。2016 年度发展了成都市明珠家居股份有限公司等内销客户，实现线下销售收入同比增长 117.48%；实现线上销售收入同比增长 282.93%，顺利开启国内市场。

3. 人才引进方面

公司在研发设计、品质管理、物流管理、人力资源管理等方面引进多名高端专业人才，其中高级管理人员 18 名，专业技术人员 127 名；同时，公司建立了内部培训体系。

4. 成本、品质、生产效率方面

公司全面推行卓越绩效管理，实施精益制造，并采用“机器换人”手段，提升自动化水平，提高生产效率，节约生产成本，在品质控制上采用 FMEA、SOP、CTQ、FPY 等手段，全面提升和保证产品品质，成为安吉县“机器换人”示范单位、浙江省精细化管理示范企业，其中办公椅生产线被世界五百强客户定为行业标杆生产线。为进一步提升公司生产运营水平，公司启动了为期两年的“ACE 精益制造项目”，将精益制造持续深化、细化。

5. 强化公司内部管理，提升管理水平

深化内控体系建设，进一步强化内部审计经济监督职能，持续推进风险管理融入主营业务流程。持续推进公司职能体系有效运行，进一步完善公司治理架构。

二、座椅行业发展现状分析

永艺股份的主要产品为办公椅、按摩椅椅身和沙发，因此，办公椅行业和按摩椅行业的竞争状况和发展趋势与公司业务发展密切相关，公司也对这几个细分行业市场进行了深入剖析解读，具体调研结果如下：

1. 办公椅行业竞争状况

目前，我国办公椅行业市场竞争也较为激烈，特别是中低端产品市场同质化竞争明显，企业利润率水平普遍不高。但中高端产品市场门槛较高，竞争相对有序。行业内部分领先企业逐步转变竞争模式，依靠自主创新能力，努力提高自身研发设计水平，逐步进入国际中高端市场，并开始尝试进入高端市场。随着行业的不断发展，企业数量不断增多，但是大多数中小型生产企业技术创新能力和产品设计能力较弱，致使办公椅产品同质化现象愈演愈烈，再加上国外进口产品强大的市场冲击和国内外资企业的对市场的争夺，我国办公椅行业的市场竞争越来越激烈。

我国办公椅行业整体的发展态势较好，市场规模迅速扩大，技术不断提升。但是与欧美等发达国家相比，国内办公椅行业的企业管理、产品质量、技术先进性等方面都有一定的差距。并且，市场竞争也随着国内企业数量的增多和国外企业进军中国市场而越来越激烈。但在激烈的竞争环境下，我国办公椅产品在设计、质量、技术等方面也取得了较大的成就。

2. 按摩椅行业竞争状况

从全球范围来看，按摩椅市场主要集中在东亚

地区，尤其以日本、韩国、中国台湾、中国香港、新加坡、马来西亚和其他东亚国家或地区为主，行业内参与企业众多，市场竞争较激烈，市场化程度较高。国际按摩椅企业包括傲胜（OSIM）、松下电器（含三洋）、富士医疗、发美利等公司，市场集中度较高，中高端按摩椅销售主要集中在上述企业。

从生产来看，除日本外，我国已经成为全球最主要的按摩椅生产基地，国外知名品牌纷纷在国内设立合资公司或者寻找合作伙伴，外资或合资生产企业凭借研发设计、生产运营和市场渠道等方面的优势，在全球范围内处于领先水平。我国主要按摩椅生产企业集中在江苏、福建、浙江、上海等地区，包括大东傲胜、上海松下电工有限公司、发美利健康器械（上海）有限公司、蒙发利等公司。

从国内按摩椅消费来看，由于国内社会对按摩椅的认知能力较差，造成人们对按摩椅认可度较低，加上人们消费能力相对有限，导致人们对按摩椅的需求以中低端需求为主，最终造成国内中低端按摩椅产品占据市场主导地位的竞争格局。从生产企业来看，虽然原材料供给规模较大，但与国外发达国家相比在质量上存在一定的差距，对按摩椅品质也会产生一定的影响；另外，国内按摩椅生产企业大多以中小企业为主，缺乏必要的研发团队和先进的生产设备，造成企业产品缺乏创新性，加大了市场上按摩椅的同质化，同时也限制了按摩椅产品品质的提升。所以，整体来看，国内按摩椅行业同质化较为严重，市场竞争比较激烈。

3. 沙发行业竞争状况

沙发行业国际市场竞争格局复杂，由于各个国家都有自己独特的文化习俗和消费者习惯，普通沙发厂商开拓全球市场面临着文化差异和消费者偏好理解不透彻等诸多困难，沙发品牌的国别性、地域性特征比较明显。但当前部分世界一流沙发品牌厂商，凭借先进的设计理念、优质的产品质量和丰富的销售经验开始拓展全球市场。从全球沙发行业的整体竞争格局来看，行业集中度较低，市场竞争较为充分。其中，欧美、日本等发达国家在高端沙发领域占有较大的竞争优势，中国等发展中国家中低端产品领域优势明显。

三、座椅行业未来发展趋势

对各细分行业市场进行深入分析之后，永艺股份对于整个椅业行业发展趋势的大方向也有自己的研究和认识。未来，我国座椅行业将朝产业聚集化、分工专业化、产品高端化和绿色化、生产高效化、研发快速市场化的方向发展，盈利模式将从传统大量贴牌生产方式向自主研发、品牌化方式转变，产业组织方式将从“制造环节的供应链整合”向“整体产业链、价值链整合”转变。

1. 产业聚集化

受区域产业转移、国际集中采购的推动，未来产业的聚集化发展进程将进一步加快。区域性产业聚集优势的生产制造基地的不断出现，将促进我国座椅产业和市场集中度的提升、行业结构和产品结构的优化、生产效率和协作效率的提高，加快产业集群的转型升级。浙江省安吉县就是我国椅业集聚地之一。

2. 分工专业化

座椅产业的垂直分工水平和专业化生产将会不断深化。座椅产品从原材料到产成品，需要经过复杂的生产加工程序，各道程序之间也存在较大的差异。我国座椅产业具有较强的产业集聚特征，产业集聚的形成和发展，促进产业垂直分工和专业化生产，以提高生产效率、扩大规模效应、形成比较优势，经济较发达地区的这种专业化生产模式有利于熨平相对于内陆地区的成本差异，继续保持区域的产业竞争力。

3. 产品高端化和绿色化

未来我国座椅产业核心将从传统“加工制造”向“价值创造”转变，品牌经营、营销服务、产品研发设计将成为未来座椅产业的主要利润来源。产品高端化对企业技术水平、管理水平提出更高要求，一方面向研发设计等技术密集环节延伸，要求企业在技术储备、高端人才引进、研发设计方面加大投入；另一方面向品牌营销等信息密集型环节延伸，要求企业在品牌策划与管理、渠道建设、市场终端管控等方面加大投入。

随着居民生活质量的提高、消费结构的升级，消费者低碳、环保、健康消费意识逐步加强。以人体工程学基础研究数据为依据，将办公系统中的“人 - 桌 - 椅 - 环境”作为整体考量对象，能发挥最大人体自由度、最大程度预防职业病的绿色、环保、符合人体工程学的功能办公椅将成为消费主流。

4. 生产高效化

随着劳动力成本的不断增加、企业规模的继续扩张、产品质量控制要求不断增强，国内座椅企业的设备现代化水平将逐步从半机械化生产到机械化、自动化生产过渡。生产高效化趋势对企业供应链管理、流程管理提出了更高要求，要求建立迅捷的市场响应机制和流程。目前，我国企业整体的生产水平处于机械化工业制造阶段，而国外发达国家的座椅制造已经实现了现代数字控制生产，这一差距有待缩短以提高生产效率。同时，随着客户需求的多元化、个性化趋势，座椅生产亦朝着大规模定制的方向发展。

5. 环保化

随着现代环境越来越恶化，人们的环保意识越来越强烈，国家也大力倡导环保生产。为顺应大的趋势，办公椅行业也逐渐向环保低碳靠拢，从生产材料、生产工艺、废料处理等方面向环保化方向发展，尽量减少或杜绝废物的丢弃、有害气体的释放、原材料的浪费等。

6. 精细化

随着人们生活水平的提高，人们对办公椅产品的精致度要求也逐渐提高。为满足广大消费者的需求，办公椅生产企业一方面在办公椅的设计上更加精美和协调，另一方面对办公椅的生产工艺上面更加精细，摒弃了过去粗糙的工艺，采用现代化机器设备，对每一个环节都做到精细化要求。

7. 智能化

近几年，随着人工智能、互联网技术的发展，其快速渗透到各行各业。办公椅行业的发展自然也紧随潮流，多款智能化办公椅产品被推出，开启了办公椅智能化的时代，自动归位、手机控制、自动调整等功能逐渐被开发出来。

8. 多功能化

随着经济社会的发展，人们的快节奏生活使得工作压力相对较大，一个舒适的、多功能的办公椅产品对广大的上班族来说越来越重要，因此，越来越多的多功能办公椅产品被开发出来，包括自带按摩功能的办公椅、自动调节的午休办公椅等。

广州尚品宅配家居股份有限公司

广州尚品宅配家居股份有限公司（以下简称“尚品宅配”）成立于2004年，创立伊始便依托IT技术创新实现“大规模定制”先进模式。近年来通过打造新居网在线设计服务平台、基于图形图像数据的虚拟现实云计算以及移动互联云设计技术，开始践行工业4.0思维及技术应用，实现个性化营销、柔性化生产、社会化物流的“C2B+O2O”业务运作模式，迅速从传统家具制造企业转型为高速发展的现代家居服务企业。尚品宅配与定制家具同行业公司差异很大，公司以现代和青春的设计风格，强调直营的渠道策略、线下百货商场和线上新居网的流量入口掌控力，强化竞争的双品牌策略区别于竞争对手。

目前，公司共有员工13 000多人，在京沪广佛等11个一线城市拥有70多家直营店，在全国500多个城市拥有加盟店1 000多家，2016年公司实现销售收入40亿元，连续多年保持60%以上的年复合增长率。

2016年国家工信部正式发布“2016年智能制造试点示范项目”入选名单（全国共计63家），佛山维尚智能制造试点示范（全屋家居大规模个性化定制）项目光荣上榜，成为全国家具行业唯一入选项目。2017年3月7日，尚品宅配作为中国家具行业的科技创新标杆，成功在深交所创业板挂牌上市，成为中国家具行业唯一成功登陆创业板的企业。

一、公司发展模式分析

1. 直营占据一线城市优势资源，渠道运营不走寻常路

目前主流的上市定制家具企业在渠道上均采用经销商模式为主的轻资产扩张模式，与此同时在渠道的选择上，家居建材卖场成为了定制家具企业发力的开店场所。尚品宅配在渠道上跟其他定制家居企业区别很大，一方面，公司直营比例较高，2016年直营和经销商的收入占比大体相当，公司重视在核心城市布局直营门店。另一方面，公司的门店逐渐从家居建材卖场撤出，布局到人流密集的Shopping Mall中，公司在渠道上的不同为公司上市之后提供强劲的增长动力。

2.“信息化”与“工业化”两化融合为公司在互联网时代的持续发展奠定了基础

传统家具生产经营方式存在库存量大、资金周转慢、附加值较低等缺陷。针对传统生产模式的弊端，尚品宅配大胆改革创新技术和商业模式，把生产技术与信息技术紧密结合起来，采用满足个性化需求的“定制化”柔性生产技术，把消费者从过去被动地接受产品转变到主动参与到产品的设计、制造中来，实施全程数码服务，最大限度地满足消费者的个性化需求。把信息技术运用到设计、生产、配送和服务等环节，将生产操作程序化，大幅减少生产车间的工人，大量的人员都转向接订单、设计、安装等服务方面。商业层面实现了“客户需要什么，我们就设计什么、生产什么”的服务导向型发展模式。技术和产业层面通过信息化和工业化的高层次的深度结合，实现了真正的“大规模定制技术”——成为国内“两化融合”的典范。

3. 基于互联网“C2B”和“O2O”商业模式成就公司持续的高速发展

互联网时代人们的消费行为和习惯正在发生巨

重要合作 

- 商业模式的优化和规模经济的运用：云设计
- 特定资源与业务的获取：合作厂商

关键业务 

- 制造产品：大规模制造、协同制造
- 解决问题：全屋家居解决方案
- 平台/网络：云设计平台、家居设计方案开放式服务平台、家居企业技术支持平台、家居产品电子商务平台

核心资源

- 实体资产：设备、厂房
- 知识资产：创新信息技术

价值主张 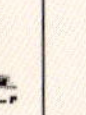 

- 新颖：不断更新的三大库
- 顾客定制
- 设计：设计师梯队、云设计
- 品牌/身份地位：一站式家居解决方案
- 成本削减：大规模定制生产
- 风险抑制：网络销售平台
- 可达性：网络平台设计体验、上门量尺
- 便利性/可用性：网络平台、顾客订单跟踪

客户关系 

- 个人助理：设计师
- 自助服务：顾客DIY设计
- 自动化服务：家居设计方案开放式服务平台
- 共同创作：设计师与客户达成个性化设计方案

渠道通路 

直接渠道：
- 销售队伍：设计师
- 在线销售：新居网

间接渠道
- 自有店铺：门店

客户细分  

- 大众市场
- 多样化客户

成本构成 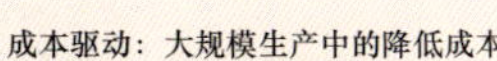

- 成本驱动：大规模生产中的降低成本
- 价值驱动：多方位的增值服务
- 规模经济：大规模制造
- 范围经济：云设计平台支持的多方产品与服务，及拓展体验

收入来源 

- 资主销售：产品销售收入所得
- 授权费用：信息技术平台的知识转让授权收入

尚品宅配商业模式要素分布图

模式对比	天猫与淘宝商城	京东商城	苏宁易购	小米模式	尚品宅配
经营模式	平台模式 B2B	自营模式 B2C	自营模式 B2C+O2O（店网一体）	自营模式 B2C	自营+平台 C2B+O2O（店网一体）
卖什么	多品牌、多样性商品 品类广泛 种类繁多	多品牌、多样性商品 品类广泛 种类繁多	多品牌、多样性商品 品类广泛 种类繁多	单一品牌的自有产品	以空间为入口兼载体，整合自有品牌及相关产业品牌的产品；提供服务和整体解决方案
核心优势	大用户 大数据 大物流 大平台	大用户 大数据 大物流 大平台	传统商业向电商与传统商业融合发展	以定位精准、设计新颖的产品打动目标用户	大数据 云计算 全流程信息化系统 用户体验 整体解决方案个性化定制产业整合
成长性	跨界经营（向金融、信用担保、物流） 与移动互联网的跨界融合	自建物流网络与移动互联网的跨界融合	线上线下融合	以产品的不断创新维护用户群的忠实度	除核心环节外，依赖用户体验供应链的企业内外 专业资源 专业分工明确，协同要求高
价值	平台自身价值巨大 搭建平台，拓宽销售渠道 产业的创新依靠企业自身	创造新的消费，但是产业的创新仍然主要靠企业自身	创造新的消费，但是产业的创新仍然主要靠企业自身	仅推动自有品牌和企业成长	整合相关多产业链，带动、形成共同创新、共同成长的产业链森林群落

尚品宅配模式与其他电商模式的比较分析

变，尚品宅配通过基于互联网的实时交易和互动设计系统建立的“新居网”在线服务平台，采集了全国数万个楼盘的数十万种房型数据，建立了“房型库”，通过与国际设计机构和集团研发中心研发建立的“产品库”和不同人群在不同生活空间的行为和功能需求的研究，研发出上万个“空间整体解决方

案”的“方案库”。再加上全国 1 000 多间地面实体体验店以及佛山工厂的“大规模定制”系统无缝连接和全流程信息化，实现了真正的 C2B 和 O2O 商业模式。C2B 被称为当今电商的最高境界，尚品宅配走在 C2B 的最前沿，被多个商学院作为案例。这种模式也成就了公司在最近两年全行业增长停滞或下降的市场状态下依然保持高速增长。公司 2016 年 O2O 引流服务费收入 5 986 万元，同比增加 29.42%。根据公司招股说明书的测算，O2O 引流的客户已经占到加盟商总收入的近 20%，如果考虑到只有一部分加盟商开通 O2O 引流服务，这一比例将更高。

4. 积极学习快速反应，发力移动互联，站在行业发展趋势的风口

在 2014 年以前，尚品宅配旗下新居网已经发展成为 PC 互联领域的国内家具行业第一电商。进入 2014 年年初，移动互联网浪潮汹涌来袭。公司董事会及管理层审时度势，马上修正制定了 2014 年互联网营销推广的重点战略定位：像当初“拥抱互联网”一样“拥抱微信”——迅速成立集团移动互联营销中心，以微信为主，手机百度、京东、天猫淘宝移动端、360 等为辅，建立基于移动互联网的新营销渠道及模式，公司人力、开发、资金资源全面倾斜。经过将近 1 年的发展，公司在移动端的流量导入已经超越 PC 端，成功从 PC 互联网企业转型成为移动互联网企业，微信服务号从 2 万粉丝数猛增至目前超过 1 000 万粉丝数，长期占据每周企业微信榜榜首位置（全行业），国内新锐媒体《新媒体排行榜》在今年年初发布企业微信财富榜，维尚微信公众号以估值 53 亿元夺冠（亚军季军分别是招商银行及星巴克中国）。

5. 大幅增加研发投入，持续不断技改及流程再造，践行工业 4.0 思维及技术应用

工业 4.0 的其中两大核心特征是智能化和互联交互。进入到工业 4.0 之后，整个流程是这样：从客户下订单到企业获取订单、采购原材料以及在工厂组织生产变为产成品，然后通过智能物流运送到客户手中，客户使用这个产品涉及整体售后服务，全过程是智能化的。第二，互联交互。进入工业 4.0 之后，包括生产设备与生产设备之间、生产设备与产品之间、生产设备与车间之间、生产企业与客户之间等，都是互联的一个过程。通过这种互联使得整体能够达到智能化，同时也满足个性化定制和服务化。尚品宅配的整个商业运营及生产运营的各个流程，基本达到了以上两个特征所述，在工业 4.0 思维运用上，走在中国家具行业技术发展的最前沿。

未来 3 年，尚品宅配将继续保持 30%~50% 左右的高速增长，生产基地产能需要得到较大扩张，同比去年增幅至少达到 50% 以上。有鉴于此，公司在 2014 年初便开始做机器人的技术储备与开发，乃至到下半年后，技术开发已经进入尾声，几十台机器人设备上马生产副线，在 2016 年年初已经实现投产。

二、维尚智能工厂介绍

维尚家具第五分厂占地面积达 203 亩，建筑面积达到 19.7 万平方米，交通条件便捷，周边汇集了一汽大众，本田汽车，群创光电等国内外知名企业。工厂日产能超 30 万件，生产效率是传统工厂的 6~8 倍，材料利用率高达 93% 以上，出错率下降到 3% 以下。

1. 原材料储存及配送环节

在原材料储存及配送环节，通过与国内外知名企业合作，引进 18 米高的全自动立体仓库以及 6 轴机器人，将公司的批次调度系统与立体仓储管理系统有效结合，将原材料板材自动送进立体仓库进行储存管理，并通过大数据分析，机器人自动进行批次板材的分拣备料，颠覆了传统叉车作业模式，实现了原材料储存分拣的无人化操作，大大提高了作业效率及确保了分拣的准确性。

智能工厂可以准确规划 3 天以内所有批次使用的原材料，材料叫送及库存准备精确到小时级，并发挥自身后台大数据处理能力，运用先进的 RGV（承重 1.6 吨，速度达到了 130 米 / 分），并配合自动滚筒线、移栽机，把 100 多种不同的原材料自动输送到不同加工现场进行加工，有效提高原材料的

（续表）

序号	标准编号	标准名称	标准主要内容	代替标准	采标情况	实施日期
12	QB/T 1952.1—2012	软体家具 沙发	本标准规定了沙发的定义、产品分类、要求、试验方法、检验规则及标志、包装、运输、贮存。 本标准适用于室内使用的沙发。当有具体的产品标准时，应符合相关产品标准的规定。	QB/T 1952.1—2003	—	2013—03—01
13	QB/T 4369—2012	家具（板材）用蜂窝纸芯	本标准规定了家具（板材）用蜂窝纸芯的术语和定义、要求、试验方法、检验规则和标志、包装、运输、贮存。 本标准适用于未经特殊加工处理的蜂窝纸芯，经增强、防潮、防火、防静电等特殊加工方法处理的蜂窝纸芯也可参照执行。	—	—	2013—03—01
14	QB/T 4370—2012	家具用软质阻燃聚氨酯泡沫塑料	本标准规定了家具用软质阻燃聚氨酯泡沫塑料的术语和定义、要求、试验方法、检验规则和标志、包装、运输、贮存。 本标准适用于家具用软质阻燃聚氨酯泡沫塑料。	—	—	2013—03—01
15	QB/T 4371—2012	家具抗菌性能的评价	本标准规定了家具抗菌性能的术语和定义、要求及评价方法。 本标准适用于具有抗菌功能的家具。	—	—	2013—03—01
16	QB/T 4372—2012	家具表面涂覆 溶剂型木器涂料施工技术规范	本标准规定了家具表面涂覆用溶剂型木器涂料施工技术规范的总则、基材与常用施工方式、施工工艺、环境污染控制、施工工艺流程、常见弊病及处理方法。 本标准适用于工厂采用刷涂、喷涂、淋涂、辊涂等方法进行溶剂型木器涂料涂装施工。家庭或类似环境进行相关涂装可参照使用。	—	—	2013—03—01
17	QB/T 4373—2012	家具表面涂覆 水性木器涂料施工技术规范	本标准规定了家具表面涂覆用水性木器涂料施工技术规范的总则、基材与常用施工方式、施工工艺、环境污染控制、施工工艺流程、常见弊病及处理方法。 本标准适用于工厂采用刷涂、喷涂、辊涂等方法进行水性木器涂料涂装施工，家庭或类似环境进行相关涂装可参照使用。	—	—	2013—03—01
18	QB/T 4374—2012	家具制造木材拼板的作业和工艺	本标准规定了家具制造过程中木材拼板工序的通用作业和工艺要求。 本标准适用于家具制造过程中的木材拼板工序，包括采用各种拼板设备以指接、平接等工艺完成的拼长、拼宽和拼厚的拼板。	—	—	2013—03—01
19	QB/T 2741—2013	学生公寓多功能家具	本标准规定了学生公寓多功能家具的术语、定义和符号、分类、要求、试验方法、检验规则、使用说明、包装、运输、贮存。 本标准适用于学校公寓内供学生使用的多功能家具，其他集体宿舍或类似场合用多功能家具可参照执行。	QB/T 2741—2005	2013—07—22	2013—12—01
20	QB/T 2601—2013	体育场馆公共座椅	本标准规定了体育场馆用公共座椅的定义和术语、产品分类、要求、试验方法、检验规则及标识、使用说明、包装、运输、贮存。 本标准适用于室内外体育场馆使用的以硬质座面为主的公共座椅，其他公共场所使用的类似座椅可参照执行。	QB/T 2601—2003	2013—07—22	2013—12—01
21	QB/T 1241—2013	家具五金 家具拉手安装尺寸	本标准规定了家具金属拉手的安装尺寸。 本标准适用于家具金属拉手在家具上的安装及其设计加工。	QB/T 1241—1991	2013—07—22	2013—12—01
22	QB/T 1950—2013	家具表面漆膜耐盐浴测定法	本标准规定了金属家具表面漆膜耐盐浴测定的范围、规范性引用文件、原理、试验设备及材料、试样要求、试验条件及步骤、试验结果与评定。 本标准适用于喷涂工艺制造的金属家具和金属零部件表面漆膜耐盐浴的测定。	QB/T 1950—1994	2013—07—22	2013—12—01

（续表）

序号	标准编号	标准名称	标准主要内容	代替标准	采标情况	实施日期
23	QB/T 2602—2013	影剧院公共座椅	本标准规定了供影剧院、会议厅、多功能厅内使用的公共座椅的术语和定义、产品分类、要求、试验方法、检验规则及标识、使用说明、包装、运输、贮存。 本标准适用于影剧院、会议厅、多功能厅室内使用以软面座椅为主的公共座椅，其他公共场所使用的类似公共座椅可参照执行。	QB/T 2602—2003	2013—07—22	2013—12—01
24	QB/T 2603—2013	木制宾馆家具	本标准规定了木制宾馆家具的术语和定义、产品分类、要求、试验方法、检验规则和标志、包装、运输、贮存。 本标准适用于宾馆、酒店、旅馆和饭店等场所客房内使用的木制家具。	QB/T 2603—2003	2013—07—22	2013—12—01
25	QB/T 1094—2013	家具实木胶接件耐水性的测定	本标准规定了家具实木胶接件耐水性测定的试验方法。 本标准适用于家具及其他木制品实木胶接件耐水性的测定。	QB/T 1094—1991	2013—07—22	2013—12—01
26	QB/T 1093—2013	家具实木胶接件剪切强度的测定	本标准规定了实木胶接件的术语和定义，剪切强度的试验方法。 本标准适用于家具及其他木制品中实木间胶接合顺纹、横纹剪切强度的测定。	QB/T 1093—1991	2013—07—22	2013—12—01
27	QB/T 2189—2013	家具五金杯状暗铰链	本标准规定了家具用杯状暗铰链的术语和定义、要求、试验方法、检验规则、标志、使用说明、包装、运输和贮存。 本标准适用于家具用杯状暗铰链，其他铰链可参照执行。	QB/T 2189—1995	2013—07—22	2013—12—01
28	QB/T 1951.2—2013	金属家具质量检验及质量评定	本标准规定了金属家具的术语和定义、要求、试验方法、检验程序、检验规则、标志、使用说明、包装、运输、贮存等。 本标准适用于室内用金属家具的质量检验及质量评价。其他有金属材料构件的家具可参照执行。	QB/T 1951.2—1994	2013—07—22	2013—12—01
29	QB/T 2454—2013	家具五金抽屉导轨	本标准规定了抽屉导轨的术语和定义、要求、试验方法、检验规则、标志、使用说明、包装、运输和贮存。 本标准适用于抽屉导轨，其他导轨和推拉构件可参照执行。	QB/T 2454—1999	2013—07—22	2013—12—01
30	QB/T 4447—2013	漆艺家具	本标准规定了漆艺家具相关的术语和定义、分类与命名、要求、试验方法、检验规则及标志、包装、储存和运输。 本标准适用于各类漆艺家具。	QB/T 3644—1999	2013—07—22	2013—12—01
31	QB/T 4448—2013	家具表面软质覆面材料剥离强度的测定	本标准规定了用力学试验机测定家具表面软质覆面材料与基材间剥离强度的方法。 本标准适用于软质覆面材料饰面的家具及其他木制品的零部件表面剥离强度试验。	QB/T 3655—1999	2013—07—22	2013—12—01
32	QB/T 4449—2013	家具表面硬质覆面材料剥离强度的测定	本标准规定了用力学试验机测定家具表面硬质覆面材料与基材间剥离强度的方法。 本标准适用于硬质覆面材料饰面的家具及其他木制品的零部件表面剥离强度试验。	QB/T 3656—1999	2013—07—22	2013—12—01
33	QB/T 4450—2013	家具用木制零件断面尺寸	本标准规定了家具用木制零件断面尺寸的组合。 本标准适用于家具用木制零件断面尺寸的选用。	QB/T 3913—1999	2013—07—22	2013—12—01
34	QB/T 4451—2013	家具功能尺寸的标注	本标准规定了家具的主要尺寸标注用符号。 本标准适用于凳、椅、沙发、桌、床及柜类等家具主要尺寸符号的标注。 本标准不涉及尺寸和角度的具体数值。	QB/T 3915—1999	2013—07—22	2013—12—01

（续表）

序号	标准编号	标准名称	标准主要内容	代替标准	采标情况	实施日期
35	QB/T 4452—2013	木家具 极限与配合	本标准规定了木家具的极限与配合及其术语、定义和基本规定。 本标准适用于木家具和其他家具木制件的表面或结构的尺寸公差，以及由它们组成的配合。其他木制品和木制件可参照执行。	QB/T 3658—1999	2013—07—22	2013—12—01
36	QB/T 4453—2013	木家具 几何公差	本标准规定了木家具几何公差中的形状和方向公差标注的基本要求和方法。 本标准适用于木家具的几何公差标注。 本标准适用于木家具和其他家具的木制件中零、部件要素的几何公差。其他木制品和木制件中的零、部件要素可参照执行。	QB/T 3659—1999	2013—07—22	2013—12—01
37	QB/T 4454—2013	沙滩椅	本标准规定了沙滩椅的术语和定义、产品分类、要求、试验方法、检验规则、标识、使用说明、包装、运输和贮存等。 本标准适用于在海滨、湖滨、浴场等场所使用的沙滩椅类产品。	—	2013—07—22	2013—12—01
38	QB/T 4455—2013	衣帽架	本标准规定了衣帽架的术语和定义、产品分类、要求、试验方法、检验规则、标志、包装、运输和贮存。 本标准适用于室内独立使用的枝状衣帽架。	—	2013—07—22	2013—12—01
39	QB/T 4456—2013	家具用高强度装饰台面板	本标准规定了家具用高强度装饰台面板的术语和定义、产品分类、要求、试验方法、检验规则、标识、包装和贮存。 本标准适用于实验室、厨房、餐厅、卫浴、办公等家具用高强度装饰台面板。	—	2013—07—22	2013—12—01
40	QB/T 4457—2013	床垫用棕纤维丝	本标准规定了床垫用棕纤维丝的术语和定义、产品分类、要求、试验方法、检验规则及包装、标识、运输、贮存。 本标准适用于床垫用棕纤维丝的验收。	—	2013—07—22	2013—12—01
41	QB/T 4458—2013	折叠椅	本标准规定了折叠椅的产品分类、术语和定义、要求、试验方法、检验规则、使用说明、包装、运输和贮存。 本标准适用于折叠椅家具产品。	—	2013—07—22	2013—12—01
42	QB/T 4459—2013	折叠床	本标准规定了折叠床的术语和定义、要求、试验方法、使用说明、检验规则、包装、运输和贮存。 本标准适用于便于移动的折叠床家具产品，但不包括折叠翻靠床、家用的童床和折叠小床。	—	2013—07—22	2013—12—01
43	QB/T 4460—2013	折叠式会议桌	本标准规定了折叠式会议桌的术语和定义、分类、要求、试验方法、检验规则及标志、使用说明、包装、运输、贮存等。 本标准适用于折叠式会议桌产品。	—	2013—07—22	2013—12—01
44	QB/T 4461—2013	木家具表面涂装技术要求	本标准规定了木家具表面涂装的术语和定义、分类、环境要求、涂装前的要求、涂装过程的要求和涂装后漆膜技术要求。 本标准适用于木家具通用的表面涂装技术要求。	—	2013—07—22	2013—12—01
45	QB/T 4462—2013	软体家具 手动折叠沙发	本标准规定了手动折叠沙发的定义、产品分类、要求、试验方法及检验规则和标志、包装、运输、贮存。 本标准适用于手动折叠沙发产品。	—	2013—07—22	2013—12—01
46	QB/T 4463—2013	家具用封边条技术要求	本标准规定了家具用封边条的术语和定义、产品分类、要求、试验方法、检验规则和标志、包装、运输、贮存。 本标准适用于用塑料、原纸、木材为基材加工制成的各种家具用封边条。	—	2013—07—22	2013—12—01
47	QB/T 4464—2013	家具用蜂窝板部件技术要求	本标准规定了家具用蜂窝板部件的术语和定义、分类、要求、试验方法、检验规则和标志、包装、运输、贮存。 本标准适用于由蜂窝板制作而成并经封边处理后的家具部件。	—	2013—07—22	2013—12—01

（续表）

序号	标准编号	标准名称	标准主要内容	代替标准	采标情况	实施日期
48	QB/T 4465—2013	家具包装通用技术要求	本标准规定了家具包装的术语和定义、要求和试验方法等内容。 本标准适用于采用瓦楞纸箱包装的各类家具产品，采用其他包装材料包装的家具产品可参照使用。	—	2013—07—22	2013—12—01
49	QB/T 4466—2013	床铺面技术要求	本标准规定了床铺面的术语与定义、产品分类、要求、试验方法、检验规则和标志、包装、运输、贮存。 本标准适用于床具中支撑床垫用的铺面（如排骨架和网架）。	—	2013—07—22	2013—12—01
50	QB/T 4467—2013	茶几	本标准规定了茶几的术语和定义、分类和命名、推荐尺寸、要求、试验方法、检验规则、标志、使用说明、包装、运输、贮存。 本标准适用于以木质、金属、玻璃、石材中的一种或几种为基材制成的供室内使用的茶几。 本标准不适用于具有折叠、升降、旋转等特殊功能的茶几。	—	2013—07—22	2013—12—01
51	QB/T 4668—2014	办公家具人类工效学要求	本标准规定了常用办公家具产品中办公桌、办公椅和文件柜的一般人类工效学要求。 本标准适用于一般办公场所使用的办公桌、办公椅和文件柜产品。	—	—	2014—10—01
52	QB/T 4669—2014	家居画饰	本标准规定了家居画饰产品的术语和定义、产品分类、要求、试验方法、检验规则、标志、包装、运输、贮存。 本标准适用于家居画饰产品。	—	—	2014—10—01
53	QB/T 4670—2014	吧椅	本标准规定了吧椅的分类、要求、试验方法、检验规则和标志、使用说明、包装、运输、贮存。 本标准适用于座面高度不低于 550mm 并带有脚踏的可移动吧椅，其他类似产品可参照执行。	—	—	2014—10—01
54	QB 4764—2014	家具生产安全规范 自动封边机作业要求	本标准规定了家具制造过程中自动封边机的一般要求、作业场所与环境要求、加工操作要求、机床维护保养要求、物料搬运要求和防护用品使用要求等。 本标准适用于家具制造中所使用的自动封边机。其他半自动封边机和手动封边机可参照执行。	—	—	2014—11—01
55	QB/T 4765—2014	家具用脚轮	本标准规定了家具用脚轮的术语和定义、分类、要求、试验方法、检验规则、标志、使用说明、包装、运输和贮存。 本标准适用于家具的非动力驱动的移动用脚轮。 本标准不适用于办公椅（转椅）脚轮。	—	—	2014—11—01
56	QB/T 4766—2014	家具用双包镶板技术要求	本标准规定了家具用双包镶板的术语和定义、分类、要求、试验方法、检验规则、标志、包装、运输、贮存。 本标准适用于家具用双包镶板。其他单包镶板可参照执行。	—	—	2014—11—01
57	QB/T 4767—2014	家具用钢构件	本标准规定了家具用钢构件的术语和定义、产品分类、要求、试验方法、标志、包装、运输、贮存等。 本标准适用于家具产品中的钢构件。	—	—	2014—11—01
58	QB/T 4768—2014	沙发床	本标准规定了沙发床的术语和定义、产品分类、要求、试验方法及检验规则和标志、包装、运输、贮存。 本标准适用于沙发床产品。	—	—	2014—11—01
59	QB/T 4783—2015	摇椅	本标准规定了摇椅的术语和定义、分类、要求、试验方法、检验规则、标志、使用说明、包装、运输和贮存。 本标准适用于摇椅，不适用于儿童以及婴幼儿摇椅。	—	—	2015—10—01
60	QB/T 4784—2015	木家具空气喷涂涂着率测定方法	本标准规定了木家具空气喷涂涂着率的术语和定义、测定方法。 本标准适用于采用空气喷涂法涂饰木家具表面时涂着率的测定和计算。	—	—	2015—10—01

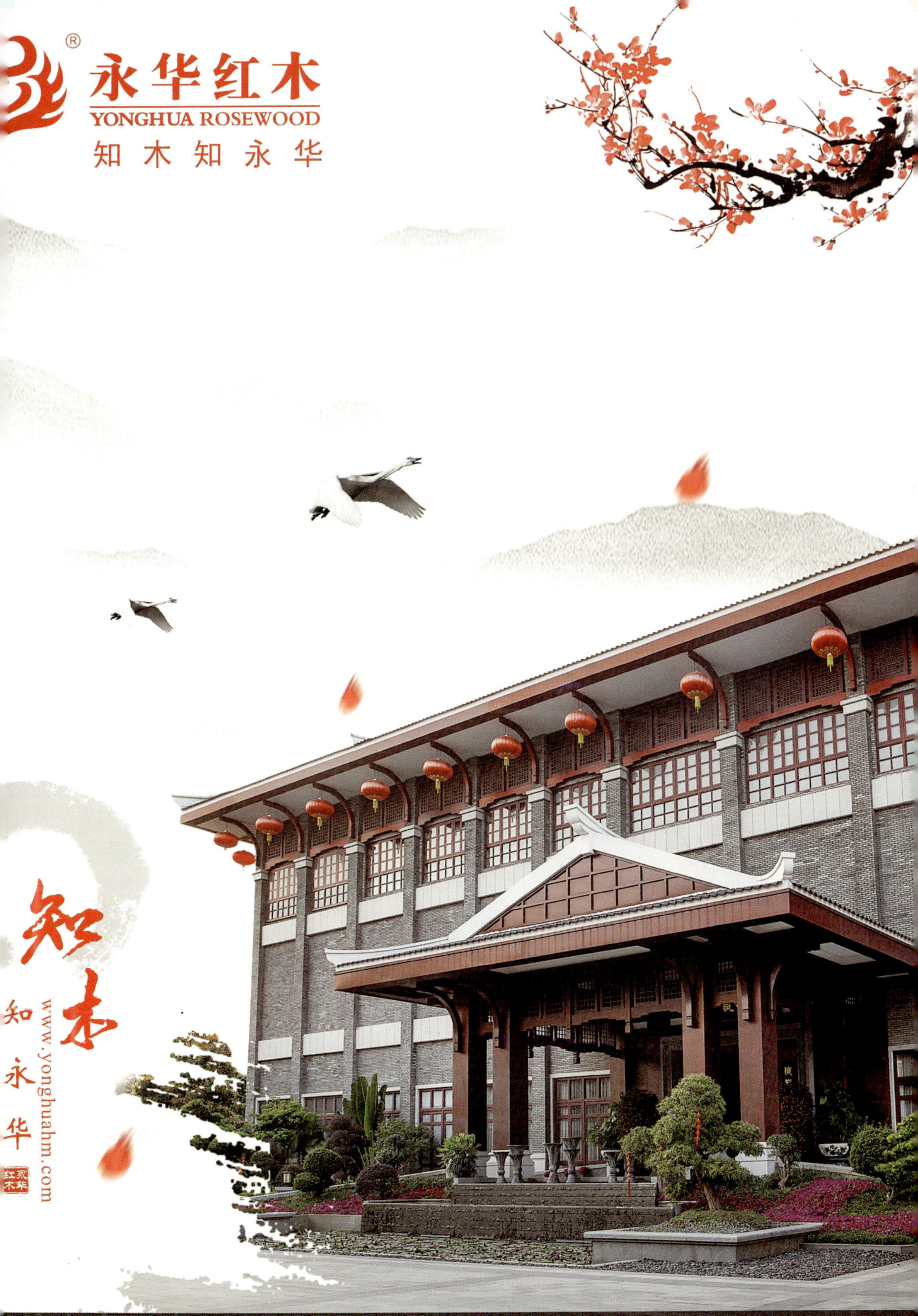

Unit软潮流
震 撼 来 袭